U0405947

Πλάτων

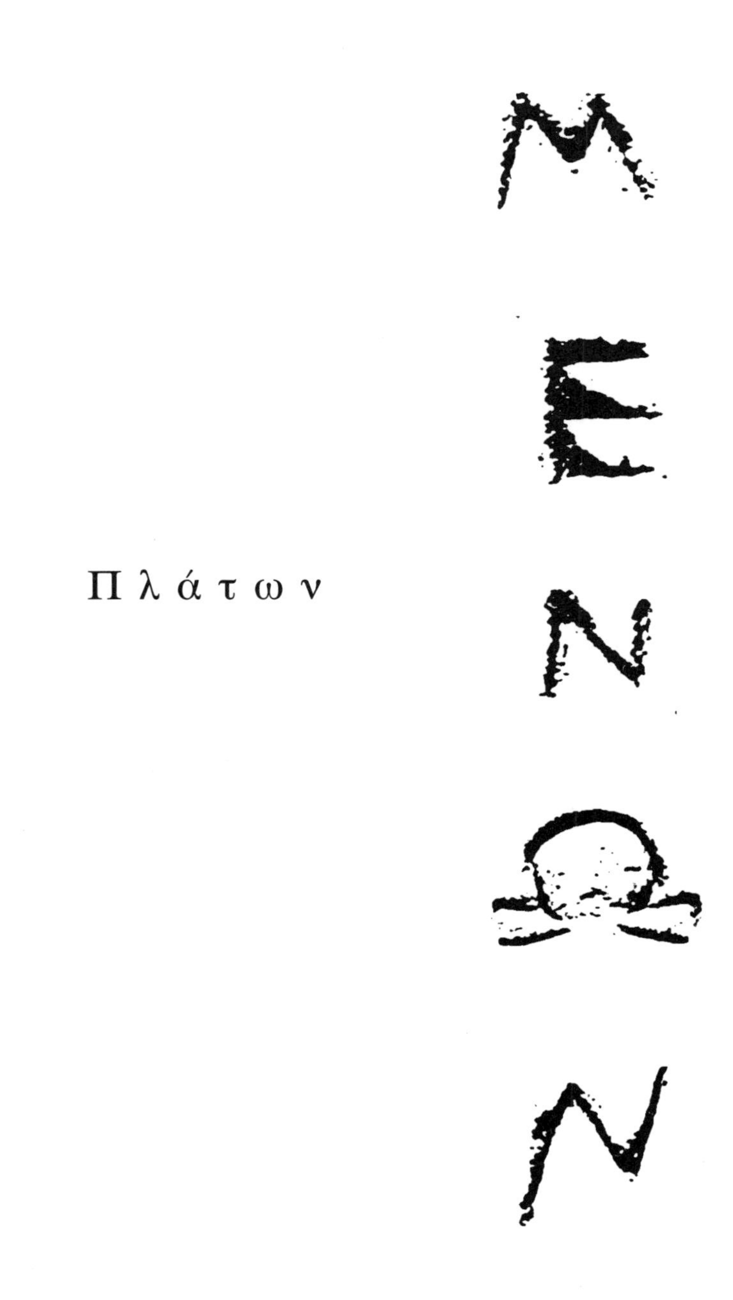

古希腊文-中文
对照本

[古希腊]柏拉图——著
徐学庸——译

《米诺篇》《费多篇》译注

ΜΕΝΩΝ ΦΑΙΔΩΝ

北京大学出版社
PEKING UNIVERSITY PRESS

图书在版编目(CIP)数据

《米诺篇》《费多篇》译注 /（古希腊）柏拉图著；徐学庸译．— 北京：北京大学出版社，2015.6

ISBN 978-7-301-25889-7

Ⅰ.①米… Ⅱ.①柏… ②徐… Ⅲ.①古希腊罗马哲学 Ⅳ.① B5.232

中国版本图书馆 CIP 数据核字 (2015) 第 113432 号

本书中文简体字译本由台湾商务印书馆授予北京大学出版社出版发行。

书　　名	《米诺篇》《费多篇》译注
著作责任者	[古希腊] 柏拉图 著　徐学庸 译
责任编辑	张晓辉
标准书号	ISBN 978-7-301-25889-7
出版发行	北京大学出版社
地　　址	北京市海淀区成府路 205 号　100871
网　　址	http://www.pup.cn　新浪微博：@北京大学出版社　@培文图书
电子信箱	pkupw@qq.com
电　　话	邮购部 62752015　发行部 62750672　编辑部 62750883
印 刷 者	北京市松源印刷有限公司
经 销 者	新华书店
	720 毫米 ×1020 毫米　16 开本　25 印张　400 千字
	2015 年 6 月第 1 版　2015 年 6 月第 1 次印刷
定　　价	79.00 元

编者前言

徐学庸先生治柏拉图哲学有年，其对于柏拉图对话的翻译，有《理想国篇》和《米诺篇》《费多篇》三种，均由台湾商务印书馆出版。其翻译从希腊文原文出发，对原文亦步亦趋，甚至分行亦遵循 Burnet 的处理。其行文不惜牺牲中文表达的流利晓畅；初读虽颇觉佶屈聱牙，然颇得希腊文变化多端的韵味。特别是初知希腊语的读者参照原文来读，更有助于直入门径，不似经过中文习惯修饰过的译本虽则通畅，毕竟已隔一层。同时，徐先生在书里加入长篇解读和大量译注，也能帮助读者迅速领会柏拉图哲学的义旨，故可称后来居上的好译本。

有鉴于徐先生译本的独特性，中国内地引进出版其译文的简体版本时，即加入柏拉图著作的希腊文原文，采取左右两页逐行对照的方式，力求便于希腊语和柏拉图哲学的初学者。此前出版徐译《〈理想国篇〉译注与诠释》的简体版，即依此方式处理；我们引进《米诺篇》《费多篇》出版中国内地简体版，也照此改成希腊文—中文对照形式。

《〈米诺篇〉〈费多篇〉译注》简体版的编辑原则如下：

（1）我们使用的希腊文原文，系采用 Burnet 编辑的 *Platonis Opera*，1899 年版，唯删去该版本的简单校勘脚注。分行与校勘符号亦采用此版，以便查阅。徐注对此后各校勘本异文多有讨论，已足见百年来柏拉图文本的校勘成果。

（2）此版采用徐学庸的译文，分行一仍台湾商务繁体版。唯繁体版个别地方无法与 Burnet 本逐行对应；且有两处或因手民疏漏，缺失一两句子。在处理文稿时，我们采用商务印书馆出版的王太庆译本，对缺失做了补充。至于分行的问题，我们不便依照原文进行调整，只能保持原貌，以空行补足行数。

（3）徐学庸先生多年研究柏拉图哲学，对于很多哲学术语有自己的独特理解和译法。因此，我们对本书的专有名词——包括人名、地名、书名以及哲学术语——译法，均保持台版原貌，不予改动，以便读者了解徐译的独特面貌。

（4）台湾繁体版中完全不出现希腊字母，所引用的希腊词汇均转写为拉丁字母。对此，我们亦保留原貌，未改为希腊字母，以免徒增混乱。

目　录

前　言

这两部对话录的译注缘起于教学需要，在辅仁大学哲学系、辅仁大学外语学院“西洋古典暨中世纪学程”及台湾大学哲学系皆曾教授相关的课程。《米诺篇》初稿完成于2007年，《费多篇》完成于2009年，感谢两岸三地参与课程的学生对我所提出的翻译及诠释，有积极与建设性的回应，使我能不断地思考译文注释是否适切，并修正及避免某些明显的错误。此外我要感谢宋巧涵小姐协助绘制《米诺篇》注释里的几何图形，使得读者能更清楚柏拉图在相关段落的论证内容。亦要感谢台湾商务印书馆李俊男先生对本人译注工作的鼓励及支持，且提供编辑上的专业建议。

柏拉图简介

柏拉图生于公元前424/3年，父亲亚里斯同（Ariston）声称自己是雅典最后一位国王寇德鲁斯（Codrus）的后裔，似乎于柏拉图出生时去世。母亲佩里克缇翁妮（Perictione）的家族血源可溯自德罗皮德斯（Dropidsē），是公元前7世纪的政治改革者梭伦（Solon）的亲戚。其舅卡尔米德斯（Charmides）及表舅克里提亚斯（Critias）皆为当时政坛名人。柏拉图年轻时即与苏格拉底熟识，公元前399年苏格拉底被判处死刑，对柏拉图冲击甚深。公元前384年、公元前366年及公元前361年他曾远赴西西里，希望将当时的统治者，迪欧尼希欧斯一世与二世（Dionysios I及II），教化成哲学家，但无功而返。公元前380年间于雅典成立“学院”（the Academy），进行哲学著述及教育工作；“学院”吸引来自希腊各地的学生，其中最著名者为公元前367年加入的亚里斯多德（公元前384—前322年）。公元前361年之后，柏拉图远离政治，专注哲学，直到公元前348/7年逝世。柏拉图著作甚丰，二三十部对话录流传后世；以戏剧手法、优美辞藻呈现哲学议题，极具智性与原创性[①]。

---

① 柏拉图生平及时代背景依据D. Nails，“The Life Plato of Athens”，*A Companion to Plato*（Oxford，2009），（ed.）H. Benson，pp. 1-12及D. Nails：2002，243-250之论述。

导 论

柏拉图选择以对话录表现其哲学思想，且他的写作时间长达五十年，因此对话录的编年与理解柏拉图思想有一密不可分的关系。根据柏拉图对话录的编年传统，其对话录可分为早期、中期及晚期三组。此一分期标示着柏拉图哲学思想发展的历程，从早期记述苏格拉底的思想到中期提出个人的哲学体系，并于晚期检视批判自己的中期论点。柏拉图的研究者一般将《米诺篇》（The *Meno*）视为介于早期与中期对话录间的过渡期对话录[①]。亦即，《米诺篇》里虽保有早期对话录的特色，如寻求定义、重伦理议题及人物刻画生动等，但触及的问题，如学习即回忆、灵魂不朽、几何学的运用及知识与真实看法的区别等，皆在之后的中期对话录中，如《费多篇》（The *Phaedo*）及《理想国篇》（The *Republic*），得到进一步的阐述说明。不同于《米诺篇》，《费多篇》被归类于中期对话录，主要因为其中形上学思想与同被视为中期对话录的《飨宴篇》（The *Symposium*）、《理想国篇》联系紧密[②]。此外《费多篇》回忆说呼应《米诺篇》回忆说，似乎指出这两部对话录之成书顺序。然而就对话录的故事情节，《费多篇》与其他三部早期对话录《尤希弗若篇》（The *Euthyphro*）、《辩护篇》（The *Apology*）及《克里同篇》（The *Crito*）形成一四部曲，叙述苏格拉底临终前的岁月[③]。

---

① 另一部被视为过渡期对话录的是《高尔奇亚斯篇》（The *Gorgias*）。

② 虽然《飨宴篇》对灵魂不灭无明确论述，但主张理型可由灵魂看见是肯定的（201d-212c）；《理想国篇》卷五及卷十对理型与灵魂不灭的论述与《费多篇》关系密切。

③ 若再加上《塞鄂提投斯篇》（The *Theaetetus*），则在情节上形成一五部曲。比较《辩护篇》40e-41c 及《费多篇》63b-c，可见两者连结之深，C. Rowe：2007，100 认为《费多篇》是《辩护篇》的开展。

一、《米诺篇》

《米诺篇》的故事约设定在公元前402年，开篇未经铺陈，即进入对话者间的对话。米诺问苏格拉底“德性（aretē）可以教吗？”苏格拉底答道，若他连德性是什么都不知，他如何回答德性是否可教的问题（71a）。他不仅宣称自己对德性无知，更进一步表示他不曾见过任何一个人知道德性是什么；因此苏格拉底请米诺叙述，他从高尔奇亚斯（Gorgias）那儿学得的德性是什么。米诺欣然接受此一建议，并在随后的谈话中接续三次尝试提出关于德性的定义。首先，他将德性定义为男人管理城邦事务、女人掌管家务与相夫教子，不同的人有其特有的不同的德性。苏格拉底除了玩笑地回应道，他要一个德性，米诺却给了他许多德性，并批评米诺的第一个尝试未说出德性就其自身为何。接着，米诺修正上述的定义回答，德性是统治他人的能力。这个尝试亦遭苏格拉底以两点反驳：第一，小孩及奴隶的德性亦可使他们具有统治他人的能力吗？第二，若统治他人有以正义或不正义的方式，且正义是一德性，不正义是一恶（kakia），那德性究竟是什么，米诺仍未澄清。在第三个尝试中，米诺引述诗人的观点，德性是对精美事物感到愉悦而且有获得它的能力。这个定义遇到的困难与上一个相仿，获得精美之事亦可以正义或不正义的方式，所以论证回到原点。

值得一提的是，米诺的三个关于德性定义的尝试，皆以外在行为来理解德性。这个理解与传统上对德性的理解若合符节，例如荷马（Homer）史诗里对一个人是否具有勇气这个德性，即以他的外在行为来判定。阿奇里斯（Achilles）是位英雄，因为他在战场上骁勇善战，无人能敌；若一位英雄在战场上被俘，他的德性立即减损。因此英雄的德性表现在以生理力量为基础的有勇气的行为。此外赫希俄德（Hesiod）《工作与时日》（*Works and Days*）亦表达，一个人的勇气表现在耕作时与大地及酷阳奋斗。然而苏格拉底对这三个尝试提出异议，不仅是因为它们都无法对德性有一本质及普遍的说明（72c，74a），即一个关于德性的定义适用于各个不同德性，还有一更重要的理由：德性既不是外在行为，也不是出于约定俗成。

公元前5至4世纪的古希腊，政治上是城邦政治的高峰期，文化则流行相对主义，这些现象使得当时的诡辩学派（The Sophists）主张，德性或道德是由不同的城邦依其特有的文化及风俗习惯（nomos）形成，因此不同的城邦有不同的道德观。他们宣称能在不同的城邦教导年轻人成为有德之人，行为符合城邦的道德规范，且因此使得从学者在其所属城邦里出类拔萃，功成名就①。根据71d1的说法，米诺的德性观反映诡辩学派哲学家高尔奇亚斯的立场，因此苏格拉底对米诺的驳斥，正是对诡辩学派的伦理观点的驳斥。

苏格拉底对德性的看法，以道德心理学为基础。换言之，德性是指一个人的灵魂的好状态，追求德性即是照顾自己的灵魂。这从柏拉图的早期对话录中清楚可见，例如《辩护篇》29d-e及30a-b言及，苏格拉底告诫雅典人应注重自身灵魂的照顾，而非金钱与荣誉的累积。他也警醒同胞公民们，不正义的行为会败坏灵魂，但正义的行为会使它更加优秀②（47a-48b）。此外《高尔奇亚斯篇》有言：拖着病体的生命是悲惨的，若有人有着败坏的灵魂，由于灵魂比身体更有价值，他的生命不值得活（512a-b）。苏格拉底主张，若一个人活得不好，他就没有一有序健康的灵魂；若一个人没有一有序健康的灵魂，他的生命不值得活；《辩护篇》曾言：未经检证的生活不值得活③（38a5-6）。因此活得好是尽可能让灵魂处于好状态，追求及实践德性，不让自己有不正义的言行④。从此可见，为什么米诺所言关于德性的定义皆不得苏格拉底赞同，因为后者对德性的认知及理解，乃建立于人性（phusis）。

说不出德性是什么的米诺，困惑、沮丧及不满，语带抱怨说：苏格拉底你如何能探究你所不知的事？就算你所探究之事现身眼前，你如何知道它是你所探究之事？这段论述一般被称为“米诺的悖论”，亦即，对我们无知之事，我们无从借由探究知道它是什么。苏格拉底对此悖论的回应聚焦在第二个问题⑤，由此本对话录另一重要的议题浮现：学习即回忆。苏格拉底以问米诺的一个懂希腊文的家奴几何问题，来展现家奴对相关几何问题能有正确的回答，不是因为他的教导，而是由于他借由问问题引导家奴回忆起原先就具有的几何学知识。无论苏格拉底是教导，抑或是引导，家奴回答几何问题，是个极有争议的议题，但整个试验的过程有几点值

① 柏拉图《普罗大哥拉斯篇》（The *Protagoras*）中普罗大哥拉斯即便有此宣告（318a）。

② 亦可参见《理想国篇》379b-380c的论证，善是处于好状态的原因。

③ 相同的观点，亦可见于《克里同篇》48b6及《理想国篇》344e2-3。

④ 《高尔奇亚斯篇》522d。

⑤ 参见80e5的注释。

得评论：第一，回忆说奠基于灵肉二元论，它预设了灵魂在进入人的身体之前已存在（86a），类似的观点在《费多篇》亦可见。灵魂先于身体的存在使得苏格拉底主张，灵魂统治身体[①]及灵魂不朽（86b2）。第二，灵魂不仅不朽，而且一直处于知的状态。此一说法意谓，灵魂所拥有的知识都是它进入身体前就存在，但在灵魂与身体结合后遗忘了原先拥有的知识。灵魂所拥有的知识是何物，在《米诺篇》未得说明，我们唯一可知的是，这些知识是先验的（a priori）。然而《费多篇》的回忆说及相似性论证皆明白指出，灵魂具有的知识的对象是理型。这或许凸显出柏拉图知识论思想在《米诺篇》出现转折，早期对话录中关于定义的追寻，与理型无关，但过渡期对话录已可见知识需建立在一形上基础之论，中期对话录则继续阐释此一议题。

第三，这两部对话录对借学习回忆起先验知识的论述都显示，回忆的过程需依赖感官经验的协助，要么借由在地上画几何图形，要么借由观看经验中的事物[②]，要么借由问题的询答[③]。因此苏格拉底或柏拉图并非一味地认为，感官经验无助于知识的获得。第四，奴隶回答几何学的问题的试验，可区分成两个阶段：第一个阶段是消极的阶段（82b-84c），奴隶一开始正确地回答苏格拉底的问题，但随着问题渐趋复杂，他逐渐感到困惑而且无法得出正确的答案。第二个阶段是积极的阶段（84c-85c），借由问问题的方式，苏格拉底逐步带领奴隶看到或了解正确的答案为何，且他强调答案的获得不是他的教导，而是奴隶个人的回忆，“重新拥有知识”（85d）。这两个阶段或许揭示，苏格拉底及柏拉图对对话与问答在理解哲学问题上的效能，有不同的态度与看法[④]。前者对哲学对话的使用似乎较接近消极的阶段，即参与对话之人在对话初始皆信心满满认为，自己对谈话的主题有深刻正确的理解，但在经历苏格拉底一系列的问题后，反而对原先所知的议题感到不解。更重要的是，总是宣称自己无知的苏格拉底亦经常让对话以困惑（aporia）或无解（impassé）方式结束。然而柏拉图对问与答的对话方式的态度，似乎较接近奴隶试验的积极阶

---

① 关于年纪较长者应为统治者的概念，参见《理想国篇》412c3-4。

② 参见《费多篇》74a-b。

③ 参见《米诺篇》86a7。

④ N. Gulley：1968，73-74 主张，柏拉图在早期对话录里对苏格拉底的方法的有效性，抱持怀疑的态度。

段，亦即，以对话形式进行哲学问题讨论，若妥适执行，不会使参与对话之人最终对讨论的问题感到困惑不解，而会使他们有豁然开朗、重获知识之感。这或许是为什么《费多篇》89a-91c 柏拉图让苏格拉底提醒友人，勿成为厌恶论证及对话之人，以及《理想国篇》卷七将哲学家的教育以辩证法作结。这显示柏拉图相信对话，特别是哲学对话，有助于厘清观念、去除错误及达致真理的功能。我们因此再一次看到，《米诺篇》在柏拉图思想诠释中具有的过渡转折角色。

结束学习即回忆的证明后，米诺重申他的问题："德性是否可教？"苏格拉底建议,对这个问题的探究可以一类似几何学假设的方式进行[①]（86e）。他提议先假设德性是知识（87c），再假设德性是善（87d）。首先对话的两人快速达成共识，德性是知识（87c8），接着他们着手进行从德性是知识可导出德性是善（87d-89a）。若德性是善，任何是善的事物皆有益于拥有它们的人；此外有益之事皆须有智慧或知识相伴，才能避免成为有害之事。因此德性是善的概念是出于德性是知识的说法，且由于后者是一假设，前者亦然。若德性是一知识，那德性是一可教知识便是出于此假设前提的暂时性的结论。此一结论与《费多篇》69a-c 的论述呼应[②]，任何被世俗认为善的事物，如财富、健康、美貌及社经地位等，一定要有智慧或知识的伴随才有价值。若德性是善的，任何事物为善皆有智慧伴随，德性是智慧，即知识；若德性是知识，那它就是可教授之事。尽管如此，值得注意的是，这还是一个建立在假设前提的假设性结论；此外《米诺篇》（89a3-4）提出的问题：关于德性的知识是知识的全部，抑或是其部分？未在此对话录中有任何讨论[③]。

虽然确立了一假设性的结论，德性是可教授之事，但苏格拉底依然期待有人是天生的有德之人。若真有此人，应好生待他，以使他有用于城邦（89b）。这个议题旋即被搁置，两人接着讨论若德性可教授，那应该有教授德性的老师存在。在这个问题探究上，苏格拉底出人意表地邀请阿尼投斯（Anytos）——日后成为苏格拉底的三位指控者之一——参与讨论。谁是德性的老师？这个问题延续了《普罗大哥拉斯篇》的讨论（320c-328d），普罗大哥拉斯自诩是教授德性的老师，且能使学生成

① 关于几何学与伦理道德之间的关系，参见《高尔奇亚斯篇》508a，《理想国篇》526e 及亚里斯多德《尼科马哥伦理学》（The *Nicomachean Ethics*）卷五关于分配正义的论述。

② 亦可参见《尤希迪莫斯篇》（The *Euthydemus*）278e-282d。

③ 参见 89a4 的注释。

为有成就的公民。《米诺篇》言及，各种技艺的学习皆可找到相关的老师学习，如制鞋找鞋匠，医术找医生及吹笛子找吹笛人等，但学习德性之事既无法找诡辩学派哲学家，也不能找政治人物或运动员，因为前者败坏年轻人，后者甚至连自己的小孩都教不好。这整段的论述虽凸显出，城邦中不存在教授德性的老师，但也隐含一潜台词，苏格拉底是唯一能教授德性之人[①]。

从96d之后的论述，苏格拉底开启了一个新的议题：知识与真实看法的区别。他首先提醒之前的共识，有德之人一定是有益之人（87e），且有德之人若不具德性知识，但以正确的方式，即以关于德性的真实看法，教导他人，可产生一样的效果。苏格拉底以引导他人通往拉里沙（Larisa）的路为例，知识及真实看法皆具有相同的引导结果。换言之，“真实的看法在助益上不比知识差”（97c4-5）。尽管如此，知识不同于真实看法，这是个重要的知识论课题，柏拉图在《理想国篇》卷五及《塞鄂提投斯篇》200e-210b皆有所论述。《米诺篇》对此议题以一比喻的方式说明，真实看法不同于知识，因为它就像达伊达娄斯（Daidalos）创作的雕像，若没将它们拴住，夜晚时它们会逃跑（97d）。知识是被拴住的真实看法，故稳定，停驻，且不会逃走；真实看法则不然，短暂停留在灵魂里便离开。真实看法要如何变为知识，亦即，要如何将它给拴住及上枷锁？苏格拉底认为，“思考出理由”（aitias logismō）可使真实看法成为知识（98a3）。然而这似乎并未实质回应上述的问题，因为我们还是可以问：如何能思考出理由，使真实看法驻足停留？苏格拉底对此问题的答案是，回忆[②]。虽然借由回忆能思考出理由的说法，并非一容易理解的概念，但“知识是思考出理由的真实看法”这个观念，对后世的知识论发展有深远的影响，特别是关于真实看法证成（justification）的议题。

《米诺篇》尾声，苏格拉底将知识与真实看法的议题，带到政治人物是以哪一个来管理公共事务的问题。他认为当时的政治人物不是借由知识，而是借由真实看法统治城邦。然而既然德性非与生俱来，也无法借由教授获得，因为无人是德性的老师，那它有可能从真实看法而来，可是拥有真实看法者，如预言家及占卜师，是

---

① 参见100a2的注释。

② 参见98a4的注释。

倚赖神圣的启示获得真实看法[①]。好的政治人物受神祇委托，在城邦中完成重要的事情，但他们对自己作为无知。然而苏格拉底似乎依然认为，有具有德性知识的政治人物存在，他或他们可使他人成为具有德性知识的政治人物（100a2）。

最后，他希望米诺能让阿尼投斯相信这些说法，“所以他或许会较温和些”（100b9-c1）。苏格拉底犹如预见阿尼投斯被他的说法给激怒，并于日后上法庭控告他。不幸的是，苏格拉底的死宣告米诺无法说服阿尼投斯，米诺没能对雅典有所助益。

二、《费多篇》

《费多篇》的故事设定在公元前399年，描写苏格拉底在狱中如何度过生命的最后一日，整个故事是由来自艾利斯（Elis）的费多（Phaedōn，公元前5世纪/前4世纪）于伯罗奔尼萨半岛北方的菲利乌斯城（Phlious），讲述给艾赫克拉特斯（Echekratēs，公元前4世纪）听。艾赫克拉特斯是毕达哥拉斯学派的数学家与将军阿尔屈塔斯（Archytas）及尤吕投斯（Eurutos）的学生；《费多篇》的两位主对话者希米亚斯（Simmias）及克贝斯（Kebēs），皆为毕达哥拉斯学派哲学家费娄劳斯（Philolaus，约公元前470—前390年）的学生[②]；《费多篇》因此充满浓郁的毕达哥拉斯学派的思想色彩，包括灵肉二元论、身体是灵魂的牢笼及灵魂要脱离身体等。有趣的是，柏拉图在对话录中对毕达哥拉斯学派抱持缄默，只字未提，更驳斥毕达哥拉斯学派的主张：灵魂是和谐。

《费多篇》篇幅不长，但论证加上对话录的人物与情节之铺成，增加了解论证的难度。为了使读者有效地掌握内容，本文论述将紧扣柏拉图铺陈的三条论证路线：1）灵魂不朽不灭的论证；2）理型存在的论证；3）（1）与（2）相互支援的论证[③]。

对话录的主场景设立在苏格拉底身处的监狱，时间是公元前399年。日落后，苏格拉底即将面临死刑，行刑前苏格拉底与来狱中陪伴的友人一起讨论灵魂不朽不灭的议题。苏格拉底认为，害怕死亡对他而言是件荒谬的事，因为死亡不过是灵

---

① 关于“神圣启示”的可能诠释，参见99e6的注释。

② 反对两人与毕达哥拉斯学派有关的主张，参见C. Rowe：1998，7。

③ 这三条路线在回忆说，相似性论证及最后的论证皆可见，参见100b7-9。

魂与身体分离（64c）。哲学家寻求灵魂从身体中释放出来，因为身体是灵魂获得真理的障碍（65a-c）；因此当灵魂不与身体为伍时，它在清明的状态下得见正义自身（65d5），美自身与善自身（d7）及大自身（d12）等理型，这些认知对象无法由感官知觉感知，只能借由理智辨识。故哲学家以德性净化自己的灵魂（67a-c），活着时保持灵魂不受身体干扰，且在获得神祇允许后[①]（62b，67a），欢迎死亡来临。

此论述中，柏拉图或许对灵魂（psuchē）概念的使用有其模棱两可的状况，关于 psuchē 概念的发展，特别是荷马的史诗中，它是指使人活着的事物或生命力；字源上 psuchē 与 psuchein（呼气或吹气）相关，我们可经常读到荷马描述人死时是呼出一口气[②]或灵魂从伤害或四肢离开[③]。从史诗的用法可见，灵魂对荷马而言，是一个人活着时的生命，死时离开，并到冥府去。此外，一个人的灵魂离开身体，它在形貌、声音等物质状态都与人活着时一样，灵魂是一个人死后的影子（eidōlon）。荷马分别在《伊里亚德》XXIII，65 及《奥迪赛》（The *Odyssey*）XI，216 ff. 中写道，阿奇里斯梦中看见挚友帕特罗克娄斯（Patroclos）的灵魂，和生前一个模样；奥迪修斯在冥府看见许多人的灵魂，包括母亲。而柏拉图的灵魂概念比荷马仅将之视为生命力来得广，他认为灵魂具有理性能力，可以不受身体干扰而获得真理。这样的想法未曾出现于荷马史诗，当荷马说明一个人思考时，通常用的是 phrenes 及 noos，二字皆可谓心灵（mind），例如雅典娜说服潘达若斯（Pandaros）的 phrenes[④]及都隆（Dolon）抱怨赫克投尔（Hector）误导他的 noos[⑤]等。

《费多篇》柏拉图让苏格拉底说："身体借由必要的生计给我们无数的干扰，此外还有某些疾病的发生，它们妨碍我们对真理的猎捕。它使我们充斥着许多欲望、需求、恐惧、各式各样的幻想及荒谬的言谈……"（66b7-c4）似乎指出喜怒哀乐的情绪表现与灵魂无关，而与身体有关。但荷马经常以 thumos（激情），etor，ker 及 kradie（这三者皆可指心）等几个魂的字词表现情绪；人的生理欲望也与灵魂无关，因为那些需求是出自于身体；运用不同的灵魂或魂概念时，荷马并没有明确的生理

---

① 不遵循神祇的要求是不好与可耻的行为，参见《辩护篇》29b6-7。

② 参见《伊里亚德》（The *Iliad*）IX，409。

③ 参见《伊里亚德》XIV，518；XXII，362。

④ 参见《伊里亚德》IV，104。

⑤ 参见《伊里亚德》X，391。

与心理或灵与肉之别，因为几乎每一个魂的概念都可找到一相对的身体器官，如phrenes对应的是横隔膜，thumos是胸腔，etor、ker与kradie是心脏[①]。然而柏拉图受毕达哥拉斯学派影响，明确主张身体与灵魂是两个不同的实体，亦即灵肉二元论。许多柏拉图的评论者[②]或许因此将《费多篇》的灵魂视为理智，可是我认为如此并不符合文本，67c6-8苏格拉底表示，灵魂"习惯于自己独立装配及组合自己"。"装配"与"组合"二字已充分显示灵魂由"部分"组成，否则二字毫无意义[③]。有此认知也助于理解66b7-c4，柏拉图并非主张人的情绪表现与人的灵魂无关，而是灵魂与身体结合时，后者会使灵魂中主司情绪与欲望的部分不受限制地增生蔓延，终使灵魂失序，理智无法妥适运作，追求真理。

荷马以多元的字词表现灵魂与魂的概念，柏拉图则似乎做了某种程度的统合，他让原来只负责人活着的灵魂具有使人表现理性及情绪与欲望的功能。在《费多篇》中，柏拉图仅有概略的描述；到了《理想国篇》卷四，可见灵魂之理智、情绪与欲望的三分说全面呈现。

完成前言后，《费多篇》进入对灵魂不朽不灭的实质讨论。柏拉图首先提出"循环论证"，即灵魂再生与轮回，以证明灵魂不朽[④]。万物皆由其对反事物而生（70e1-2），由于生与死是相互对反事物，故生者来自于死者，且死者来自于生者，所以灵魂不朽。此论述若要成立，必须先厘清"相互对反物"（enantion）一概念，因为希腊字enantion既可指矛盾（contradictory），也可指反对（contrary）；相互对反物原则得建立在死是生的矛盾，即不活（not alive），生者出于不活者；然而死在此论证中充其量是反对，即曾经活过但不再如此。苏格拉底从70e-71b提及的两两对反的性质皆是反对物，而非相互矛盾物。71b12-d4以醒与睡说明生来自于死的概念，但醒与睡并不适合以因果律的方式诠释，因为睡觉的"原因"不是醒着，而是例如疲倦；同理，醒着的"原因"不是睡觉，而是身体的疲倦消除。故苏格拉底道，醒与睡相互从对方产生并不成立，这只是两种生命状态的接替，而不是因果关系。从此亦可解释生与死不是相互从对方产生的因果关系，因为死亡的原因不是生，是意外

① 参见B. Snell：1982，14-15；A. W. H. Adkins：1970，15；J. N. Bremmer：1983，52-69。

② 例如，L. P. Gerson：2003，50-98。

③ 相关讨论，参见67c8及68c2的注释。

④ 灵魂不朽不灭古希腊人并不陌生，但轮回却不是古希腊传统的宗教观或灵魂观。

或天年已尽；生的原因不是死亡，是精卵结合形成的胚胎顺利发育。循环论证似乎未能成功证明灵魂在人死后会再次进入肉身。

即使承认循环论证可以证成灵魂不朽，但论证中对“个人存活”或“人格同一”（personal identity）的证明却付之阙如，无法说明一个人死后，他的灵魂再次进入肉身，那个灵魂还是“他”[①]；此议题牵涉到古希腊灵魂观中是否有“我”的概念。关于“我”，第一人称单数，笛卡尔（R. Descartes）有云“我思故我在”，除了以第一人称单数表述，亦突显我是一个思想活动的主体，即灵魂。但这种表述方式似乎不存在于古希腊灵魂观，古希腊对灵魂讨论通常是以第三人称单数“它”为指称方式[②]；Adkins 讨论荷马的灵魂观时便说，一个人的“灵魂不是他的自我（self），或他的性格[③]（personality）”。而 Gerson 将《费多篇》的灵魂视为一“知者”（knowing person）则或许不妥，因为从主体的立场看“个人”（person）的方式似乎不是古希腊灵魂观的特色。简言之，循环论证不能保证或确立，人死后灵魂轮回，那个再次进入肉身的灵魂持续保持同一性。

跟随循环论证而来的第二个灵魂不朽的论述是“回忆说”。克贝斯在苏格拉底结束论证后立即说，苏格拉底经常言及学习是一种回忆我们在生前已有之知识的活动，所以“除非我们的灵魂在被生在这个人的形体之中之前是存在于某处”（73a1-2），否则回忆无从出现。73c1-74a8 苏格拉底说明回忆的发生，大致未超越《米诺篇》82b-86c 的内容，回忆与灵魂在进入肉身前已存在而且拥有知识。但有两点值得注意：1）回忆是由相似之物与不相似之物所激发。例如看到张三相片想起张三，是出自相似之物的回忆；看到自行车想起张三，是来自不相似之物的回忆。2）由相似之物所引发的回忆中，诱引回忆发生之物不会与被回忆之物完全缺乏相似性。然而回忆说最令人起疑之处在于，为何回忆的对象一定要预设为灵魂在进入肉身前的知识？一般谈论回忆不需有此预设，就以苏格拉底自己为例，看到希米亚斯的画像想起希米亚斯（73e6-10），这个回忆的活动完全不需预设对希米亚斯的生前知识。

---

① 当代心灵哲学的反二元论之论述中，这个问题或许会以如下的形式表现：我们如何能够区分灵魂与灵魂之间“性质上”的差异？

② 相关讨论，可参见 C. Gill，“Is there a concept of person in Greek philosophy?”，in S. Everson：1991，166-193；不同的观点，参见 D. Gallop：1993，xvi-xvii。

③ Ibid. 14；S. D. Sullivan：1995，88 则认为荷马史诗中灵魂已有性格的支持者之观点。

或许可说，苏格拉底在此所说的回忆是种特殊的回忆，有特殊的回忆对象，故必须承认灵魂先于身体存在；即使认可此回应，还是得追问，回忆说“就其自身”就算能证明灵魂进入身体前已存在，但又如何证明它离开身体后依然存在？若无法解答，回忆说充其量只成功了一半（77c1-5）。

回忆说的论述中另一个与灵魂不朽并行的议题是理型。74a-b 苏格拉底主张有平等自身（auto to ison）存在而且人们知道它是什么；希米亚斯回应，理型是一不具争议性的观点，每个人都会接受它。平等自身是什么？D. Bostock 将之视为形容词，认为柏拉图尝试说的是平等一字的意义[①]。然而此语言诠释与文本不甚契合，因为文本中无任何实质证据支持。柏拉图所举的例子，“看见相等的木头、石头或其他相等的事物”（74b5-6），我们会想到相等自身，且这些相等的事物与相等自身不是同一件事物（74c4-5）。是故，柏拉图视相等自身为一事物，而非一形容词，当我们看到两个相等的事物，不仅看到这两个事物，也想到相等自身；这诠释符合回忆说不断强调的主张，看到一物会想起另一物。

74d4-e5 柏拉图提出相等的事物与相等自身相较，在相等上较不足；其理由建立于 74b7-9 的论述[②]。传统看法是柏拉图认为经验世界中找不到完美的相等，因此当相等事物与相等比较时，它们在相等上不足于相等自身。Bostock 宣称此一传统诠释是评论者长期执着于“完美的”或“分毫不差的”相等概念，柏拉图其实无此种表述；他并主张经验世界中我们可见相等的完美事例，“不足”的概念是指那些不是相等的完美事例的相等事物[③]，因其“有时候看来是相等，但有时候看来不相等”。然而检视文本，柏拉图确实认为个别的相等事物，无论在存有学或知识论上，都比相等自身拙劣。

补充说明的是，虽然 65a ff. 苏格拉底强调借由感官经验无法获致真理，但并不表示感官经验在追求真理的过程中毫无积极正面的价值，包括《米诺篇》82b-85b、《飨宴篇》208a3-7、《提迈欧斯篇》（The *Timaeus*）47a-d、《费德若斯篇》（The *Phaedrus*）250d 及《费多篇》相关段落都清楚指出，对理型知识的回忆需借助于

---

① D. Bostock：1992，81。

② 相关讨论，参见 74b9 的注释。

③ D. Bostock：ibid. 85-94。

感官经验的刺激或引导。诚如《理想国篇》523a10-b4说："我会说明，我说，若你知道，在感官知觉中有些事不会为了探究的目的招唤理解，因为借由感官知觉可有适切的判断，但有些事完全鼓励理解探究，因为感官经验不会产生任何可靠之事。"感官经验或许无法呈现"真正的"相等或相等自身，却能激发理智探究，并进一步回忆起已拥有的知识。

第三个灵魂不朽的论证是相似性论证。以复合物及非复合物的类比说明。复合事物易于分解消散，非复合物可免于此一命运；非复合事物稳定不变动，复合事物不然，它们易变动而且会朽败；理型稳定不变，个别事物经常变化，前者不可见，后者可见。因此有两类事物存在，一为理型，一为个别事物；将此类比于灵魂与身体，身体可见，灵魂不可见，所以后者更像不可见的事物，即理型。此外，当灵魂透过身体探讨某事，它会感到困惑及混淆，"但当它依据自身来探究，在那时候它来到洁净、一直存在、不朽及保持不变的事物面前，它与此事物类似，且总是与它为伍，无论何时它就其自身存在，且在它的能力范围内，它便停止游荡而且关于那些事它总是保持稳定不变"（79d1-5），灵魂因此与稳定不变之物相似。再者，灵魂的本质是统治与领导，而身体是被统治与服务[①]，故灵魂相似于神圣之物。综上所述，灵魂与"神圣、不朽、睿智、单纯、不会消散及保持稳定的事物"（80b1-2）相似。

柏拉图论述的基础建立在一广为古希腊人所接受的说法，相似之物被相似之物所知。当一物A可被另一物B所知时，表示A与B之间有某种共通性；不朽神圣的理型被灵魂所知，所以理型与灵魂具有一些共通性。但此论述说服力较弱，例如我看得懂印象派的画作，如莫内的作品，不见得我与画作或画者一定有何共通点。此外，以"类比"的方式来说明灵魂不朽，但所谓类比是指两类比之物既相似又不相似，柏拉图似乎只强调灵魂与理型相似处，却忽略了两者可能的不相似处；灵魂不具体不可见，并不表示它和理型一样不变动，68e-69b苏格拉底说，痛苦与快乐，欲望皆会影响或污染灵魂。尽管如此，相似性论证暗含一个概念：由于理型是永恒的，一定存在着一永恒不变的区域，因此一不可见、不变动的灵魂的观念无法立即

---

① 灵肉互动主义（interactionism）最大的困难在于，身体与灵魂是借由什么联系点（interface）产生互动。非物质物如何能对物质物产生影响，参见80a1之注释。

被斥为无稽之谈。

听完三个论证后，希米亚斯提出建议，若灵魂是一“和谐”（harmonia），它将会与身体一起败亡，就像竖琴的和谐会因为琴体毁坏而消失（85e-86a）。希米亚斯的论证与当代心灵哲学的副现象论（epiphenomenalism）有所相似，此一理论是二元论中的一种，它视心灵事件（mental happenings）为一余兴节目（a side-show），它们是被附加在物理世界的现象，对世界不会有任何影响；这是个物理活动影响或产生心理现象的单向理论，唯一优点是避免了笛卡儿的心物如何互动的问题[①]。希米亚斯的论证不如当代的理论复杂，当他说灵魂和谐时，似乎是在陈述一流行的灵魂观：灵魂是一和谐，且具有不变、不可见及不朽等特质。

苏格拉底在91c-95a以下述三个论述回应：（1）灵魂是和谐的说法与回忆说不一致，若接受后者，就不应出现前者，因为回忆说认为灵魂先于身体存在，但和谐性论证则强调身体先于灵魂存在。（2）和谐有程度之别，但灵魂无程度之别。音律的调整有较和谐或较不和谐的差异，且有德的灵魂可以说比无德的灵魂更和谐，但却不可说前者比后者更是灵魂。（3）根据相似性论证，灵魂统治身体，但希米亚斯的主张颠倒了统治者与被统治者的关系。苏格拉底的回应是否成功驳斥了希米亚斯，或许可概述如下：A）回忆说是欲证明灵魂先于身体存在的观点，而和谐论证的提出，主要是要求苏格拉底解释灵魂在人死后依然存在，这也是回忆说无法解决的“另一半”。故（1）似乎未能驳斥和谐论证。B）和谐论证要求证明人死后灵魂续存，然而（2）的结论却是“所有有生物的灵魂都一样的好，若灵魂在本质上是相同的，就是灵魂”（94a8-10），与和谐论证的宗旨风马牛不相及。C）94d8-e1苏格拉底引用荷马《奥迪赛》20，17-18的诗句，说明灵魂主导身体，但如前所述[②]，荷马史诗中生理与心理并无明显的区分。因此苏格拉底的回应并未成功驳斥灵魂是和谐。

克贝斯在希米亚斯之后，也提出一论证质疑灵魂不朽：纺织人（灵魂）在穿破最后一件衣服（身体）前便死亡（86d-88b）。苏格拉底的回应是回溯自己求知的过

---

① 相关讨论，参见 P. Smith and O. R. Jones，*The Philosophy of Mind: An Introduction*（Cambridge，1997），60-61。

② 亦可参见94d8的注释。

程，借以寻找生成与毁灭的原因；他自陈年轻时热衷于自然科学[①]，但研究的结果令他混淆而且不再知道任何事物的理由。他的困难与三个问题有关：(1) 一个人比另一个人高一个头的理由是什么？ (2) 10 比 8 多 2 的理由是什么？ (3) 一物可借由增加或分割而为二物的理由是什么？苏格拉底从诸多先苏哲学家的思想中找不到答案，原寄希望于安纳萨哥拉斯（Anaxagoras）的心灵（Nous）概念，但 Nous 概念只提供了物理说明，却无法解释一物如其所是对该物而言是好的（95a-99d)。

原因或理由（aition）对柏拉图而言是指对一事物的解释，且这个解释不应是物理的，必须是一目的论式的（teleological)；《理想国篇》508e-509b 的论述与此呼应，善的理型如太阳般，将光芒泼洒在可知事物上，令其具可知性；柏拉图似乎将目的因与动力因合为一谈。此外，苏格拉底的困惑在于，“一个头”怎么会是一人比另一人高的理由，“2”怎么会是 10 比 8 大的理由，“增加”与“分割”怎么会同时是一物变为二的理由。将 96d-97b 及 100b-101c 合并论之，柏拉图陈述了三个原则：(1) 两个对反的理由不可造成相同之物；(2) 相同之物不能产生对反之事；(3) 一原因不可对反于由其所产生之物，即原因与效果必须相似。(3) 强调，若一物具有某性质 Q，造成该物的原因自身也应有 Q 性质；此一概念亦适用于 (1) 与 (2)；简言之，一个原因会以某些方式将它自身所有的性质传递给它所产生之物。因此要解决苏格拉底的三个困惑，便得另觅他途。

苏格拉底称此另觅他途为“第二次航行”[②]。他认为我们不应直接地去探究真理，就像直视太阳，会令灵魂失明；而应以论证或言说（logoi）来探究它，就如观看太阳在水中的影像。虽然探究方法的实质内容未被明示，但或许意谓，我们认为任何相关的假设是最强而有力，且暂时接受有任何事物符合此一假设。例如苏格拉底及其对话者接受有美自身、善自身及大自身等这类事物存在，且也接受个别美的、善的及大的事物分别参与在美、善及大自身中的方式呈现自己是美的、善的及大的，因此对个别美、善或大的事物的一般解释易被质疑。若假设自身受质疑，苏格拉底强调要检视那些从该假设而出的论证或结果是否相互融贯一致；若通过检视，或许可以一更高阶的假设证成它，直到出现一“满意的假设”（101e1)。

---

① 参见亚里斯多芬尼斯（Aristophanes)《云》(*Clouds*) 对苏格拉底研究自然的夸张描述。

② 参见 99d2 的注释说明。

关于希腊字 hupothesis（假设）不必然指预设，它有基础或根本之意。一个融贯一致的 hupothesis 之结论也会是融贯一致，不会相互矛盾。柏拉图将此假设方法运用在阐述理型为说明事物之所以是其所是的原因。100d4-6 柏拉图让苏格拉底说，以“参与”（metechein）美自身来说明个别事物是美的，是“素朴、率真及或许有些单纯的”解释方式；但随后他提出一“更聪明的”或“更稳定安全的”理型论，这是关于灵魂不朽不灭的最后一个论证。

费多在 102a10-b2 转述苏格拉底要对话者同意一原则：理型存在而参与在理型中的事物与其所参与之理型有共同的名称。获得在场者的共识后，费多叙述，苏格拉底开始讨论理型所具有的“排拒相对物”（the exclusion of opposites）的本质特性。他首先举例，“当你说希米亚斯比苏格拉底高，却比费多矮，你是说在希米亚斯身上有着高与矮，不是吗？”（102b4-6）此问题欲突显的核心观点是，高自身不会是矮，矮自身也不会是高。同理，当希米亚斯与苏格拉底比较时，他较高，希米亚斯的高不会变矮；当希米亚斯与费多站在一起时，他较矮，他的矮不会变高。希米亚斯的一下高，一下矮，苏格拉底以撤退与逃跑，或毁灭（102d9-11）形容。高自身与矮自身不会受到其对反物的限定，反之个别经验事物却在不同的时间会受其对反物的限定，如“小”象长大后变为“大”象，小被摧毁；也会因与不同事物比较而受限定，如上述希米亚斯的例子。

从 105a1 以降，苏格拉底以雪 / 冷、火 / 热，3 或 5/ 奇数及 2 或 4/ 偶数，两两一组的例子表达，在某些事例中不仅只有理型有权拥有名称，但某个或某些不是理型之物也具有理型的特质。雪不是“冷”，但它一直都冷，当热接近时，冷要么逃跑，要么毁灭。虽然柏拉图的论述有些奇特，但其观点显而易见，雪之所以为雪不是因它参与了冷，而是因它具有雪的物理特性，雪不会是热的，故冷会出现在雪中[①]。依柏拉图的立论，所谓的性质（attributes）是必要的连结，这或许是苏格拉底一直要寻找的原因，既安全（恒真）又聪明（具资讯性）。可再举一例：事物因高温而热，火产生高温，事物因火而热。

接着此论述被用于说明灵魂不灭。苏格拉底的论证简化如下：灵魂是生命的赋予者，因此它不会容纳死亡，即灵魂不死。根据上述，当死亡接近灵魂时，灵魂不

---

① 关于雪是否为一理型的问题，参见 103c13 的注释。

是撤退逃走，就是毁灭。但不死之物是不朽的，不朽之物不会毁灭，所以灵魂是不灭的，而且在人死后一定是去了某处。然而，此论证犯了两个谬误：首先，105c9-10 苏格拉底问，“在身体中产生什么将会使它具有生命？”他似乎认为关于在我们身上的固有性质之真实描述，用于描述灵魂也一定为真。若生命是我们生而为人的固有性质，为什么一定适用于描述灵魂而且此描述必然为真？不过这个质疑也许伤害不大，因为苏格拉底并不将灵魂仅视为一性质。第二，苏格拉底将一错的主张，不会死之物是不朽之物；与一对的主张，不会死之物必须活着，若它存在；两者混为一谈。因为不会死之物可用来泛指一切无生物，它们无生命，故无死亡的问题。但说它们不朽，却言过其实。而即便是后一个对的主张亦会遭到挑战，死者的灵魂不复存在，而不是存在于一死的状态中。故灵魂不灭似乎未被证成[①]。

苏格拉底并未以逻辑论述成功证明灵魂不朽不灭，或许因此他自觉必须有必要在论证结束后，叙述一来世生命及人死后灵魂旅程的故事（muthos）。希腊字 muthos 通常在英文中被直接译为 myth（神话），故传统上被赋予一非理型的色彩，有别于 logos（理性论述）。参照希英字典的定义，muthos 是指由口语所传达的任何事物、言说、建言、命令及计划[②]；logos 可指言说、陈述、对话、理智及说明等；两字相较其实无显著差异，且 logos 亦有说故事之意，与 muthologia 或动词 muthologein（说故事）同义。故理解柏拉图的用法时，去区分 logos 与 muthos 及理性与非理性是不恰当的。柏拉图在《费多篇》含蓄地形容，以故事或神话说明灵魂不朽不灭是“适合而且值得冒这个险——因为是美丽的冒险”[③]（114d5-6）。《高尔奇亚斯篇》中，苏格拉底则明确对卡利克雷斯（Kalliklēs）说：“你认为这是故事（muthon），如我所想，但我认为这是论述（logon），因为我即将告诉你我想说的事是真的（alēthē）。”（523a1-3）苏格拉底随即叙述灵魂的来世旅程与所有的遭遇。

对柏拉图而言，无论是 muthos 或 logos，其实都具备了揭示真理的功能。唯后

---

① 苏格拉底以聪明安全的理型论说明灵魂不灭的论证瑕疵，亦可参见 105c4 及 d12 的注释；关于最后的论证“几近”证明灵魂不朽，参见 N. Denyer，“The *Phaedo*’s Final Argument”，*Maieusis*（Oxford，2007），（ed.）D. Scott，87-96。

② Liddell and Scott，521；罗念生及水建馥编《古希腊语汉语词典》（北京，2004）亦有相同的定义，588。

③ 亦可参见 110b1。但 C. Rowe：ibid. 105 认为其意是神话不可信。

者着重逻辑推论的抽象思考，但前者却能将所讨论的议题做生动的叙述，即形象化的描述。这两种方式不相互抵触，而是相辅相成。柏拉图视说故事为一重要的修辞学方法，主要是在于它可使不可见之事，如灵魂、理型[①]及来世生命等，变得清晰可见（evidentia），使人有亲身经验及亲眼目睹的感觉。诚如公元3世纪雅典哲学家与修辞学家隆吉奴斯（C. Longinus）表示，这种形象化的描写（phantasiai）的功能在于，“一般说来它将大量的兴奋与情绪引入某人的演说中，但当与事实的论证结合时它不仅令听众信服，它更积极地主控他们”[②]（15，9）。因此，柏拉图让苏格拉底以关于来世生命的故事或神话，说服其对话者及读者灵魂不朽，故当活着时应尽己所能地善待照顾及保护灵魂，使它带着“秩序、智慧、正义、勇气、自由及真理”（114e5-115a1），等待神祇的召唤，开启来世生命的旅程。

就哲学而言，这部对话录的核心议题应是理型论[③]，柏拉图企图证明对灵魂不朽的信念出自于理型论，因此相似性论证的重要性不言而喻。柏拉图认为能够证明或揭示，有一个有别于感官经验世界的实在界存在；他希望读者们可被说服，进而相信我们的灵魂隶属于那个实在界，不受限于死亡。虽然柏拉图的论证有其不完备之处，但至少显示，我们所拥有的知识不全然可由纯感官经验的语言说明，亦即，知识不单单是从感官经验中被读出来的。

最后，《费多篇》是柏拉图论灵魂不朽不灭的一部专著，但不宜单纯地视这部对话录为论灵魂不朽的教科书。这部对话录的目的可能是借由呈现苏格拉底对死亡无惧，且醉心于永恒事物及对来世生命的期待，影响其读者思考生命与死亡的课题。

---

① 《理想国篇》卷六及卷七的太阳喻、线喻与洞穴喻。

② 参见 W. H. Fyfe（trans. and ed.），*Longinus: On the Sublime*（Cambridge Mass.，1999）。

③ 《理想国篇》521c7-8 说：“上升至‘是’者（tou ontos），我们称它是真正的哲学。”然而 C. Rowe：ibid. 117 认为《费多篇》主旨是指出哲学生活优于一切其他形式的生活。

柏拉图年表暨时代大事

公元前

509	沛希斯特拉投斯（Peisistratos）家族统治雅典近五十年的政权被推翻，克雷斯塞内斯（Cleisthenes）建立一民主制度的城邦。
约 500	安纳萨哥拉斯出生。
约 495	沛里克雷斯出生。
约 493	恩培多克利斯出生。
490	波斯第一次入侵希腊；雅典人在马拉松战役击退波斯的入侵；普罗大哥拉斯出生。
约 485	高尔奇亚斯出生。
480—479	波斯二次入侵，希腊城邦联合在萨拉米斯（Salamis）及普拉泰亚（Plataea）击败波斯大军。雅典军舰赢得海战，斯巴达在陆战获胜。
477	环爱琴海城邦军事结盟，谓之德利安联盟（The Delian League）；雅典人逐渐将此联盟转化一帝国。其他属于寡头政体的城邦以斯巴达马首是瞻。希腊酝酿出雅典与斯巴达间的冷战。
约 470	费娄劳斯出生。
469	苏格拉底出生；克里同出生。
460	德谟克利图斯出生。
433	恩培多克利斯去世。
432	苏格拉底参与波提戴亚（Potidaea）之役。
431	伯罗奔尼萨战争爆发，雅典与斯巴达兵戎相见；战争持续三十年，雅典原占上风，但斯巴达最终取得优势。雅典兵败肇因于民主议会的错误决策。
约 430	希米亚斯出生；克贝斯出生。
约 429	沛里克雷斯去世。

约 428/7	安纳萨哥拉斯去世。
424	苏格拉底参与德利恩（Delium）之役。
424/3	柏拉图出生。父亲亚里斯同去世。
约 423	米诺出生。
422	苏格拉底参与安菲波利斯（Amphipolis）之役。
约 420	普罗大哥拉斯去世。
约 419	费多出生。
416	雅典与斯巴达所签订的“尼奇亚斯和议”（Peace of Nicias）破裂。雅典对待梅娄斯（Melos）的残酷行径前所未有。
415	尼奇亚斯统军远征西西里，雅典以两年的时间攻掠希拉库斯（Syracuse）。
413	投入大量人力物力，雅典军队在西西里失败，尼奇亚斯战死沙场。斯巴达重启战争。
412	德利安联盟瓦解。
411	雅典民主制被推翻，组成寡头政体，军队由民主人士掌控。
410	民主制恢复。
409	柏拉图之兄阿德曼投斯（Adeimantos）及葛劳孔（Glaukon）于梅加拉（Megara）战役立功。
408	苏格拉底担任咨议院委员及主席，欲阻止对六位海军将领不当审判。
407	柏拉图接受成年礼。
404	斯巴达击败雅典，并于雅典建立寡头政府，形成恐怖统治。
403	民主制恢复。
402	《米诺篇》对话发生的年代。
400	米诺去世。
399	苏格拉底受审及被民主政府处死；《费多篇》对话发生的年代。
398	柏拉图短暂居住于离雅典半天行程的梅加拉。
390	费娄劳斯去世。
384	柏拉图受希拉库斯专制者迪欧尼希欧斯一世（Dionysios I）之邀，前往西西里。
383	柏拉图由西西里回返雅典。
383—366	柏拉图专注于“学院”的研究与教育事务。

约 380	高尔奇亚斯去世。
367	亚里斯多德成为“学院”学生。
366	柏拉图受迪欧尼希欧斯二世之邀，二次前往西西里；数月后返回雅典。
364	柏拉图的母亲逝世。
361	柏拉图三度前往西西里，遭迪欧尼希欧斯二世软禁，幸由阿尔屈塔斯介入营救。
356	德谟克利图斯去世。
约 354	克贝斯去世。
348/7	柏拉图辞世。

关于译文

《米诺篇》的中文译文是根据 J. Burnet，*Platonis Opera* III，Oxford Classical Texts（OCT）（Oxford，1901）的希腊文本。在译注的过程中亦参照比较 R. W. Sharples 及 W. R. M. Lamb 的希腊文本。《费多篇》的中文译文主要是根据 J. Burnet，*Platonis Opera* I，Oxford Classical Texts（Oxford，1967）所修订之希腊文本，在译注的过程中亦参照比较三部不同年代的手抄本修订本：R. D. Archer-Hind，C. J. Rowe 及 1995 年修订之 OCT 版本。

在中译文中的中括号〔〕是指，文本修订者认为括号中之文句为后人窜插；括号（）中的文句为我个人所加，以增加阅读上的流畅度。至于〈〉中的文字是指，希腊文本的编修者对文本的增补。

译注时所使用之工具书：

- Denniston, J. D. and (rev.) Dover, K. J. (1991). *The Greek Particles*, London: Gerald Duckworth & Co. Ltd.（缩写为 GP）
- Diels and Kranz (1960). *Die Fragmente Der VorsoKratiker*, Berlin: Weidmannsche Verlagsbuchhanlung.（缩写为 DK）
- Hornblower, S. and Spawforth, A. (eds.) (1996). *The Oxford Classical Dictionary*, Oxford: Oxford University Press.（缩写为 OCD）
- Liddell and Scott (1997). *An Intermediate Greek-English Lexicon*, Oxford: Clarendon Press.
- Roberts, J. (2005). *The Oxford Dictionary of the Classical World*, Oxford: Oxford University Press.（缩写为 ODCW）
- Smyth, H. W. (1984). *Greek Grammar*, Cambridge Mass.: Harvard University Press.（缩写为 S）

《米诺篇》结构分析

1. 导论：70a1-71b8

米诺问苏格拉底德性是否可教，苏格拉底认为要回答这个问题，首先应该处理德性是什么的问题。

2. 德性是什么：71b9-79c5

米诺所提出的德性的定义皆被苏格拉底所驳斥。

2.1 米诺的第一次尝试：71b9-73c5

米诺提出男人的德性是管理城邦事务，女人的德性是持家及顺从先生，及每种人皆有属于他 / 她的特有德性。但苏格拉底认为米诺只说出了许多不同的德性，而未说德性就其自身为何。

2.2 米诺的第二次尝试：73c6-77a5

米诺主张德性是统治他人的能力，但苏格拉底质疑，这个定义是否也适用在小孩及奴隶身上；此外，他认为应在“统治他人的能力”此表述上附加以正义或不正义的方式。那么统治他人的能力是德性或某个德性？苏格拉底以形状为例说明。

2.3 米诺的第三次尝试：77a5-79e4

米诺引某位诗人的诗，在精美事物中感到愉悦而有能力获得它，但苏格拉底认为精美事物应是指善的事物，且有能力获得须以正义的或节制的方式加以限定，这使得问题又回到原点。

3. 学习即回忆：79e5-86c3

3.1 米诺的悖论：79e5-82b3

米诺对苏格拉底抱怨：1）对于你所不知之事要如何探寻；2）对于你所不知之事，就算它出现在面前，你也无从识别。苏格拉底以回忆说回应。

3.2 奴隶的试验：82b4-85b7

苏格拉底借由在地上画出几何图形及问问题的方式协助奴隶“回忆起”几何问题的答案。

3.3 结论：85b8-86c3

3.3.1）学习是回忆，人的灵魂在进入人肉身前已具有知识；

3.3.2）对于不知之事的探究不可怠惰。

4. 德性是否可教：86c4-96d1

米诺又回到自己一开始所问的问题。

4.1 假设的方法：86c4-89c4

苏格拉底认为德性是否可教的问题，必须以几何学的假设方法进行讨论。

4.2 是否有教授德性的老师：89c5-95a1

苏格拉底怀疑有德或有成就之人能使他人变得和他们一样，即使那些自称教授德性的诡辩学者们也不必然能使他人变得更优秀，阿尼投斯对苏格拉底的说法心生不悦。

4.3 结论：95a2-96d1

苏格拉底及米诺同意，有成就之人及诡辩学者皆非德性的老师。

5. 结语：96d1-100c2

米诺对德性从何而来的问题依旧感到困惑，苏格拉底以知识与真实看法的区分说明，对德性的真实看法不见得比对它所有的知识差，除了前者较后者不稳定，这两者皆非人与生俱来。若德性不是知识的话，就是真实看法；若两者皆不是，那必定是来自神圣的赋予。米诺同意此一结语，对话结束。

《米诺篇》译注

ΜΕΝΩΝ ΣΩΚΡΑΤΗΣ ΠΑΙΣ ΜΕΝΩΝΟΣ ΑΝΥΤΟΣ

St. II

ΜΕΝ. *Ἔχεις μοι εἰπεῖν, ὦ Σώκρατες, ἆρα διδακτὸν ἡ ἀρετή; ἢ οὐ διδακτὸν ἀλλ' ἀσκητόν; ἢ οὔτε ἀσκητὸν οὔτε μαθητόν, ἀλλὰ φύσει παραγίγνεται τοῖς ἀνθρώποις ἢ ἄλλῳ τινὶ τρόπῳ;* **70a**

ΣΩ. *Ὦ Μένων, πρὸ τοῦ μὲν Θετταλοὶ εὐδόκιμοι ἦσαν ἐν τοῖς Ἕλλησιν καὶ ἐθαυμάζοντο ἐφ' ἱππικῇ τε καὶ πλούτῳ, νῦν δέ, ὡς ἐμοὶ δοκεῖ, καὶ ἐπὶ σοφίᾳ, καὶ οὐχ ἥκιστα οἱ τοῦ σοῦ ἑταίρου Ἀριστίππου* [*πολῖται*] *Λαρισαῖοι. τούτου δὲ ὑμῖν αἴτιός ἐστι Γοργίας· ἀφικόμενος γὰρ εἰς τὴν πόλιν ἐραστὰς ἐπὶ σοφίᾳ εἴληφεν Ἀλευαδῶν τε τοὺς πρώτους, ὧν ὁ σὸς* 5 b

米诺　苏格拉底　米诺的奴隶　阿尼投斯

史蒂芬奴斯页码

米诺：你可以告诉我，苏格拉底，德性可以 **70a**
教吗？或者它不可教但借练习而得？或者它既非借练习而得，也
非可学，而是人类与生俱来的事物，或借由
其他的方式[①]？

苏格拉底：米诺，以往塞塔利亚人在希腊人中 5
颇具声名而且骑术与财富令人钦佩，
但如今，如我所见，在智慧上他们也令人佩服[②]，这完全不是 b
与你的朋友亚里斯提波斯有关[③]，拉里沙的公民们。对你们而言
这件事的原因是高尔奇亚斯[④]，因为当他来到城邦时在智慧上
他掳获了爱人，阿雷俞亚代家族[⑤]的主要人物，你的亚里斯提波斯

---

① 本对话录以米诺问苏格拉底德性是否可教开场，对任何熟悉米诺性格的读者而言，这是个令人错愕的安排，因为在色诺芬（Xenophon）的《远征》（*Anabasis*）中米诺被描述成狂妄无耻、贪恋财富及背信变节之人（II，vi，21-29），这样的人似乎不会对德性关心；尽管如此，不应轻忽米诺所问的问题，因为在公元前5及4世纪，人们何以能拥有德性是被热烈讨论的问题，米诺在此提及至少三种一般人的意见：1）接受教导；2）练习；3）生而有之，至于“或借由其他的方式”意指为何，对话录的尾声（100b2-4）才会揭晓。

② 讽刺之语，因为《克里同篇》53d-54e苏格拉底曾提及塞塔利亚是个失序而且荒诞不羁的城邦，无道德可言。

③ 根据色诺芬《远征》的记载，亚里斯提波斯（Aristippos of Larisa）将非希腊人的指挥权交给米诺（II，vi，28）；此人是b4言及的阿雷俞亚代家族中的一员。

④ Gorgias of Leontini（约公元前483—前375年），著名的修辞学家及诡辩学家，据载他活到109岁。柏拉图曾以其名为对话录篇名，讨论修辞术的功能及目的。留存下来的著作有《海伦颂》（The *Encomium of Helen*）及《为帕拉梅德斯辩护》（The *Defence of Palamedes*）。

⑤ Aleuadae是拉里沙的统治家族。

ἐραστής ἐστιν Ἀρίστιππος, καὶ τῶν ἄλλων Θετταλῶν. καὶ 5
δὴ καὶ τοῦτο τὸ ἔθος ὑμᾶς εἴθικεν, ἀφόβως τε καὶ μεγαλο-
πρεπῶς ἀποκρίνεσθαι ἐάν τίς τι ἔρηται, ὥσπερ εἰκὸς τοὺς
εἰδότας, ἅτε καὶ αὐτὸς παρέχων αὑτὸν ἐρωτᾶν τῶν Ἑλλήνων c
τῷ βουλομένῳ ὅτι ἄν τις βούληται, καὶ οὐδενὶ ὅτῳ οὐκ
ἀποκρινόμενος. ἐνθάδε δέ, ὦ φίλε Μένων, τὸ ἐναντίον
περιέστηκεν· ὥσπερ αὐχμός τις τῆς σοφίας γέγονεν, καὶ κιν-
δυνεύει ἐκ τῶνδε τῶν τόπων παρ᾽ ὑμᾶς οἴχεσθαι ἡ σοφία. εἰ **71a**
γοῦν τινα ἐθέλεις οὕτως ἐρέσθαι τῶν ἐνθάδε, οὐδεὶς ὅστις οὐ
γελάσεται καὶ ἐρεῖ· "Ὦ ξένε, κινδυνεύω σοι δοκεῖν μακάριός
τις εἶναι — ἀρετὴν γοῦν εἴτε διδακτὸν εἴθ᾽ ὅτῳ τρόπῳ παρα-
γίγνεται εἰδέναι — ἐγὼ δὲ τοσοῦτον δέω εἴτε διδακτὸν εἴτε 5
μὴ διδακτὸν εἰδέναι, ὥστ᾽ οὐδὲ αὐτὸ ὅτι ποτ᾽ ἐστὶ τὸ παράπαν
ἀρετὴ τυγχάνω εἰδώς."

Ἐγὼ οὖν καὶ αὐτός, ὦ Μένων, οὕτως ἔχω· συμπένομαι b
τοῖς πολίταις τούτου τοῦ πράγματος, καὶ ἐμαυτὸν κατα-
μέμφομαι ὡς οὐκ εἰδὼς περὶ ἀρετῆς τὸ παράπαν· ὃ δὲ μὴ
οἶδα τί ἐστιν, πῶς ἂν ὁποῖόν γέ τι εἰδείην; ἢ δοκεῖ σοι
οἷόν τε εἶναι, ὅστις Μένωνα μὴ γιγνώσκει τὸ παράπαν ὅστις 5
ἐστίν, τοῦτον εἰδέναι εἴτε καλὸς εἴτε πλούσιος εἴτε καὶ
γενναῖός ἐστιν, εἴτε καὶ τἀναντία τούτων; δοκεῖ σοι οἷόν τ᾽

是其中一位爱人，及其他塞塔利亚人的要角。特 5
别是他已将此事变成你们传统风俗，你们以无惧而且庄
严的方式回应，若有人问任何事的话，就像对有知识的人而言是
合理的行为一样，因为高尔奇亚斯也让自己接受任何想问他 c
的希腊人的询问，任何人想问任何问题，且没有一个他不做
回应[①]。但在这儿[②]，我的朋友米诺，出现的是对反的
情况：发生所谓的智慧的干旱，且智慧有可能
是从你们这些地方离开的。总之，若你 **71a**
想以这种方式问在这儿的某个人，没有人不会以
讪笑的口吻说[③]："外邦人，我可能对你而言是
位好运之人——知道德性要么是可教，要么会以某种
方式现身——但德性可教或不可教我完全 5
无知，所以我甚至完全不知道德性这件事[④]
究竟是什么。"

我自己，米诺，是处在如此无知的状态中；在这件事上我 b
与公民同胞们共享贫乏[⑤]，且我责怪自
己，因为我对德性一无所知；我不知道
它是什么，我何以知道它有何特质[⑥]？或者你认为
有人完全不知道米诺是谁，有可 5
能知道他是否俊美、多金，甚至
出身高贵，或是与这些对反之事？你认为有

① 参见《高尔奇亚斯篇》447e5-8。

② 雅典。

③ Klein：1965，41 指出在雅典大概只有苏格拉底会有如此的反应，Klein 教授根据的理由，参见 92e-93a。

④ 或德性自身（auto）。

⑤ 苏格拉底想象自己与其他的公民同胞对"德性是什么？"这个问题皆处于一种混乱困惑的状态中，且缺乏智性上的资源回应它。

⑥ 相同的表述，亦可参见《艾尔奇比亚德斯篇》（The *Alcibiades*）133d1-3。

εἶναι;

MEN. *Οὐκ ἔμοιγε. ἀλλὰ σύ, ὦ Σώκρατες, ἀληθῶς οὐδ' ὅτι ἀρετή ἐστιν οἶσθα, ἀλλὰ ταῦτα περὶ σοῦ καὶ οἴκαδε ἀπαγγέλλωμεν;* c

ΣΩ. *Μὴ μόνον γε, ὦ ἑταῖρε, ἀλλὰ καὶ ὅτι οὐδ' ἄλλῳ πω ἐνέτυχον εἰδότι, ὡς ἐμοὶ δοκῶ.*

MEN. *Τί δέ; Γοργίᾳ οὐκ ἐνέτυχες ὅτε ἐνθάδε ἦν;* 5

ΣΩ. *Ἔγωγε.*

MEN. *Εἶτα οὐκ ἐδόκει σοι εἰδέναι;*

ΣΩ. *Οὐ πάνυ εἰμὶ μνήμων, ὦ Μένων, ὥστε οὐκ ἔχω εἰπεῖν ἐν τῷ παρόντι πῶς μοι τότε ἔδοξεν. ἀλλ' ἴσως ἐκεῖνός τε οἶδε, καὶ σὺ ἃ ἐκεῖνος ἔλεγε· ἀνάμνησον οὖν* 10 *με πῶς ἔλεγεν. εἰ δὲ βούλει, αὐτὸς εἰπέ· δοκεῖ γὰρ δήπου* d *σοὶ ἅπερ ἐκείνῳ.*

MEN. *Ἔμοιγε.*

ΣΩ. *Ἐκεῖνον μὲν τοίνυν ἐῶμεν, ἐπειδὴ καὶ ἄπεστιν· σὺ δὲ αὐτός, ὦ πρὸς θεῶν, Μένων, τί φῄς ἀρετὴν εἶναι; εἶπον* 5 *καὶ μὴ φθονήσῃς, ἵνα εὐτυχέστατον ψεῦσμα ἐψευσμένος ὦ, ἂν φανῇς σὺ μὲν εἰδὼς καὶ Γοργίας, ἐγὼ δὲ εἰρηκὼς μηδενὶ*

可能吗[①]？

米诺：我不认为。但你，苏格拉底，你真的
不知道德性是什么，我们要将这与你有关的事 c
传报回家吗？

苏格拉底：不仅如此，我的朋友，而且我不曾遇见
其他知道的人，如我所想。

米诺：什么？你没有遇见高尔奇亚斯，当他在这儿时[②]？ 5

苏格拉底：我当然有。

米诺：在当时你不认为他知道吗？

苏格拉底：我完全不记得[③]，米诺，所以我现在
无法说我当时是怎么看待他。但或许
他知道，且你知道他说过的事；那对我述 10
说他是怎么说的。若你愿意的话，你自己说，因为想必你的 d
看法即为他的看法。

米诺：我当然如此认为。

苏格拉底：那让我们略过他，因为他人不在此；你
自己，以众神为誓，米诺，说德性是什么呢？说而且 5
不要拒绝，为了让我曾说的是最幸运的谎言[④]，
若你与高尔奇亚斯明显知道，而我曾说过不曾遇

---

① 此论证似乎似是而非，因为以不认识米诺之喻来说明，不知道德性是什么就无从得知它具有何特质，是不适切的比方，我不认识（gignōskein）米诺这个人，并不表示我对此人一无所悉；同样地，我不知道德性（的本质）是什么，并不表示我无法使用 aretē 这个字来自赞美他人的所作所为。无论如何这个比喻本身是一个讽刺，参见 70a1-4。

② 高尔奇亚斯于公元前 427 年到雅典求援，因雷翁提尼与希拉库斯发生战争；另有一说高尔奇亚斯在当时的造访，将西西里式的修辞学及演说术引进雅典，参见 OCD 642。

③ 这又是典型苏格拉底的反讽，苏格拉底不必然忘记高尔奇亚斯的谈话，但事实上高尔奇亚斯说了什么在此并不重要，因为与苏格拉底对话的人是米诺，所以米诺自己的想法才是重点。此外 mnēmōn（记得）与米诺（Menōn）的名字发音相近，苏格拉底似乎以此意有所指地说，米诺记得高尔奇亚斯对德性的论述，但他自己是否“知道”德性是什么又是另一回事。再者，米诺对德性是什么这个问题的看法是出于对高尔奇亚斯的论述的回忆，这似乎指出记住他人提出的观点是一种学习，这预设了本对话录中一核心议题：学习即回忆。

④ 即 71c3-4 的说法。

πώποτε εἰδότι ἐντετυχηκέναι.

MEN. *Ἀλλ' οὐ χαλεπόν, ὦ Σώκρατες, εἰπεῖν. πρῶτον μέν, εἰ βούλει ἀνδρὸς ἀρετήν, ῥᾴδιον, ὅτι αὕτη ἐστὶν ἀνδρὸς ἀρετή, ἱκανὸν εἶναι τὰ τῆς πόλεως πράττειν, καὶ πράττοντα τοὺς μὲν φίλους εὖ ποιεῖν, τοὺς δ' ἐχθροὺς κακῶς, καὶ αὐτὸν εὐλαβεῖσθαι μηδὲν τοιοῦτον παθεῖν. εἰ δὲ βούλει γυναικὸς ἀρετήν, οὐ χαλεπὸν διελθεῖν, ὅτι δεῖ αὐτὴν τὴν οἰκίαν εὖ οἰκεῖν, σῴζουσάν τε τὰ ἔνδον καὶ κατήκοον οὖσαν τοῦ ἀνδρός. καὶ ἄλλη ἐστὶν παιδὸς ἀρετή, καὶ θηλείας καὶ ἄρρενος, καὶ πρεσβυτέρου ἀνδρός, εἰ μὲν βούλει, ἐλευθέρου, εἰ δὲ βούλει, δούλου. καὶ ἄλλαι πάμπολλαι ἀρεταί εἰσιν, ὥστε οὐκ ἀπορία εἰπεῖν ἀρετῆς πέρι ὅτι ἐστίν· καθ' ἑκάστην γὰρ τῶν πράξεων καὶ τῶν ἡλικιῶν πρὸς ἕκαστον ἔργον ἑκάστῳ ἡμῶν ἡ ἀρετή ἐστιν, ὡσαύτως δὲ οἶμαι, ὦ Σώκρατες, καὶ ἡ κακία.* (e … 5 … **72a** … 5)

ΣΩ. *Πολλῇ γέ τινι εὐτυχίᾳ ἔοικα κεχρῆσθαι, ὦ Μένων, εἰ μίαν ζητῶν ἀρετὴν σμῆνός τι ἀνηύρηκα ἀρετῶν παρὰ σοὶ κείμενον. ἀτάρ, ὦ Μένων, κατὰ ταύτην τὴν εἰκόνα τὴν περὶ τὰ σμήνη, εἴ μου ἐρομένου μελίττης περὶ οὐσίας ὅτι ποτ' ἐστίν, πολλὰς καὶ παντοδαπὰς ἔλεγες αὐτὰς εἶναι, τί ἂν ἀπεκρίνω μοι, εἴ σε ἠρόμην· "Ἆρα τούτῳ φῂς πολλὰς καὶ παντοδαπὰς εἶναι καὶ διαφερούσας ἀλλήλων, τῷ μελίττας εἶναι; ἢ τούτῳ μὲν οὐδὲν διαφέρουσιν, ἄλλῳ δέ τῳ, οἷον ἢ κάλλει ἢ μεγέθει ἢ ἄλλῳ τῳ τῶν τοιούτων;" εἰπέ, τί ἂν* (b … 5)

到任何人知道。

米诺：可是这并不难说，苏格拉底。首先， e

若你想要[①]我说关于男人的德性，这容易说，关于男人的

德性是这个，有能力处理城邦的事务[②]，在作为上

有能力使朋友得利，但使敌人受害[③]，且有能力

关切的事他自己不会受到这类之事的苦。但若你要我说女人 5

的德性，这不难说明，对她而言一定是妥善管理

家庭，维持家中事务及服从她的先生。

小孩的德性不同，男孩及女孩，还有

老人的德性，若你要我说的话，自由人的德性，若你要的话，

奴隶的德性。还有其他相当多的德性，所以关于 **72a**

德性是什么并不难说，因为德性是与我们的

每一个作为及年纪相契合，与每一个人的每一

个行为有关，同样地我认为，苏格拉底，恶[④]也

是。 5

苏格拉底：我似乎享受着很好的运气，米诺，

若我在找一个德性，我找到某一群德性呈现在

你身边[⑤]。然而，米诺，根据这个与一群有关

的意象，若我问关于蜜蜂的本质[⑥]究 b

竟为何，你说它们有许多不同的种类，你会

回答我什么，若我问你的话：“在蜜蜂的本质这件

事上这是否是显而易见之事，有许多不同种类存在而且相互

不同？或者在这件事上它们没有不同，而是在其他事上，例如 5

在美丽、体型或其他这类事物上？”说，你会

---

① ei boulei（若你要或你想的话），boulei（你要或你想）之后应补上 eipein eme（我说）。

② 贵族成员皆有掌理国家事务的机会；此外在民主城邦中成年男性公民亦皆须参与城邦事务。

③《理想国篇》332d 也出现过相同的观念，但随后被苏格拉底驳斥。

④ kakia 一字具有多重的意涵，在此与 aretē 对照是指 aretē 的缺乏，此一缺乏一方面可指无力执行上述的事项，另一方面又可指道德上的恶。

⑤ 苏格拉底又一次反讽，因为这不是米诺个人所拥有的看法。

⑥ ousia 指的是事物的本质或本体。

ἀπεκρίνω οὕτως ἐρωτηθείς;

MEN. *Τοῦτ' ἔγωγε, ὅτι οὐδὲν διαφέρουσιν, ᾗ μέλιτται εἰσίν, ἡ ἑτέρα τῆς ἑτέρας.*

ΣΩ. *Εἰ οὖν εἶπον μετὰ ταῦτα· "Τοῦτο τοίνυν μοι αὐτὸ εἰπέ, ὦ Μένων· ᾧ οὐδὲν διαφέρουσιν ἀλλὰ ταὐτόν εἰσιν ἅπασαι, τί τοῦτο φῂς εἶναι;" εἶχες δήπου ἄν τί μοι εἰπεῖν;* c

MEN. *Ἔγωγε.* 5

ΣΩ. *Οὕτω δὴ καὶ περὶ τῶν ἀρετῶν· κἂν εἰ πολλαὶ καὶ παντοδαπαί εἰσιν, ἕν γέ τι εἶδος ταὐτὸν ἅπασαι ἔχουσιν δι' ὃ εἰσὶν ἀρεταί, εἰς ὃ καλῶς που ἔχει ἀποβλέψαντα τὸν ἀποκρινόμενον τῷ ἐρωτήσαντι ἐκεῖνο δηλῶσαι, ὃ τυγχάνει οὖσα ἀρετή· ἢ οὐ μανθάνεις ὅτι λέγω;* d

MEN. *Δοκῶ γέ μοι μανθάνειν· οὐ μέντοι ὡς βούλομαί γέ πω κατέχω τὸ ἐρωτώμενον.*

ΣΩ. *Πότερον δὲ περὶ ἀρετῆς μόνον σοι οὕτω δοκεῖ, ὦ Μένων, ἄλλη μὲν ἀνδρὸς εἶναι, ἄλλη δὲ γυναικὸς καὶ τῶν ἄλλων, ἢ καὶ περὶ ὑγιείας καὶ περὶ μεγέθους καὶ περὶ ἰσχύος ὡσαύτως; ἄλλη μὲν ἀνδρὸς δοκεῖ σοι εἶναι ὑγίεια, ἄλλη δὲ γυναικός; ἢ ταὐτὸν πανταχοῦ εἶδός ἐστιν, ἐάνπερ ὑγίεια ᾖ, ἐάντε ἐν ἀνδρὶ ἐάντε ἐν ἄλλῳ ὁτῳοῦν ᾖ;* 5 e

MEN. *Ἡ αὐτή μοι δοκεῖ ὑγίειά γε εἶναι καὶ ἀνδρὸς καὶ*

回答什么，若你被如此问到的话？

米诺：我当然会说它们没有不同，就它们是蜜蜂而言，一只与另一只之间。

苏格拉底：那在此之后我说："此外，告诉我这个本质，米诺；由于它的关系它们没有不同，而是都相同，你说这是什么？"想必你能对我说出个一二？ c

米诺：我当然可以[①]。 5

苏格拉底：关于德性也以此方式说明；就算它们是众多繁杂，所有的德性具有相同的特质[②]，由于此一特质它们是德性，我认为对回答问题之人而言注视着它，并将它展示给那个问德性实际是何物之人，是适切的；或者你不明了我说什么？ d

米诺：我似乎了解；可是我尚未如我所愿地掌握问题。

苏格拉底：关于德性你是否只有如此的看法，米诺，一方面有属于男人的德性，另一方面有属于女人及其他事物的德性，或同样地，有关于健康、体积及力量的德性？你认为属于男人的健康是一回事，属于女人的健康是另一回事吗？或者它在每一个地方皆有相同的本质，若它真的是健康的话，无论它在男人或其他任何事物之中？ 5 e

米诺：我认为男人与女人的健康是

---

① 无论米诺或苏格拉底皆未对蜜蜂的本质再做说明，至于蜜蜂的本质要如何定义，柏拉图在《诡辩家篇》（The *Sophist*）218d ff. 及《政治家篇》（The *Statesman*）258c-267c 的"分类方法"或可参考。

② 苏格拉底举出一形上学"一与多"的议题，德性纵有各式各样，但它们应具有相同的本质（eidos），使它们成为德性。eidos 一字，如 Klein：ibid. 49-50 建议，不必然要译为理型，因为苏格拉底的对话者不懂这个概念，他建议将 eidos 理解为 ousia；Guthrie、Jowett 及 Robin 皆将 eidos 译为共同的特质（common nature/character），亦为可接受的译法；但 J. M. Day：1994 将 eidos 译为 form 则或可斟酌。

γυναικός.

ΣΩ. *Οὐκοῦν καὶ μέγεθος καὶ ἰσχύς; ἐάνπερ ἰσχυρὰ γυνὴ ᾖ, τῷ αὐτῷ εἴδει καὶ τῇ αὐτῇ ἰσχύϊ ἰσχυρὰ ἔσται; τὸ* 5 *γὰρ τῇ αὐτῇ τοῦτο λέγω· οὐδὲν διαφέρει πρὸς τὸ ἰσχὺς εἶναι ἡ ἰσχύς, ἐάντε ἐν ἀνδρὶ ᾖ ἐάντε ἐν γυναικί. ἢ δοκεῖ τί σοι διαφέρειν;*

ΜΕΝ. *Οὐκ ἔμοιγε.*

ΣΩ. *Ἡ δὲ ἀρετὴ πρὸς τὸ ἀρετὴ εἶναι διοίσει τι, ἐάντε* **73a** *ἐν παιδὶ ᾖ ἐάντε ἐν πρεσβύτῃ, ἐάντε ἐν γυναικὶ ἐάντε ἐν ἀνδρί;*

ΜΕΝ. *Ἔμοιγέ πως δοκεῖ, ὦ Σώκρατες, τοῦτο οὐκέτι ὅμοιον εἶναι τοῖς ἄλλοις τούτοις.* 5

ΣΩ. *Τί δέ; οὐκ ἀνδρὸς μὲν ἀρετὴν ἔλεγες πόλιν εὖ διοικεῖν, γυναικὸς δὲ οἰκίαν;* — ΜΕΝ. *Ἔγωγε.* — ΣΩ. *Ἆρ' οὖν οἷόν τε εὖ διοικεῖν ἢ πόλιν ἢ οἰκίαν ἢ ἄλλο ὁτιοῦν, μὴ σωφρόνως καὶ δικαίως διοικοῦντα;* — ΜΕΝ. *Οὐ δῆτα.* — ΣΩ. *Οὐκοῦν ἄνπερ δικαίως καὶ σωφρόνως διοικῶσιν, δι-* b *καιοσύνῃ καὶ σωφροσύνῃ διοικήσουσιν;* — ΜΕΝ. *Ἀνάγκη.* — ΣΩ. *Τῶν αὐτῶν ἄρα ἀμφότεροι δέονται, εἴπερ μέλλουσιν ἀγαθοὶ εἶναι, καὶ ἡ γυνὴ καὶ ὁ ἀνήρ, δικαιοσύνης καὶ σω-φροσύνης.* — ΜΕΝ. *Φαίνονται.* — ΣΩ. *Τί δὲ παῖς καὶ πρε-* 5 *σβύτης; μῶν ἀκόλαστοι ὄντες καὶ ἄδικοι ἀγαθοὶ ἄν ποτε γένοιντο;* — ΜΕΝ. *Οὐ δῆτα.* — ΣΩ. *Ἀλλὰ σώφρονες καὶ δίκαιοι;* — ΜΕΝ. *Ναί.* — ΣΩ. *Πάντες ἄρ' ἄνθρωποι τῷ αὐτῷ* c

一样的[①]。

苏格拉底：体积与力量也是如此吗？若有位强
健的女人，她将因为相同的特质与相同的力量而强健吗？ 5
关于这个“相同”我所言之意是，在是力量这件事上力量没
有不同，无论是在男人或女人身上。还是你认为有点
不同？

米诺：我不认为。

苏格拉底：在是德性的事上，德性将会有某种区别，无论 **73a**
是在小孩或在老人身上，无论是在女人或
男人身上吗？

米诺：在各方面我都认为，苏格拉底，这不再
与其他这些例子类似[②]。 5

苏格拉底：什么？你刚才不是说男人的德性是妥适地
管理城邦、女人的德性是妥适地管理家庭吗？——**米诺**：我是。——**苏格
拉底**：那有可能妥适地管理城邦、家庭或其他任何事物，
若管理者不以节制及正义的方式管理吗？——**米诺**：一定不可能。——
苏格拉底：所以他们以正义及节制的方式管理，他们以正 b
义及节制管理吗？——**米诺**：一定的。
——**苏格拉底**：两者皆需相同的东西，若他们想要
是有德之人的话，女人及男人，需要正义及
节制。——**米诺**：看来是。——**苏格拉底**：小孩及老人 5
又如何呢？若他们是放荡不羁及不正义，他们不会成为有
德之人吧？——**米诺**：一定不会。——**苏格拉底**：而是节制与
正义？——**米诺**：没错。——**苏格拉底**：那所有的人皆以相同 c

---

① 苏格拉底主张男人与女人的健康及力量是相同的，这是一可议的观点，因为若健康指的是良好的身体状况，男人与女人身体结构不完全相同，两者所有的健康应会有某程度上的差异；力量亦然，由于天生体能条件不同，男人与女人所表现的力量也无法放在同一天秤上衡量，亚里斯多德《形上学》(*Metaphysics*) IV，1003a33-1003b6 便指出，将健康这个概念用在不同的事物上不必然相同。此外，亚里斯多德《政治学》(*Politics*) I，1260a18-24 也指出男人与女人的德性不尽相同。

② 米诺拒绝苏格拉底以健康、力量等譬喻来论德性，他的拒绝或许具有正当性。

τρόπῳ ἀγαθοί εἰσιν· τῶν αὐτῶν γὰρ τυχόντες ἀγαθοὶ γί-γνονται. — ΜΕΝ. *Ἔοικε.* — ΣΩ. *Οὐκ ἂν δήπου, εἴ γε μὴ ἡ αὐτὴ ἀρετὴ ἦν αὐτῶν, τῷ αὐτῷ ἂν τρόπῳ ἀγαθοὶ ἦσαν.* — ΜΕΝ. *Οὐ δῆτα.* 5

ΣΩ. *Ἐπειδὴ τοίνυν ἡ αὐτὴ ἀρετὴ πάντων ἐστίν, πειρῶ εἰπεῖν καὶ ἀναμνησθῆναι τί αὐτό φησι Γοργίας εἶναι καὶ σὺ μετ' ἐκείνου.*

ΜΕΝ. *Τί ἄλλο γ' ἢ ἄρχειν οἷόν τ' εἶναι τῶν ἀνθρώπων; εἴπερ ἕν γέ τι ζητεῖς κατὰ πάντων.* d

ΣΩ. *Ἀλλὰ μὴν ζητῶ γε. ἀλλ' ἆρα καὶ παιδὸς ἡ αὐτὴ ἀρετή, ὦ Μένων, καὶ δούλου, ἄρχειν οἵω τε εἶναι τοῦ δε-σπότου, καὶ δοκεῖ σοι ἔτι ἂν δοῦλος εἶναι ὁ ἄρχων;*

ΜΕΝ. *Οὐ πάνυ μοι δοκεῖ, ὦ Σώκρατες.* 5

ΣΩ. *Οὐ γὰρ εἰκός, ὦ ἄριστε· ἔτι γὰρ καὶ τόδε σκόπει. ἄρχειν φῂς οἷόν τ' εἶναι. οὐ προσθήσομεν αὐτόσε τὸ δικαίως, ἀδίκως δὲ μή;*

ΜΕΝ. *Οἶμαι ἔγωγε· ἡ γὰρ δικαιοσύνη, ὦ Σώκρατες, ἀρετή ἐστιν.* 10

ΣΩ. *Πότερον ἀρετή, ὦ Μένων, ἢ ἀρετή τις;* e

ΜΕΝ. *Πῶς τοῦτο λέγεις;*

ΣΩ. *Ὡς περὶ ἄλλου ὁτουοῦν. οἷον, εἰ βούλει, στρογ-γυλότητος πέρι εἴποιμ' ἂν ἔγωγε ὅτι σχῆμά τί ἐστιν, οὐχ*

的方式成为有德之人，因为获得它们人们成为
有德之人。——**米诺**：好像是。——**苏格拉底**：想必他们不会
以相同的方式成为有德之人，若他们不具有相同的德性。——
米诺：一定不会①。 5

苏格拉底：那么，由于所有人的德性皆相同，试着
说及回忆高尔奇亚斯及你和他一起②说它是
什么。

米诺：除了是有能力统治人们之外，还有什么③？
若你真的要找个关涉到所有人的事物。 d

苏格拉底：可是我确实在找。但小孩与
奴隶，米诺，具有相同的德性，他们能够统治主
人，且你认为统治者依然是奴隶吗④？

米诺：我完全不认为，苏格拉底。 5

苏格拉底：因为这不可能，我最优秀的朋友⑤；再探究此一观点。
你说德性是有能力统治。我们不会为此加上以
正义的方式，而非不正义的方式吗？

米诺：我想会，因为正义，苏格拉底，
是德性。 10

苏格拉底：它是德性，米诺，或是某一个德性？ e

米诺：你这句话的意思是？

苏格拉底：就像关于其他任何事一样。例如，若你愿意的话，
我或许会说关于圆，它是某种形状，但不是

---

① 苏格拉底重回米诺及当时社会大众所认可的德性：正义及节制，苏格拉底两度提及 tō autō tropō（以相同的方式）似指出，他认为德性是一而非多（72c6，73e1），但米诺或许会认为人们之所以是有德之人乃因为他们拥有节制及正义这“两个”德性，而非同一个德性。

② 参见 71c8。

③ 就一位贵族而言，米诺的回答并不令人感到意外，追求政治上卓越的表现是每一个贵族努力实现的目标，但这个骤下的结论，使得米诺立即受到苏格拉底的驳斥。

④ 奴隶再如何有德性或优秀都不可能成为统治者，因为他们充其量只是工具（亚里斯多德《尼科马哥伦理学》1161a32-b8），工具何以能统治人？

⑤ 苏格拉底或许不是真心赞美米诺，因为在 86d6-7 苏格拉底提及米诺无法管理自己。

οὕτως ἁπλῶς ὅτι σχῆμα. διὰ ταῦτα δὲ οὕτως ἂν εἴποιμι, 5
ὅτι καὶ ἄλλα ἔστι σχήματα.

ΜΕΝ. *Ὀρθῶς γε λέγων σύ, ἐπεὶ καὶ ἐγὼ λέγω οὐ μόνον δικαιοσύνην ἀλλὰ καὶ ἄλλας εἶναι ἀρετάς.*

ΣΩ. *Τίνας ταύτας; εἰπέ. οἷον καὶ ἐγώ σοι εἴποιμι ἂν* **74a**
καὶ ἄλλα σχήματα, εἴ με κελεύοις· καὶ σὺ οὖν ἐμοὶ εἰπὲ ἄλλας ἀρετάς.

ΜΕΝ. *Ἡ ἀνδρεία τοίνυν ἔμοιγε δοκεῖ ἀρετὴ εἶναι καὶ*
σωφροσύνη καὶ σοφία καὶ μεγαλοπρέπεια καὶ ἄλλαι πάμ- 5
πολλαι.

ΣΩ. *Πάλιν, ὦ Μένων, ταὐτὸν πεπόνθαμεν· πολλὰς αὖ ηὑρήκαμεν ἀρετὰς μίαν ζητοῦντες, ἄλλον τρόπον ἢ νυνδή· τὴν δὲ μίαν, ἣ διὰ πάντων τούτων ἐστίν, οὐ δυνάμεθα*
ἀνευρεῖν. 10

ΜΕΝ. *Οὐ γὰρ δύναμαί πω, ὦ Σώκρατες, ὡς σὺ ζητεῖς,*
μίαν ἀρετὴν λαβεῖν κατὰ πάντων, ὥσπερ ἐν τοῖς ἄλλοις. b

ΣΩ. *Εἰκότως γε· ἀλλ' ἐγὼ προθυμήσομαι, ἐὰν οἷός τ' ὦ, ἡμᾶς προβιβάσαι. μανθάνεις γάρ που ὅτι οὑτωσὶ ἔχει περὶ παντός· εἴ τίς σε ἀνέροιτο τοῦτο ὃ νυνδὴ ἐγὼ ἔλεγον,*
"Τί ἐστιν σχῆμα, ὦ Μένων;" εἰ αὐτῷ εἶπες ὅτι στρογ- 5
γυλότης, εἴ σοι εἶπεν ἅπερ ἐγώ, "Πότερον σχῆμα ἡ στρογγυλότης ἐστὶν ἢ σχῆμά τι;" εἶπες δήπου ἂν ὅτι σχῆμά τι.

ΜΕΝ. *Πάνυ γε.*

ΣΩ. *Οὐκοῦν διὰ ταῦτα, ὅτι καὶ ἄλλα ἔστιν σχήματα;* c

如此简单地说它是形状。因为我或许会这么说， 5
还有其他的形状。

米诺：是的，你所言正确，因为我说不仅
正义存在，还有其他德性存在。

苏格拉底：这些德性是什么？说。就像我或许会告诉你 **74a**
其他的形状，若你要求我的话；那你告诉我
其他的德性。

米诺：那么我认为勇气是德性，还有
节制、智慧、庄严[①]及其他许许多 5
多的德性。

苏格拉底：米诺，我们又经历了相同的事；我们又
找到许多德性，当我们寻找的是一个德性，以不同于之前的方式；
我们无法找到一个关涉所有这些德性的
德性[②]。 10

米诺：我真的没有能力，苏格拉底，像你所寻找的，
抓住一个关涉到一切德性的德性，就像在其他例中一样[③]。 b

苏格拉底：确有可能，但我想带着我们
前进，若我能的话。想必你了解关于每一件事
都是如此的情况；若有人问你我刚才说的事，
“什么是形状，米诺？”若你告诉他是 5
圆形，若他对你说我所说的：“是圆
形还是某一个形状？”你一定会说某一个形状吧。

米诺：没错。

苏格拉底：那因此还有其他的形状存在吗？ c

---

① megalotrepeia 意指适合伟大的人所有的特质，参见《尼科马哥伦理学》1122b1-1123a18。

② 苏格拉底在 73e1 问米诺正义是德性或“某一个”德性，若对苏格拉底而言德性是一整体，拥有/知道一个就拥有全部，那米诺的回答“某一个”或许正中苏格拉底的下怀，但并不表示米诺的回答没意义，因为整体有时也可以由每一个组成它的部分总合来说明；然而苏格拉底会认为米诺对德性的理解不具普遍性，他的答案无法适用在每一个个别德性上，反而是要理解正义是什么，应先理解德性是什么。

③ 参见 72b、72d-e 及 73e。

MEN. *Ναί.*

ΣΩ. *Καὶ εἴ γε προσανηρώτα σε ὁποῖα, ἔλεγες ἄν;*

MEN. *Ἔγωγε.*

ΣΩ. *Καὶ αὖ εἰ περὶ χρώματος ὡσαύτως ἀνήρετο ὅτι* 5
ἐστίν, καὶ εἰπόντος σου ὅτι τὸ λευκόν, μετὰ ταῦτα ὑπέλαβενς
ὁ ἐρωτῶν· "Πότερον τὸ λευκὸν χρῶμά ἐστιν ἢ χρῶμά τι;"
εἶπες ἂν ὅτι χρῶμά τι, διότι καὶ ἄλλα τυγχάνει ὄντα;

MEN. *Ἔγωγε.*

ΣΩ. *Καὶ εἴ γέ σε ἐκέλευε λέγειν ἄλλα χρώματα, ἔλεγες* 10
ἂν ἄλλα, ἃ οὐδὲν ἧττον τυγχάνει ὄντα χρώματα τοῦ λευκοῦ; d

MEN. *Ναί.*

ΣΩ. *Εἰ οὖν ὥσπερ ἐγὼ μετῄει τὸν λόγον, καὶ ἔλεγεν*
ὅτι "Ἀεὶ εἰς πολλὰ ἀφικνούμεθα, ἀλλὰ μή μοι οὕτως,
ἀλλ' ἐπειδὴ τὰ πολλὰ ταῦτα ἑνί τινι προσαγορεύεις ὀνό- 5
ματι, καὶ φῂς οὐδὲν αὐτῶν ὅτι οὐ σχῆμα εἶναι, καὶ ταῦτα
καὶ ἐναντία ὄντα ἀλλήλοις, ὅτι ἐστὶν τοῦτο ὃ οὐδὲν ἧττον
κατέχει τὸ στρογγύλον ἢ τὸ εὐθύ, ὃ δὴ ὀνομάζεις σχῆμα
καὶ οὐδὲν μᾶλλον φῂς τὸ στρογγύλον σχῆμα εἶναι ἢ τὸ e
εὐθύ;" ἢ οὐχ οὕτω λέγεις;

MEN. *Ἔγωγε.*

ΣΩ. *Ἆρ' οὖν, ὅταν οὕτω λέγῃς, τότε οὐδὲν μᾶλλον φῂς*
τὸ στρογγύλον εἶναι στρογγύλον ἢ εὐθύ, οὐδὲ τὸ εὐθὺ εὐθὺ 5
ἢ στρογγύλον;

MEN. *Οὐ δήπου, ὦ Σώκρατες.*

米诺：是的。

苏格拉底：若他再问你是什么形状，你会说吧？

米诺：我当然会。

苏格拉底：此外，若关于颜色他以相同的方式问它是 5
什么，且若你说是白色，接着询问人
回应："白色是颜色还是某一个颜色？"
你会说是某一个颜色，因为还有其他的颜色存在？

米诺：我会。

苏格拉底：若他要求你说出其他的颜色，你会说 10
其他与白色一样存在的颜色吗？ d

米诺：是的。

苏格拉底：若就像我继续我的论述[①]，他说：
"我们总是得到繁多，但请不要这么告诉我，
因为你以一个名称称呼这些繁多的 5
事物，且你说它们之中没有一个不是形状，尽管
这些事物相互对反，告诉我[②]拥有圆弧与拥有
直线并无不同的事物是什么，你称此为形状
而且你说圆弧事物与直线事物皆为形 e
状？"还是你不这么说？

米诺：我是。

苏格拉底：那么，每当你这么说时，在当时你说圆
弧形事物与直线事物并无不同，直线事物也没有比圆弧事物 5
更直[③]？

米诺：一定不会，苏格拉底。

---

① 苏格拉底继续他的论述，但关于颜色的问题已被搁置不谈。

② hoti 指的是一间接询问，在它之前或可加上"告诉我（eme lege）"。但 Gedike 认为 hoti 应是 ti，于是间接询问就成为直接询问，译文便成为"什么事拥有圆弧与直线并无不同"。

③ 苏格拉底的意思是，若我们以形状来称呼圆弧及直线的事物，当我们称一直线事物为形状时，我们既不称它是直线也不称它是圆弧，而只是形状。但值得思考的是，直线与圆弧的对照是否等同于德性与恶（72a1-5）的对照？

ΣΩ. *Ἀλλὰ μὴν σχῆμά γε οὐδὲν μᾶλλον φῂς εἶναι τὸ στρογγύλον τοῦ εὐθέος, οὐδὲ τὸ ἕτερον τοῦ ἑτέρου.*

MEN. *Ἀληθῆ λέγεις.* 10

ΣΩ. *Τί ποτε οὖν τοῦτο οὗ τοῦτο ὄνομά ἐστιν, τὸ σχῆμα; πειρῶ λέγειν. εἰ οὖν τῷ ἐρωτῶντι οὕτως ἢ περὶ σχήματος* **75a** *ἢ χρώματος εἶπες ὅτι "Ἀλλ' οὐδὲ μανθάνω ἔγωγε ὅτι βούλει, ὦ ἄνθρωπε, οὐδὲ οἶδα ὅτι λέγεις," ἴσως ἂν ἐθαύμασε καὶ εἶπεν· "Οὐ μανθάνεις ὅτι ζητῶ τὸ ἐπὶ πᾶσιν τούτοις ταὐτόν;" ἢ οὐδὲ ἐπὶ τούτοις, ὦ Μένων, ἔχοις ἂν* 5 *εἰπεῖν, εἴ τίς σε ἐρωτῴη· "Τί ἐστιν ἐπὶ τῷ στρογγύλῳ καὶ εὐθεῖ καὶ ἐπὶ τοῖς ἄλλοις, ἃ δὴ σχήματα καλεῖς, ταὐτὸν ἐπὶ πᾶσιν;" πειρῶ εἰπεῖν, ἵνα καὶ γένηταί σοι μελέτη πρὸς τὴν περὶ τῆς ἀρετῆς ἀπόκρισιν.*

MEN. *Μή, ἀλλὰ σύ, ὦ Σώκρατες, εἰπέ.* b

ΣΩ. *Βούλει σοι χαρίσωμαι;*

MEN. *Πάνυ γε.*

ΣΩ. *Ἐθελήσεις οὖν καὶ σὺ ἐμοὶ εἰπεῖν περὶ τῆς ἀρετῆς;*

MEN. *Ἔγωγε.* 5

ΣΩ. *Προθυμητέον τοίνυν· ἄξιον γάρ.*

MEN. *Πάνυ μὲν οὖν.*

ΣΩ. *Φέρε δή, πειρώμεθά σοι εἰπεῖν τί ἐστιν σχῆμα. σκόπει οὖν εἰ τόδε ἀποδέχῃ αὐτὸ εἶναι· ἔστω γὰρ δὴ ἡμῖν τοῦτο σχῆμα, ὃ μόνον τῶν ὄντων τυγχάνει χρώματι ἀεὶ* 10

苏格拉底：当然你一定会说圆形事物不会比直线
事物更是形状，后者也不会比前者更是。

米诺：你所言为真。 10

苏格拉底：究竟这个拥有这个名称，形状，的事物是什么？
试着说说看。关于形状或颜色若你以如此的方式 **75a**
对问问题的人说："可是我真的不了解你的
想法，先生，也不知道你言下之意。"或许他会感到
惊讶，并说："难道你不懂我在找与所有这些
事物有关的相同的元素？"或者关于这些事，米诺，你或许无 5
法说任何事，若有人问你："关于圆弧、
直线及其他你称之为形状的事物，什么元素是在所有的形
状上都相同？"试着言明，为了使你在关于德性的答案
上有所练习。

米诺：不，你说，苏格拉底①。 b

苏格拉底：你要我取悦你吗？

米诺：没错。

苏格拉底：那你会想要告诉我关于德性的事吗？

米诺：我会。 5

苏格拉底：所以我应戮力为之，因为这值得。

米诺：那是当然。

苏格拉底：来，让我们②试着告诉你什么是形状。
那探究你是否接受它是这件事；对我们而言让此事
是形状③，只有与存在的事物有关，形状总是有颜色 10

---

① 75a1-b1 苏格拉底两度使用 peirō legein（试着说）鼓励米诺提出自己（或高尔奇亚斯）的看法，但遭拒。

② 何以是"让我们"？或许因为这是苏格拉底与米诺之间的对话，论证要有任何进展都必须获得两人的同意（d6-7）。

③ estō 是 eimi（是）的祈使形，通常在这类的行文中是指定义。

ἑπόμενον. ἱκανῶς σοι, ἢ ἄλλως πως ζητεῖς; ἐγὼ γὰρ κἂν
οὕτως ἀγαπῴην εἴ μοι ἀρετὴν εἴποις. c

ΜΕΝ. *Ἀλλὰ τοῦτό γε εὔηθες, ὦ Σώκρατες.*

ΣΩ. *Πῶς λέγεις;*

ΜΕΝ. *Ὅτι σχῆμά πού ἐστιν κατὰ τὸν σὸν λόγον ὃ ἀεὶ*
χρόᾳ ἕπεται. εἶεν· εἰ δὲ δὴ τὴν χρόαν τις μὴ φαίη εἰδέναι, 5
ἀλλὰ ὡσαύτως ἀποροῖ ὥσπερ περὶ τοῦ σχήματος, τί ἂν οἴει
σοι ἀποκεκρίσθαι;

ΣΩ. *Τἀληθῆ ἔγωγε· καὶ εἰ μέν γε τῶν σοφῶν τις εἴη*
καὶ ἐριστικῶν τε καὶ ἀγωνιστικῶν ὁ ἐρόμενος, εἴποιμ' ἂν
αὐτῷ ὅτι "Ἐμοὶ μὲν εἴρηται· εἰ δὲ μὴ ὀρθῶς λέγω, σὸν d
ἔργον λαμβάνειν λόγον καὶ ἐλέγχειν." εἰ δὲ ὥσπερ ἐγώ
τε καὶ σὺ νυνὶ φίλοι ὄντες βούλοιντο ἀλλήλοις διαλέγεσθαι,
δεῖ δὴ πρᾳότερόν πως καὶ διαλεκτικώτερον ἀποκρίνεσθαι.
ἔστι δὲ ἴσως τὸ διαλεκτικώτερον μὴ μόνον τἀληθῆ ἀποκρί- 5
νεσθαι, ἀλλὰ καὶ δι' ἐκείνων ὧν ἂν προσομολογῇ εἰδέναι

为伴[①]。对你而言这充分吗？还是你会以其他方式寻找？我
会感到满意，若你以这样的方式告诉我德性[②]。 c

米诺：但这是愚蠢之事，苏格拉底。

苏格拉底：你所言之事是？

米诺：根据你的论述，想必形状是一直伴
随着颜色的东西。嗯，若有人说不知道颜色[③]， 5
而他也对形状的事有同样的困扰，你认为你会
给他什么答案？

苏格拉底：实话；若某人是聪明、
爱争论及好争吵的询问者，我或许会
告诉他："我已说完；若我所言不正确， d
你的工作是要求说明而且驳斥它。"若就像我
和你现在一样，朋友们愿意相互对谈，
应该以较温和及较具对话性[④]的方式回应。
或许不仅是以较具对话性的方式回答实 5
话，而且透过询问者认可[⑤]他所知的那些观点来

---

① 可有两种诠释：1）看到颜色一定是看到具有颜色的形状；2）任何具有形状的事物皆有颜色。Klein：ibid. 59 认为这两个诠释皆适合用在此处，但诠释（2）能成立只有当形状是只可被感知而非抽象的形状；此外，若这句话是对形状的"定义"，苏格拉底似乎并未指出形状是什么，他仅指出如何区辨出形状。

② 根据 Klein：ibid. 60 的诠释，形状与颜色类比于德性与知识（德性若可教，它应是某种知识），所以就像看到形状同时看到颜色，德性永远伴随着知识。

③ 米诺以 chroa 取代苏格拉底用的 chroma（颜色）。亚里斯多德在《论感觉》（*De Sensu*）439a30-31 中提及，毕达哥拉斯学派哲学家以 chron（或 chroia）来表示在物体表面上的颜色。但米诺所问的问题似乎只是为争论而已，一般而言正常人一定能辨识颜色，除非色盲或色弱，米诺之所以会如此好辩可能是受高尔奇亚斯的影响，参见亚里斯多德《论诡辩的驳斥》（*On Sophistical Refutations*）184b36-38；另一方面也许想推迟提出己见的时间。

④ dialektikon 亦有具辩证性的方式的意思，但在此是与 c9 的 eristikōn（爱争论）及 agōntikōn（好争吵）对比，所以是适合对话的方式。N. Gulley：ibid. 33 认为，虽然辩证法在中期对话录里，如《理想国篇》，具有浓郁的形上意涵，且被视为理想的哲学方法，但在《米诺篇》他已借由苏格拉底的问答对谈形式凸显，辩证法不是争论。

⑤ Gedike 的版本是 proomologē 而非 prosomologē，如此译文是"承认他之前所知……"。此外 ho erōtōmenos（被询问之人）在此似乎有文意不通之疑虑，因为是被询问之人以询问者所同意的观点来说明后者所提出的问题，因此 Thompson 的版本是 ho erōtōn（询问者）应是可接受的修正。

ὁ ἐρωτώμενος. πειράσομαι δὴ καὶ ἐγώ σοι οὕτως εἰπεῖν.

λέγε γάρ μοι· τελευτὴν καλεῖς τι; τοιόνδε λέγω οἷον πέρας e

καὶ ἔσχατον — πάντα ταῦτα ταὐτόν τι λέγω· ἴσως δ' ἂν

ἡμῖν Πρόδικος διαφέροιτο, ἀλλὰ σύ γέ που καλεῖς πεπεράνθαι

τι καὶ τετελευτηκέναι — τὸ τοιοῦτον βούλομαι λέγειν, οὐδὲν

ποικίλον. 5

MEN. *Ἀλλὰ καλῶ, καὶ οἶμαι μανθάνειν ὃ λέγεις.*

ΣΩ. *Τί δ'; ἐπίπεδον καλεῖς τι, καὶ ἕτερον αὖ στερεόν,* **76a**

οἷον ταῦτα τὰ ἐν ταῖς γεωμετρίαις;

MEN. *Ἔγωγε καλῶ.*

ΣΩ. *Ἤδη τοίνυν ἂν μάθοις μου ἐκ τούτων σχῆμα ὃ*

λέγω. κατὰ γὰρ παντὸς σχήματος τοῦτο λέγω, εἰς ὃ τὸ 5

στερεὸν περαίνει, τοῦτ' εἶναι σχῆμα· ὅπερ ἂν συλλαβὼν

εἴποιμι στερεοῦ πέρας σχῆμα εἶναι.

MEN. *Τὸ δὲ χρῶμα τί λέγεις, ὦ Σώκρατες;*

ΣΩ. *Ὑβριστής γ' εἶ, ὦ Μένων· ἀνδρὶ πρεσβύτῃ πρά-*

γματα προστάττεις ἀποκρίνεσθαι, αὐτὸς δὲ οὐκ ἐθέλεις 10

ἀναμνησθεὶς εἰπεῖν ὅτι ποτε λέγει Γοργίας ἀρετὴν εἶναι. b

MEN. *Ἀλλ' ἐπειδάν μοι σὺ τοῦτ' εἴπῃς, ὦ Σώκρατες,*

ἐρῶ σοι.

ΣΩ. *Κἂν κατακεκαλυμμένος τις γνοίη, ὦ Μένων, διαλε-*

回答。我将尝试以此方式告诉你。

告诉我；你称什么是终点？我说是这类的事，例如终点 e

及终极——我说在所有这些事上某个相同的东西；或许

普罗迪寇斯[①]不同意我们，但想必你称某物已完成

及已结束——我想说这类的事，不是复杂不清

的事。 5

米诺：我是这么称呼，且我认为我了解你所说的意思。

苏格拉底：还有呢？你称某物为平面，另一物为固体， **76a**

例如这些在几何学中的概念吗？

米诺：我称。

苏格拉底：因此从这些观点中你或许已经了解我所说的

形状。事实上我说的这件事是关涉到所有的形状，形状是在它 5

之中固体完成；若将所说的综合起来，

我或许会说形状是固体的边界[②]。

米诺：你说颜色是什么[③]，苏格拉底？

苏格拉底：你真是个放肆的人[④]，米诺；你麻

烦老年人回答，但你自己却不愿 10

回忆[⑤]及说到底高尔奇亚斯说德性是什么。 b

米诺：但当你告诉我此事，苏格拉底，

我将告诉你。

苏格拉底：若有某个蒙着眼的人知道，米诺，当你和

---

① Prodikos of Ceos（公元前 5 世纪），诡辩学家，他教授修辞学，主要是着重正确地使用字辞，精准地区分定义；柏拉图描写他与苏格拉底交好，但苏格拉底对他所教授的东西总是语带讽刺，参见《普罗大哥拉斯篇》337a 及 358a；《拉克斯篇》（The *Laches*）197d；《卡尔米德斯篇》（The *Charmides*）163d。

② 苏格拉底放弃了在 75b9-11 所提出的形状的定义，取而代之的是较技术性地说明形状是何物，欧几里德《几何原理》I，Def. 14 说明形状是被包含在某个或某些界限之下的事物（Schēma esti to hupo tinos ē tinōn orōn periechomenon）；亦参见亚里斯多德《形上学》1090b5-6。

③ 米诺莫非又再拖延提出自己看法的时间？或是为了找出苏格拉底论证上的漏洞。

④ 应是玩笑之语。亦可见于《艾尔奇比亚德斯篇》114d7 及《飨宴篇》175e8 及 215b7。

⑤ 这个概念所带有的重要暗喻，参见 71c8。

γομένου σου, ὅτι καλὸς εἶ καὶ ἐρασταί σοι ἔτι εἰσίν. 5

ΜΕΝ. *Τί δή;*

ΣΩ. *Ὅτι οὐδὲν ἀλλ' ἢ ἐπιτάττεις ἐν τοῖς λόγοις, ὅπερ ποιοῦσιν οἱ τρυφῶντες, ἅτε τυραννεύοντες ἕως ἂν ἐν ὥρᾳ ὦσιν, καὶ ἅμα ἐμοῦ ἴσως κατέγνωκας ὅτι εἰμὶ ἥττων τῶν* c *καλῶν· χαριοῦμαι οὖν σοι καὶ ἀποκρινοῦμαι.*

ΜΕΝ. *Πάνυ μὲν οὖν χάρισαι.*

ΣΩ. *Βούλει οὖν σοι κατὰ Γοργίαν ἀποκρίνωμαι, ᾗ ἂν σὺ μάλιστα ἀκολουθήσαις;* 5

ΜΕΝ. *Βούλομαι· πῶς γὰρ οὔ;*

ΣΩ. *Οὐκοῦν λέγετε ἀπορροάς τινας τῶν ὄντων κατὰ Ἐμπεδοκλέα;* — ΜΕΝ. *Σφόδρα γε.* — ΣΩ. *Καὶ πόρους εἰς οὓς καὶ δι' ὧν αἱ ἀπορροαὶ πορεύονται;* — ΜΕΝ. *Πάνυ γε.* — ΣΩ. *Καὶ τῶν ἀπορροῶν τὰς μὲν ἁρμόττειν ἐνίοις τῶν* 10 *πόρων, τὰς δὲ ἐλάττους ἢ μείζους εἶναι;* — ΜΕΝ. *Ἔστι* d *ταῦτα.* — ΣΩ. *Οὐκοῦν καὶ ὄψιν καλεῖς τι;* — ΜΕΝ. *Ἔγωγε.*

他谈话时，你容貌俊美而且依然有许多爱人①。 5

米诺：何以如此？

苏格拉底：因为你在论证中只②要求某事，那些受宠之人所做的事，因为他们是暴君当他们年轻气盛之时，且同时你或许会指责我，我无法抗拒俊 c
美之人③；所以我将取悦你而且回答。

米诺：好，那就取悦我吧④。

苏格拉底：你希望我以高尔奇亚斯的方式回答你，在这个方式中你特别能理解？ 5

米诺：我希望；何以不要呢⑤？

苏格拉底：那么根据恩培多克利斯你们⑥是否主张关于存在事物的某些流出物⑦？——**米诺**：当然。——**苏格拉底**：此外，这些流出物是运行至皮肤的细孔，也从这些细孔流出吗？——**米诺**：没错。——**苏格拉底**：某些流出物适合某些皮肤的 10
细孔，它们有些小或有些大吗？——**米诺**：这 d
是真的。——**苏格拉底**：因此你称某物为视力吗？——**米诺**：我是。

---

① 长得俊美的米诺一定会有许多 erastai（爱人者）追求，所以他自己是 eramenos（被爱者），在古希腊的某些城邦这是一种社会习俗，年长的男性爱人者（erastēs）追求年轻貌美的未成年男孩，关于古希腊爱男孩（paiderastia）的习俗，参见 K. J. Dover，*Greek Homosexuality*（Mass. Cambridge，1989）；关于爱的讨论，参见柏拉图的《飨宴篇》。值得一提的是，这个说法与 71b 的主张相互抵触，因为在后者处苏格拉底强调，除非知道德性的定义为何，否则我们无从说明它是否可教；在此苏格拉底却说，就算不知米诺是谁，亦可知他长的俊美。

② ouden alla he 是除此之外别无他事的意思，在这句话中将它译为“只”在中文的表达上较贴切。

③ 对苏格拉底性格有类似的描述，参见《卡尔米德斯篇》154b-c 及 155c-e；《费德若斯篇》227c；《飨宴篇》177d 及 216d；色诺芬的《苏格拉底回忆录》（The *Memorabilia*）II，vi，28。

④ 爱人者会为被爱者做一切的事以取悦他，参见《飨宴篇》184b-c。

⑤ 这清楚地表达了米诺深受高尔奇亚斯的影响。

⑥ legete（你们主张），这个第二人称复数是指米诺及高尔奇亚斯。

⑦ Empedocles of Akragas，公元前 5 世纪先苏哲学家，主张万事万物的生灭是地、水、火及风四元素的聚合分离所形成，且元素分合的力量来自于爱与恨两个动力；恩培多克利斯与其他先苏哲学家中的机械论者，如安纳萨哥拉斯及德谟克利图斯（Democritus），皆认为感官经验的发生是由事物表层的细微粒子向外扩散，影响触及我们的感觉官能，参见 DK 31A86，31A88，31B89 及 31B109a。此外，苏格拉底以恩培多克利斯为例，乃在回应 c4 的“高尔奇亚斯的方式”，因他们两人皆来自于西西里，据说高尔奇亚斯是他的学生，他应赞同其师的看法。

— ΣΩ. Ἐκ τούτων δὴ "σύνες ὅ τοι λέγω," ἔφη Πίνδαρος. ἔστιν γὰρ χρόα ἀπορροὴ σχημάτων ὄψει σύμμετρος καὶ αἰσθητός. 5

ΜΕΝ. Ἄριστά μοι δοκεῖς, ὦ Σώκρατες, ταύτην τὴν ἀπόκρισιν εἰρηκέναι.

ΣΩ. Ἴσως γάρ σοι κατὰ συνήθειαν εἴρηται· καὶ ἅμα οἶμαι ἐννοεῖς ὅτι ἔχοις ἂν ἐξ αὐτῆς εἰπεῖν καὶ φωνὴν ὃ ἔστι, καὶ ὀσμὴν καὶ ἄλλα πολλὰ τῶν τοιούτων. e

ΜΕΝ. Πάνυ μὲν οὖν.

ΣΩ. Τραγικὴ γάρ ἐστιν, ὦ Μένων, ἡ ἀπόκρισις, ὥστε ἀρέσκει σοι μᾶλλον ἢ ἡ περὶ τοῦ σχήματος.

ΜΕΝ. Ἔμοιγε. 5

ΣΩ. Ἀλλ' οὐκ ἔστιν, ὦ παῖ Ἀλεξιδήμου, ὡς ἐγὼ ἐμαυτὸν πείθω, ἀλλ' ἐκείνη βελτίων· οἶμαι δὲ οὐδ' ἂν σοὶ δόξαι, εἰ μή, ὥσπερ χθὲς ἔλεγες, ἀναγκαῖόν σοι ἀπιέναι πρὸ τῶν μυστηρίων, ἀλλ' εἰ περιμείναις τε καὶ μυηθείης.

ΜΕΝ. Ἀλλὰ περιμένοιμ' ἄν, ὦ Σώκρατες, εἴ μοι πολλὰ τοιαῦτα λέγοις. **77a**

ΣΩ. Ἀλλὰ μὴν προθυμίας γε οὐδὲν ἀπολείψω, καὶ σοῦ ἕνεκα καὶ ἐμαυτοῦ, λέγων τοιαῦτα· ἀλλ' ὅπως μὴ οὐχ οἷός

——**苏格拉底**：从这些看法品达[①]说："了解我对你说的话。"
颜色是形状的流出物，它是与视力相称，且因此
具可感觉的特性。 5

米诺：我认为你，苏格拉底，以极佳的方式说出这
个答案。

苏格拉底：或许因为对你所言之事是根据你的习惯；且同时
我认为你心想，或许你能以此方式说出声音是什么，
味道及其他许多这类的事物是什么。 e

米诺：那是当然的。

苏格拉底：这个回应是吹嘘[②]，米诺，所以
这比关于形状的说法更令你感到愉悦。

米诺：我确实感到愉悦。 5

苏格拉底：但这个说法没较佳，阿雷克希德莫斯之子，如我
自己所信，之前那个说法较佳[③]；我想你不会这么认为，
就像你昨天所言，若你没有必要离开，在神秘
之前，你或可留下而且接受启蒙[④]。

米诺：我或许会留下，苏格拉底，若你告诉我 **77a**
许多这类的事。

苏格拉底：其实我是不会缺乏热忱陈述这类的
事，为了你及我自己的缘故，但我担心无

---

① Pindaros（公元前518—约前438年），古希腊诗人，着有大量歌颂运动员赢得胜利的诗歌；这句话参见 W. H. Race，*Pindar* Vol. II（Cambridge Mass.，1997），Fr. 105ab。

② tragikē 字面上意义为"悲剧的"，在此指苏格拉底认为以机械论的方式说明事物的原因是华而不实的方法，因为此一方法并未说明颜色的定义为何，它充其量指出颜色的感知如何发生；关于苏格拉底对抗机械论的说明方式所抱持的态度，参见《费多篇》99d。

③ all' ekeinē（之前那个说法）是指哪个说法？苏格拉底对形状的说明有两种：一是形状与颜色并存（75b）；另一是形状为固体的界线（76a）。Klein：ibid.70 及 Hoerber：1960，94-97 认为第一种优于第二种；就行文脉络而言，之前那个形状的说法比这个对颜色的说法更佳，似乎将对颜色的说明与第二种对形状的说法做对照。

④ 接受神秘宗教的启蒙比喻成接受哲学的启蒙，亦可参见《高尔奇亚斯篇》497c，《费德若斯篇》250b-c 及《飨宴篇》209e。关于古希腊神秘宗教仪式，参见 OCD 520 及 1017-1018。

τ' ἔσομαι πολλὰ τοιαῦτα λέγειν. ἀλλ' ἴθι δὴ πειρῶ καὶ 5
σὺ ἐμοὶ τὴν ὑπόσχεσιν ἀποδοῦναι, κατὰ ὅλου εἰπὼν ἀρετῆς
πέρι ὅτι ἐστίν, καὶ παῦσαι πολλὰ ποιῶν ἐκ τοῦ ἑνός, ὅπερ
φασὶ τοὺς συντρίβοντάς τι ἑκάστοτε οἱ σκώπτοντες, ἀλλὰ
ἐάσας ὅλην καὶ ὑγιῆ εἰπὲ τί ἐστιν ἀρετή. τὰ δέ γε παρα-
δείγματα παρ' ἐμοῦ εἴληφας. b

MEN. *Δοκεῖ τοίνυν μοι, ὦ Σώκρατες, ἀρετὴ εἶναι, καθά-*
περ ὁ ποιητὴς λέγει, "χαίρειν τε καλοῖσι καὶ δύνασθαι·"
καὶ ἐγὼ τοῦτο λέγω ἀρετήν, ἐπιθυμοῦντα τῶν καλῶν δυνατὸν
εἶναι πορίζεσθαι. 5

ΣΩ. *Ἆρα λέγεις τὸν τῶν καλῶν ἐπιθυμοῦντα ἀγαθῶν*
ἐπιθυμητὴν εἶναι; — MEN. *Μάλιστά γε.* — ΣΩ. *Ἆρα ὡς*
ὄντων τινῶν οἳ τῶν κακῶν ἐπιθυμοῦσιν, ἑτέρων δὲ οἳ τῶν
ἀγαθῶν; οὐ πάντες, ὤριστε, δοκοῦσί σοι τῶν ἀγαθῶν ἐπι- c
θυμεῖν; — MEN. *Οὐκ ἔμοιγε.* — ΣΩ. *Ἀλλά τινες τῶν κακῶν;*
— MEN. *Ναί.* — ΣΩ. *Οἰόμενοι τὰ κακὰ ἀγαθὰ εἶναι, λέγεις,*
ἢ καὶ γιγνώσκοντες ὅτι κακά ἐστιν ὅμως ἐπιθυμοῦσιν αὐ-
τῶν; — MEN. *Ἀμφότερα ἔμοιγε δοκοῦσιν.* — ΣΩ. *Ἦ γὰρ* 5
δοκεῖ τίς σοι, ὦ Μένων, γιγνώσκων τὰ κακὰ ὅτι κακά ἐστιν
ὅμως ἐπιθυμεῖν αὐτῶν; — MEN. *Μάλιστα.* — ΣΩ. *Τί ἐπιθυ-*

法诉说许多这类的事[①]。来，我试试看，且 5
你履行对我的承诺[②]，告诉我德性大抵上是
什么[③]，且停止从一中产生多[④]，如那些语带
戏谑之人说，打碎东西的人每次都成就了某事，他们
留下完整而且坚实[⑤]的德性，说它是什么。你至少
曾从我身上看到例子。 b

米诺：其实我认为，苏格拉底，德性是，如
诗人所言[⑥]："在精美的事物中感到愉悦而且有能力[⑦]"；
且我说这是德性，对美的事物有欲求之人有能力
获得它们。 5

苏格拉底：你是说欲求美的事物的人是善的事物
的爱好者吗[⑧]？——**米诺**：那当然。——**苏格拉底**：在此假定
下有些人热衷美的事物，有些人热衷
善的事物吗？你不认为，最优秀的朋友，他们都热衷于 c
善的事物吗？——**米诺**：我当然不认为。——**苏格拉底**：而是有些人热衷
美的事物吗？——**米诺**：是的。——**苏格拉底**：你会说他们认为恶的事物
是善的事物吗？或者人们知道恶的事物为何，尽管如此他们还是对它们有
欲求？——**米诺**：我认为他们两者皆是。——**苏格拉底**：你真的 5
认为有人，米诺，知道恶的事物为恶，
尽管如此欲求它们吗[⑨]？——**米诺**：当然。——**苏格拉底**：你说他

---

① hopōs mē（我担心），此表述或许不必然意味着苏格拉底又再使用他惯有的反讽语气，而是真心地指出他对"德性是什么？"的无知，关于苏格拉底自称无知，参见《辩护篇》21b4-5。

② 75b4-6 的约定。

③ kata holou 其意为大抵或关于整体，因此这句话亦可译为"告诉我关于德性的整体是什么"。

④ 参见 73e1-74a10。

⑤ hugiē 其意为坚实及健康，当它与手工制品并用时，如陶罐，是指陶罐无瑕疵裂痕。

⑥ 出处不详；Klein：ibid. 71 指出这又再次显现米诺总是"回忆"某人看法。

⑦ 这能力为何在 b4-5 说明。

⑧ 关于美与善之间的关系，参见《飨宴篇》201c2-3 及 204c7-206a13。

⑨ 整个论述表达出苏格拉底的一重要伦理学主张：无人会明知故意为恶，为恶之人之所以为恶因为他 / 她将所做之事视为善，所以他 / 她误将"看来是"善之物视为"真正是"善之物，参见《高尔奇亚斯篇》467a-468e 及《普罗大哥拉斯篇》345d-e。相关讨论，可见 N. Gulley：ibid. 91-93。

μεῖν λέγεις; ἢ γενέσθαι αὐτῷ; — MEN. *Γενέσθαι· τί γὰρ ἄλλο;* — ΣΩ. *Πότερον ἡγούμενος τὰ κακὰ ὠφελεῖν ἐκεῖνον ᾧ ἂν γένηται, ἢ γιγνώσκων τὰ κακὰ ὅτι βλάπτει ᾧ ἂν παρῇ;* — MEN. *Εἰσὶ μὲν οἳ ἡγούμενοι τὰ κακὰ ὠφελεῖν, εἰσὶν δὲ καὶ οἳ γιγνώσκοντες ὅτι βλάπτει.* — ΣΩ. *Ἦ καὶ δοκοῦσί σοι γιγνώσκειν τὰ κακὰ ὅτι κακά ἐστιν οἱ ἡγούμενοι τὰ κακὰ ὠφελεῖν;* — MEN. *Οὐ πάνυ μοι δοκεῖ τοῦτό γε.* — ΣΩ. *Οὐκοῦν δῆλον ὅτι οὗτοι μὲν οὐ τῶν κακῶν ἐπιθυμοῦσιν, οἱ ἀγνοοῦντες αὐτά, ἀλλὰ ἐκείνων ἃ ᾤοντο ἀγαθὰ εἶναι, ἔστιν δὲ ταῦτά γε κακά· ὥστε οἱ ἀγνοοῦντες αὐτὰ καὶ οἰόμενοι ἀγαθὰ εἶναι δῆλον ὅτι τῶν ἀγαθῶν ἐπιθυμοῦσιν. ἢ οὔ;* — MEN. *Κινδυνεύουσιν οὗτοί γε.*

d

5

e

ΣΩ. *Τί δέ; οἱ τῶν κακῶν μὲν ἐπιθυμοῦντες, ὡς φῂς σύ, ἡγούμενοι δὲ τὰ κακὰ βλάπτειν ἐκεῖνον ᾧ ἂν γίγνηται, γιγνώσκουσιν δήπου ὅτι βλαβήσονται ὑπ' αὐτῶν;* — MEN. *Ἀνάγκη.* — ΣΩ. *Ἀλλὰ τοὺς βλαπτομένους οὗτοι οὐκ οἴονται ἀθλίους εἶναι καθ' ὅσον βλάπτονται;* — MEN. *Καὶ τοῦτο ἀνάγκη.* — ΣΩ. *Τοὺς δὲ ἀθλίους οὐ κακοδαίμονας;* — MEN. *Οἶμαι ἔγωγε.* — ΣΩ. *Ἔστιν οὖν ὅστις βούλεται ἄθλιος καὶ κακοδαίμων εἶναι;* — MEN. *Οὔ μοι δοκεῖ, ὦ Σώκρατες.* — ΣΩ. *Οὐκ ἄρα βούλεται, ὦ Μένων, τὰ κακὰ οὐδείς, εἴπερ μὴ βούλεται τοιοῦτος εἶναι. τί γὰρ ἄλλο ἐστὶν ἄθλιον εἶναι ἢ ἐπιθυμεῖν τε τῶν κακῶν καὶ κτᾶσθαι;* — MEN. *Κινδυνεύεις ἀληθῆ λέγειν, ὦ Σώκρατες· καὶ οὐδεὶς βούλεσθαι τὰ κακά.*

5

78a

5

b

欲求的是何物？或他拥有何物？——**米诺**：是的，他拥有；还有呢？——**苏格拉底**：拥有那事之人要么知道恶的事物对他有利，要么知道恶的事物会对他不利吗[1]？——**米诺**：有些人认为恶的事物对他们有利，但有些人知道会对他们有害。——**苏格拉底**：你认为他们知道恶的事物为恶，那些认为恶的事物有利之人？——**米诺**：我一点都不这么认为。——**苏格拉底**：因此这是显而易见之事，有些人不欲求恶的事物，有些人对恶的事物无知，但他们欲求他们认为是善的事物，可是这些事物事实上是恶；就像无知之人认为这些事是善的事物，他们明显地欲求善的事物。或者他们不欲求？——**米诺**：他们可能会欲求吧。 d 5 e

苏格拉底：什么？那些欲求恶事之人，如你所言，认为恶的事物会伤害那个拥有它们的人，一定知道他们会被这些事所害吗？——**米诺**：一定。——**苏格拉底**：可是这些人不认为受伤害之人是可悲的，就他们受伤害的程度而言？——**米诺**：这也一定是。——**苏格拉底**：可悲之人不是不幸之人吗？——**米诺**：我当然认为。——**苏格拉底**：那有人想是个可悲而且不幸的人吗？——**米诺**：我不认为，苏格拉底。——**苏格拉底**：没有人想要，米诺，恶的事物，因为他不想是这样的人。还有什么是可悲，除了欲求及拥有恶的事物？——**米诺**：你可能说的是真的，苏格拉底，且没有人想要[2]恶的事物。 5 **78a** 5 b

---

[1] 苏格拉底的善是有利于人的思想，多见柏拉图对话录，如《高尔奇亚斯篇》474e及477a、《普罗大哥拉斯篇》358b、《理想国篇》379b；亦可参见色诺芬《苏格拉底回忆录》IV，vi，8。

[2] 苏格拉底在此的用字是boulesthai而非epithumein（欲求），这两个字的不同虽不甚明显，但仍有差异，《普罗大哥拉斯篇》340b普罗迪寇斯指出boulesthai是有思考及选择的过程，而epithumein则无此过程。此处苏格拉底引导米诺说出，若经过思考，没有人想要恶的事物。

ΣΩ. *Οὐκοῦν νυνδὴ ἔλεγες ὅτι ἔστιν ἡ ἀρετὴ βούλεσθαί τε τἀγαθὰ καὶ δύνασθαι;* — ΜΕΝ. *Εἶπον γάρ.* — ΣΩ. *Οὐκοῦν τοῦ λεχθέντος τὸ μὲν βούλεσθαι πᾶσιν ὑπάρχει, καὶ ταύτῃ* 5 *γε οὐδὲν ὁ ἕτερος τοῦ ἑτέρου βελτίων;* — ΜΕΝ. *Φαίνεται.* — ΣΩ. *Ἀλλὰ δῆλον ὅτι εἴπερ ἐστὶ βελτίων ἄλλος ἄλλου, κατὰ τὸ δύνασθαι ἂν εἴη ἀμείνων.* — ΜΕΝ. *Πάνυ γε.* — ΣΩ. *Τοῦτ' ἔστιν ἄρα, ὡς ἔοικε, κατὰ τὸν σὸν λόγον ἀρετή, δύναμις τοῦ πορίζεσθαι τἀγαθά.* — ΜΕΝ. *Παντάπασί μοι* c *δοκεῖ, ὦ Σώκρατες, οὕτως ἔχειν ὡς σὺ νῦν ὑπολαμβάνεις.*

ΣΩ. *Ἴδωμεν δὴ καὶ τοῦτο εἰ ἀληθὲς λέγεις· ἴσως γὰρ ἂν εὖ λέγοις. τἀγαθὰ φῂς οἷόν τ' εἶναι πορίζεσθαι ἀρετὴν εἶναι;* — ΜΕΝ. *Ἔγωγε.* — ΣΩ. *Ἀγαθὰ δὲ καλεῖς οὐχὶ οἷον* 5 *ὑγίειάν τε καὶ πλοῦτον;* — ΜΕΝ. *Καὶ χρυσίον λέγω καὶ ἀργύριον κτᾶσθαι καὶ τιμὰς ἐν πόλει καὶ ἀρχάς;* — ΣΩ. *Μὴ ἄλλ' ἄττα λέγεις τἀγαθὰ ἢ τὰ τοιαῦτα;* — ΜΕΝ. *Οὔκ, ἀλλὰ πάντα λέγω τὰ τοιαῦτα.* — ΣΩ. *Εἶεν· χρυσίον δὲ δὴ καὶ* d *ἀργύριον πορίζεσθαι ἀρετή ἐστιν, ὥς φησι Μένων ὁ τοῦ μεγάλου βασιλέως πατρικὸς ξένος. πότερον προστιθεῖς τούτῳ τῷ πόρῳ, ὦ Μένων, τὸ δικαίως καὶ ὁσίως, ἢ οὐδέν σοι διαφέρει, ἀλλὰ κἂν ἀδίκως τις αὐτὰ πορίζηται, ὁμοίως* 5 *σὺ αὐτὰ ἀρετὴν καλεῖς;* — ΜΕΝ. *Οὐ δήπου, ὦ Σώκρατες.* — ΣΩ. *Ἀλλὰ κακίαν.* — ΜΕΝ. *Πάντως δήπου.* — ΣΩ. *Δεῖ ἄρα, ὡς ἔοικε, τούτῳ τῷ πόρῳ δικαιοσύνην ἢ σωφροσύνην ἢ ὁσιότητα προσεῖναι, ἢ ἄλλο τι μόριον ἀρετῆς· εἰ δὲ μή,* e

苏格拉底：因此你刚才说德性是想要
及有能力拥有善的事物吗？——**米诺**：我确实说了。——**苏格拉底**：那么
虽然有此一说[①]，想要是属于每一个人，在此面向 5
上其实一个人没比另一个人更优秀吗？——**米诺**：看来是。
——**苏格拉底**：但这是显而易见之事，若一个人比另一个人优秀，
他的优秀是在于能力上。——**米诺**：没错。——
苏格拉底：根据你的说法，看来，这是德性，
获得善的事物的能力。——**米诺**：对我而言事实全 c
然是如此，苏格拉底，正如你现在的理解。

苏格拉底：让我们看这件事，你是否所言为真；或许你
言之成理[②]。你说德性是有能力获得善的
事物吗？——**米诺**：我是。——**苏格拉底**：你不称，例如， 5
健康及财富为善的事物吗？——**米诺**：我说拥有黄金、
白银及在城邦中拥有荣誉与权力为德性。——**苏格拉底**：除
了这类的事之外你不会说其他的事物是善的事物吧？——**米诺**：不会，但
我说的是所有这类的事物。——**苏格拉底**：嗯，德性是 d
获得黄金及白银[③]，如米诺所言，他是伟大
的国王的友人的继承人[④]。你是否在这个方法手段
上加上[⑤]，米诺，正义地及虔敬地，或者这对你
而言无差，某人以不正义的方式获得这些东西，你照样 5
称此为德性吗？——**米诺**：当然不是，苏格拉底。——
苏格拉底：你称此为恶。——**米诺**：非常确定。——**苏格拉底**：看来，
必须在此方法手段加上正义、节制、
虔敬或德性的其他某个部分；若不加的话， e

---

① Burnet 的版本是 tou lechthentos（虽然之前所言）；Ast 的修正为 toutou lechthentos 似乎较符合行文脉络，在此采用后者手抄本传统。

② 米诺是否言之成理端赖他如何理解 agatha（善的事物），参见 Klein：ibid. 78。

③ 苏格拉底只重复米诺在 c5-7 主张中的黄金与白银，而不提荣誉与权力，或许是暗示着米诺仅将荣誉与权力视为获得黄金白银的手段，进而突显米诺对何谓善的事物并无高尚的看法。

④ 米诺与波斯王交好为他带来大量的财富，关于米诺的贪恋财富，参见 70a4。

⑤ 苏格拉底分别在 73a-b 及 73d 问及类似的问题。

οὐκ ἔσται ἀρετή, καίπερ ἐκπορίζουσα τἀγαθά. — ΜΕΝ. *Πῶς*
γὰρ ἄνευ τούτων ἀρετὴ γένοιτ' ἄν; — ΣΩ. *Τὸ δὲ μὴ ἐκ-*
πορίζειν χρυσίον καὶ ἀργύριον, ὅταν μὴ δίκαιον ᾖ, μήτε
αὑτῷ μήτε ἄλλῳ, οὐκ ἀρετὴ καὶ αὕτη ἐστὶν ἡ ἀπορία; — 5
ΜΕΝ. *Φαίνεται.* — ΣΩ. *Οὐδὲν ἄρα μᾶλλον ὁ πόρος τῶν*
τοιούτων ἀγαθῶν ἢ ἡ ἀπορία ἀρετὴ ἂν εἴη, ἀλλά, ὡς ἔοικεν,
ὃ μὲν ἂν μετὰ δικαιοσύνης γίγνηται, ἀρετὴ ἔσται, ὃ δ'
ἂν ἄνευ πάντων τῶν τοιούτων, κακία. — ΜΕΝ. *Δοκεῖ μοι* **79a**
ἀναγκαῖον εἶναι ὡς λέγεις.

ΣΩ. *Οὐκοῦν τούτων ἕκαστον ὀλίγον πρότερον μόριον*
ἀρετῆς ἔφαμεν εἶναι, τὴν δικαιοσύνην καὶ σωφροσύνην καὶ
πάντα τὰ τοιαῦτα; 5

ΜΕΝ. *Ναί.*

ΣΩ. *Εἶτα, ὦ Μένων, παίζεις πρός με;*

ΜΕΝ. *Τί δή, ὦ Σώκρατες;*

ΣΩ. *Ὅτι ἄρτι ἐμοῦ δεηθέντος σου μὴ καταγνύναι μηδὲ*
κερματίζειν τὴν ἀρετήν, καὶ δόντος παραδείγματα καθ' ἃ δέοι 10
ἀποκρίνεσθαι, τούτου μὲν ἠμέλησας, λέγεις δέ μοι ὅτι ἀρετή
ἐστιν οἷόν τ' εἶναι τἀγαθὰ πορίζεσθαι μετὰ δικαιοσύνης· b
τοῦτο δὲ φῂς μόριον ἀρετῆς εἶναι;

ΜΕΝ. *Ἔγωγε.*

ΣΩ. *Οὐκοῦν συμβαίνει ἐξ ὧν σὺ ὁμολογεῖς, τὸ μετὰ*
μορίου ἀρετῆς πράττειν ὅτι ἂν πράττῃ, τοῦτο ἀρετὴν εἶναι· 5
τὴν γὰρ δικαιοσύνην μόριον φῂς ἀρετῆς εἶναι, καὶ ἕκαστα

将不会是德性，虽然这个方法手段获得善的事物①。——**米诺**：没有
这些事德性何以产生？——**苏格拉底**：不获
取黄金及白银，当不是以正义的方式，不为
自己也不为他人，这个在方法手段上的犹豫②不是德性吗？—— 5
米诺：似乎是。——**苏格拉底**：与这类善的事物有
关的方法手段及犹豫或许皆为德性，但，看来，
任何与正义一起发生的事，将会是德性，但任何
没有一切这类的德性为伴所发生的事，是恶。——**米诺**：我认为 **79a**
这一定是如你所言。

苏格拉底：因此我们不久之前说过③，这些事中的每一个都是
德性的一部分，正义、节制及
所有这类事物？ 5

米诺：没错。

苏格拉底：那，米诺，你在对我说笑吗？

米诺：什么，苏格拉底？

苏格拉底：因为我刚才要求你不要打破，也不
要剁碎德性④，且举例，你应该根据那些例子 10
回答，然而对此你轻忽，你告诉我德性
是有能力与正义一起获得善的事物； b
你说这是⑤德性的一部分吗？

米诺：我是。

苏格拉底：因此根据你所同意的观点这有可能
是德性，与德性的一部分一起做某人所做之事， 5
因为你说正义是德性的一部分，且这些事中的每一

---

① ekporizousa（获得）原来是跟着 d8 的 poros（方法手段），但受到 aretē（德性）的影响而变为阴性分词。

② aporia 原为困惑、混淆之意，此处指对采用不当的手段方法的犹豫与缺乏决心。

③ 参见 74a5-6。

④ 参见 77a7-9。

⑤ touto（这个）是指 dikaiosunē（正义），它之所以为中性，乃因受到其后的 morion（部分）这个中性词的影响。

τούτων. τί οὖν δὴ τοῦτο λέγω; ὅτι ἐμοῦ δεηθέντος ὅλον εἰπεῖν τὴν ἀρετήν, αὐτὴν μὲν πολλοῦ δεῖς εἰπεῖν ὅτι ἐστίν, πᾶσαν δὲ φῂς πρᾶξιν ἀρετὴν εἶναι, ἐάνπερ μετὰ μορίου ἀρετῆς πράττηται, ὥσπερ εἰρηκὼς ὅτι ἀρετή ἐστιν τὸ ὅλον c
καὶ ἤδη γνωσομένου ἐμοῦ, καὶ ἐὰν σὺ κατακερματίζῃς αὐτὴν κατὰ μόρια. δεῖται οὖν σοι πάλιν ἐξ ἀρχῆς, ὡς ἐμοὶ δοκεῖ, τῆς αὐτῆς ἐρωτήσεως, ὦ φίλε Μένων, τί ἐστιν ἀρετή, εἰ μετὰ μορίου ἀρετῆς πᾶσα πρᾶξις ἀρετὴ ἂν εἴη; τοῦτο γάρ 5
ἐστιν λέγειν, ὅταν λέγῃ τις, ὅτι πᾶσα ἡ μετὰ δικαιοσύνης πρᾶξις ἀρετή ἐστιν. ἢ οὐ δοκεῖ σοι πάλιν δεῖσθαι τῆς αὐτῆς ἐρωτήσεως, ἀλλ' οἴει τινὰ εἰδέναι μόριον ἀρετῆς ὅτι ἐστίν, αὐτὴν μὴ εἰδότα;

ΜΕΝ. *Οὐκ ἔμοιγε δοκεῖ.* 10

ΣΩ. *Εἰ γὰρ καὶ μέμνησαι, ὅτ' ἐγώ σοι ἄρτι ἀπεκρινάμην* d
περὶ τοῦ σχήματος, ἀπεβάλλομέν που τὴν τοιαύτην ἀπόκρισιν τὴν διὰ τῶν ἔτι ζητουμένων καὶ μήπω ὡμολογημένων ἐπιχειροῦσαν ἀποκρίνεσθαι.

ΜΕΝ. *Καὶ ὀρθῶς γε ἀπεβάλλομεν, ὦ Σώκρατες.* 5

ΣΩ. *Μὴ τοίνυν, ὦ ἄριστε, μηδὲ σὺ ἔτι ζητουμένης ἀρετῆς ὅλης ὅτι ἐστὶν οἴου διὰ τῶν ταύτης μορίων ἀποκρινόμενος δηλώσειν αὐτὴν ὁτῳοῦν, ἢ ἄλλο ὁτιοῦν τούτῳ τῷ αὐτῷ τρόπῳ λέγων, ἀλλὰ πάλιν τῆς αὐτῆς δεήσεσθαι ἐρωτήσεως,* e
τίνος ὄντος ἀρετῆς λέγεις ἃ λέγεις· ἢ οὐδέν σοι δοκῶ λέγειν;

ΜΕΝ. *Ἔμοιγε δοκεῖς ὀρθῶς λέγειν.*

个皆为德性。我为何说此呢？因为我要求你
说的是德性的整体，你离说它是什么还差得远，
你说德性是所有的行为，若它是与德性
的一部分一起做，就像若你曾说什么是德性的整体 c
而且我随后将会知道，即使你把它剁
成碎片。所以你应该再次从头开始，如我认为，
问同一个问题，我的朋友米诺，德性是什么，若
所有与德性的一部分为伍的行为皆为德性的话？当 5
有人说，这是他该说的，所有与正义为伍的
行为是德性。或者你不认为应该再一次问
相同的问题，而你认为某人知道德性的一部分
为何，却不知德性？

米诺：我不认为。 10

苏格拉底：若你还记得的话，当我之前[1]回答你 d
关于形状的问题，我们想必丢弃了这类的答
案，试着借由尚在被探寻而且尚未有共识的事
回答。

米诺：我们丢弃是对的，苏格拉底。 5

苏格拉底：你也不该认为，我最高贵的朋友，当德性的
整体为何尚在探寻时，借由它的各个部分来回答，你
将对任何人解释德性，或解释任何其他的事，若你以这种
方式说明[2]，反而你应该相同的问题再问一次， e
关于德性是什么你说你的意思是什么；或者你认为我言
之无物？

米诺：我认为你说得对。

---

① 参见 75b-d。

② Klein：ibid. 83-87 认为苏格拉底所坚持的解释说明的方法是西洋古代教学中的分析演绎法，即先确立要探究的东西是什么，再透过必要的步骤得出先前所确立的事物为真（83）；米诺所使用的方法是综合归纳，先说明德性各个事例或部分，再加以综合得到其整体为何，Klein 教授认为米诺的方法不必然不具正当性，但 d5 的让步，使他在随后的对话中无法回应苏格拉底的诘问。

ΣΩ. *Ἀπόκριναι τοίνυν πάλιν ἐξ ἀρχῆς· τί φῂς ἀρετὴν εἶναι καὶ σὺ καὶ ὁ ἑταῖρός σου;* 5

ΜΕΝ. *Ὦ Σώκρατες, ἤκουον μὲν ἔγωγε πρὶν καὶ συγγενέσθαι σοι ὅτι σὺ οὐδὲν ἄλλο ἢ αὐτός τε ἀπορεῖς καὶ τοὺς* **80a** *ἄλλους ποιεῖς ἀπορεῖν· καὶ νῦν, ὥς γέ μοι δοκεῖς, γοητεύεις με καὶ φαρμάττεις καὶ ἀτεχνῶς κατεπᾴδεις, ὥστε μεστὸν ἀπορίας γεγονέναι. καὶ δοκεῖς μοι παντελῶς, εἰ δεῖ τι καὶ σκῶψαι, ὁμοιότατος εἶναι τό τε εἶδος καὶ τἆλλα ταύτῃ τῇ* 5 *πλατείᾳ νάρκῃ τῇ θαλαττίᾳ· καὶ γὰρ αὕτη τὸν ἀεὶ πλησιάζοντα καὶ ἁπτόμενον ναρκᾶν ποιεῖ, καὶ σὺ δοκεῖς μοι νῦν ἐμὲ τοιοῦτόν τι πεποιηκέναι, [ναρκᾶν]· ἀληθῶς γὰρ ἔγωγε καὶ τὴν ψυχὴν καὶ τὸ στόμα ναρκῶ, καὶ οὐκ ἔχω ὅτι ἀποκρίνωμαί* b *σοι. καίτοι μυριάκις γε περὶ ἀρετῆς παμπόλλους λόγους εἴρηκα καὶ πρὸς πολλούς, καὶ πάνυ εὖ, ὥς γε ἐμαυτῷ ἐδόκουν· νῦν δὲ οὐδ' ὅτι ἐστὶν τὸ παράπαν ἔχω εἰπεῖν. καί μοι δοκεῖς εὖ βουλεύεσθαι οὐκ ἐκπλέων ἐνθένδε οὐδ' ἀποδημῶν· εἰ* 5 *γὰρ ξένος ἐν ἄλλῃ πόλει τοιαῦτα ποιοῖς, τάχ' ἂν ὡς γόης ἀπαχθείης.*

ΣΩ. *Πανοῦργος εἶ, ὦ Μένων, καὶ ὀλίγου ἐξηπάτησάς με.*

ΜΕΝ. *Τί μάλιστα, ὦ Σώκρατες;*

ΣΩ. *Γιγνώσκω οὗ ἕνεκά με ᾔκασας.* c

ΜΕΝ. *Τίνος δὴ οἴει;*

ΣΩ. *Ἵνα σε ἀντεικάσω. ἐγὼ δὲ τοῦτο οἶδα περὶ πάντων τῶν καλῶν, ὅτι χαίρουσιν εἰκαζόμενοι — λυσιτελεῖ γὰρ αὐτοῖς·*

苏格拉底：那重新再回答一次；你及你的朋友 5
说德性实际上是什么？

米诺：苏格拉底，在与你认识前我
听说过，你自己困惑而且使 **80a**
他人也困惑；现在，正如我对你的看法，你迷
惑、蛊惑及以魔力完全制服我，所以我充满
了困惑。若我可开个玩笑，我认为你非常
像，在样貌及其他面向上，在海中著名 5
的扁平魟鱼[①]，因为它抓住在任何时候接近
它的东西，并使该物麻痹[②]，且我认为你刚才已
经对我做了某种这类的事，〔使我麻痹〕[③]，因为我
的灵魂及嘴巴真的麻痹了，且我无法回答 b
你。然而我已无数次地对许多人说了甚多
关于德性的事，且说得非常好，至少我自己如此认为；
可是现在我完全无法说它是什么。我认为你
不离开这里而且不移居外地是不错的决定[④]；若 5
你做如是的决定在其他城邦中成为外邦人，你或许
会以蛊惑者的身份被逮捕[⑤]。

苏格拉底：你是个滑头，米诺，且你几乎骗了我。

米诺：是怎么个骗你，苏格拉底？

苏格拉底：我知道你为何缘故描述我。 c

米诺：为了什么，你认为呢？

苏格拉底：为了要我也描绘你[⑥]。这是我对每一个俊美之
人的了解，被描绘的人会感到愉快满意——这确定对他们有利，

---

① 或许是苏格拉底扁平的鼻子与魟鱼相似。

② 对话者被苏格拉底给麻痹或迷惑，亦可见于《理想国篇》358b3，塞拉胥马侯斯（Thrasymachos）像条被迷惑的蛇；《飨宴篇》215a4 ff. 艾尔奇比亚德斯（Alkibiadēs）说苏格拉底的谈话会迷惑人。

③ 后人窜插。

④ 参见《克里同篇》52e3-4。苏格拉底除了随军远征外，几乎没离开过雅典。

⑤ 《辩护篇》37d-e 苏格拉底认为自己在外邦生活会不断地被放逐。

⑥ 古希腊人在对话中似乎有着相互赞美称颂的习惯，参见《飨宴篇》215a。

καλαὶ γὰρ οἶμαι τῶν καλῶν καὶ αἱ εἰκόνες — ἀλλ' οὐκ 5
ἀντεικάσομαί σε. ἐγὼ δέ, εἰ μὲν ἡ νάρκη αὐτὴ ναρκῶσα
οὕτω καὶ τοὺς ἄλλους ποιεῖ ναρκᾶν, ἔοικα αὐτῇ· εἰ δὲ μή,
οὔ. οὐ γὰρ εὐπορῶν αὐτὸς τοὺς ἄλλους ποιῶ ἀπορεῖν, ἀλλὰ
παντὸς μᾶλλον αὐτὸς ἀπορῶν οὕτως καὶ τοὺς ἄλλους ποιῶ
ἀπορεῖν. καὶ νῦν περὶ ἀρετῆς ὃ ἔστιν ἐγὼ μὲν οὐκ οἶδα, σὺ d
μέντοι ἴσως πρότερον μὲν ᾔδησθα πρὶν ἐμοῦ ἅψασθαι, νῦν
μέντοι ὅμοιος εἶ οὐκ εἰδότι. ὅμως δὲ ἐθέλω μετὰ σοῦ
σκέψασθαι καὶ συζητῆσαι ὅτι ποτέ ἐστιν.

ΜΕΝ. *Καὶ τίνα τρόπον ζητήσεις, ὦ Σώκρατες, τοῦτο ὃ* 5
μὴ οἶσθα τὸ παράπαν ὅτι ἐστίν; ποῖον γὰρ ὧν οὐκ οἶσθα
προθέμενος ζητήσεις; ἢ εἰ καὶ ὅτι μάλιστα ἐντύχοις αὐτῷ,
πῶς εἴσῃ ὅτι τοῦτό ἐστιν ὃ σὺ οὐκ ᾔδησθα;

ΣΩ. *Μανθάνω οἷον βούλει λέγειν, ὦ Μένων. ὁρᾷς* e
τοῦτον ὡς ἐριστικὸν λόγον κατάγεις, ὡς οὐκ ἄρα ἔστιν
ζητεῖν ἀνθρώπῳ οὔτε ὃ οἶδε οὔτε ὃ μὴ οἶδε; οὔτε γὰρ ἂν
ὅ γε οἶδεν ζητοῖ — οἶδεν γάρ, καὶ οὐδὲν δεῖ τῷ γε τοιούτῳ
ζητήσεως — οὔτε ὃ μὴ οἶδεν — οὐδὲ γὰρ οἶδεν ὅτι ζητήσει. 5

ΜΕΝ. *Οὐκοῦν καλῶς σοι δοκεῖ λέγεσθαι ὁ λόγος οὗτος,* **81a**
ὦ Σώκρατες;

因为我认为俊美之人的美是他们的形象——但我将不 5
会描绘你[①]。我像它一样，若魟鱼也以如此的方式
麻痹自己而且使其他的人[②]麻痹；若不是的话，
我不像它。不是因为我自己有众多的答案使其他人感到困惑，而是
我自己处在如此完全的困惑之中[③]而且令他人感到
困惑。现在关于德性是什么我不知道，然而 d
你或许在与我接触前已知道，可是现在
你像是个对此事无知之人。尽管如此我希望与你
一起探究及检视德性究竟为何。

米诺：你要以何种方式探寻，苏格拉底，这个 5
你完全不知为何物的东西呢？什么你不知的事物
你置于面前并探寻它？或若你尽可能遇见它，
你如何知道这件事是你所不知的事呢[④]？

苏格拉底：我了解你想要表达的意思，米诺。你是否看到 e
你发表的是具争议的论点[⑤]，看来，人不可能
探寻他所知的事物，也不可能探究他所不知的事物？因为他
不会探寻他已知的事物——因为他已知，且没有必要在这类的事物
上做探寻——也不会探寻他所不知之事——因为他不知所要探寻之事为何[⑥]。 5

米诺：因为这个论点对你而言似乎是个不错的说法， **81a**
苏格拉底？

---

① 苏格拉底不但没有赞美米诺，反而奚落他（d3）。

② tous allous 在此并非“其他的魟鱼”，因为魟鱼不是使其他魟鱼麻痹，而是其他的事物。

③ 参见 77a5 的注释；苏格拉底习惯为一无所知之人，参见《辩护篇》22d1。

④ 这是“米诺的悖论”：1）对于你所不知的事物，你如何探寻它；2）对于你不知的事物，就算你遇上它，你也不知它便是你所探寻之事。Hoerber：ibid. 101 认为米诺对知识探寻的怀疑主义是承袭高尔奇亚斯的思想，在《论不存在的事物》他主张：1）无物存在；2）就算一物存在，人类也无法理解它；3）就算可理解它，也无法对他人说明（DK 82B3）。

⑤ 之所以是一具争议的论述（eristikon logon），是因为它源自于诡辩学派哲学家的思想。katagein 根据 Liddell and Scott 有编撰、叙述的意思。

⑥ 苏格拉底的第一个说法是对米诺悖论的补述，第二个说法与米诺的（1）相同，但苏格拉底随后所回应的问题是（1），而非（2），即以回忆说来表示借由探寻的方式，而非教导，可让我们回忆起已淡忘的知识，参见 Scott：2006，78-79。

ΣΩ. *Οὐκ ἔμοιγε.*

MEN. *Ἔχεις λέγειν ὅπῃ;*

ΣΩ. *Ἔγωγε· ἀκήκοα γὰρ ἀνδρῶν τε καὶ γυναικῶν σοφῶν* 5
περὶ τὰ θεῖα πράγματα —

MEN. *Τίνα λόγον λεγόντων;*

ΣΩ. *Ἀληθῆ, ἔμοιγε δοκεῖν, καὶ καλόν.*

MEN. *Τίνα τοῦτον, καὶ τίνες οἱ λέγοντες;*

ΣΩ. *Οἱ μὲν λέγοντές εἰσι τῶν ἱερέων τε καὶ τῶν ἱερειῶν* 10
ὅσοις μεμέληκε περὶ ὧν μεταχειρίζονται λόγον οἵοις τ' εἶναι
διδόναι· λέγει δὲ καὶ Πίνδαρος καὶ ἄλλοι πολλοὶ τῶν ποιητῶν b
ὅσοι θεῖοί εἰσιν. ἃ δὲ λέγουσιν, ταυτί ἐστιν· ἀλλὰ σκόπει
εἴ σοι δοκοῦσιν ἀληθῆ λέγειν. φασὶ γὰρ τὴν ψυχὴν τοῦ
ἀνθρώπου εἶναι ἀθάνατον, καὶ τοτὲ μὲν τελευτᾶν — ὃ δὴ
ἀποθνῄσκειν καλοῦσι — τοτὲ δὲ πάλιν γίγνεσθαι, ἀπόλλυσθαι 5
δ' οὐδέποτε· δεῖν δὴ διὰ ταῦτα ὡς ὁσιώτατα διαβιῶναι τὸν
βίον· οἷσιν γὰρ ἂν —

Φερσεφόνα ποινὰν παλαιοῦ πένθεος
δέξεται, εἰς τὸν ὕπερθεν ἅλιον κείνων ἐνάτῳ ἔτεϊ
ἀνδιδοῖ ψυχὰς πάλιν, 10

苏格拉底：我不认为。

米诺：你能说是哪个面向吗？

苏格拉底：我当然能，因为我曾听说男人及女人在 5
神圣事物上的智慧——

米诺：他们提出什么样的说法[①]？

苏格拉底：真实而且，至少就我而言，高贵的说法。

米诺：这个说法是什么，且是谁提出的？

苏格拉底：提出此一说法的人一方面是所有那些男女祭司[②]， 10
他们把有能力对自己所执行的事物提出说明视为自己
所关切之事；另一方面品达及其他众多的诗人们提出此说法[③] b
他们大多数受神祇的眷顾[④]。他们所言如下，但要斟酌，
你是否认为他们所言为真。他们说人的灵
魂是不朽的，且在某个时候它走到尽头——人们所
谓的死亡——在另一个时候它又出生，它永远 5
不会灭亡[⑤]；因此它应该尽可能以最洁净的方式度过一
生[⑥]，因为从任何人那儿——

费尔塞丰纳[⑦]获得她古老的伤悲[⑧]的
补偿，她在第九年[⑨]将那些人的灵魂再次
送到在上面的太阳， 10

---

① 米诺打断苏格拉底的话，急欲知道哪些人说了哪些话。

② 这些有智慧的祭司们或许是奥菲斯神秘宗教的祭司或毕达哥拉斯学派的思想家；至于女祭司或许是指《飨宴篇》中的迪欧缇玛（Diotima）。

③ 其中或许包括先苏哲学家恩培多克利斯，其受毕达哥拉斯学派的影响，参见 DK 31B115、DK 31B137 及 DK 31B141。

④ 希腊传统认为诗人之所以会写诗，是因为缪司神的启示，参见《伊翁篇》（The *Ion*）536a-b 及《费德若斯篇》245a。

⑤ 苏格拉底自己对此议题提出的论述，参见《费多篇》70c4-72e2。

⑥ 《费德若斯篇》中苏格拉底曾说只有灵魂洁净之人才能真正地回忆起理型世界的理型（250a）；关于洁净的灵魂，亦可参见《费多篇》69a-d。

⑦ 品达的 Phersephona 等同 Persephonē（沛尔塞丰内），是哈德斯（Hades）之妻。

⑧ 她的古老的伤悲来自于儿子狄欧尼索斯（Dionysos）被泰坦神所杀。

⑨ 根据 E. Rohde：1966，444，九年是生前犯下杀人或违背对神的承诺之人在冥府中被惩罚的时间。

ἐκ τᾶν βασιλῆες ἀγαυοὶ c

καὶ σθένει κραιπνοὶ σοφίᾳ τε μέγιστοι

ἄνδρες αὔξοντ᾽· ἐς δὲ τὸν λοιπὸν χρόνον ἥρωες ἁγνοὶ

πρὸς ἀνθρώπων καλεῦνται.

Ἅτε οὖν ἡ ψυχὴ ἀθάνατός τε οὖσα καὶ πολλάκις γεγονυῖα, 5
καὶ ἑωρακυῖα καὶ τὰ ἐνθάδε καὶ τὰ ἐν Ἅιδου καὶ πάντα
χρήματα, οὐκ ἔστιν ὅτι οὐ μεμάθηκεν· ὥστε οὐδὲν θαυμαστὸν
καὶ περὶ ἀρετῆς καὶ περὶ ἄλλων οἷόν τ᾽ εἶναι αὐτὴν ἀναμνη-
σθῆναι, ἅ γε καὶ πρότερον ἠπίστατο. ἅτε γὰρ τῆς φύσεως
ἁπάσης συγγενοῦς οὔσης, καὶ μεμαθηκυίας τῆς ψυχῆς ἅπαντα, d
οὐδὲν κωλύει ἓν μόνον ἀναμνησθέντα — ὃ δὴ μάθησιν καλοῦσιν
ἄνθρωποι — τἆλλα πάντα αὐτὸν ἀνευρεῖν, ἐάν τις ἀνδρεῖος ᾖ
καὶ μὴ ἀποκάμνῃ ζητῶν· τὸ γὰρ ζητεῖν ἄρα καὶ τὸ μανθάνειν
ἀνάμνησις ὅλον ἐστίν. οὔκουν δεῖ πείθεσθαι τούτῳ τῷ 5
ἐριστικῷ λόγῳ· οὗτος μὲν γὰρ ἂν ἡμᾶς ἀργοὺς ποιήσειεν
καὶ ἔστιν τοῖς μαλακοῖς τῶν ἀνθρώπων ἡδὺς ἀκοῦσαι, ὅδε

从这些灵魂中高贵显赫的国王们　　c
即在力量上快捷与在智慧上伟大的
人们成长茁壮[①]；在所剩的时间中人们称他们
为圣洁的英雄。[②]

因为灵魂不朽而且出生了许多次　　5
且它曾看过在这儿的事、在哈德斯家中的事及所有
的事，它没有不曾学过的事[③]，所以这不令人惊讶，
它有能力回忆关于德性及其他事
情，这些是他先前已确实知道的事。因为所有的
受造物皆类似[④]，且灵魂知道一切，　　d
无物妨碍一个人单单回忆一件事——人们称此
为学习——他发现其他一切的事，若某人有勇气
而且不会在探寻上显露疲态[⑤]，因为探寻与学习
是完整的回忆[⑥]。因此不应该被这个具争议的　　5
说法说服[⑦]，因为它会使我们怠惰
而且对软弱之人而言听此说法令他们愉悦，但这个理

---

① 灵魂最终而且最佳的去处不在这个世界，而是在另一个世界，Rohde：ibid. 44-45 指出这显见恩培多克利斯的思想（DK 31B146）。亦可参见《费多篇》107c-108c。

② 此诗为品达的作品，参见 Race：ibid. Fr. 133。

③ 不同于《费多篇》的回忆说主要针对理型的回忆（72e3-77a5），在此苏格拉底主张对所有过去一切经验的回忆，或许可说苏格拉底于此并未厘清回忆的对象为何；此外 Klein：ibid. 95 表示 heōrakuia（曾见过）及 memathēken（曾学过）两个完成式的使用，使得我们得以再次质问苏格拉底，不朽的灵魂一开始是如何获得知识？可能的一个解决方式是灵魂一开始获得知识的地方不在这个经验世界，而在另一个世界，但如此将使"在这儿的事"变得无足轻重。至于另一个世界若是冥府，灵魂进入肉体前已有的知识就是在冥府学得；然而根据《费德若斯篇》247c，灵魂于天际之外冥想沉思理型；另外《费多篇》80d 苏格拉底则说洁净的灵魂会到冥府与高贵的众神为伍，并见到理型；柏拉图的对话录对理型的所在，实无一统一的说法。

④ 应属毕达哥拉斯学派的思想，参见 DK 14A8a。

⑤ 《费多篇》有言，热衷于身体快乐追求，有碍真理的追求（64d-66a），故须有勇气拒绝感官快乐的诱惑。

⑥ 对苏格拉底而言，回忆不是顿悟，而是一过程。

⑦ 参见 82e2。

δὲ ἐργατικούς τε καὶ ζητητικοὺς ποιεῖ· ᾧ ἐγὼ πιστεύων e
ἀληθεῖ εἶναι ἐθέλω μετὰ σοῦ ζητεῖν ἀρετὴ ὅτι ἐστίν.

MEN. *Ναί, ὦ Σώκρατες· ἀλλὰ πῶς λέγεις τοῦτο, ὅτι οὐ μανθάνομεν, ἀλλὰ ἣν καλοῦμεν μάθησιν ἀνάμνησίς ἐστιν; ἔχεις με τοῦτο διδάξαι ὡς οὕτως ἔχει;* 5

ΣΩ. *Καὶ ἄρτι εἶπον, ὦ Μένων, ὅτι πανοῦργος εἶ, καὶ νῦν ἐρωτᾷς εἰ ἔχω σε διδάξαι, ὃς οὔ φημι διδαχὴν εἶναι* **82a** *ἀλλ' ἀνάμνησιν, ἵνα δὴ εὐθὺς φαίνωμαι αὐτὸς ἐμαυτῷ τἀναντία λέγων.*

MEN. *Οὐ μὰ τὸν Δία, ὦ Σώκρατες, οὐ πρὸς τοῦτο βλέψας εἶπον, ἀλλ' ὑπὸ τοῦ ἔθους· ἀλλ' εἴ πώς μοι ἔχεις* 5 *ἐνδείξασθαι ὅτι ἔχει ὥσπερ λέγεις, ἔνδειξαι.*

ΣΩ. *Ἀλλ' ἔστι μὲν οὐ ῥᾴδιον, ὅμως δὲ ἐθέλω προθυμηθῆναι σοῦ ἕνεκα. ἀλλά μοι προσκάλεσον τῶν πολλῶν ἀκολούθων τουτωνὶ τῶν σαυτοῦ ἕνα, ὅντινα βούλει, ἵνα ἐν* b *τούτῳ σοι ἐπιδείξωμαι.*

MEN. *Πάνυ γε. δεῦρο πρόσελθε.*

ΣΩ. *Ἕλλην μέν ἐστι καὶ ἑλληνίζει;*

MEN. *Πάνυ γε σφόδρα, οἰκογενής γε.* 5

ΣΩ. *Πρόσεχε δὴ τὸν νοῦν ὁπότερ' ἄν σοι φαίνηται, ἢ ἀναμιμνῃσκόμενος ἢ μανθάνων παρ' ἐμοῦ.*

MEN. *Ἀλλὰ προσέξω.*

ΣΩ. *Εἰπὲ δή μοι, ὦ παῖ, γιγνώσκεις τετράγωνον χωρίον ὅτι τοιοῦτόν ἐστιν;* — ΠΑΙ. *Ἔγωγε.* — ΣΩ. *Ἔστιν οὖν* 10 *τετράγωνον χωρίον ἴσας ἔχον τὰς γραμμὰς ταύτας πάσας,* c

论[1]令我们勤勉及探寻；相信这个理论 e
为真，我想与你一起探寻德性是什么。

米诺：好，苏格拉底，但你说的这件事的意思
我们不懂，我们称为学习之事是回忆吗？
你能教我这何以如此？ 5

苏格拉底：我刚才说过[2]，米诺，你是个滑头，
现在你还要求我是否能教你，我说这不是学习 **82a**
而是回忆，所以我似乎立即说了对反
自己的话。

米诺：不，以宙斯之名为誓，苏格拉底，我说话
并未注意此事[3]，而是受到习惯的影响，但若你能以任何方式 5
向我显示它是如你所说的状态，显示吧。

苏格拉底：可是这不是件容易的事，尽管如此我想为了
你尽力为之。为我从你的诸多随从中叫一
位出来，任何你想要的一位，所以借由 b
他我可向你说明。

米诺：好的。过来这儿。

苏格拉底：他是希腊人及说希腊话吗？

米诺：当然，他是在家里出生的。 5

苏格拉底：注意呈现在你面前的事，他
是回忆，还是向我学习。

米诺：我会注意。

苏格拉底：告诉我，奴隶，你知道正方的空间[4]
这类的东西是什么吗？——**奴隶**：我知道。——**苏格拉底**：那 10
正方形是拥有全部相等的边的事物， c

---

① 即回忆说。

② 参见 80b8。

③ 米诺强调自己并非挑衅苏格拉底的语病；然而他更急切地想知道学习即回忆这个主张的内容。

④ chōrion 是形状及一个形状所具有的空间。

τέτταρας οὔσας; — ΠΑΙ. *Πάνυ γε.* — ΣΩ. *Οὐ καὶ ταυτασὶ τὰς διὰ μέσου ἐστὶν ἴσας ἔχον;* — ΠΑΙ. *Ναί.* — ΣΩ. *Οὐκοῦν εἴη ἂν τοιοῦτον χωρίον καὶ μεῖζον καὶ ἔλαττον;* — ΠΑΙ. *Πάνυ γε.* — ΣΩ. *Εἰ οὖν εἴη αὕτη ἡ πλευρὰ δυοῖν* 5 *ποδοῖν καὶ αὕτη δυοῖν, πόσων ἂν εἴη ποδῶν τὸ ὅλον; ὧδε δὲ σκόπει· εἰ ἦν ταύτῃ δυοῖν ποδοῖν, ταύτῃ δὲ ἑνὸς ποδὸς μόνον, ἄλλο τι ἅπαξ ἂν ἦν δυοῖν ποδοῖν τὸ χωρίον;* — ΠΑΙ. *Ναί.* — ΣΩ. *Ἐπειδὴ δὲ δυοῖν ποδοῖν καὶ ταύτῃ, ἄλλο τι ἢ* d *δὶς δυοῖν γίγνεται;* — ΠΑΙ. *Γίγνεται.* — ΣΩ. *Δυοῖν ἄρα δὶς γίγνεται ποδῶν;* — ΠΑΙ. *Ναί.* — ΣΩ. *Πόσοι οὖν εἰσιν οἱ δύο δὶς πόδες; λογισάμενος εἰπέ.* — ΠΑΙ. *Τέτταρες, ὦ Σώκρατες.* — ΣΩ. *Οὐκοῦν γένοιτ' ἂν τούτου τοῦ χωρίου ἕτερον διπλά-* 5 *σιον, τοιοῦτον δέ, ἴσας ἔχον πάσας τὰς γραμμὰς ὥσπερ τοῦτο;* — ΠΑΙ. *Ναί.* — ΣΩ. *Πόσων οὖν ἔσται ποδῶν;* — ΠΑΙ. *Ὀκτώ.* — ΣΩ. *Φέρε δή, πειρῶ μοι εἰπεῖν πηλίκη τις ἔσται ἐκείνου ἡ γραμμὴ ἑκάστη. ἡ μὲν γὰρ τοῦδε δυοῖν ποδοῖν· τί* e

有四边吗①？——**奴隶**：没错。——**苏格拉底**：在这四边
不也有通过中点的等距的中线吗②？——**奴隶**：是的。——**苏格拉底**：因
此这类的空间或许有的较大，有的较小吗③？
——**奴隶**：没错。——**苏格拉底**：若一边是两 5
尺，另一边也是两尺，这整个空间有几尺呢？以这种方式
考量；若在这一边是两尺，在另一边只有
一尺，这个空间不正是一尺与二尺见方吗？——**奴隶**：
是的。——**苏格拉底**：但由于这一边也是两尺，它除了是 d
两尺的两倍外，不会是别的？——**奴隶**：它是。——**苏格拉底**：是形成两尺
的两倍吗？——**奴隶**：没错。——**苏格拉底**：那两尺的两倍
是多少尺？你算算，说。——**奴隶**：是四尺，苏格拉底。
——**苏格拉底**：因此另一个比此大两倍的空间可否 5
产生④，但是同类的空间，它拥有的边皆相同，就像
这个一样？——**奴隶**：是的。——**苏格拉底**：那它将会有多少尺？——**奴隶**：
八尺。——**苏格拉底**：来，试着告诉我那个空间的
每一边线是多长⑤。由于这个问题的边线是两尺，属于 e

---

① 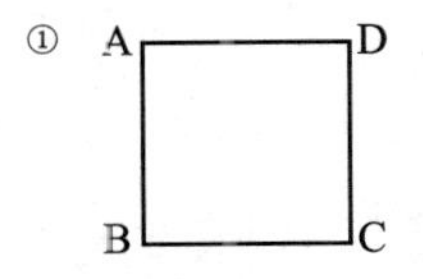

② 指的是 EF 及 GH。

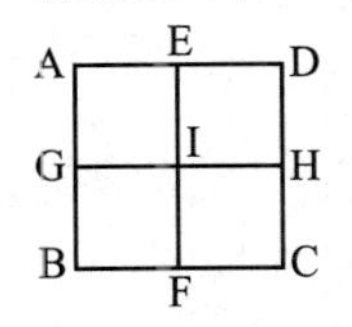

③ ABCD 较大，AGIE 较小。

④ 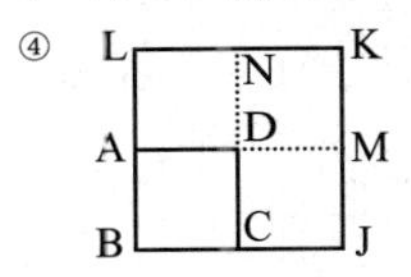

⑤ 一个八尺见方的正方形空间，其边长为多少是无解的问题，因为 8 开根号会成为无理数。Klein：ibid. 101 认为，苏格拉底用 pēlikē（有多长）一字已暗示八尺见方的正方形空间的边长无法测量，但这个无法测量性超出了奴隶能掌握的范围。

δὲ ἡ ἐκείνου τοῦ διπλασίου; — ΠΑΙ. *Δῆλον δή, ὦ Σώκρατες, ὅτι διπλασία.*

ΣΩ. *Ὁρᾷς, ὦ Μένων, ὡς ἐγὼ τοῦτον οὐδὲν διδάσκω, ἀλλ' ἐρωτῶ πάντα; καὶ νῦν οὗτος οἴεται εἰδέναι ὁποία ἐστὶν* 5
ἀφ' ἧς τὸ ὀκτώπουν χωρίον γενήσεται· ἢ οὐ δοκεῖ σοι;

ΜΕΝ. *Ἔμοιγε.*

ΣΩ. *Οἶδεν οὖν;*

ΜΕΝ. *Οὐ δῆτα.*

ΣΩ. *Οἴεται δέ γε ἀπὸ τῆς διπλασίας;* 10

ΜΕΝ. *Ναί.*

ΣΩ. *Θεῶ δὴ αὐτὸν ἀναμιμνῃσκόμενον ἐφεξῆς, ὡς δεῖ ἀναμιμνῄσκεσθαι.*

Σὺ δέ μοι λέγε· ἀπὸ τῆς διπλασίας γραμμῆς φῂς τὸ διπλάσιον χωρίον γίγνεσθαι; τοιόνδε λέγω, μὴ ταύτῃ μὲν **83a**
μακρόν, τῇ δὲ βραχύ, ἀλλὰ ἴσον πανταχῇ ἔστω ὥσπερ τουτί, διπλάσιον δὲ τούτου, ὀκτώπουν· ἀλλ' ὅρα εἰ ἔτι σοι ἀπὸ τῆς διπλασίας δοκεῖ ἔσεσθαι. — ΠΑΙ. *Ἔμοιγε.* — ΣΩ. *Οὐκοῦν διπλασία αὕτη ταύτης γίγνεται, ἂν ἑτέραν τοσαύτην προσ-* 5
θῶμεν ἐνθένδε; — ΠΑΙ. *Πάνυ γε.* — ΣΩ. *Ἀπὸ ταύτης δή, φῄς, ἔσται τὸ ὀκτώπουν χωρίον, ἂν τέτταρες τοσαῦται γένωνται;* — ΠΑΙ. *Ναί.* — ΣΩ. *Ἀναγραψώμεθα δὴ ἀπ' αὐ-* b

那个两倍空间的边线是什么？——**奴隶**：这显而易见，苏格拉底，
是两倍。

苏格拉底：你看到了吗，米诺，我没有教他任何事，
而是问他所有的事？现在他认为他知道从什么样 5
的边线将产生八尺长的空间；还是你不认为？

米诺：我认为。

苏格拉底：那他知道吗？

米诺：他当然不知道①。

苏格拉底：他认为从两倍的边线吗②？ 10

米诺：是的。

苏格拉底：观察他依序地回忆，就像他应该
回忆一样。

你③告诉我；你是说从两倍的边线
产生两倍的空间吗？我说的是这样的事，不是一边 **83a**
长，另一边短④，而是各边皆相等，像这个一样⑤，
这个的两倍，八尺见方，但看你是否依然认为它
将会从两倍的边线而来。——**奴隶**：我认为。——**苏格拉底**：因此
同一条边线⑥会成为两倍，让我们从这里⑦加上另一 5
条这样长度的线吗？——**奴隶**：没错。——**苏格拉底**：从这条边线，
你说，将出现八尺见方的空间，会产生四条这样长度
的边线吗⑧？——**奴隶**：是的。——**苏格拉底**：从这让我们画下 b

---

① 奴隶“认为”（e5）他知道八尺见方的正方形空间的四边长为多少，但其实他不知道；然而米诺自己知道吗？

② 从两倍的边线产生出八尺见方的空间。

③ 指奴隶。

④ ABJM 会形成八尺见方的空间，但它不是正方形。

⑤ ABCD。

⑥ BC。

⑦ 从 C 点加上一条等距的线，形成 CJ。

⑧ 苏格拉底指 BJ，JK，KL，LB，但他只在地上画出 BJ，其他三条线是理所当然的推论。

τῆς ἴσας τέτταρας. ἄλλο τι ἢ τουτὶ ἂν εἴη ὃ φῂς τὸ ὀκτώπουν
εἶναι; — ΠΑΙ. Πάνυ γε. — ΣΩ. Οὐκοῦν ἐν αὐτῷ ἐστιν ταυτὶ
τέτταρα, ὧν ἕκαστον ἴσον τούτῳ ἐστὶν τῷ τετράποδι; —
ΠΑΙ. Ναί. — ΣΩ. Πόσον οὖν γίγνεται; οὐ τετράκις τοσοῦ- 5
τον; — ΠΑΙ. Πῶς δ' οὔ; — ΣΩ. Διπλάσιον οὖν ἐστιν τὸ
τετράκις τοσοῦτον; — ΠΑΙ. Οὐ μὰ Δία. — ΣΩ. Ἀλλὰ ποσα-
πλάσιον; — ΠΑΙ. Τετραπλάσιον. — ΣΩ. Ἀπὸ τῆς διπλασίας
ἄρα, ὦ παῖ, οὐ διπλάσιον ἀλλὰ τετραπλάσιον γίγνεται χωρίον. c
— ΠΑΙ. Ἀληθῆ λέγεις. — ΣΩ. Τεττάρων γὰρ τετράκις ἐστὶν
ἑκκαίδεκα. οὐχί; — ΠΑΙ. Ναί. — ΣΩ. Ὀκτώπουν δ' ἀπὸ ποίας
γραμμῆς; οὐχὶ ἀπὸ μὲν ταύτης τετραπλάσιον; — ΠΑΙ. Φημί.
— ΣΩ. Τετράπουν δὲ ἀπὸ τῆς ἡμισέας ταυτησὶ τουτί; — ΠΑΙ. 5
Ναί. — ΣΩ. Εἶεν· τὸ δὲ ὀκτώπουν οὐ τοῦδε μὲν διπλάσιόν
ἐστιν, τούτου δὲ ἥμισυ; — <ΠΑΙ. Ναί.> — ΣΩ. Οὐκ ἀπὸ μὲν
μείζονος ἔσται ἢ τοσαύτης γραμμῆς, ἀπὸ ἐλάττονος δὲ ἢ
τοσησδί; ἢ οὔ; — ΠΑΙ. Ἔμοιγε δοκεῖ οὕτω — ΣΩ. Καλῶς· d
τὸ γάρ σοι δοκοῦν τοῦτο ἀποκρίνου. καί μοι λέγε· οὐχ ἥδε
μὲν δυοῖν ποδοῖν ἦν, ἡ δὲ τεττάρων; — ΠΑΙ. Ναί. — ΣΩ.
Δεῖ ἄρα τὴν τοῦ ὀκτώποδος χωρίου γραμμὴν μείζω μὲν εἶναι
τῆσδε τῆς δίποδος, ἐλάττω δὲ τῆς τετράποδος. — ΠΑΙ. Δεῖ. 5

四条等距的边线。除了你说的这个空间外[①]，别无其他，会
出现八尺见方的空间吗？——**奴隶**：是的。——**苏格拉底**：因此在它之中
有四个空间[②]，每一个空间都与这个四尺见方的空间[③]相等吗？——
奴隶：是的。——**苏格拉底**：那它有多大呢？不是这个面积的 5
四倍吗？——**奴隶**：怎么不是呢？——**苏格拉底**：那四倍的面积
是两倍的面积吗？——**奴隶**：不，以宙斯之名为誓。——**苏格拉底**：那
是几倍？——**奴隶**：四倍。——**苏格拉底**：从两倍的边线，
奴隶，不是形成两倍的空间，而是四倍的空间。 c
——**奴隶**：你所言为真。——**苏格拉底**：四的四倍是
十六，不是吗？——**奴隶**：是的。——**苏格拉底**：从什么样的
边线形成八尺见方的空间呢？从这个边线不是形成四倍的空间吗？——**奴**
隶：我说是。——**苏格拉底**：但从这个空间的边线的一半[④]形成四尺见方 5
的空间吗[⑤]？——**奴隶**：是的。——**苏格拉底**：嗯；八尺见方的面积不是
这个空间[⑥]的两倍，那个空间[⑦]的一倍吗？——〈**奴隶**：是的。〉[⑧]——**苏格**
拉底：不是从大于这边线[⑨]的长度，及小于这边线[⑩]的长度形成吗？
或是不是？——**奴隶**：我是这么认为。——**苏格拉底**：好； d
要回答你所认为的事。告诉我；这条边线[⑪]
不是两尺，那条边线[⑫]不是四尺吗？——**奴隶**：是的。——**苏格拉底**：
那八尺见方的空间的边线是该比这个两尺
边线长，比那个四尺边线短吗？——**奴隶**：应该。 5

---

① BJKL。
② ABCD，DCJM，NDMK，LADN。
③ ABCD。
④ BJ。
⑤ ABCD。
⑥ ABCD。
⑦ BJKL。
⑧ 手抄本中无本句，但编修者认为它应存在于原始手抄本。
⑨ BC。
⑩ BJ。
⑪ BC。
⑫ BJ。

— ΣΩ. *Πειρῶ δὴ λέγειν πηλίκην τινὰ φῂς αὐτὴν εἶναι.* — ΠΑΙ. *Τρίποδα.* — ΣΩ. *Οὐκοῦν ἄνπερ τρίπους ᾖ, τὸ ἥμισυ ταύτης προσληψόμεθα καὶ ἔσται τρίπους; δύο μὲν γὰρ οἵδε, ὁ δὲ εἷς· καὶ ἐνθένδε ὡσαύτως δύο μὲν οἵδε, ὁ δὲ εἷς· καὶ γίγνεται τοῦτο τὸ χωρίον ὃ φῄς.* — ΠΑΙ. *Ναί.* — ΣΩ. *Οὐκοῦν ἂν ᾖ τῇδε τριῶν καὶ τῇδε τριῶν, τὸ ὅλον χωρίον τριῶν τρὶς ποδῶν γίγνεται;* — ΠΑΙ. *Φαίνεται.* — ΣΩ. *Τρεῖς δὲ τρὶς πόσοι εἰσὶ πόδες;* — ΠΑΙ. *Ἐννέα* — *ΣΩ. Ἔδει δὲ τὸ διπλάσιον πόσων εἶναι ποδῶν;* — ΠΑΙ. *Ὀκτώ.* — ΣΩ. *Οὐδ' ἄρ' ἀπὸ τῆς τρίποδός πω τὸ ὀκτώπουν χωρίον γίγνεται.* — ΠΑΙ. *Οὐ δῆτα.* — ΣΩ. *Ἀλλ' ἀπὸ ποίας; πειρῶ ἡμῖν εἰπεῖν ἀκριβῶς· καὶ εἰ μὴ βούλει ἀριθμεῖν, ἀλλὰ δεῖξον ἀπὸ ποίας.* — ΠΑΙ. *Ἀλλὰ μὰ τὸν Δία, ὦ Σώκρατες, ἔγωγε οὐκ οἶδα.* e 5 10 **84a**

ΣΩ. *Ἐννοεῖς αὖ, ὦ Μένων, οὗ ἐστιν ἤδη βαδίζων ὅδε τοῦ ἀναμιμνῄσκεσθαι; ὅτι τὸ μὲν πρῶτον ᾔδει μὲν οὔ, ἥτις ἐστὶν ἡ τοῦ ὀκτώποδος χωρίου γραμμή, ὥσπερ οὐδὲ νῦν πω οἶδεν, ἀλλ' οὖν ᾤετό γ' αὐτὴν τότε εἰδέναι, καὶ θαρραλέως ἀπεκρίνετο ὡς εἰδώς, καὶ οὐχ ἡγεῖτο ἀπορεῖν· νῦν δὲ ἡγεῖται ἀπορεῖν ἤδη, καὶ ὥσπερ οὐκ οἶδεν, οὐδ' οἴεται εἰδέναι.* 5 b

MEN. *Ἀληθῆ λέγεις.*

——**苏格拉底**：试着说，你说它有多长。—— e

奴隶：三尺。——**苏格拉底**：因此若它为三尺，我们将在这个边线上[①]再加上一半的长度，形成三尺吗？因为这是二尺，那是一尺[②]；且同样地从这儿是两尺，那是一尺[③]；这产生了你说的空间[④]。——**奴隶**：是的。——**苏格拉底**：因此 5 若这边是三尺而且那边也是三尺，整个空间会变成三尺见方的三倍吗？——**奴隶**：看来是。——**苏格拉底**：三尺见方的三倍有多大？——**奴隶**：九尺见方。——**苏格拉底**：但这个两倍大的空间[⑤]是要有几尺见方？——**奴隶**：八尺见方。——**苏格拉底**：从三尺边线绝不会形成八尺见方的空间。——**奴隶**：当然不会。 10
——**苏格拉底**：那是从多长的边线产生？试着精确地告诉我们；若你不想算[⑥]，那指出是从什么样的边线。——**奴隶**：可是 **84a** 以宙斯之名为誓，苏格拉底，我真的不知道。

苏格拉底：你察觉到，米诺，当奴隶在进行推算时，他在哪个阶级回忆吗？因为一开始他不知道，八尺见方的空间的边线是什么，就像他现在也 5 不知道一样，可是他在之前认为自己确实知道那边线，且语带自信地回答，就像他知道一样，他甚至不认为自己困惑，但现在他认为自己在处在困惑的状态，就如他不知道，他也不认为自己知道[⑦]。 b

米诺：你所言为真。

---

① BC。

② CO。

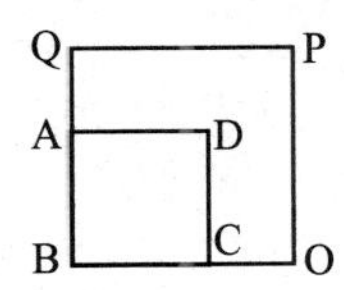

③ AB，AQ。

④ BOPQ。

⑤ 指 ABCD 的两倍。

⑥ 参见 82e1。

⑦ 正如苏格拉底在《辩护篇》21d5-6 提及自己并非智者的说法。

ΣΩ. *Οὐκοῦν νῦν βέλτιον ἔχει περὶ τὸ πρᾶγμα ὃ οὐκ ᾔδει;*

MEN. *Καὶ τοῦτό μοι δοκεῖ.* 5

ΣΩ. *Ἀπορεῖν οὖν αὐτὸν ποιήσαντες καὶ ναρκᾶν ὥσπερ ἡ νάρκη, μῶν τι ἐβλάψαμεν;*

MEN. *Οὐκ ἔμοιγε δοκεῖ.*

ΣΩ. *Προὔργου γοῦν τι πεποιήκαμεν, ὡς ἔοικε, πρὸς τὸ ἐξευρεῖν ὅπῃ ἔχει· νῦν μὲν γὰρ καὶ ζητήσειεν ἂν ἡδέως οὐκ* 10 *εἰδώς, τότε δὲ ῥᾳδίως ἂν καὶ πρὸς πολλοὺς καὶ πολλάκις ᾤετ' ἂν εὖ λέγειν περὶ τοῦ διπλασίου χωρίου, ὡς δεῖ διπλασίαν* c *τὴν γραμμὴν ἔχειν μήκει.*

MEN. *Ἔοικεν.*

ΣΩ. *Οἴει οὖν ἂν αὐτὸν πρότερον ἐπιχειρῆσαι ζητεῖν ἢ μανθάνειν τοῦτο ὃ ᾤετο εἰδέναι οὐκ εἰδώς, πρὶν εἰς ἀπορίαν* 5 *κατέπεσεν ἡγησάμενος μὴ εἰδέναι, καὶ ἐπόθησεν τὸ εἰδέναι;*

MEN. *Οὔ μοι δοκεῖ, ὦ Σώκρατες.*

ΣΩ. *Ὤνητο ἄρα ναρκήσας;*

MEN. *Δοκεῖ μοι.*

ΣΩ. *Σκέψαι δὴ ἐκ ταύτης τῆς ἀπορίας ὅτι καὶ ἀνευρήσει* 10 *ζητῶν μετ' ἐμοῦ, οὐδὲν ἀλλ' ἢ ἐρωτῶντος ἐμοῦ καὶ οὐ διδάσκοντος· φύλαττε δὲ ἄν που εὕρῃς με διδάσκοντα καὶ* d *διεξιόντα αὐτῷ, ἀλλὰ μὴ τὰς τούτου δόξας ἀνερωτῶντα.*

Λέγε γάρ μοι σύ· οὐ τὸ μὲν τετράπουν τοῦτο ἡμῖν ἐστι χωρίον; μανθάνεις; — ΠΑΙ. *Ἔγωγε.* — ΣΩ. *Ἕτερον δὲ αὐτῷ*

苏格拉底：因此现在他是否处在一较佳的状态，关于他所不知的事？

米诺：这对我而言也是为真。 5

苏格拉底：我们[①]使他困惑而且感到麻痹，就像魟鱼，我们没有造成他任何伤害吧？

米诺：我当然认为没有。

苏格拉底：事实上，我们已经做了某件有用的事，看来，关于找到这件事是如何，因为现在他将以愉悦的心情探寻，当他 10
不知道，但先前他认为可轻易地对许多人及在许多场合清楚地陈述关于两倍空间的事[②]，所以在底线的长度 c
上它应该有两倍。

米诺：看来是。

苏格拉底：那你认为他会试着探寻或学习他认为自己知道的事，虽然他不知道，在他尚 5
未陷入困惑前，认为自己不知道，且有知的欲求吗？

米诺：我不认为，苏格拉底。

苏格拉底：他是否因被麻痹而获益？

米诺：我认为。

苏格拉底：看看从这个困惑开始，他与我一起探寻 10
将找到什么，我只问问题，并不教他；注意在什么时候我教他而且 d
对他说明，而不是问他关于此事的看法。

你[③]告诉我；这不是我们的四尺见方的空间吗[④]？你了解吧？——**奴隶**：我了解。——**苏格拉底**：我们可在它

---

① 苏格拉底把米诺拖下水为奴隶被麻痹负责。尽管如此，苏格拉底认为，与奴隶的问答（elenchus）是一积极与有建设性的讨论过程，因为它能协助奴隶得出正确的答案。

② hradiōs（轻易地）及 eu（清楚地）两个副词或许是借描述奴隶来讽刺米诺之前（80b2-3）的夸示，但 Klein：ibid. 174 认为米诺似乎不以为意。

③ 指奴隶。

④ ABCD。苏格拉底似乎重新在地上构图。

προσθεῖμεν ἂν τουτὶ ἴσον; — ΠΑΙ. *Ναί.* — ΣΩ. *Καὶ τρίτον* 5
τόδε ἴσον ἑκατέρῳ τούτων; — ΠΑΙ. *Ναί.* — ΣΩ. *Οὐκοῦν*
προσαναπληρωσαίμεθ' ἂν τὸ ἐν τῇ γωνίᾳ τόδε; — ΠΑΙ.
Πάνυ γε. — ΣΩ. *Ἄλλο τι οὖν γένοιτ' ἂν τέτταρα ἴσα χωρία*
τάδε; — ΠΑΙ. *Ναί.* — ΣΩ. *Τί οὖν; τὸ ὅλον τόδε ποσαπλάσιον* e
τοῦδε γίγνεται; — ΠΑΙ. *Τετραπλάσιον.* — ΣΩ. *Ἔδει δέ γε*
διπλάσιον ἡμῖν γενέσθαι· ἢ οὐ μέμνησαι; — ΠΑΙ. *Πάνυ γε.*
— ΣΩ. *Οὐκοῦν ἐστιν αὕτη γραμμὴ ἐκ γωνίας εἰς γωνίαν*
[τινὰ] τέμνουσα δίχα ἕκαστον τούτων τῶν χωρίων; — ΠΑΙ. **85a**
Ναί. — ΣΩ. *Οὐκοῦν τέτταρες αὗται γίγνονται γραμμαὶ ἴσαι,*
περιέχουσαι τουτὶ τὸ χωρίον; — ΠΑΙ. *Γίγνονται γάρ.* — ΣΩ.
Σκόπει δή· πηλίκον τί ἐστιν τοῦτο τὸ χωρίον; — ΠΑΙ. *Οὐ*
μανθάνω. — ΣΩ. *Οὐχὶ τεττάρων ὄντων τούτων ἥμισυ ἑκάστου* 5
ἑκάστη ἡ γραμμὴ ἀποτέτμηκεν ἐντός; ἢ οὔ; — ΠΑΙ. *Ναί.* —
ΣΩ. *Πόσα οὖν τηλικαῦτα ἐν τούτῳ ἔνεστιν;* — ΠΑΙ. *Τέτταρα.*

旁边加上另一个相等的空间吗[1]？——**奴隶**：可以。——**苏格拉底**：可加上 5
与这两个皆相等的第三个空间吗[2]？——**奴隶**：可以。——**苏格拉底**：那么
我们将可在这个角落补上这个空间吗[3]？——**奴隶**：
当然。——**苏格拉底**：它们不是四个相等的空
间吗？——**奴隶**：没错。——**苏格拉底**：还有呢？这整个[4]是 e
它[5]的几倍？——**奴隶**：是四倍。——**苏格拉底**：但对我们而言
它少了两倍[6]；或你不记得了？——**奴隶**：我当然记得。
——**苏格拉底**：那么有一边线从一角到另一角
〔有条线〕[7]将这些空间中的每一个皆一分为二吗[8]？——**奴隶**： **85a**
是的。——**苏格拉底**：因此它们四条形成相等的边线[9]，
围成这个空间吗[10]？——**奴隶**：它们确实形成此空间。——**苏格拉底**：
观察[11]；这个空间有多大？——**奴隶**：我不
知道。——**苏格拉底**：每一条边线不是从中将这四 5
个空间切一半吗？或者不是？——**奴隶**：是的。——
苏格拉底：在这[12]之中有几个这样的空间[13]？——**奴隶**：四个。

---

① DCJM。

② NDMK。

③ LADN。

④ LBJK。

⑤ ABCD。

⑥ 奴隶在 82d8 回答八尺，但其实是十六尺。

⑦ 部分手抄本保存此语；Burnet 认为是后人的窜插。

⑧ L K N D A M C B J

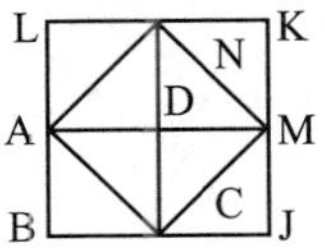

⑨ NA，AC，CM，MN。

⑩ NACM。

⑪ skopei 一字意味奴隶若不借由感官经验（看、观察）无法获得正确答案，这与 c1-9 及 d4 的说法似乎有所出入。

⑫ NACM。

⑬ ABC。

— ΣΩ. *Πόσα δὲ ἐν τῷδε;* — ΠΑΙ. *Δύο.* — ΣΩ. *Τὰ δὲ τέτταρα τοῖν δυοῖν τί ἐστιν;* — ΠΑΙ. *Διπλάσια.* — ΣΩ. *Τόδε οὖν ποσάπουν γίγνεται;* — ΠΑΙ. *Ὀκτώπουν.* — ΣΩ. *Ἀπὸ ποίας* b *γραμμῆς;* — ΠΑΙ. *Ἀπὸ ταύτης.* — ΣΩ. *Ἀπὸ τῆς ἐκ γωνίας εἰς γωνίαν τεινούσης τοῦ τετράποδος;* — ΠΑΙ. *Ναί.* — ΣΩ. *Καλοῦσιν δέ γε ταύτην διάμετρον οἱ σοφισταί· ὥστ' εἰ ταύτῃ διάμετρος ὄνομα, ἀπὸ τῆς διαμέτρου ἄν, ὡς σὺ φῄς, ὦ παῖ* 5 *Μένωνος, γίγνοιτ' ἂν τὸ διπλάσιον χωρίον.* — ΠΑΙ. *Πάνυ μὲν οὖν, ὦ Σώκρατες.*

ΣΩ. *Τί σοι δοκεῖ, ὦ Μένων; ἔστιν ἥντινα δόξαν οὐχ αὑτοῦ οὗτος ἀπεκρίνατο;*

MEN. *Οὔκ, ἀλλ' ἑαυτοῦ.* c

ΣΩ. *Καὶ μὴν οὐκ ᾔδει γε, ὡς ἔφαμεν ὀλίγον πρότερον.*

MEN. *Ἀληθῆ λέγεις.*

ΣΩ. *Ἐνῆσαν δέ γε αὐτῷ αὗται αἱ δόξαι· ἢ οὔ;*

MEN. *Ναί.* 5

ΣΩ. *Τῷ οὐκ εἰδότι ἄρα περὶ ὧν ἂν μὴ εἰδῇ ἔνεισιν ἀληθεῖς δόξαι περὶ τούτων ὧν οὐκ οἶδε;*

MEN. *Φαίνεται.*

ΣΩ. *Καὶ νῦν μέν γε αὐτῷ ὥσπερ ὄναρ ἄρτι ἀνακεκίνηνται*

——**苏格拉底**：在这个[①]里面有几个？——**奴隶**：两个[②]。——**苏格拉底**：四个空间是两个空间的几倍？——**奴隶**：是两倍。——**苏格拉底**：这个空间会成为几尺见方？——**奴隶**：八尺见方。——**苏格拉底**：从什么 b 边线？——**奴隶**：从这个[③]。——**苏格拉底**：从这个由四尺见方的空间[④]的一角延伸至另一角的线吗？——**奴隶**：是的。——**苏格拉底**：专家们[⑤]称此为对角线；所以若对角线是它的名称，从这对角线，如你所言，米诺的 5 奴隶[⑥]，会形成两倍的空间。——**奴隶**：没错，苏格拉底。

苏格拉底：你有何看法，米诺？有任何他作为回应的看法不是他自己的吗？

米诺：没有，是他自己的。 c

苏格拉底：他确实不知道，当我们稍早前说时[⑦]。

米诺：你所言为真。

苏格拉底：但这些看法是在他身上[⑧]；或者不是？

米诺：是的。 5

苏格拉底：在不知道关于他或许不知道的事的人身上存在着关于他所不知之事的真的看法[⑨]吗？

米诺：似乎是。

苏格拉底：其实那些看法刚才在他身上所产生的骚动，

---

① ABCD。

② ABC 及 CDA。

③ NA。

④ LADN。

⑤ sophistai 一字在此指一般的专业人士，而非公元前 5 世纪的诡辩学者。

⑥ 苏格拉底强调答案不是出于专家，而是奴隶本人。

⑦ 参见 82e9。

⑧ 或在他之中（autō）。

⑨ Klein：ibid. 176 认为，真的看法或意见（alētheis doxai）具有不被忘记或不可忘记的特质，但它们何以能成为知识（epistēmē）(d1) 苏格拉底延至 98a 才提出，真的看法借由理由的推断被拴住，理由之所以能被推断出来就得依赖对相同的问题不断地（pollakis）及从各个面向（pollachē）做练习（85c10-11）。

αἱ δόξαι αὗται· εἰ δὲ αὐτόν τις ἀνερήσεται πολλάκις τὰ αὐτὰ 10
ταῦτα καὶ πολλαχῇ, οἶσθ' ὅτι τελευτῶν οὐδενὸς ἧττον ἀκριβῶς
ἐπιστήσεται περὶ τούτων. d

MEN. *Ἔοικεν.*

ΣΩ. *Οὐκοῦν οὐδενὸς διδάξαντος ἀλλ' ἐρωτήσαντος ἐπι-*
στήσεται, ἀναλαβὼν αὐτὸς ἐξ αὑτοῦ τὴν ἐπιστήμην;

MEN. *Ναί.* 5

ΣΩ. *Τὸ δὲ ἀναλαμβάνειν αὐτὸν ἐν αὑτῷ ἐπιστήμην οὐκ*
ἀναμιμνῄσκεσθαί ἐστιν;

MEN. *Πάνυ γε.*

ΣΩ. *Ἆρ' οὖν οὐ τὴν ἐπιστήμην, ἣν νῦν οὗτος ἔχει, ἤτοι*
ἔλαβέν ποτε ἢ ἀεὶ εἶχεν; 10

MEN. *Ναί.*

ΣΩ. *Οὐκοῦν εἰ μὲν ἀεὶ εἶχεν, ἀεὶ καὶ ἦν ἐπιστήμων· εἰ*
δὲ ἔλαβέν ποτε, οὐκ ἂν ἔν γε τῷ νῦν βίῳ εἰληφὼς εἴη. ἢ
δεδίδαχέν τις τοῦτον γεωμετρεῖν; οὗτος γὰρ ποιήσει περὶ e
πάσης γεωμετρίας ταὐτὰ ταῦτα, καὶ τῶν ἄλλων μαθημάτων
ἁπάντων. ἔστιν οὖν ὅστις τοῦτον πάντα δεδίδαχεν; δίκαιος
γάρ που εἶ εἰδέναι, ἄλλως τε ἐπειδὴ ἐν τῇ σῇ οἰκίᾳ γέγονεν
καὶ τέθραπται. 5

MEN. *Ἀλλ' οἶδα ἔγωγε ὅτι οὐδεὶς πώποτε ἐδίδαξεν.*

ΣΩ. *Ἔχει δὲ ταύτας τὰς δόξας, ἢ οὐχί;*

MEN. *Ἀνάγκη, ὦ Σώκρατες, φαίνεται.*

ΣΩ. *Εἰ δὲ μὴ ἐν τῷ νῦν βίῳ λαβών, οὐκ ἤδη τοῦτο*
δῆλον, ὅτι ἐν ἄλλῳ τινὶ χρόνῳ εἶχε καὶ ἐμεμαθήκει; **86a**

就像梦一样，若有人多次及以各种不同的面向问他这些 10
相同的问题，你认为最后他将不比任何人差，精确地
拥有关于这些事的知识。 d

米诺：似乎是。

苏格拉底：因此没有人教他，而是问问题，他将拥
有知识，他从自身重新握有知识吗？

米诺：是的。 5

苏格拉底：从他自身重新拥有知识不是
回忆吗？

米诺：当然是。

苏格拉底：他现在所拥有的知识[①]，要么是他在某
个时候获得，要么是一直拥有，这不为真吗？ 10

米诺：为真。

苏格拉底：因此若他一直拥有它，他也一直是位具有知识之人；若
他是在任何一个时候拥有它，其实他在现在的生命中或许不曾拥有。或者
难道是有人教他测量吗？因为关于所有的测量他[②]将做 e
相同的事，且关于其他一切的
知识[③]。那有任何人曾教他一切的事吗？想必你知道
是合理的，特别是因为他是在家中出生及
养育。 5

米诺：我确知没有人曾教过他。

苏格拉底：可是他拥有这些看法，或者他没有？

米诺：看起来应该是有，苏格拉底。

苏格拉底：若他拥有，但不是在现在的生命中拥有，现在这不是显
而易见之事，他在其他某个时候拥有而且已经知道这些看法吗？ **86a**

---

① 苏格拉底在 c7 的说法为奴隶拥有的是真的看法，或许苏格拉底意谓奴隶的身上潜藏着知识。他一直拥有（d12）。

② 指奴隶。

③ mathēmata（各种知识）一字不仅局限在数学（mathematic）知识，而是泛指一切知识，尤其是伦理学知识，因为整个几何问题的探讨主要为了回答“德性是什么”。

ΜΕΝ. *Φαίνεται.*

ΣΩ. *Οὐκοῦν οὗτός γέ ἐστιν ὁ χρόνος ὅτ' οὐκ ἦν ἄν-θρωπος;*

ΜΕΝ. *Ναί.* 5

ΣΩ. *Εἰ οὖν ὅν τ' ἂν ᾖ χρόνον καὶ ὃν ἂν μὴ ᾖ ἄνθρωπος, ἐνέσονται αὐτῷ ἀληθεῖς δόξαι, αἳ ἐρωτήσει ἐπεγερθεῖσαι ἐπιστῆμαι γίγνονται, ἆρ' οὖν τὸν ἀεὶ χρόνον μεμαθηκυῖα ἔσται ἡ ψυχὴ αὐτοῦ; δῆλον γὰρ ὅτι τὸν πάντα χρόνον ἔστιν ἢ οὐκ ἔστιν ἄνθρωπος.* 10

ΜΕΝ. *Φαίνεται.*

ΣΩ. *Οὐκοῦν εἰ ἀεὶ ἡ ἀλήθεια ἡμῖν τῶν ὄντων ἐστὶν ἐν τῇ ψυχῇ, ἀθάνατος ἂν ἡ ψυχὴ εἴη, ὥστε θαρροῦντα χρὴ ὃ μὴ τυγχάνεις ἐπιστάμενος νῦν — τοῦτο δ' ἐστὶν ὃ μὴ μεμνη-μένος — ἐπιχειρεῖν ζητεῖν καὶ ἀναμιμνῄσκεσθαι;* b

ΜΕΝ. *Εὖ μοι δοκεῖς λέγειν, ὦ Σώκρατες, οὐκ οἶδ' ὅπως.* 5

ΣΩ. *Καὶ γὰρ ἐγὼ ἐμοί, ὦ Μένων. καὶ τὰ μέν γε ἄλλα οὐκ ἂν πάνυ ὑπὲρ τοῦ λόγου διισχυρισαίμην· ὅτι δ' οἰόμενοι δεῖν ζητεῖν ἃ μή τις οἶδεν βελτίους ἂν εἶμεν καὶ ἀνδρικώ-*

米诺：看来是。

苏格拉底：那是这个时候，当他不是人类时吗[①]？

米诺：是的。 5

苏格拉底：无论在什么时候他是人类及在什么时候他不是人类，若真的看法在他身上，它们借问问题被激起，而成为知识的细目[②]，那他的灵魂在所有的时间中皆处在知道的状态吗[③]？因为显而易见的，在所有的时间中他要么是人类，要么不是人类。 10

米诺：似乎是。

苏格拉底：因此若我们关于存在事物的真理是一直存于灵魂之中，灵魂或许是不朽的[④]，所以应该有信心地对你现在所不知的事——亦即你不记得的事——试着探询及回忆吗？ b

米诺：我认为你说的很好，苏格拉底，我不明就理的。 5

苏格拉底：事实上我也认为自己说的好，米诺。但其实在其他的论点上我对论证并不坚持[⑤]，若我们认为应该探寻某人所不知的事，我们会比若我们认为我们

---

① 参见《费多篇》76c-e，知识的获得是在灵魂尚未进入肉体之前。

② epistemai 一字是知识（epistēmē）的复数形，有着细节或例子的意涵。

③ 从 86a 的论证步骤看来，灵魂在“所有的时间中”都拥有知识似乎并不正确，因为 a1 苏格拉底指出灵魂是在某个时候（pote）拥有真的看法，然而这某个时候所拥有真的看法不必然会是他在所有时间中都拥有的知识。苏格拉底在论证时似乎未注意到自己在 pote 及 aei（总是、一直）的用字上的不同。此外 a3 及 a6，“当他不是人类时”一说法语意不清，因为所谓不是人类可有两种意涵：1）他以不具肉身，即只有灵魂的方式存在；2）他完全不存在。由于苏格拉底的用语并未排除（2）的可能性，这使得人是否一直拥有知识是个可疑的说法，不存在之物何以拥有事物？最后，就算苏格拉底所言之意是（1），问题却依然存在，因为《提迈欧斯篇》41c-d 人的灵魂是受造的，而非“一直”存在，在它不存在的时间内，何以有知识？

④ 在此“不朽”不必然意指回忆的活动需要人死后灵魂依然存在，因为它可以仅是指人在出生前灵魂已存在，灵魂在进入肉体后借由感官经验的刺激回忆生前所知之事；柏拉图《费多篇》78b4-84b8 试着说明灵魂在人死后依然存在。

⑤ 苏格拉底所不坚持的那些论点是否包含关于灵魂不灭的论述？这个问题并非本对话录的核心，而是《费多篇》，本篇主要针对探究及回忆的关系做探讨。

τεροι καὶ ἧττον ἀργοὶ ἢ εἰ οἰοίμεθα ἃ μὴ ἐπιστάμεθα μηδὲ
δυνατὸν εἶναι εὑρεῖν μηδὲ δεῖν ζητεῖν, περὶ τούτου πάνυ ἂν c
διαμαχοίμην, εἰ οἷός τε εἴην, καὶ λόγῳ καὶ ἔργῳ.

ΜΕΝ. *Καὶ τοῦτο μέν γε δοκεῖς μοι εὖ λέγειν, ὦ Σώκρατες.*

ΣΩ. *Βούλει οὖν, ἐπειδὴ ὁμονοοῦμεν ὅτι ζητητέον περὶ*
οὗ μή τις οἶδεν, ἐπιχειρήσωμεν κοινῇ ζητεῖν τί ποτ' ἐστὶν 5
ἀρετή;

ΜΕΝ. *Πάνυ μὲν οὖν. οὐ μέντοι, ὦ Σώκρατες, ἀλλ'*
ἔγωγε ἐκεῖνο ἂν ἥδιστα, ὅπερ ἠρόμην τὸ πρῶτον, καὶ σκεψαί-
μην καὶ ἀκούσαιμι, πότερον ὡς διδακτῷ ὄντι αὐτῷ δεῖ ἐπι-
χειρεῖν, ἢ ὡς φύσει ἢ ὡς τίνι ποτὲ τρόπῳ παραγιγνομένης d
τοῖς ἀνθρώποις τῆς ἀρετῆς.

ΣΩ. *Ἀλλ' εἰ μὲν ἐγὼ ἦρχον, ὦ Μένων, μὴ μόνον ἐμαυ-*
τοῦ ἀλλὰ καὶ σοῦ, οὐκ ἂν ἐσκεψάμεθα πρότερον εἴτε διδακτὸν
εἴτε οὐ διδακτὸν ἡ ἀρετή, πρὶν ὅτι ἐστὶν πρῶτον ἐζητήσαμεν 5
αὐτό· ἐπειδὴ δὲ σὺ σαυτοῦ μὲν οὐδ' ἐπιχειρεῖς ἄρχειν, ἵνα
δὴ ἐλεύθερος ἦς, ἐμοῦ δὲ ἐπιχειρεῖς τε ἄρχειν καὶ ἄρχεις,
συγχωρήσομαί σοι — τί γὰρ χρὴ ποιεῖν; — ἔοικεν οὖν σκεπτέον
εἶναι ποῖόν τί ἐστιν ὃ μήπω ἴσμεν ὅτι ἐστίν. εἰ μή τι οὖν e
ἀλλὰ σμικρόν γέ μοι τῆς ἀρχῆς χάλασον, καὶ συγχώρησον
ἐξ ὑποθέσεως αὐτὸ σκοπεῖσθαι, εἴτε διδακτόν ἐστιν εἴτε

没有能力，也不应探寻我们所不知的事更优秀，更
勇敢及更不怠惰[①]，关于此我非常 c
努力，若我在言行举止上有能力的话。

米诺：我认为这件事你也说的不错，苏格拉底。

苏格拉底：那你想，因为我们同意应该探寻
一个人所不知的事，我们一起来探寻德性究竟 5
是什么吗？

米诺：那当然。尽管如此，苏格拉底，
我个人会以非常愉悦的态度探究及听我一开始所问的
问题，是否应触及德性可以教授，
或它是与生俱来，或德性或许以某种方式出现 d
在人类身上[②]。

苏格拉底：但若我不仅，米诺，统治我自
己，也统治你的话，我们将不会探究德性是可教
或不可教，在我们探寻它是什么之 5
前，因为你并未试着统治你自己，所以我
认为[③]你是个自由人[④]，你试着统治我，且正在统治我，
我将顺从你——因为我该做什么呢？——那看来我们应该探究
我们尚不知道它是什么的事物是何种事物。若你不做其他的事， e
至少你为了我将你的统治放松些[⑤]，且同意
从某个假设为前提来探究[⑥]，它是可教授，

---

① 借由探究所引发的回忆活动，会使我们重新获知德性是什么，且知道德性为何会使我们变得更优秀；问题在于我们所回忆关于德性的知识，是某一个德性（如勇敢），抑或是德性的整体。

② 米诺的回应显示他并未明了先前苏格拉底与奴隶之间的对话对他们所要探讨的德性是什么的问题有重要的影响，但不同于 70a 他略去了 mathēton（可被学）。

③ dē 这个不变词在此有着“我认为”的反讽（S 2842）。

④ 此描述符合米诺的社会身份，但他自己是否具备自制的德性（self-mastery）呢？

⑤ ei mē ti oun... alla 此句型参见 S 2197c 及 2962。

⑥ 从 71b 至 76b，最后到此提出的假设法，苏格拉底似乎逐步在定义追求上对米诺做出让步。换言之，关于德性是否可教之事，苏格拉底不再坚持应先处理德性的定义问题，而是愿意先假设它可被教导。

ὁπωσοῦν. λέγω δὲ τὸ ἐξ ὑποθέσεως ὧδε, ὥσπερ οἱ γεωμέ-
τραι πολλάκις σκοποῦνται, ἐπειδάν τις ἔρηται αὐτούς, οἷον 5
περὶ χωρίου, εἰ οἷόν τε ἐς τόνδε τὸν κύκλον τόδε τὸ χωρίον
τρίγωνον ἐνταθῆναι, εἴποι ἄν τις ὅτι "Οὔπω οἶδα εἰ ἔστιν **87a**
τοῦτο τοιοῦτον, ἀλλ' ὥσπερ μέν τινα ὑπόθεσιν προὔργου
οἶμαι ἔχειν πρὸς τὸ πρᾶγμα τοιάνδε· εἰ μέν ἐστιν τοῦτο τὸ
χωρίον τοιοῦτον οἷον παρὰ τὴν δοθεῖσαν αὐτοῦ γραμμὴν
παρατείναντα ἐλλείπειν τοιούτῳ χωρίῳ οἷον ἂν αὐτὸ τὸ 5
παρατεταμένον ᾖ, ἄλλο τι συμβαίνειν μοι δοκεῖ, καὶ ἄλλο
αὖ, εἰ ἀδύνατόν ἐστιν ταῦτα παθεῖν. ὑποθέμενος οὖν ἐθέλω
εἰπεῖν σοι τὸ συμβαῖνον περὶ τῆς ἐντάσεως αὐτοῦ εἰς τὸν b
κύκλον, εἴτε ἀδύνατον εἴτε μή." οὕτω δὴ καὶ περὶ ἀρετῆς
ἡμεῖς, ἐπειδὴ οὐκ ἴσμεν οὔθ' ὅτι ἐστὶν οὔθ' ὁποῖόν τι, ὑπο-
θέμενοι αὐτὸ σκοπῶμεν εἴτε διδακτὸν εἴτε οὐ διδακτόν ἐστιν,
ὧδε λέγοντες· Εἰ ποῖόν τί ἐστιν τῶν περὶ τὴν ψυχὴν ὄντων 5
ἀρετή, διδακτὸν ἂν εἴη ἢ οὐ διδακτόν; πρῶτον μὲν δὴ εἰ
ἔστιν ἀλλοῖον ἢ οἷον ἐπιστήμη, ἆρα διδακτὸν ἢ οὔ, ἢ ὃ
νυνδὴ ἐλέγομεν, ἀναμνηστόν — διαφερέτω δὲ μηδὲν ἡμῖν
ὁποτέρῳ ἂν τῷ ὀνόματι χρώμεθα — ἀλλ' ἆρα διδακτόν; ἢ c
τοῦτό γε παντὶ δῆλον, ὅτι οὐδὲν ἄλλο διδάσκεται ἄνθρωπος
ἢ ἐπιστήμην;

MEN. *Ἔμοιγε δοκεῖ.*

ΣΩ. *Εἰ δέ γ' ἐστὶν ἐπιστήμη τις ἡ ἀρετή, δῆλον ὅτι* 5
διδακτὸν ἂν εἴη.

MEN. *Πῶς γὰρ οὔ;*

或任何其他方式。因此我从某个假设来说，就像几何
学家经常所做的探究，每当有人问他们，例如 5
关于空间的事，三角形能否被内接[①]在这个圆形
空间中，有人或许会说："我尚不知道这是 **87a**
以这样的方式内接，但我认为我有某个所谓的假设，
它对这个问题是有助益；若这个
空间是这样，当有人将它应用在它所被赋予的边线
旁，它在如此的空间上有所不足，这个空间与它被应用到的 5
空间相等，我认为有件事会发生，但
另一件事，若这无法发生在它身上。以此假设为基础，我想
告诉你关于它内接在圆形之中 b
的结论，它是不能或能。"关于德性也如法泡制
因为我们既不知它是什么，也不知它具有什么特质，以假
设为基础让我们探究它是能教不能教，
我们这么说，德性在那些与灵魂有关的事物中是什 5
么样的事物，它是可教或不可教？首先若
它是与知识不同种类的事物，它是可教或不可教，或我
们刚才所说的事，可被回忆之事——对我们而言这没有区别，
我们使用哪个名称[②]——那，它可教吗？或 c
这是十分明显之事，人类除了被教授知识外，
别无他物？

米诺：我认为。

苏格拉底：若德性真的是某种知识，显而易见它 5
是可教授的事物。

米诺：怎么不是呢？

---

① enteinein 原指延伸、拉紧之意，在此指几何学中两个图形，一个内接于另一个之中。

② 苏格拉底随后在 89c-e 驳斥此言，因为若苏格拉底与奴隶所做的实验成立，知识不来自于教授，而来自于回忆，且既然德性是知识，德性也不可教，但可被回忆。

ΣΩ. *Τούτου μὲν ἄρα ταχὺ ἀπηλλάγμεθα, ὅτι τοιοῦδε μὲν ὄντος διδακτόν, τοιοῦδε δ' οὔ.*

MEN. *Πάνυ γε.* 10

ΣΩ. *Τὸ δὴ μετὰ τοῦτο, ὡς ἔοικε, δεῖ σκέψασθαι πότερόν ἐστιν ἐπιστήμη ἡ ἀρετὴ ἢ ἀλλοῖον ἐπιστήμης.*

MEN. *Ἔμοιγε δοκεῖ τοῦτο μετὰ τοῦτο σκεπτέον εἶναι.* d

ΣΩ. *Τί δὲ δή; ἄλλο τι ἢ ἀγαθὸν αὐτό φαμεν εἶναι τὴν ἀρετήν, καὶ αὕτη ἡ ὑπόθεσις μένει ἡμῖν, ἀγαθὸν αὐτὸ εἶναι;* — MEN. *Πάνυ μὲν οὖν.* — ΣΩ. *Οὐκοῦν εἰ μέν τί ἐστιν ἀγαθὸν καὶ ἄλλο χωριζόμενον ἐπιστήμης, τάχ' ἂν εἴη ἡ* 5 *ἀρετὴ οὐκ ἐπιστήμη τις· εἰ δὲ μηδέν ἐστιν ἀγαθὸν ὃ οὐκ ἐπιστήμη περιέχει, ἐπιστήμην ἄν τιν' αὐτὸ ὑποπτεύοντες εἶναι ὀρθῶς ὑποπτεύοιμεν.* — MEN. *Ἔστι ταῦτα.* — ΣΩ. *Καὶ μὴν ἀρετῇ γ' ἐσμὲν ἀγαθοί;* — MEN. *Ναί.* — ΣΩ. *Εἰ δὲ ἀγαθοί,* e *ὠφέλιμοι· πάντα γὰρ τἀγαθὰ ὠφέλιμα. οὐχί;* — MEN. *Ναί.* — ΣΩ. *Καὶ ἡ ἀρετὴ δὴ ὠφέλιμόν ἐστιν;* — MEN. *Ἀνάγκη ἐκ τῶν ὡμολογημένων.*

ΣΩ. *Σκεψώμεθα δὴ καθ' ἕκαστον ἀναλαμβάνοντες ποῖά* 5 *ἐστιν ἃ ἡμᾶς ὠφελεῖ. ὑγίεια, φαμέν, καὶ ἰσχὺς καὶ κάλλος καὶ πλοῦτος δή· ταῦτα λέγομεν καὶ τὰ τοιαῦτα ὠφέλιμα. οὐχί;* — MEN. *Ναί.* — ΣΩ. *Ταὐτὰ δὲ ταῦτά φαμεν ἐνίοτε* **88a**

苏格拉底：那我们很快就完成这件事[①]，若它是这样的知识，是可教授，若它是那样的知识，是不可教。

米诺：没错。 10

苏格拉底：接着，看来，我们应该探究德性是知识，或是与知识不同。

米诺：我认为这是接下来应该探究的事。 d

苏格拉底：然后呢？它不是别的，而是善，我们说的是德性[②]，且同一个假设对我们而言依然存在，它是善吗？——**米诺**：没错。——**苏格拉底**：因此若其他某物为善而且与知识分离，德性马上就不 5
会是某种知识；若没有一个善知识不包含的话，我们或可正确地怀疑它是某种知识。——**米诺**：这是事实。——**苏格拉底**：其实借由德性我们将会是有德之人[③]吗？——**米诺**：是的。——**苏格拉底**：若我 e
们是有德之人，我们会是有用之人，因为一切的善皆有益[④]。不是吗？——**米诺**：是的。——**苏格拉底**：德性也是有益的事吗？——**米诺**：一定是，依我们所同意的论证。

苏格拉底：让我们以逐一处理的方式来探究有什么样的事 5
是对我们有益[⑤]。健康，我们说，气力、美貌及财富[⑥]；我们说这些及这类的事是有益的事。不是吗？——**米诺**：是的。——**苏格拉底**：探究，有时候某物引导这些事 **88a**

---

① c5-6 的说法让苏格拉底可以先跳过“德性是什么？”的讨论，直接进行对它是否可教的探究，因此他才会用副词 tachu（立即、快速）一字。

② 参见 77b。

③ agathos（好的，能干的），译为有德之人主要是突显希腊传统道德文化中，一位 agathos（好人）能将其所具有的 aretē 展现在行为上，例如对米诺而言一位有德的（好的）政治人物会体恤众民之苦，为民谋福。

④ 参见 77d。亦可参见《尤希迪莫斯篇》278e-282a 的论述，拥有善并实践之，对实践者有益；《艾尔奇比亚德斯篇》115a1-116e1，正义是有利之事。

⑤ 苏格拉底从拥有德性之人可与人为善转而讨论德性对我们有何益处。

⑥ 这应是苏格拉底的反讽，参见 78d1-3。

καὶ βλάπτειν· ἢ σὺ ἄλλως φῂς ἢ οὕτως; — MEN. *Οὐκ, ἀλλ' οὕτως.* — ΣΩ. *Σκόπει δή, ὅταν τί ἑκάστου τούτων ἡγῆται, ὠφελεῖ ἡμᾶς, καὶ ὅταν τί, βλάπτει; ἆρ' οὐχ ὅταν μὲν ὀρθὴ χρῆσις, ὠφελεῖ, ὅταν δὲ μή, βλάπτει;* — MEN. *Πάνυ γε.* 5

ΣΩ. *Ἔτι τοίνυν καὶ τὰ κατὰ τὴν ψυχὴν σκεψώμεθα. σωφροσύνην τι καλεῖς καὶ δικαιοσύνην καὶ ἀνδρείαν καὶ εὐμαθίαν καὶ μνήμην καὶ μεγαλοπρέπειαν καὶ πάντα τὰ τοιαῦτα;* — MEN. *Ἔγωγε.* — ΣΩ. *Σκόπει δή, τούτων ἅττα* b *σοι δοκεῖ μὴ ἐπιστήμη εἶναι ἀλλ' ἄλλο ἐπιστήμης, εἰ οὐχὶ τοτὲ μὲν βλάπτει, τοτὲ δὲ ὠφελεῖ; οἷον ἀνδρεία, εἰ μὴ ἔστι φρόνησις ἡ ἀνδρεία ἀλλ' οἷον θάρρος τι· οὐχ ὅταν μὲν ἄνευ νοῦ θαρρῇ ἄνθρωπος, βλάπτεται, ὅταν δὲ σὺν νῷ,* 5 *ὠφελεῖται;* — MEN. *Ναί.* — ΣΩ. *Οὐκοῦν καὶ σωφροσύνη ὡσαύτως καὶ εὐμαθία· μετὰ μὲν νοῦ καὶ μανθανόμενα καὶ καταρτυόμενα ὠφέλιμα, ἄνευ δὲ νοῦ βλαβερά;* — MEN. *Πάνυ σφόδρα.* — ΣΩ. *Οὐκοῦν συλλήβδην πάντα τὰ τῆς ψυχῆς* c *ἐπιχειρήματα καὶ καρτερήματα ἡγουμένης μὲν φρονήσεως εἰς εὐδαιμονίαν τελευτᾷ, ἀφροσύνης δ' εἰς τοὐναντίον;* — MEN. *Ἔοικεν.* — ΣΩ. *Εἰ ἄρα ἀρετὴ τῶν ἐν τῇ ψυχῇ τί ἐστιν καὶ ἀναγκαῖον αὐτῷ ὠφελίμῳ εἶναι, φρόνησιν αὐτὸ δεῖ εἶναι,* 5 *ἐπειδήπερ πάντα τὰ κατὰ τὴν ψυχὴν αὐτὰ μὲν καθ' αὑτὰ*

物中的每一件事物，它使我们得益，但有时某物引导这每一件事物会伤害
我们吗？——**米诺**：没错。[①]

苏格拉底：此外让我们探究与灵魂有关的事物[②]。
你称某物是节制、正义、勇气、
学习力强、记忆力好、重义轻利及所有这类
之事吗？——**米诺**：我是。——**苏格拉底**：探究，你是否认为这 b
其中有些不是知识，而是与知识不同，它有时候伤人，
但有时候利人，这不是真的吗[③]？例如勇气，若勇气不
是明智，而是一种大胆的话[④]；有时候
一个人不假思索[⑤]的大胆会令他受到伤害，但有时候有想法的大胆 5
会令他受益，不是吗？——**米诺**：是的。——**苏格拉底**：因此节制及学习
力强也是一样；当所学及借由训练所得之事[⑥]有理性为伴
是有益之事，但当这些事无理性为伴便是有害之事吗？——**米诺**：铁定
是。——**苏格拉底**：因此简而言之，若明智引导 c
所有与灵魂有关的企图与耐力
以幸福为目标[⑦]，那不明智引导至对反的目标吗？——**米诺**：
似乎是。——**苏格拉底**：若德性是在灵魂中的某一事物，它
一定是有益的，它一定是明智， 5
因为所有与灵魂有关的事就它们自身而言，

---

① 译文如此，有漏译。据王太庆先生译文补充如下（88a）：“苏格拉底：可是这样一些东西我们说有时候也是有害的。你有不同的看法吗？枚农：没有，我也这样看。”（《柏拉图对话集》，王太庆译，商务印书馆 2004，187 页）——编注

② 亦即对灵魂有益的事物。

③ ei ouchi 在原文中并不置于句末，译文置于句末以符合中文表述。

④ 参见《拉克斯篇》192b5-193e5，勇气是有智慧的自制；《普罗大哥拉斯篇》349e ff.。

⑤ 苏格拉底在本段论述将 epistemē（知识）、phronēsis（明智）及 nous（理性、思想）交替使用。

⑥ 成为一节制学习之人；训练成为一有学习能力之人。然而若以交错法来看，这句话的意思会变为：学习成为一有学习能力之人；训练成为一节制之人。

⑦ 幸福是人生终极目标的观点，亦可参见《飨宴篇》205a。

οὔτε ὠφέλιμα οὔτε βλαβερά ἐστιν, προσγενομένης δὲ φρονήσεως ἢ ἀφροσύνης βλαβερά τε καὶ ὠφέλιμα γίγνεται. d
κατὰ δὴ τοῦτον τὸν λόγον ὠφέλιμόν γε οὖσαν τὴν ἀρετὴν φρόνησιν δεῖ τιν' εἶναι. — MEN. *Ἔμοιγε δοκεῖ.*

ΣΩ. *Καὶ μὲν δὴ καὶ τἆλλα ἃ νυνδὴ ἐλέγομεν, πλοῦτόν τε καὶ τὰ τοιαῦτα, τοτὲ μὲν ἀγαθὰ τοτὲ δὲ βλαβερὰ εἶναι,* 5
ἆρα οὐχ ὥσπερ τῇ ἄλλῃ ψυχῇ ἡ φρόνησις ἡγουμένη ὠφέλιμα τὰ τῆς ψυχῆς ἐποίει, ἡ δὲ ἀφροσύνη βλαβερά, οὕτως αὖ καὶ τούτοις ἡ ψυχὴ ὀρθῶς μὲν χρωμένη καὶ ἡγουμένη ὠφέλιμα αὐτὰ ποιεῖ, μὴ ὀρθῶς δὲ βλαβερά; e — MEN. *Πάνυ γε.* — ΣΩ. *Ὀρθῶς δέ γε ἡ ἔμφρων ἡγεῖται, ἡμαρτημένως δ' ἡ ἄφρων;* — MEN. *Ἔστι ταῦτα.* — ΣΩ. *Οὐκοῦν οὕτω δὴ κατὰ πάντων εἰπεῖν ἔστιν, τῷ ἀνθρώπῳ τὰ μὲν ἄλλα πάντα εἰς τὴν* 5
ψυχὴν ἀνηρτῆσθαι, τὰ δὲ τῆς ψυχῆς αὐτῆς εἰς φρόνησιν, εἰ μέλλει ἀγαθὰ εἶναι· καὶ τούτῳ τῷ λόγῳ φρόνησις ἂν εἴη **89a**
τὸ ὠφέλιμον· φαμὲν δὲ τὴν ἀρετὴν ὠφέλιμον εἶναι; — MEN. *Πάνυ γε.* — ΣΩ. *Φρόνησιν ἄρα φαμὲν ἀρετὴν εἶναι, ἤτοι σύμπασαν ἢ μέρος τι;* — MEN. *Δοκεῖ μοι καλῶς λέγεσθαι, ὦ Σώκρατες, τὰ λεγόμενα.* — ΣΩ. *Οὐκοῦν εἰ ταῦτα* 5
οὕτως ἔχει, οὐκ ἂν εἶεν φύσει οἱ ἀγαθοί. — MEN. *Οὔ μοι δοκεῖ.*

既不是有益，也不是有害的事物，但若加上明
智或不明智，就会形成有害及有益的事物。 d
根据这个说法，因为[①]德性是有益的事物，
它一定是某种智慧。——**米诺**：我认为是。

苏格拉底：特别是我们之前所提及的那些事物，财富
及诸如此类的事物，有时候是好的事物，但有时候是有害的事物， 5
就像当明智主导灵魂的其他的事时[②]，它
使得灵魂的这些事物变成有益，但不明智使它们变得有害，所以
若灵魂以正确的方式给予这些事物引导[③]，它会 e
使它们变得有益，但以不当的方式则有害，事实不是如此吗？——**米诺**：
是如此。——**苏格拉底**：明智的灵魂以正确的方式引导，但不明智的灵魂
以错误的方式引导吗？——**米诺**：这是事实。——**苏格拉底**：因此，以这
个方式来说一切的事物，对人而言，一方面，其他所有的事物皆 5
依赖灵魂，但另一方面，与灵魂自身相关的事物依赖明智，若它们
想是善的事物的话；依此论述明智或许是 **89a**
有益之事；我们说德性是有益之事吗？——
米诺：没错。——**苏格拉底**：我们说德性是明智，
是智慧的全部，还是某一部分呢[④]？——**米诺**：我认为，苏格拉底，
这些论述说的不错。——**苏格拉底**：因此若事实是 5
如此的话，有德之人或许不是天生如此。——**米诺**：我不
认为是。

---

① ge ousan（因为它是），参见 GP143。

② 参见 88a5-6。

③ chrōmenē kai hegoumenē 若以独立结构（absolute）看待，其意为给予指导，若不以独立结构看待，其意为使用及引导。

④ Klein：ibid. 215-221 认为，由于苏格拉底并无意识到他在 b4 已使用 phronēsis（明智）取代 epistēmē（知识），但这个改变可使得他免去说明 epistēmē（严格意义下，指理论知识）如何成为实际生活中的行为指导，而 phronēsis 就成为人生命中一切行事的理性指导；值得注意的是，Klein 教授此言建立在 sophia（智慧）有理论与实践的区别，但苏格拉底不必然有此区分的概念（88b5），这个区分是由亚里斯多德清楚提出（《尼科马哥伦理学》1143b18-1144a11 及 1177b26-1178a18）。

ΣΩ. *Καὶ γὰρ ἄν που καὶ τόδ' ἦν· εἰ φύσει οἱ ἀγαθοὶ ἐγίγνοντο, ἦσάν που ἂν ἡμῖν οἳ ἐγίγνωσκον τῶν νέων τοὺς ἀγαθοὺς τὰς φύσεις, οὓς ἡμεῖς ἂν παραλαβόντες ἐκείνων ἀποφηνάντων ἐφυλάττομεν ἂν ἐν ἀκροπόλει, κατασημηνάμενοι πολὺ μᾶλλον ἢ τὸ χρυσίον, ἵνα μηδεὶς αὐτοὺς διέφθειρεν, ἀλλ' ἐπειδὴ ἀφίκοιντο εἰς τὴν ἡλικίαν, χρήσιμοι γίγνοιντο ταῖς πόλεσι.* b 5

MEN. *Εἰκός γέ τοι, ὦ Σώκρατες.*

ΣΩ. *Ἆρ' οὖν ἐπειδὴ οὐ φύσει οἱ ἀγαθοὶ ἀγαθοὶ γίγνονται, ἆρα μαθήσει;* c

MEN. *Δοκεῖ μοι ἤδη ἀναγκαῖον εἶναι· καὶ δῆλον, ὦ Σώκρατες, κατὰ τὴν ὑπόθεσιν, εἴπερ ἐπιστήμη ἐστὶν ἀρετή, ὅτι διδακτόν ἐστιν.*

ΣΩ. *Ἴσως νὴ Δία· ἀλλὰ μὴ τοῦτο οὐ καλῶς ὡμολογήσαμεν;* 5

MEN. *Καὶ μὴν ἐδόκει γε ἄρτι καλῶς λέγεσθαι.*

ΣΩ. *Ἀλλὰ μὴ οὐκ ἐν τῷ ἄρτι μόνον δέῃ αὐτὸ δοκεῖν καλῶς λέγεσθαι, ἀλλὰ καὶ ἐν τῷ νῦν καὶ ἐν τῷ ἔπειτα, εἰ μέλλει τι αὐτοῦ ὑγιὲς εἶναι.* 10

MEN. *Τί οὖν δή; πρὸς τί βλέπων δυσχεραίνεις αὐτὸ καὶ ἀπιστεῖς μὴ οὐκ ἐπιστήμη ᾖ ἡ ἀρετή;* d

ΣΩ. *Ἐγώ σοι ἐρῶ, ὦ Μένων. τὸ μὲν γὰρ διδακτὸν αὐτὸ εἶναι, εἴπερ ἐπιστήμη ἐστίν, οὐκ ἀνατίθεμαι μὴ οὐ καλῶς λέγεσθαι· ὅτι δὲ οὐκ ἔστιν ἐπιστήμη, σκέψαι ἐάν σοι* 5

苏格拉底：这或许也会是真的；若有德之人是 b
天生的，或许我们会有人识出年轻人中在本质上
是有德之人，我们把这些人带在身边，当他们[①]
做了宣告，并在卫城[②]中看管他们，让他们被
封存，比我们封存黄金还紧密，所以无人会败坏 5
他们[③]，但一旦他们到了适龄的时候，他们要成
为城邦有用之人[④]。

米诺：看来这确实是真的，苏格拉底。

苏格拉底：那，因为有德之人不是天生有德，
是靠学习吗？ c

米诺：我现在认为这是必然的；这是显而易见之事，
苏格拉底；根据假设[⑤]，若德性是知识，
它是可教的事物。

苏格拉底：或许吧，以宙斯之名为誓，但我们同意这 5
个说法并不对，不是吗？

米诺：但刚才这似乎确实说得不错。

苏格拉底：但或许心里所担忧的是，不仅这在刚才似乎
说的不错，也要在现在及在未来也说的不错，若
它的任何部分将会是坚实合理之事的论述。 10

米诺：是什么呢？看着这个说法你对它有何不满， d
且你不相信德性是知识吗？

苏格拉底：我将告诉你，米诺。它是可教
的事，若它是知识的话，我不是改变心意说此论述
不好，但探究是否你认为我正确地不相信 5

① 指有能力识别出有德年轻人的人。

② 卫城是雅典的宗教中心，位置有重要的军事功能。

③ Klein：ibid. 219-220 指出，若人生而具有德性，何以会被败坏？这个问题在此对话录不易找到答案，但《费多篇》65b-d 苏格拉底说拥有身体的灵魂会有不明智的判断、《理想国篇》第八、九两卷苏格拉底描述败坏的灵魂何以出现，皆明示灵魂天生具备的德性会因与身体的结合而败坏。

④ 这一段话似乎呼应《理想国篇》415a-e 的故事。

⑤ 参见 87b-c。

δοκῶ εἰκότως ἀπιστεῖν. τόδε γάρ μοι εἰπέ· εἰ ἔστιν διδα-κτὸν ὁτιοῦν πρᾶγμα, μὴ μόνον ἀρετή, οὐκ ἀναγκαῖον αὐτοῦ καὶ διδασκάλους καὶ μαθητὰς εἶναι;

MEN. *Ἔμοιγε δοκεῖ.*

ΣΩ. *Οὐκοῦν τοὐναντίον αὖ, οὗ μήτε διδάσκαλοι μήτε μαθηταὶ εἶεν, καλῶς ἂν αὐτὸ εἰκάζοντες εἰκάζοιμεν μὴ διδακτὸν εἶναι;* e

MEN. *Ἔστι ταῦτα· ἀλλ' ἀρετῆς διδάσκαλοι οὐ δοκοῦσί σοι εἶναι;* 5

ΣΩ. *Πολλάκις γοῦν ζητῶν εἴ τινες εἶεν αὐτῆς διδά-σκαλοι, πάντα ποιῶν οὐ δύναμαι εὑρεῖν. καίτοι μετὰ πολλῶν γε ζητῶ, καὶ τούτων μάλιστα οὓς ἂν οἴωμαι ἐμπειροτάτους εἶναι τοῦ πράγματος. καὶ δὴ καὶ νῦν, ὦ Μένων, εἰς καλὸν ἡμῖν Ἄνυτος ὅδε παρεκαθέζετο, ᾧ μεταδῶμεν τῆς ζητήσεως.* 10 *εἰκότως δ' ἂν μεταδοῖμεν· Ἄνυτος γὰρ ὅδε πρῶτον μέν ἐστι* **90a** *πατρὸς πλουσίου τε καὶ σοφοῦ Ἀνθεμίωνος, ὃς ἐγένετο πλούσιος οὐκ ἀπὸ τοῦ αὐτομάτου οὐδὲ δόντος τινός, ὥσπερ ὁ νῦν νεωστὶ εἰληφὼς τὰ Πολυκράτους χρήματα Ἰσμηνίας ὁ Θηβαῖος, ἀλλὰ τῇ αὑτοῦ σοφίᾳ κτησάμενος καὶ ἐπιμελείᾳ,* 5 *ἔπειτα καὶ τὰ ἄλλα οὐχ ὑπερήφανος δοκῶν εἶναι πολίτης οὐδὲ ὀγκώδης τε καὶ ἐπαχθής, ἀλλὰ κόσμιος καὶ εὐσταλὴς ἀνήρ· ἔπειτα τοῦτον εὖ ἔθρεψεν καὶ ἐπαίδευσεν, ὡς δοκεῖ* b *Ἀθηναίων τῷ πλήθει· αἱροῦνται γοῦν αὐτὸν ἐπὶ τὰς μεγί-*

德性是知识。那告诉我这个；若任何事皆
可教的话，不仅德性而已，难道不应该有关于它
的老师与学生吗？

米诺：我认为应该。

苏格拉底：因此反过来说，若不存在关于它的老师 e
与学生的话，我们或可正确地推想，它是
不可教之事吗？

米诺：这是事实，但难道你不认为德性的老师
存在吗？ 5

苏格拉底：我经常探寻是否某些人是德性的
老师，虽然我尽了一切努力，却不能找到。虽然我与许多人一起
探寻，且特别是与那些我认为在此事情上最有
经验之人。特别是现在，米诺，时机恰当，
阿尼投斯[①]在此坐在我们旁边，让我们与他分享此一探寻。 10
若我们是合理地分享，因为在此的阿尼投斯首先是 **90a**
富有及有智慧的父亲——安塞米欧奴斯——的儿子，他成为
富人不是出于偶然，也不是出于某人的赠与，就像
最近塞贝斯的伊斯梅尼亚斯[②]获得波吕克拉特斯[③]的
财富，但他借智慧与勤勉拥有财富， 5
然后[④]在其他的层面上他似乎不是位自大、
自我膨胀及找麻烦的公民，而是循规蹈矩及正派的
人；此外他把阿尼投斯养育及教育得不错，对大多数 b
雅典人而言；至少他们在极为重要的公职职务上选择

---

① Anytos，控告苏格拉底的三位指控者之一，参见《辩护篇》23e。苏格拉底对阿尼投斯的家世背景介绍并不是针对米诺，因为米诺是他的客人（90b5），而是针对这部对话录的读者。

② Ismenias of Thebes（活跃于公元前404—前382年），他是民主政体的支持者，于公元前404年资助被放逐的民主人士；亦出现《理想国篇》336a。

③ Polycrates（约公元前440—前370年）雅典的诡辩学家，他最著名的作品是以阿尼投斯为主角的《苏格拉底的指控》（*Katēgoria Sōkratous*）。

④ epeita（然后）一字是苏格拉底有意将阿尼投斯与其父做比较，以突显前者在城邦中放肆自大的行为。

στας ἀρχάς. δίκαιον δὴ μετὰ τοιούτων ζητεῖν ἀρετῆς πέρι διδασκάλους, εἴτ' εἰσὶν εἴτε μή, καὶ οἵτινες. σὺ οὖν ἡμῖν, ὦ Ἄνυτε, συζήτησον, ἐμοί τε καὶ τῷ σαυτοῦ ξένῳ Μένωνι 5
τῷδε, περὶ τούτου τοῦ πράγματος τίνες ἂν εἶεν διδάσκαλοι. ὧδε δὲ σκέψαι· εἰ βουλοίμεθα Μένωνα τόνδε ἀγαθὸν ἰατρὸν γενέσθαι, παρὰ τίνας ἂν αὐτὸν πέμποιμεν διδασκάλους; ἆρ' c
οὐ παρὰ τοὺς ἰατρούς;

ΑΝ. *Πάνυ γε.*

ΣΩ. *Τί δ' εἰ σκυτοτόμον ἀγαθὸν βουλοίμεθα γενέσθαι, ἆρ' οὐ παρὰ τοὺς σκυτοτόμους;* 5

ΑΝ. *Ναί.*

ΣΩ. *Καὶ τἆλλα οὕτως;*

ΑΝ. *Πάνυ γε.*

ΣΩ. *Ὧδε δή μοι πάλιν περὶ τῶν αὐτῶν εἰπέ. παρὰ τοὺς ἰατρούς, φαμέν, πέμποντες τόνδε καλῶς ἂν ἐπέμπομεν, βου-* 10
λόμενοι ἰατρὸν γενέσθαι· ἆρ' ὅταν τοῦτο λέγωμεν, τόδε λέγομεν, ὅτι παρὰ τούτους πέμποντες αὐτὸν σωφρονοῖμεν d
ἄν, τοὺς ἀντιποιουμένους τε τῆς τέχνης μᾶλλον ἢ τοὺς μή, καὶ τοὺς μισθὸν πραττομένους ἐπ' αὐτῷ τούτῳ, ἀποφήναντας αὐτοὺς διδασκάλους τοῦ βουλομένου ἰέναι τε καὶ μανθάνειν; ἆρ' οὐ πρὸς ταῦτα βλέψαντες καλῶς ἂν πέμποιμεν; 5

ΑΝ. *Ναί.*

ΣΩ. *Οὐκοῦν καὶ περὶ αὐλήσεως καὶ τῶν ἄλλων τὰ αὐτὰ ταῦτα; πολλὴ ἄνοιά ἐστι βουλομένους αὐλητήν τινα ποιῆσαι* e
παρὰ μὲν τοὺς ὑπισχνουμένους διδάξειν τὴν τέχνην καὶ

他[①]。与这样的人们一起探寻德性的老师，要么有，
要么没有，及他们是谁，确实是件对的事。那你与我们，
阿尼投斯，一起探寻，与我及你的这位客人米 5
诺，关于这件事，谁会是老师。
以如此的方式探究；若我们希望这位米诺成为一位好
医生，我们要送他去什么老师的身边？难道 c
不是在医生身边吗？

阿尼投斯：是的。

苏格拉底：但若我们希望他成为一位好鞋匠，
难道不是要让他在鞋匠们身边吗？ 5

阿尼投斯：是的。

苏格拉底：在其他的例子上也一样吗？

阿尼投斯：没错。

苏格拉底：以这样的方式再告诉我一次关于这些相同的例子。我们说，
我们是正确地送这个人[②]在医生身边，若我们 10
希望他成为医生；当我们提及此事，我们
说的是这件事吗，我们送他去这些人身边，我们是明智 d
的，与其说送去没有专业技艺的人身边，不如送去有技艺的人身边，
他们在这件事上[③]赚取报酬，他们宣称
自己是某位想拜入他们门下[④]及向他们学习之人的老师？
若我们关注这些事，我们要送他去正确的人[⑤]那儿吧？ 5

阿尼投斯：是的。

苏格拉底：那么关于笛子吹奏及其他的例子我们也有同样的
说法吗？这是非常愚蠢的事，若我们想使某人成为吹笛手， e
我们却不愿意将他送到那些宣称教授技艺及

---

① 分别在公元前409年及公元前403年获选为军事将领。
② 指米诺。
③ 指教授医学技艺。
④ ienai 原意为来到、去，引申译为拜人门下。
⑤ kalōs pempoimen 原意为“我们正确地送”，苏格拉底的意思是送去对的人那儿。

μισθὸν πραττομένους μὴ ἐθέλειν πέμπειν, ἄλλοις δέ τισιν πράγματα παρέχειν, ζητοῦντα μανθάνειν παρὰ τούτων, οἳ μήτε προσποιοῦνται διδάσκαλοι εἶναι μήτ' ἔστιν αὐτῶν μαθη- 5
τὴς μηδεὶς τούτου τοῦ μαθήματος ὃ ἡμεῖς ἀξιοῦμεν μανθά- νειν παρ' αὐτῶν ὃν ἂν πέμπωμεν. οὐ πολλή σοι δοκεῖ ἀλογία εἶναι;

ΑΝ. *Ναὶ μὰ Δία ἔμοιγε, καὶ ἀμαθία γε πρός.*

ΣΩ. *Καλῶς λέγεις. νῦν τοίνυν ἔξεστί σε μετ' ἐμοῦ* 10
κοινῇ βουλεύεσθαι περὶ τοῦ ξένου τουτουῒ Μένωνος. οὗτος **91a**
γάρ, ὦ Ἄνυτε, πάλαι λέγει πρός με ὅτι ἐπιθυμεῖ ταύτης τῆς σοφίας καὶ ἀρετῆς ᾗ οἱ ἄνθρωποι τάς τε οἰκίας καὶ τὰς πόλεις καλῶς διοικοῦσι, καὶ τοὺς γονέας τοὺς αὑτῶν θερα- πεύουσι, καὶ πολίτας καὶ ξένους ὑποδέξασθαί τε καὶ ἀπο- 5
πέμψαι ἐπίστανται ἀξίως ἀνδρὸς ἀγαθοῦ. ταύτην οὖν τὴν ἀρετὴν σκόπει παρὰ τίνας ἂν πέμποντες αὐτὸν ὀρθῶς πέμ- b
ποιμεν. ἢ δῆλον δὴ κατὰ τὸν ἄρτι λόγον ὅτι παρὰ τούτους τοὺς ὑπισχνουμένους ἀρετῆς διδασκάλους εἶναι καὶ ἀποφή- ναντας αὑτοὺς κοινοὺς τῶν Ἑλλήνων τῷ βουλομένῳ μανθάνειν, μισθὸν τούτου ταξαμένους τε καὶ πραττομένους; 5

ΑΝ. *Καὶ τίνας λέγεις τούτους, ὦ Σώκρατες;*

ΣΩ. *Οἶσθα δήπου καὶ σὺ ὅτι οὗτοί εἰσιν οὓς οἱ ἄνθρωποι καλοῦσι σοφιστάς.*

ΑΝ. *Ἡράκλεις, εὐφήμει, ὦ Σώκρατες. μηδένα τῶν γ'* c
ἐμῶν μήτε οἰκείων μήτε φίλων, μήτε ἀστὸν μήτε ξένον,

收受报酬的人身边，而是去麻烦某些
其他人，寻求在他们身边学习[1]，这
些人既不称自己是老师，也没有学生， 5
也没有我们送他去他们那儿，认为值得学习
的这门知识。你不认为这非常不
合理吗？

阿尼投斯：是的，以宙斯之名为誓，我认为，此外也愚蠢。

苏格拉底：你说得好。那现在这是可能的事，你和我 10
一起思虑关于这位客人米诺的事。由于 **91a**
他，阿尼投斯，长久以来一直对我说，他想要这个
智慧与德性，借由它人们妥适地管理家
庭与城邦[2]，且正确地照顾他们的
父母，及知道欢迎公民及外邦人而且以 5
符合有德之人的方式送他们离去[3]。探究这
个德性，我们要正确地送他去谁那 b
儿。或者根据刚才的说法这是显而易见之事，去这些
自称是德性的老师那儿而且他们
公告他们是对每一位想学习的希腊人开放，
为此他们有固定收取的报酬吗？ 5

阿尼投斯：你说的这些人是谁，苏格拉底？

苏格拉底：你一定知道，人们称这些人
是诡辩学者[4]。

阿尼投斯：天啊，闭嘴，苏格拉底。希望这个 c
疯狂不会攫获我的任何一位亲戚、朋友、同城居民及

---

① zētouna manthanein para toutōn 这句话出现于此似乎显得突兀，若受格分词 zētouna（寻求）指的是 e1 的某人（tina），与上一句将无法联系，因为麻烦那些老师的人是送某人去他们那儿的人，而不是某人自己；W. R. M. Lamb：1990，91 的译文“for instruction other people”能成立必须将 zētounta 改成 zētountas，因此在 R. W. Sharples 的版本中这句话被略去。

② 关于德性与政治的关系，参见 71e3 及 73c9。

③ 亚里斯多德将善待外国人视为庄严之人的特质之一（《尼科马哥伦理学》1123a1-3），参见 74a5。

④ sophistai，或译为智者，《拉克斯篇》197d 可见拉克斯对诡辩学者的看法，卖弄驾驭文字的技巧。

τοιαύτη μανία λάβοι, ὥστε παρὰ τούτους ἐλθόντα λωβηθῆναι,
ἐπεὶ οὗτοί γε φανερά ἐστι λώβη τε καὶ διαφθορὰ τῶν
συγγιγνομένων. 5

ΣΩ. *Πῶς λέγεις, ὦ Ἄνυτε; οὗτοι ἄρα μόνοι τῶν ἀντι-*
ποιουμένων τι ἐπίστασθαι εὐεργετεῖν τοσοῦτον τῶν ἄλλων
διαφέρουσιν, ὅσον οὐ μόνον οὐκ ὠφελοῦσιν, ὥσπερ οἱ ἄλλοι,
ὅτι ἄν τις αὐτοῖς παραδῷ, ἀλλὰ καὶ τὸ ἐναντίον διαφθεί-
ρουσιν; καὶ τούτων φανερῶς χρήματα ἀξιοῦσι πράττεσθαι; d
ἐγὼ μὲν οὖν οὐκ ἔχω ὅπως σοι πιστεύσω· οἶδα γὰρ ἄνδρα
ἕνα Πρωταγόραν πλείω χρήματα κτησάμενον ἀπὸ ταύτης
τῆς σοφίας ἢ Φειδίαν τε, ὃς οὕτω περιφανῶς καλὰ ἔργα
ἠργάζετο, καὶ ἄλλους δέκα τῶν ἀνδριαντοποιῶν. καίτοι 5
τέρας λέγεις εἰ οἱ μὲν τὰ ὑποδήματα ἐργαζόμενοι τὰ παλαιὰ
καὶ τὰ ἱμάτια ἐξακούμενοι οὐκ ἂν δύναιντο λαθεῖν τριάκονθ'
ἡμέρας μοχθηρότερα ἀποδιδόντες ἢ παρέλαβον τὰ ἱμάτιά τε e
καὶ ὑποδήματα, ἀλλ' εἰ τοιαῦτα ποιοῖεν, ταχὺ ἂν τῷ λιμῷ
ἀποθάνοιεν, Πρωταγόρας δὲ ἄρα ὅλην τὴν Ἑλλάδα ἐλάν-
θανεν διαφθείρων τοὺς συγγιγνομένους καὶ μοχθηροτέρους
ἀποπέμπων ἢ παρελάμβανεν πλέον ἢ τετταράκοντα ἔτη — 5
οἶμαι γὰρ αὐτὸν ἀποθανεῖν ἐγγὺς καὶ ἑβδομήκοντα ἔτη γεγο-
νότα, τετταράκοντα δὲ ἐν τῇ τέχνῃ ὄντα — καὶ ἐν ἅπαντι
τῷ χρόνῳ τούτῳ ἔτι εἰς τὴν ἡμέραν ταυτηνὶ εὐδοκιμῶν

外国友人，所以他不会受到这些人的不当对待，
因为这些人对与他们为伍之人的不当对待与败坏
是显而易见的[①]。 5

苏格拉底：你所言何意，阿尼投斯？只有这些人，因为他们
宣称知道促成某件有利的事，在某些程度上与其他人
不同，他们不仅无法使某人对他们所信托之事成为
有利之事，就像其他人所做的一样，相反地他们会败
坏它吗？关于这些事他们认为值得公开收费吗？ d
我反而不知道我将如何相信你，因为我知道一个
人普罗大哥拉斯[②]从这个专业技艺[③]获得
比费迪亚斯[④]还要多的钱[⑤]，他以如此优异的方式做了许多美丽的
作品，及其他十位雕塑家。事实上你所言令人觉得 5
不可思议，若有人修了些陈年老鞋
及补了些衣物，他们无法避免在三十天之
内他们所还的衣鞋比他们当初所拿到的 e
情况还糟，若他们做了这类的事，他们会很快地死
于饥饿，整个希腊没有人注意到普罗大哥拉
斯败坏那些与他为伍之人，且送他们离去时，他们的情况比
他接受他们时还糟，四十多年来—— 5
因为我想他在接近七十岁时死的，
在这行四十年——且在这所有的
时间中，一直到现在他都不曾失去他的

---

① 关于苏格拉底自己被控败坏年轻人，参见《辩护篇》24b3-28a1。

② Protagoras of Abdera（约公元前 490—前 420 年），著名的诡辩学家，主张知识及道德的相对主义；柏拉图以其名著《普罗大哥拉斯篇》。

③ sophia 在此不是指智慧，而是诡辩学派的专业技艺（b8）。

④ Pheidias（活跃于公元前 465—前 425 年），希腊著名的雕塑家，最家喻户晓的作品是以黄金象牙雕塑的雅典娜与宙斯像。

⑤ 根据迪欧金尼斯·拉尔提乌斯（Diogenes Laertius）《著名哲学家生平》（*Lives of Eminent Philosophers*）的记载，普罗大哥拉斯上课收费 100 米纳（mnās）(52)。柏拉图《大希匹亚斯篇》(The *Hippias Major*）282d-e 亦言及，普罗大哥拉斯的学费高出他人许多。

οὐδὲν πέπαυται, καὶ οὐ μόνον Πρωταγόρας, ἀλλὰ καὶ ἄλλοι πάμπολλοι, οἱ μὲν πρότερον γεγονότες ἐκείνου, οἱ δὲ καὶ νῦν ἔτι ὄντες. πότερον δὴ οὖν φῶμεν κατὰ τὸν σὸν λόγον εἰδότας αὐτοὺς ἐξαπατᾶν καὶ λωβᾶσθαι τοὺς νέους, ἢ λεληθέναι καὶ ἑαυτούς; καὶ οὕτω μαίνεσθαι ἀξιώσομεν τούτους, οὓς ἔνιοί φασι σοφωτάτους ἀνθρώπων εἶναι; **92a** 5

ΑΝ. *Πολλοῦ γε δέουσι μαίνεσθαι, ὦ Σώκρατες, ἀλλὰ πολὺ μᾶλλον οἱ τούτοις διδόντες ἀργύριον τῶν νέων, τούτων δ' ἔτι μᾶλλον οἱ τούτοις ἐπιτρέποντες, οἱ προσήκοντες, πολὺ δὲ μάλιστα πάντων αἱ πόλεις, ἐῶσαι αὐτοὺς εἰσαφικνεῖσθαι καὶ οὐκ ἐξελαύνουσαι, εἴτε τις ξένος ἐπιχειρεῖ τοιοῦτόν τι ποιεῖν εἴτε ἀστός.* b

ΣΩ. *Πότερον δέ, ὦ Ἄνυτε, ἠδίκηκέ τίς σε τῶν σοφιστῶν, ἢ τί οὕτως αὐτοῖς χαλεπὸς εἶ;* 5

ΑΝ. *Οὐδὲ μὰ Δία ἔγωγε συγγέγονα πώποτε αὐτῶν οὐδενί, οὐδ' ἂν ἄλλον ἐάσαιμι τῶν ἐμῶν οὐδένα.*

ΣΩ. *Ἄπειρος ἄρ' εἶ παντάπασι τῶν ἀνδρῶν;*

ΑΝ. *Καὶ εἴην γε.* 10

ΣΩ. *Πῶς οὖν ἄν, ὦ δαιμόνιε, εἰδείης περὶ τούτου τοῦ πράγματος, εἴτε τι ἀγαθὸν ἔχει ἐν αὑτῷ εἴτε φλαῦρον, οὗ παντάπασιν ἄπειρος εἴης;* c

ΑΝ. *Ῥᾳδίως· τούτους γοῦν οἶδα οἵ εἰσιν, εἴτ' οὖν ἄπειρος αὐτῶν εἰμι εἴτε μή.* 5

好名声[①]，不仅普罗大哥拉斯，还有
其他许多人[②]，他们有些比他年长，但 **92a**
现在依然活着[③]。那我们是否可说，根据
你的说法，他有意欺骗及不当对待那些
年轻人，或他们没注意当自己被不当对待？因此我们是否将
认为这些人疯了，有些人说这些人是最有智慧 5
的人？

阿尼投斯：他们远不及疯狂，苏格拉底，反而
有更多的年轻人给他们钱，还有比这些年轻人
还要多的人，他们把年轻人委托给他们[④]，亲戚们，最 b
特别的是城邦允许他们进入
而且不驱赶他们，无论是一位外邦人[⑤]或一位城民企图做
这类的事[⑥]。

苏格拉底：是否，阿尼投斯，有某位诡辩学者伤害了你， 5
否则你何以对他们生那么大的气？

阿尼投斯：没有，以宙斯之名为誓，我不曾与他们任何人为伍，
我也不允许与我有关的任何人与他们为伍。

苏格拉底：你完全不认识这些人吗？

阿尼投斯：希望我一直如此。 10

苏格拉底：那你，不可思议的朋友，是如何知道这 c
件事，在其中是否有任何的好与坏，若你对此毫
无经验的话[⑦]？

阿尼投斯：这容易；至少我知道这些人是谁，不论
我认识或不认识他们。 5

---

① 但迪欧金尼斯·拉尔提乌斯记载，普罗大哥拉斯因对神祇不敬遭人指控（54）。
② sophistēs 若指智者，确实可包含许多人。
③ 《辩护篇》19e3-4 苏格拉底提及高尔奇亚斯，普罗迪寇斯及希匹亚斯（Hippias）。
④ 这句译文是 hoi toutois epitrepontes（他们委托）的诠释。
⑤ 诡辩学者通常周游列国，四处讲学。
⑥ 参见 92a3-4。
⑦ 刻意呼应 80d-e“米诺的悖论”。

ΣΩ. *Μάντις εἶ ἴσως, ὦ Ἄνυτε· ἐπεὶ ὅπως γε ἄλλως οἶσθα τούτων πέρι, ἐξ ὧν αὐτὸς λέγεις θαυμάζοιμ' ἄν. ἀλλὰ γὰρ οὐ τούτους ἐπιζητοῦμεν τίνες εἰσίν, παρ' οὓς ἂν Μένων ἀφικόμενος μοχθηρὸς γένοιτο — οὗτοι μὲν γάρ, εἰ σὺ* d *βούλει, ἔστων οἱ σοφισταί — ἀλλὰ δὴ ἐκείνους εἰπὲ ἡμῖν, καὶ τὸν πατρικὸν τόνδε ἑταῖρον εὐεργέτησον φράσας αὐτῷ παρὰ τίνας ἀφικόμενος ἐν τοσαύτῃ πόλει τὴν ἀρετὴν ἣν νυνδὴ ἐγὼ διῆλθον γένοιτ' ἂν ἄξιος λόγου.* 5

ΑΝ. *Τί δὲ αὐτῷ οὐ σὺ ἔφρασας;*

ΣΩ. *Ἀλλ' οὓς μὲν ἐγὼ ᾤμην διδασκάλους τούτων εἶναι, εἶπον, ἀλλὰ τυγχάνω οὐδὲν λέγων, ὡς σὺ φῄς· καὶ ἴσως τὶ λέγεις. ἀλλὰ σὺ δὴ ἐν τῷ μέρει αὐτῷ εἰπὲ παρὰ τίνας* e *ἔλθῃ Ἀθηναίων· εἰπὲ ὄνομα ὅτου βούλει.*

ΑΝ. *Τί δὲ ἑνὸς ἀνθρώπου ὄνομα δεῖ ἀκοῦσαι; ὅτῳ γὰρ ἂν ἐντύχῃ Ἀθηναίων τῶν καλῶν κἀγαθῶν, οὐδεὶς ἔστιν ὃς οὐ βελτίω αὐτὸν ποιήσει ἢ οἱ σοφισταί, ἐάνπερ ἐθέλῃ* 5 *πείθεσθαι.*

ΣΩ. *Πότερον δὲ οὗτοι οἱ καλοὶ κἀγαθοὶ ἀπὸ τοῦ αὐτομάτου ἐγένοντο τοιοῦτοι, παρ' οὐδενὸς μαθόντες ὅμως μέντοι ἄλλους διδάσκειν οἷοί τε ὄντες ταῦτα ἃ αὐτοὶ οὐκ ἔμαθον;* **93a**

ΑΝ. *Καὶ τούτους ἔγωγε ἀξιῶ παρὰ τῶν προτέρων μαθεῖν, ὄντων καλῶν κἀγαθῶν· ἢ οὐ δοκοῦσί σοι πολλοὶ καὶ ἀγαθοὶ γεγονέναι ἐν τῇδε τῇ πόλει ἄνδρες;*

苏格拉底：你或许是位先知[①]，阿尼投斯，因为关于这些人的事
你如何以其他方式知道，从你所说的我感到惊讶。
但其实我们不是在探究他们是谁，若米诺来
到他们那儿，他会变得糟糕——因为他们，若你 d
愿意的话，就是诡辩学家——那是那些人[②]，告诉他，
且对这位继承而来的朋友表示善意，对他说，
在这伟大的城邦中他可到谁那儿，在我
刚才[③]所陈述的德性上他会变得值得一提。 5

阿尼投斯：为什么你不对他说？

苏格拉底：但我认为谁是在这些事上的老师，
我说过了，可是我说的是废话，如你所言；或许你言
之有物。那换你告诉他，他可去哪些 e
雅典人那儿；说任何你想要的人名。

阿尼投斯：为什么他应该听到一个人的名字？因为若他
碰到任何一位有成就[④]的雅典人，没有一位
在使他变得更好不会比诡辩学家们强，若他愿意 5
顺从的话。

苏格拉底：这有成就的人是自然而
然成为这样的人，他们不向任何人学习，尽管如此
他们有能力教导他人这些他们没学过的
事吗？ **93a**

阿尼投斯：我认为他们值得向有成就的前辈
们学习；或者在这城邦中很多人对你而言不会成
为有德之人[⑤]？

---

① 苏格拉底的反讽。

② ekeinous（那些人）预指 d4 的 para tinas（到谁那儿）；在对话录一开始已指出米诺从学于高尔奇亚斯。

③ 参见 91a3-6。

④ kalos k'agathos 原来是用以形容美善的行为，但也指涉贵族阶级或有成就的阶级，参见 K. J. Dover：1994，41-45。

⑤ 参见 87e1。

ΣΩ. *Ἔμοιγε, ὦ Ἄνυτε, καὶ εἶναι δοκοῦσιν ἐνθάδε ἀγαθοὶ* 5
τὰ πολιτικά, καὶ γεγονέναι ἔτι οὐχ ἧττον ἢ εἶναι· ἀλλὰ
μῶν καὶ διδάσκαλοι ἀγαθοὶ γεγόνασιν τῆς αὑτῶν ἀρετῆς;
τοῦτο γάρ ἐστιν περὶ οὗ ὁ λόγος ἡμῖν τυγχάνει ὤν· οὐκ εἰ
εἰσὶν ἀγαθοὶ ἢ μὴ ἄνδρες ἐνθάδε, οὐδ᾽ εἰ γεγόνασιν ἐν τῷ
πρόσθεν, ἀλλ᾽ εἰ διδακτόν ἐστιν ἀρετὴ πάλαι σκοποῦμεν. b
τοῦτο δὲ σκοποῦντες τόδε σκοποῦμεν, ἆρα οἱ ἀγαθοὶ ἄνδρες
καὶ τῶν νῦν καὶ τῶν προτέρων ταύτην τὴν ἀρετὴν ἣν αὐτοὶ
ἀγαθοὶ ἦσαν ἠπίσταντο καὶ ἄλλῳ παραδοῦναι, ἢ οὐ παρα-
δοτὸν τοῦτο ἀνθρώπῳ οὐδὲ παραληπτὸν ἄλλῳ παρ᾽ ἄλλου· 5
τοῦτ᾽ ἔστιν ὃ πάλαι ζητοῦμεν ἐγώ τε καὶ Μένων. ὧδε οὖν
σκόπει ἐκ τοῦ σαυτοῦ λόγου· Θεμιστοκλέα οὐκ ἀγαθὸν ἂν
φαίης ἄνδρα γεγονέναι; c

ΑΝ. *Ἔγωγε, πάντων γε μάλιστα.*

ΣΩ. *Οὐκοῦν καὶ διδάσκαλον ἀγαθόν, εἴπερ τις ἄλλος τῆς*
αὑτοῦ ἀρετῆς διδάσκαλος ἦν, κἀκεῖνον εἶναι;

ΑΝ. *Οἶμαι ἔγωγε, εἴπερ ἐβούλετό γε.* 5

ΣΩ. *Ἀλλ', οἴει, οὐκ ἂν ἐβουλήθη ἄλλους τέ τινας*
καλοὺς κἀγαθοὺς γενέσθαι, μάλιστα δέ που τὸν ὑὸν τὸν
αὑτοῦ; ἢ οἴει αὐτὸν φθονεῖν αὐτῷ καὶ ἐξεπίτηδες οὐ παρα-
διδόναι τὴν ἀρετὴν ἣν αὐτὸς ἀγαθὸς ἦν; ἢ οὐκ ἀκήκοας ὅτι d
Θεμιστοκλῆς Κλεόφαντον τὸν ὑὸν ἱππέα μὲν ἐδιδάξατο
ἀγαθόν; ἐπέμενεν γοῦν ἐπὶ τῶν ἵππων ὀρθὸς ἑστηκώς, καὶ
ἠκόντιζεν ἀπὸ τῶν ἵππων ὀρθός, καὶ ἄλλα πολλὰ καὶ θαυ-

苏格拉底：我，阿尼投斯，认为他们在这儿在公共事物上 5
是有德的人[①]，且有德之人没有变少，但
关于他们的德性，他们是好的老师吗？
因为这是我们的论述的真意。不是是否有
有德之人在这儿，也不是是否之前曾
出现过，而是是否德性可教，我们探究已久之事。 b
因为探究那件事，我们探究这件事，那些现在及过去
的有德之人，在这德性上他们是
优秀之人，他们是否懂得将它传授给别人，或这不是可
传授给人，也不是可从一个人那儿接收到另一人那儿的东西； 5
这是我与米诺探究多时的事。那么依
你的说法探究；你不会说塞米斯投克雷斯[②]会
成为有德之人吗？ c

阿尼投斯：我会，非常肯定。

苏格拉底：所以他是好老师，若有其他人
是他在德性上的老师？

阿尼投斯：我认为，若他真的愿意的话。 5

苏格拉底：但，你是否认为，他不愿意其他某些人
成为有成就之人[③]，特别是，我认为，他自己的
儿子？还是你认为他嫉妒儿子而且有意不将
德性传授给他，他自己在此方面是有德之人？还是你不曾听说， d
塞米斯投克雷斯曾教儿子克雷欧方投斯成为一位优秀的
骑士吗？他至少直挺挺地留在马背上，且
笔直地从马上掷标枪，他也做了其他许多令人惊

① 这句话与柏拉图《高尔奇亚斯篇》517a1-2 的描述“在此城邦中我们不知有人曾是好的政治人物”相违背，或许我们不需过于认真看待这句话，它似乎是另一个苏格拉底的反讽，因为在此所要探讨的议题是德性是否可教。

② Themistocles（约公元前 524—前 459 年），雅典政治人物，扩充雅典海军实力，并将皮瑞欧斯（Piraeus）修建为雅典军事外港，公元前 480 年与波斯人在萨拉米斯战役中因此获胜。

③ 参见 92e4。

μαστὰ ἠργάζετο ἃ ἐκεῖνος αὐτὸν ἐπαιδεύσατο καὶ ἐποίησε 5
σοφόν, ὅσα διδασκάλων ἀγαθῶν εἴχετο· ἢ ταῦτα οὐκ ἀκήκοας
τῶν πρεσβυτέρων;

ΑΝ. *Ἀκήκοα.*

ΣΩ. *Οὐκ ἂν ἄρα τήν γε φύσιν τοῦ ὑέος αὐτοῦ ᾐτιάσατ'*
ἄν τις εἶναι κακήν. 10

ΑΝ. *Ἴσως οὐκ ἄν.* e

ΣΩ. *Τί δὲ τόδε; ὡς Κλεόφαντος ὁ Θεμιστοκλέους ἀνὴρ*
ἀγαθὸς καὶ σοφὸς ἐγένετο ἅπερ ὁ πατὴρ αὐτοῦ, ἤδη του
ἀκήκοας ἢ νεωτέρου ἢ πρεσβυτέρου;

ΑΝ. *Οὐ δῆτα.* 5

ΣΩ. *Ἆρ' οὖν ταῦτα μὲν οἰόμεθα βούλεσθαι αὐτὸν τὸν*
αὐτοῦ ὑὸν παιδεῦσαι, ἣν δὲ αὐτὸς σοφίαν ἦν σοφός, οὐδὲν
τῶν γειτόνων βελτίω ποιῆσαι, εἴπερ ἦν γε διδακτὸν ἡ ἀρετή;

ΑΝ. *Ἴσως μὰ Δί' οὔ.*

ΣΩ. *Οὗτος μὲν δή σοι τοιοῦτος διδάσκαλος ἀρετῆς, ὃν* 10
καὶ σὺ ὁμολογεῖς ἐν τοῖς ἄριστον τῶν προτέρων εἶναι· ἄλλον
δὲ δὴ σκεψώμεθα, Ἀριστείδην τὸν Λυσιμάχου· ἢ τοῦτον **94a**
οὐχ ὁμολογεῖς ἀγαθὸν γεγονέναι;

ΑΝ. *Ἔγωγε, πάντως δήπου.*

ΣΩ. *Οὐκοῦν καὶ οὗτος τὸν ὑὸν τὸν αὐτοῦ Λυσίμαχον,*
ὅσα μὲν διδασκάλων εἴχετο, κάλλιστα Ἀθηναίων ἐπαίδευσε, 5
ἄνδρα δὲ βελτίω δοκεῖ σοι ὁτουοῦν πεποιηκέναι; τούτῳ γάρ
που καὶ συγγέγονας καὶ ὁρᾷς οἷός ἐστιν. εἰ δὲ βούλει,

讶的事，他教儿子这些事而且使他在这些事上 5
有技艺，这些事都仰赖好的老师吗？还是你不曾从较年
长之人那儿听过这些事吗？

阿尼投斯：我曾听过。

苏格拉底：没有人会主张他儿子的天赋能力
不好[①]。 10

阿尼投斯：或许没有。 e

苏格拉底：那这件事呢？你曾从年轻人或老人那儿听说，
克雷欧方投斯，塞米斯投克雷斯之子，在他父亲所专精之事上变得
优秀及有技艺？

阿尼投斯：当然没有。 5

苏格拉底：我们是否认为他希望教导自己的儿子
这些事，在技艺上他是熟练的，且不希望使他
变得比邻居们优秀，若德性是可教授之事？

阿尼投斯：或许，以宙斯之名为誓，不是。

苏格拉底：对你而言，他是那种关于德性的老师， 10
你同意他是在先人中最优秀的人；且让我们看看
另一个人，阿里斯特伊德斯[②]，吕希马侯斯之子；还是你不 **94a**
同意此人成为有德之人？

阿尼投斯：我同意，非常确定。

苏格拉底：因此他在教导自己儿子的吕希马侯斯[③]上是
雅典人中最优秀的，在那些仰赖老师的事上， 5
你认为他曾使人变得比任何人还优秀吗？因为
想必你与他为伍而且知道他是什么样的人。但若你较喜欢，

---

① 93a5-6 苏格拉底所言是关于好的政治人物，但此处是关于好的骑士，问题在于，克雷欧方投斯具有骑马射箭的天赋与他是否能成为一位好的政治人物何干？Klein：ibid. 241 认为这是苏格拉底对塞米斯投克雷斯之子的恶意。

② Aristeides，公元前 5 世纪的雅典政治人物，享有正义之人的封号，在波希战争后他被指派检视各盟邦对同盟（the Delian League）所做的贡献；柏拉图在《高尔奇亚斯篇》526b1-4 说此人是优秀之人（ellogimos）；此人亦出现在《拉克斯篇》179a4。

③ Lysimachos，承袭祖父之名（a1）；他在《拉克斯篇》179c7-d2 抱怨父亲没有给予好的教育。

Περικλέα, οὕτως μεγαλοπρεπῶς σοφὸν ἄνδρα, οἶσθ' ὅτι δύο b
ὑεῖς ἔθρεψε, Πάραλον καὶ Ξάνθιππον;

ΑΝ. *Ἔγωγε.*

ΣΩ. *Τούτους μέντοι, ὡς οἶσθα καὶ σύ, ἱππέας μὲν ἐδί-*
δαξεν οὐδενὸς χείρους Ἀθηναίων, καὶ μουσικὴν καὶ ἀγωνίαν 5
καὶ τἆλλα ἐπαίδευσεν ὅσα τέχνης ἔχεται οὐδενὸς χείρους·
ἀγαθοὺς δὲ ἄρα ἄνδρας οὐκ ἐβούλετο ποιῆσαι; δοκῶ μέν,
ἐβούλετο, ἀλλὰ μὴ οὐκ ᾖ διδακτόν. ἵνα δὲ μὴ ὀλίγους οἴῃ
καὶ τοὺς φαυλοτάτους Ἀθηναίων ἀδυνάτους γεγονέναι τοῦτο
τὸ πρᾶγμα, ἐνθυμήθητι ὅτι Θουκυδίδης αὖ δύο ὑεῖς ἔθρεψεν, c
Μελησίαν καὶ Στέφανον, καὶ τούτους ἐπαίδευσεν τά τε ἄλλα
εὖ καὶ ἐπάλαισαν κάλλιστα Ἀθηναίων — τὸν μὲν γὰρ Ξανθίᾳ
ἔδωκε, τὸν δὲ Εὐδώρῳ· οὗτοι δέ που ἐδόκουν τῶν τότε
κάλλιστα παλαίειν — ἢ οὐ μέμνησαι; 5

ΑΝ. *Ἔγωγε, ἀκοῇ.*

ΣΩ. *Οὐκοῦν δῆλον ὅτι οὗτος οὐκ ἄν ποτε, οὗ μὲν ἔδει*
δαπανώμενον διδάσκειν, ταῦτα μὲν ἐδίδαξε τοὺς παῖδας τοὺς d
αὑτοῦ, οὗ δὲ οὐδὲν ἔδει ἀναλώσαντα ἀγαθοὺς ἄνδρας ποιῆσαι,
ταῦτα δὲ οὐκ ἐδίδαξεν, εἰ διδακτὸν ἦν; ἀλλὰ γὰρ ἴσως ὁ

沛里克雷斯[①]，具有如此崇高智慧的人，你知道他 b
育有二子，帕拉娄斯及赞希波斯[②]吗？

阿尼投斯：我知道。

苏格拉底：他当然教导他们，如你所知，成为不比任何
雅典人逊色的骑士，且他给他们文艺、体育 5
及其他与技艺相关之事的教育，使他们不比任何雅典人差；
但他不想使他们成为有德之人吗？我认为，
他想，可是这或许不是可教之事。所以你不会认为少数
及最卑微的雅典人[③]无法做这
件事[④]，想想苏曲迪德斯[⑤]，另一方面，教育两个儿子， c
梅雷希亚斯及斯特法奴斯[⑥]，他在其他事上给他好的教
育，且成为雅典人中最佳角力手——因为一位他交给赞希
亚斯，另一位给尤都洛斯[⑦]；他们，我想，似乎在当时角力最
优秀的雅典人——还是你不记得了？ 5

阿尼投斯：我听过。

苏格拉底：因此这是显而易见之事，他或许从未教他的
儿子们这些事，教导需要花费的事例，但 d
成为优秀的人不需要任何花费，
他没教过他们这件事，若这是可教之事？事实上或许

---

① Periclēs（约公元前495—前429年），雅典政治人物，公元前440—前430年之间兴建许多大型公共建物。公元前430年出兵黑海后引发伯罗奔尼萨战争，最终死于瘟疫。

② Paralos及Xanthippos，普路塔荷（Plutarch）记载，这两位是沛里克雷斯嫡出的儿子，皆于瘟疫中丧命（*Plu. Per.* XXXVI）。

③ 有两种可能的诠释：1）大部分而且最高贵的雅典人皆无法教授德性；2）苏格拉底认为塞米斯投克雷斯及沛里克雷斯是卑微之人；关于后者的诠释，参见Klein：ibid. 231-232。

④ 教授德性。

⑤ Thoucydides（约生于公元前460—前455年），古希腊史家，《伯罗奔尼萨战争史》（*History of the Peloponnesian War*）的作者，约于三十岁时任军事将领，对沛里克雷斯忠心耿耿。

⑥ Melesias of Alopece（约公元前475—前403年）是公元前411年成立的寡头统治集团成员之一；Stephanus of Alopece（约公元前475—前395年），于公元前415年之后曾任咨议院秘书。

⑦ Xanthias，著名角力选手及教练；Eudoros of Athens，著名角力选手及教练。他是否为雅典人并无法确定。

Θουκυδίδης φαῦλος ἦν, καὶ οὐκ ἦσαν αὐτῷ πλεῖστοι φίλοι
Ἀθηναίων καὶ τῶν συμμάχων; καὶ οἰκίας μεγάλης ἦν καὶ 5
ἐδύνατο μέγα ἐν τῇ πόλει καὶ ἐν τοῖς ἄλλοις Ἕλλησιν, ὥστε
εἴπερ ἦν τοῦτο διδακτόν, ἐξευρεῖν ἂν ὅστις ἔμελλεν αὐτοῦ
τοὺς ὑεῖς ἀγαθοὺς ποιήσειν, ἢ τῶν ἐπιχωρίων τις ἢ τῶν
ξένων, εἰ αὐτὸς μὴ ἐσχόλαζεν διὰ τὴν τῆς πόλεως ἐπιμέλειαν. e
ἀλλὰ γάρ, ὦ ἑταῖρε Ἄνυτε, μὴ οὐκ ᾖ διδακτὸν ἀρετή.

ΑΝ. *Ὦ Σώκρατες, ῥᾳδίως μοι δοκεῖς κακῶς λέγειν ἀν-*
θρώπους. ἐγὼ μὲν οὖν ἄν σοι συμβουλεύσαιμι, εἰ ἐθέλεις
ἐμοὶ πείθεσθαι, εὐλαβεῖσθαι· ὡς ἴσως μὲν καὶ ἐν ἄλλῃ πόλει 5
ῥᾷόν ἐστιν κακῶς ποιεῖν ἀνθρώπους ἢ εὖ, ἐν τῇδε δὲ καὶ
πάνυ· οἶμαι δὲ σὲ καὶ αὐτὸν εἰδέναι. **95a**

ΣΩ. *Ὦ Μένων, Ἄνυτος μέν μοι δοκεῖ χαλεπαίνειν, καὶ*
οὐδὲν θαυμάζω· οἴεται γάρ με πρῶτον μὲν κακηγορεῖν τούτους
τοὺς ἄνδρας, ἔπειτα ἡγεῖται καὶ αὐτὸς εἶναι εἷς τούτων. ἀλλ'
οὗτος μὲν ἐάν ποτε γνῷ οἷόν ἐστιν τὸ κακῶς λέγειν, παύσεται 5
χαλεπαίνων, νῦν δὲ ἀγνοεῖ· σὺ δέ μοι εἰπέ, οὐ καὶ παρ' ὑμῖν
εἰσιν καλοὶ κἀγαθοὶ ἄνδρες;

ΜΕΝ. *Πάνυ γε.*

ΣΩ. *Τί οὖν; ἐθέλουσιν οὗτοι παρέχειν αὑτοὺς διδασκά-* b
λους τοῖς νέοις, καὶ ὁμολογεῖν διδάσκαλοί τε εἶναι καὶ
διδακτὸν ἀρετήν;

ΜΕΝ. *Οὐ μὰ τὸν Δία, ὦ Σώκρατες, ἀλλὰ τοτὲ μὲν ἂν*
αὐτῶν ἀκούσαις ὡς διδακτόν, τοτὲ δὲ ὡς οὔ. 5

苏曲迪德斯是无用之人，且在雅典人及盟邦中他没
有富有的朋友吗？他出身重要家庭而且 5
在城邦及希腊其他地方皆有相当的影响力，所以
若这是可教之事，若他可找到，某人将使
他的儿子变得优秀，不论是国内的某人，或国
外的某人，若他没空，因为要管理城邦[①]。 e
其实，我的朋友阿尼投斯，德性是不可教之事。

阿尼投斯：苏格拉底，我认为你准备要中伤
人。我建议你谨慎点，若你愿
意听我的；因为或许在其他的城邦中不当对待 5
或善待人们是件容易的事，在这个城邦中当然
也是如此；我认为你知道是你自己[②]。 **95a**

苏格拉底：米诺，我认为阿尼投斯生气了，我一点
都不惊讶，因为他认为，首先，中伤这些
人，再者他认为他是这些人中的一位[③]。可是
若他知道中伤究竟是什么事，他会息 5
怒，但他现在不知道；你告诉我，在你们那儿[④]
这些人不是有成就的人吗？

米诺：当然是。

苏格拉底：然后呢？他们想把自己准备好成为儿子 b
们的老师，且承认自己是老师，及德性是
可教之事吗？

米诺：不，以宙斯之名为誓，苏格拉底，但有时候你
会听他们说德性可教，而有时候不可教。 5

---

① Klein：ibid. 232 指出这段话显示，若苏曲迪德斯可找到某人教导儿子，他不需付费；这似有过度诠释之嫌，因为根据上述，宣称教授德性者皆为诡辩学派哲学家，若苏曲迪德斯欲为儿子聘请老师，应也是以这些哲学家为聘用对象，故付学费乃不可免之事。

② 《辩护篇》32b-d 苏格拉底提及自己几乎两度濒临被起诉。

③ 色诺芬所著的《辩护篇》(*Apology*) 29 描述苏格拉底对阿尼投斯限制自己的儿子从事皮革业颇有微词。

④ 塞沙利亚 (Thessaly)。

ΣΩ. *Φῶμεν οὖν τούτους διδασκάλους εἶναι τούτου τοῦ πράγματος, οἷς μηδὲ αὐτὸ τοῦτο ὁμολογεῖται;*

MEN. *Οὔ μοι δοκεῖ, ὦ Σώκρατες.*

ΣΩ. *Τί δὲ δή; οἱ σοφισταί σοι οὗτοι, οἵπερ μόνοι ἐπαγγέλλονται, δοκοῦσι διδάσκαλοι εἶναι ἀρετῆς;* 10

MEN. *Καὶ Γοργίου μάλιστα, ὦ Σώκρατες, ταῦτα ἄγαμαι,* c *ὅτι οὐκ ἄν ποτε αὐτοῦ τοῦτο ἀκούσαις ὑπισχνουμένου, ἀλλὰ καὶ τῶν ἄλλων καταγελᾷ, ὅταν ἀκούσῃ ὑπισχνουμένων· ἀλλὰ λέγειν οἴεται δεῖν ποιεῖν δεινούς.*

ΣΩ. *Οὐδ' ἄρα σοὶ δοκοῦσιν οἱ σοφισταὶ διδάσκαλοι* 5 *εἶναι;*

MEN. *Οὐκ ἔχω λέγειν, ὦ Σώκρατες. καὶ γὰρ αὐτὸς ὅπερ οἱ πολλοὶ πέπονθα· τοτὲ μέν μοι δοκοῦσιν, τοτὲ δὲ οὔ.*

ΣΩ. *Οἶσθα δὲ ὅτι οὐ μόνον σοί τε καὶ τοῖς ἄλλοις τοῖς πολιτικοῖς τοῦτο δοκεῖ τοτὲ μὲν εἶναι διδακτόν, τοτὲ δ' οὔ,* 10 *ἀλλὰ καὶ Θέογνιν τὸν ποιητὴν οἶσθ' ὅτι ταὐτὰ ταῦτα λέγει;* d

MEN. *Ἐν ποίοις ἔπεσιν;*

ΣΩ. *Ἐν τοῖς ἐλεγείοις, οὗ λέγει —*

> *καὶ παρὰ τοῖσιν πῖνε καὶ ἔσθιε, καὶ μετὰ τοῖσιν*
> *ἵζε, καὶ ἅνδανε τοῖς, ὧν μεγάλη δύναμις.* 5
> *ἐσθλῶν μὲν γὰρ ἄπ' ἐσθλὰ διδάξεαι· ἢν δὲ κακοῖσιν*
> *συμμίσγῃς, ἀπολεῖς καὶ τὸν ἐόντα νόον.* e

οἶσθ' ὅτι ἐν τούτοις μὲν ὡς διδακτοῦ οὔσης τῆς ἀρετῆς λέγει;

MEN. *Φαίνεταί γε.*

ΣΩ. *Ἐν ἄλλοις δέ γε ὀλίγον μεταβάς, —*

苏格拉底：那让我们说，他们是关于这件事
的老师，他们甚至对此事无共识？

米诺：我不认为，苏格拉底。

苏格拉底：然后呢？只有这些人自称是诡辩
学家，你认为他们是德性的老师吗？ 10

米诺：事实上，苏格拉底，在这些事上我特别钦佩高尔奇亚斯， c
因为你不曾听他自己宣称做这事，而是
嘲笑其他人，当他听到他们自称从事此事，但
他认为自己应该使人擅于言辞[①]。

苏格拉底：你也不认为诡辩学者是 5
老师吗？

米诺：我无法说，苏格拉底。由于我自己
所经历之事是许多人所经历之事；我一方面认为他们是，一方面又认为不是。

苏格拉底：你是否知道，不仅对你而且对其他一些
政治人物而言，这有时候是可教，但有时候不可教， 10
可是塞欧格尼斯[②]，你知道的诗人说一样的话？ d

米诺：在什么样的诗中？

苏格拉底：在挽歌诗中他说——

与那些人一起喝与吃，和他们一起
坐，且令他们满意，他们握有大权。 5
从高贵之人你将学得高贵之事；若你与恶人
杂混，你甚至将失去你所有的理性[③]。 e

你知道他在这些诗中所言好像德性是可教之事吗？

米诺：好像是。

苏格拉底：但在其他诗中他有些许改变，——

---

① 但高尔奇亚斯认为学会修辞演说之人要如何使用这项技艺与教授之人无关，参见《高尔奇亚斯》456d-457c。

② Theognis（约公元前6世纪），梅加拉（Megara）的挽歌诗人，他的诗句中充分表现支持传统贵族体制的政治立场。

③ 参见 D. E. Gerber，*Greek Elegiac Poetry*（Cambridge Mass，1999），33-37。

εἰ δ' ἦν ποιητόν, φησί, καὶ ἔνθετον ἀνδρὶ νόημα, 5

λέγει πως ὅτι —

πολλοὺς ἂν μισθοὺς καὶ μεγάλους ἔφερον

οἱ δυνάμενοι τοῦτο ποιεῖν, καὶ —

οὔ ποτ' ἂν ἐξ ἀγαθοῦ πατρὸς ἔγεντο κακός,

πειθόμενος μύθοισι σαόφροσιν. ἀλλὰ διδάσκων **96a**

οὔ ποτε ποιήσεις τὸν κακὸν ἄνδρ' ἀγαθόν.

ἐννοεῖς ὅτι αὐτὸς αὑτῷ πάλιν περὶ τῶν αὐτῶν τἀναντία λέγει;

ΜΕΝ. *Φαίνεται.* 5

ΣΩ. *Ἔχεις οὖν εἰπεῖν ἄλλου ὁτουοῦν πράγματος, οὗ οἱ μὲν φάσκοντες διδάσκαλοι εἶναι οὐχ ὅπως ἄλλων διδάσκαλοι ὁμολογοῦνται, ἀλλ' οὐδὲ αὐτοὶ ἐπίστασθαι, ἀλλὰ πονηροὶ εἶναι περὶ αὐτὸ τοῦτο τὸ πρᾶγμα οὗ φασι διδάσκαλοι εἶναι,* b *οἱ δὲ ὁμολογούμενοι αὐτοὶ καλοὶ κἀγαθοὶ τοτὲ μέν φασιν αὐτὸ διδακτὸν εἶναι, τοτὲ δὲ οὔ; τοὺς οὖν οὕτω τεταραγμένους περὶ ὁτουοῦν φαίης ἂν σὺ κυρίως διδασκάλους εἶναι;*

ΜΕΝ. *Μὰ Δί' οὐκ ἔγωγε.* 5

ΣΩ. *Οὐκοῦν εἰ μήτε οἱ σοφισταὶ μήτε οἱ αὐτοὶ καλοὶ κἀγαθοὶ ὄντες διδάσκαλοί εἰσι τοῦ πράγματος, δῆλον ὅτι οὐκ ἂν ἄλλοι γε;*

ΜΕΝ. *Οὔ μοι δοκεῖ.*

ΣΩ. *Εἰ δέ γε μὴ διδάσκαλοι, οὐδὲ μαθηταί;* c

ΜΕΝ. *Δοκεῖ μοι ἔχειν ὡς λέγεις.*

若理性是可被制作的事，他说，它也是可被置于人身上之事，① 5
他粗略地说——

赚取许多而且大量的报酬②

那些有能力做此事之人，且——

不曾从好的父亲生出恶子，

若他遵循智慧之言。但借由教导 **96a**

你将不会使恶人变好③。

你注意到他在同样的事情上说了自相矛盾
的话吗④？

米诺：好像是。 5

苏格拉底：那你能说在其他任何事情上，关于此事的
老师说，他们对何以是他人的老师并无
共识，且也对知道此事无共识，反而他们
在关于他们说自己是老师的这同一件事上承认是无用之人， b
虽然他们承认自己是有成就之人，但有时候他们说
它是可教的，有时候说是不可教吗？那你能在严格意义
下说，在任何事上皆混淆不清的人是老师吗？

米诺：以宙斯之名为誓，我不能。 5

苏格拉底：因此诡辩学者及这些有
成就之人皆不是这件事的老师，这是显而易见之事，其
他人也不会是啰？

米诺：我不认为会有人是。

苏格拉底：若没有老师的话，也没有学生吗？ c

米诺：我认为事实是如你所言。

---

① Gerber：ibid. 435；phēsi（他说）为苏格拉底所加。

② Gerber：ibid. 434。

③ Gerber：ibid. 436-438。

④ 塞欧格尼斯似乎并未如苏格拉底所言自相矛盾，因为 d4-e1 的引言其意为，人生而具有理性，但若与恶人相处将会失去它；e5、e7 及 e9-96a 的引言其意为，由于理性与生俱来，所以它不可教。这一前一后的引言欲表达：好人有可能变坏，但恶人却无法借教导变好。类似的讨论参见《普罗大哥拉斯篇》339a-347a。

ΣΩ. *Ὡμολογήκαμεν δέ γε, πράγματος οὗ μήτε διδάσκαλοι μήτε μαθηταὶ εἶεν, τοῦτο μηδὲ διδακτὸν εἶναι;*

MEN. *Ὡμολογήκαμεν.* 5

ΣΩ. *Οὐκοῦν ἀρετῆς οὐδαμοῦ φαίνονται διδάσκαλοι;*

MEN. *Ἔστι ταῦτα.*

ΣΩ. *Εἰ δέ γε μὴ διδάσκαλοι, οὐδὲ μαθηταί;*

MEN. *Φαίνεται οὕτως.*

ΣΩ. *Ἀρετὴ ἄρα οὐκ ἂν εἴη διδακτόν;* 10

MEN. *Οὐκ ἔοικεν, εἴπερ ὀρθῶς ἡμεῖς ἐσκέμμεθα. ὥστε* d *καὶ θαυμάζω δή, ὦ Σώκρατες, πότερόν ποτε οὐδ' εἰσὶν ἀγαθοὶ ἄνδρες, ἢ τίς ἂν εἴη τρόπος τῆς γενέσεως τῶν ἀγαθῶν γιγνομένων.*

ΣΩ. *Κινδυνεύομεν, ὦ Μένων, ἐγώ τε καὶ σὺ φαῦλοί τινες* 5 *εἶναι ἄνδρες, καὶ σέ τε Γοργίας οὐχ ἱκανῶς πεπαιδευκέναι καὶ ἐμὲ Πρόδικος. παντὸς μᾶλλον οὖν προσεκτέον τὸν νοῦν ἡμῖν αὐτοῖς, καὶ ζητητέον ὅστις ἡμᾶς ἑνί γέ τῳ τρόπῳ βελτίους ποιήσει· λέγω δὲ ταῦτα ἀποβλέψας πρὸς τὴν ἄρτι ζήτησιν,* e *ὡς ἡμᾶς ἔλαθεν καταγελάστως ὅτι οὐ μόνον ἐπιστήμης ἡγουμένης ὀρθῶς τε καὶ εὖ τοῖς ἀνθρώποις πράττεται τὰ πράγματα, ᾗ ἴσως καὶ διαφεύγει ἡμᾶς τὸ γνῶναι τίνα ποτὲ τρόπον γίγνονται οἱ ἀγαθοὶ ἄνδρες.* 5

MEN. *Πῶς τοῦτο λέγεις, ὦ Σώκρατες;*

ΣΩ. *Ὧδε· ὅτι μὲν τοὺς ἀγαθοὺς ἄνδρας δεῖ ὠφελίμους εἶναι, ὀρθῶς ὡμολογήκαμεν τοῦτό γε ὅτι οὐκ ἂν ἄλλως ἔχοι· ἦ γάρ;* **97a**

苏格拉底：至少我们有过共识[①]，若在这件事上既无老师，也无学生的话，这是件不可教之事吗？

米诺：我们有过共识。 5

苏格拉底：因此没有一个地方会出现德性的老师吗？

米诺：这是事实。

苏格拉底：那是否没有老师，也没有学生呢[②]？

米诺：看似如此。

苏格拉底：德性或许是不可教之事吗？ 10

米诺：它似乎是不可教之事，若我们的探究是正确的。所以 d
我感到惊讶，苏格拉底，是否不曾有有德之人
存在，或假设有，是以什么样的方式他们成为有德之
人。

苏格拉底：有可能，米诺，我和你皆是某种 5
平庸之人，且高尔奇亚斯或许没有给你足够的教导，
普罗迪寇斯没有好好教导我[③]。所以我们尤其应该关注
我们自己，且应该探寻任何人将以某个方式使我们变的
更优秀；我说这些事，当我注意之前的探寻， e
我们是多么可笑地忽略，不是只有当知识
是主导者时，人们以正确而且适切的方式安排管理诸多
事务，或许在此方式下对有德之人成为有德的某种方式的认知
也逃离我们的注意。 5

米诺：你言下之意是什么，苏格拉底？

苏格拉底：是这样的；有德之人必须是有益之人
我们曾正确地同意此观点[④]，它不会有其他的说法；不是这样吗？ **97a**

---

① 参见 89d-e。

② 重复 c1，但此重复是确定 c1 的假设。

③ 苏格拉底语带反讽地称普罗迪寇斯为他的老师；类似的反讽，参见《普罗大哥拉斯篇》340e9-341a1。亦出现在《拉克斯篇》197d、《卡尔米德斯篇》163d4、《大希匹亚斯篇》282c2、《尤希迪莫斯篇》277e4。

④ 参见 87e1-2。

MEN. *Ναί.*

ΣΩ. *Καὶ ὅτι γε ὠφέλιμοι ἔσονται, ἂν ὀρθῶς ἡμῖν ἡγῶνται τῶν πραγμάτων, καὶ τοῦτό που καλῶς ὡμολογοῦμεν;*

MEN. *Ναί.* 5

ΣΩ. *Ὅτι δ' οὐκ ἔστιν ὀρθῶς ἡγεῖσθαι, ἐὰν μὴ φρόνιμος ᾖ, τοῦτο ὅμοιοί ἐσμεν οὐκ ὀρθῶς ὡμολογηκόσιν.*

MEN. *Πῶς δὴ [ὀρθῶς] λέγεις;*

ΣΩ. *Ἐγὼ ἐρῶ. <εἰ> εἰδὼς τὴν ὁδὸν τὴν εἰς Λάρισαν ἢ ὅποι βούλει ἄλλοσε βαδίζοι καὶ ἄλλοις ἡγοῖτο, ἄλλο τι ὀρθῶς* 10 *ἂν καὶ εὖ ἡγοῖτο;*

MEN. *Πάνυ γε.*

ΣΩ. *Τί δ' εἴ τις ὀρθῶς μὲν δοξάζων ἥτις ἐστὶν ἡ ὁδός,* b *ἐληλυθὼς δὲ μὴ μηδ' ἐπιστάμενος, οὐ καὶ οὗτος ἂν ὀρθῶς ἡγοῖτο;*

MEN. *Πάνυ γε.*

ΣΩ. *Καὶ ἕως γ' ἄν που ὀρθὴν δόξαν ἔχῃ περὶ ὧν ὁ ἕτερος* 5 *ἐπιστήμην, οὐδὲν χείρων ἡγεμὼν ἔσται, οἰόμενος μὲν ἀληθῆ, φρονῶν δὲ μή, τοῦ τοῦτο φρονοῦντος.*

MEN. *Οὐδὲν γάρ.*

ΣΩ. *Δόξα ἄρα ἀληθὴς πρὸς ὀρθότητα πράξεως οὐδὲν χείρων ἡγεμὼν φρονήσεως· καὶ τοῦτό ἐστιν ὃ νυνδὴ παρε-* 10 *λείπομεν ἐν τῇ περὶ τῆς ἀρετῆς σκέψει ὁποῖόν τι εἴη, λέγοντες ὅτι φρόνησις μόνον ἡγεῖται τοῦ ὀρθῶς πράττειν· τὸ δὲ ἄρα* c

米诺：是的。

苏格拉底：此外他们将是有益之人，若他们以正确的方式在属于我们的事上指导我们[①]，想必我们当然会同意此看法？

米诺：是的。 5

苏格拉底：他无法以正确的方式指导，若某人不明智的话，在此事上我们类似以不正确的方式同意的人。

米诺：你〔正确地〕[②]所言之意为何？

苏格拉底：我会说的。〈若〉[③]知道往拉里沙[④]的路，或去任何你想要的地方，他走到那儿而且引导他人，他不会以正确而且适切的方式引导吗？ 10

米诺：当然会。

苏格拉底：但若有人正确地认为是哪一条路，可是他不曾去过，也不知道那儿，他无法正确地带路吗？ b

米诺：当然可以。

苏格拉底：想必在这些事上他拥有正确的看法，别人拥有知识，他将不会成为一较逊色的带路人，虽然他所想的为真，但他不具智慧，在此事上与有智慧之人比较[⑤]。 5

米诺：当然不会。

苏格拉底：关于最正确的行为的真实看法与智慧比较并不是较逊色的引导者；这是刚才在关于德性是什么样的事物的探究中我们所遗漏的事，当我们说，只有智慧所引导之人能以正确的方式作为，然而 10 c

---

① 苏格拉底似乎又重新关注米诺在73e2对德性的看法，这使得《米诺篇》多了一层政治哲学的面向。

② 后人窜插。

③ 在有些手抄本的传统中是ei tis eidōs（若有人知道）；也有tis eidōs（若有人知道）。

④ Larisa，塞沙利亚的城市。

⑤ 有人“认为”自己知道往拉里沙的路，但从来没去过；有人真的知道通往拉里沙的路，因为他去过。这一知识上的区分类似罗素（B. Russell）所做的“借由描述的知识”（knowledge by description）及“借由熟悉的知识”（knowledge by acquaintance），只是苏格拉底称前者是真实或正确的看法信念。

καὶ δόξα ᾖν ἀληθής.

MEN. *Ἔοικέ γε.*

ΣΩ. *Οὐδὲν ἄρα ἧττον ὠφέλιμόν ἐστιν ὀρθὴ δόξα ἐπι-στήμης.* 5

MEN. *Τοσούτῳ γε, ὦ Σώκρατες, ὅτι ὁ μὲν τὴν ἐπιστήμην ἔχων ἀεὶ ἂν ἐπιτυγχάνοι, ὁ δὲ τὴν ὀρθὴν δόξαν τοτὲ μὲν ἂν τυγχάνοι, τοτὲ δ' οὔ.*

ΣΩ. *Πῶς λέγεις; ὁ ἀεὶ ἔχων ὀρθὴν δόξαν οὐκ ἀεὶ ἂν τυγχάνοι, ἕωσπερ ὀρθὰ δοξάζοι;* 10

MEN. *Ἀνάγκη μοι φαίνεται· ὥστε θαυμάζω, ὦ Σώ-κρατες, τούτου οὕτως ἔχοντος, ὅτι δή ποτε πολὺ τιμιωτέρα* d *ἡ ἐπιστήμη τῆς ὀρθῆς δόξης, καὶ δι' ὅτι τὸ μὲν ἕτερον, τὸ δὲ ἕτερόν ἐστιν αὐτῶν.*

ΣΩ. *Οἶσθα οὖν δι' ὅτι θαυμάζεις, ἢ ἐγώ σοι εἴπω;*

MEN. *Πάνυ γ' εἰπέ.* 5

ΣΩ. *Ὅτι τοῖς Δαιδάλου ἀγάλμασιν οὐ προσέσχηκας τὸν νοῦν· ἴσως δὲ οὐδ' ἔστιν παρ' ὑμῖν.*

MEN. *Πρὸς τί δὲ δὴ τοῦτο λέγεις;*

ΣΩ. *Ὅτι καὶ ταῦτα, ἐὰν μὲν μὴ δεδεμένα ᾖ, ἀποδιδράσκει καὶ δραπετεύει, ἐὰν δὲ δεδεμένα, παραμένει.* 10

MEN. *Τί οὖν δή;* e

ΣΩ. *Τῶν ἐκείνου ποιημάτων λελυμένον μὲν ἐκτῆσθαι οὐ πολλῆς τινος ἄξιόν ἐστι τιμῆς, ὥσπερ δραπέτην ἄνθρωπον — οὐ γὰρ παραμένει — δεδεμένον δὲ πολλοῦ ἄξιον· πάνυ γὰρ καλὰ τὰ ἔργα ἐστίν. πρὸς τί οὖν δὴ λέγω ταῦτα; πρὸς* 5 *τὰς δόξας τὰς ἀληθεῖς. καὶ γὰρ αἱ δόξαι αἱ ἀληθεῖς, ὅσον*

真实的看法似乎也是。

米诺：似乎是。

苏格拉底：真实的看法在助益上并不比知识差。 5

米诺：只有这个程度上的差别，苏格拉底，拥有知识的人或许会一直成功，但拥有真实看法之人或许有时候成功，但有时候不成功。

苏格拉底：你说什么？难道一直拥有真实看法之人不会一直成功，只要他提出真实的看法？ 10

米诺：这对我而言似乎是必然的；所以我感到惊讶，苏格拉底，在我以如此方式了解此事后，为什么在任何时候知识都比真实看法更有价值，且为什么一个是一件事，而另一个是另一件事[①]。 d

苏格拉底：那你知道你何以惊讶吗？还是我来告诉你？

米诺：当然要告诉我。 5

苏格拉底：因为你不曾注意过达伊达娄斯的卓越的雕像[②]；或许在你们那儿没有他的任何作品。

米诺：你说这事是与什么有关？

苏格拉底：因为这些雕像，若它们不曾被拴住的话，会跑走及脱逃，若它们被拴住的话，会留在原地。 10

米诺：然后呢？ e

苏格拉底：他的作品中某个松绑的雕像是不值得以高价拥有，就像逃跑的人一样——因为它不会留驻——被拴住的雕像值得高价拥有，因为那些肯定是精美的作品。那我说这些事与何事相关呢？与那些真实看法有关。因为真实的看法，它们或许会 5

---

① 即为什么知识与真实的看法不同。

② Daidalos，传说中的工匠师与发明家。他所雕的雕像会移动，《尤希弗若篇》11c-d、《理想国篇》529d9 亦提及。《艾尔奇比亚德斯篇》121a 指出他的家族可溯自赫法伊斯投斯（Hēphaistos）。

μὲν ἂν χρόνον παραμένωσιν, καλὸν τὸ χρῆμα καὶ πάντ'
ἀγαθὰ ἐργάζονται· πολὺν δὲ χρόνον οὐκ ἐθέλουσι παρα- **98a**
μένειν, ἀλλὰ δραπετεύουσιν ἐκ τῆς ψυχῆς τοῦ ἀνθρώπου,
ὥστε οὐ πολλοῦ ἄξιαί εἰσιν, ἕως ἄν τις αὐτὰς δήσῃ αἰτίας
λογισμῷ. τοῦτο δ' ἐστίν, ὦ Μένων ἑταῖρε, ἀνάμνησις, ὡς
ἐν τοῖς πρόσθεν ἡμῖν ὡμολόγηται. ἐπειδὰν δὲ δεθῶσιν, 5
πρῶτον μὲν ἐπιστῆμαι γίγνονται, ἔπειτα μόνιμοι· καὶ διὰ
ταῦτα δὴ τιμιώτερον ἐπιστήμη ὀρθῆς δόξης ἐστίν, καὶ διαφέρει
δεσμῷ ἐπιστήμη ὀρθῆς δόξης.

ΜΕΝ. *Νὴ τὸν Δία, ὦ Σώκρατες, ἔοικεν τοιούτῳ τινί.*

ΣΩ. *Καὶ μὴν καὶ ἐγὼ ὡς οὐκ εἰδὼς λέγω, ἀλλὰ εἰκάζων·* b
ὅτι δέ ἐστίν τι ἀλλοῖον ὀρθὴ δόξα καὶ ἐπιστήμη, οὐ πάνυ
μοι δοκῶ τοῦτο εἰκάζειν, ἀλλ' εἴπερ τι ἄλλο φαίην ἂν
εἰδέναι — ὀλίγα δ' ἂν φαίην — ἓν δ' οὖν καὶ τοῦτο ἐκείνων
θείην ἂν ὧν οἶδα. 5

ΜΕΝ. *Καὶ ὀρθῶς γε, ὦ Σώκρατες, λέγεις.*

ΣΩ. *Τί δέ; τόδε οὐκ ὀρθῶς, ὅτι ἀληθὴς δόξα ἡγουμένη*
τὸ ἔργον ἑκάστης τῆς πράξεως οὐδὲν χεῖρον ἀπεργάζεται ἢ
ἐπιστήμη;

ΜΕΝ. *Καὶ τοῦτο δοκεῖς μοι ἀληθῆ λέγειν.* 10

ΣΩ. *Οὐδὲν ἄρα ὀρθὴ δόξα ἐπιστήμης χεῖρον οὐδὲ ἧττον* c
ὠφελίμη ἔσται εἰς τὰς πράξεις, οὐδὲ ἀνὴρ ὁ ἔχων ὀρθὴν

停留一段时间，也是精美之事而且所做的一切皆
为好事，但它们不想停驻多 **98a**
时，而是从人的灵魂中逃走，
所以它们的价值不高，直到有人以思考出理由的方式①将它们
拴住。但这是，米诺我的朋友，回忆②，如
在之前的论述中我们所同意的③。一旦它们被拴住， 5
首先它们成为知识，然后它们会停驻；因
此知识比真实的看法更有价值，且上着枷锁的
知识与真实看法不同。

米诺：是的，以宙斯之名为誓，苏格拉底，它似乎是某种这类的事。

苏格拉底：事实上我所言不是我所知，而是我的臆测； b
真实的看法是某种不同于知识的事，我完全不
认为我臆测此事，但若我说我知道
其他某事——但我所知不多——至少我会认为这件事
是我所知之事中的一件④。 5

米诺：你说的对，苏格拉底。

苏格拉底：然后呢？难道这件事说的不对，当真实的看法指导时，
它所完成的每一个行为的结果不比知识的指导
差？

米诺：我认为这个你说的也为真。 10

苏格拉底：对行为的助益上，真实的看法不会比 c
知识差而且少，拥有真实看法之人的助益也不会逊色及少

---

① 亦即对某个观点——如德性是知识——的真实看法要成为知识，必须对此观点为真提出说明（logon didonai）或思考出它的理由（aitian logizesthai）。参见《高尔奇亚斯篇》501a3、《理想国篇》534b及《费德若斯篇》271e3-4。R. Waterfield：2005，183强调，《米诺篇》知识及真实看法的差异，不在于它们有不同的认知对象，而在于它们的确定性。

② Klein：ibid. 248指出“回忆”在此与拴住有关系，亦即所回忆到的事是被拴住及原地停驻的知识。

③ 参见85c10-d2。

④ 柏拉图《辩护篇》21d5-6及《塞鄂提投斯篇》150c-d描述苏格拉底自称自己一无所知，而在此苏格拉底说自己所知不多，或许这两者说法并不存在矛盾，因为真实看法与知识的区分使苏格拉底得以说自己“没有知识”，即一无所知；“知道某些事”，即有某些真实的看法。

δόξαν ἢ ὁ ἐπιστήμην.

ΜΕΝ. *Ἔστι ταῦτα.*

ΣΩ. *Καὶ μὴν ὅ γε ἀγαθὸς ἀνὴρ ὠφέλιμος ἡμῖν ὡμο-* 5
λόγηται εἶναι.

ΜΕΝ. *Ναί.*

ΣΩ. *Ἐπειδὴ τοίνυν οὐ μόνον δι' ἐπιστήμην ἀγαθοὶ ἄνδρες ἂν εἶεν καὶ ὠφέλιμοι ταῖς πόλεσιν, εἴπερ εἶεν, ἀλλὰ καὶ δι' ὀρθὴν δόξαν, τούτοιν δὲ οὐδέτερον φύσει ἐστὶν τοῖς ἀνθρώ-* 10
ποις, οὔτε ἐπιστήμη οὔτε δόξα ἀληθής, †οὔτ' ἐπίκτητα — ἢ d
δοκεῖ σοι φύσει ὁποτερονοῦν αὐτοῖν εἶναι;

ΜΕΝ. *Οὐκ ἔμοιγε.*

ΣΩ. *Οὐκοῦν ἐπειδὴ οὐ φύσει, οὐδὲ οἱ ἀγαθοὶ φύσει*
εἶεν ἄν. 5

ΜΕΝ. *Οὐ δῆτα.*

ΣΩ. *Ἐπειδὴ δέ γε οὐ φύσει, ἐσκοποῦμεν τὸ μετὰ τοῦτο εἰ διδακτόν ἐστιν.*

ΜΕΝ. *Ναί.*

ΣΩ. *Οὐκοῦν διδακτὸν ἔδοξεν εἶναι, εἰ φρόνησις ἡ ἀρετή;* 10

ΜΕΝ. *Ναί.*

ΣΩ. *Κἂν εἴ γε διδακτὸν εἴη, φρόνησις ἂν εἶναι;*

ΜΕΝ. *Πάνυ γε.*

ΣΩ. *Καὶ εἰ μέν γε διδάσκαλοι εἶεν, διδακτὸν ἂν εἶναι,* e
μὴ ὄντων δὲ οὐ διδακτόν;

ΜΕΝ. *Οὕτω.*

ΣΩ. *Ἀλλὰ μὴν ὡμολογήκαμεν μὴ εἶναι αὐτοῦ διδασκά-*
λους; 5

于拥有知识之人。

米诺：这是事实。

苏格拉底：事实上我们同意[①]，有德之人是有助 5
益之人。

米诺：是的。

苏格拉底：那由于知识的缘故有德之人不仅对
城邦会有助益，若他们是的话，而且由于
真实看法的缘故，这两者皆非人们与生俱 10
有之事，知识及真实看法，不被拥有[②]——或者 d
你认为其中之一是与生俱有的？

米诺：我不认为。

苏格拉底：因此由于不是与生俱来，有德之人或许也不是
天生的。 5

米诺：当然不是。

苏格拉底：由于知识不是天生的，接下来我们要探究
它是否可教。

米诺：是的。

苏格拉底：因此它似乎可教授，若德性是智慧的话？ 10

米诺：是的。

苏格拉底：若它是可教授之事，它似乎是智慧？

米诺：没错。

苏格拉底：此外若有老师存在的话，它似乎是可教之事， e
若没有的话，则是不可教之事吗[③]？

米诺：是如此。

苏格拉底：但我们曾同意，没有德性
的老师[④]？ 5

---

① 参见 87e1-2。

② Burnet 的版本中给这句话“out' epiktēta”一个短剑符号，表示它于此出现令人不解及突兀。

③ 参见 89d6-e4。

④ 参见 96b6-9。

ΜΕΝ. *Ἔστι ταῦτα.*

ΣΩ. *Ὡμολογήκαμεν ἄρα μήτε διδακτὸν αὐτὸ μήτε φρόνησιν εἶναι;*

ΜΕΝ. *Πάνυ γε.*

ΣΩ. *Ἀλλὰ μὴν ἀγαθόν γε αὐτὸ ὁμολογοῦμεν εἶναι;* 10

ΜΕΝ. *Ναί.*

ΣΩ. *Ὠφέλιμον δὲ καὶ ἀγαθὸν εἶναι τὸ ὀρθῶς ἡγούμενον;*

ΜΕΝ. *Πάνυ γε.*

ΣΩ. *Ὀρθῶς δέ γε ἡγεῖσθαι δύο ὄντα ταῦτα μόνα, δόξαν τε ἀληθῆ καὶ ἐπιστήμην, ἃ ἔχων ἄνθρωπος ὀρθῶς ἡγεῖται — τὰ γὰρ ἀπὸ τύχης τινὸς ὀρθῶς γιγνόμενα οὐκ ἀνθρωπίνῃ ἡγεμονίᾳ γίγνεται — ὧν δὲ ἄνθρωπος ἡγεμών ἐστιν ἐπὶ τὸ ὀρθόν, δύο ταῦτα, δόξα ἀληθὴς καὶ ἐπιστήμη.* **99a** 5

ΜΕΝ. *Δοκεῖ μοι οὕτω.*

ΣΩ. *Οὐκοῦν ἐπειδὴ οὐ διδακτόν ἐστιν, οὐδ' ἐπιστήμη δὴ ἔτι γίγνεται ἡ ἀρετή;*

ΜΕΝ. *Οὐ φαίνεται.*

ΣΩ. *Δυοῖν ἄρα ὄντοιν ἀγαθοῖν καὶ ὠφελίμοιν τὸ μὲν ἕτερον ἀπολέλυται, καὶ οὐκ ἂν εἴη ἐν πολιτικῇ πράξει ἐπιστήμη ἡγεμών.* b

ΜΕΝ. *Οὔ μοι δοκεῖ.*

ΣΩ. *Οὐκ ἄρα σοφίᾳ τινὶ οὐδὲ σοφοὶ ὄντες οἱ τοιοῦτοι ἄνδρες ἡγοῦντο ταῖς πόλεσιν, οἱ ἀμφὶ Θεμιστοκλέα τε καὶ οὓς ἄρτι Ἄνυτος ὅδε ἔλεγεν· διὸ δὴ καὶ οὐχ οἷοί τε ἄλλους ποιεῖν τοιούτους οἷοι αὐτοί εἰσι, ἅτε οὐ δι' ἐπιστήμην ὄντες* 5

米诺：这是事实。

苏格拉底：我们也曾同意，它是不可教之事，也不是智慧[①]？

米诺：没错。

苏格拉底：但我们同意它是好事吗？ 10

米诺：是的。

苏格拉底：以正确的方式指导的事物是有益及善的事物吗？

米诺：没错。

苏格拉底：但无论如何只有这两件事以正确的方式指导，真实的看法及知识，一个人拥有它们会以正确的方式指导——因为出于某种运气而正确地发生的事是不会出现在人的指导者上[②]——这两件事，真实看法及知识，指导那些人的行为，一个人是朝向正确行为的指导者。 **99a** 5

米诺：我认为如此。

苏格拉底：因此由于它是不可教之事，德性也不会成为知识吗？

米诺：看来不会。

苏格拉底：那这两件善而且有益之事，有一个被释放了[③]，且在政治事务上知识或许不是指导者。 b

米诺：我认为不是。

苏格拉底：不是借由某种智慧，也不是因为是有智慧之人，这样的人领导各个城邦，塞米斯投克雷斯及他的伙伴们，及那些在此的阿尼投斯刚才所提及之人[④]；因此他们无法使他人成为他们自己这样的人，因为他们不是借由知识 5

---

① 参见 96c10-d1。

② 苏格拉底排除政治人物能靠运气妥适治理城邦的可能；亚里斯多德似乎不完全排除此一可能性，参见《尼科马哥伦理学》1099b9。

③ apolelutai（被释放）一字的使用，是以生动活泼的方式来说明知识在公共事务的管理上被免除义务。

④ 参见 92e-93a。

τοιοῦτοι.

MEN. *Ἔοικεν οὕτως ἔχειν, ὦ Σώκρατες, ὡς λέγεις.* 10

ΣΩ. *Οὐκοῦν εἰ μὴ ἐπιστήμῃ, εὐδοξίᾳ δὴ τὸ λοιπὸν γίγνεται· ᾗ οἱ πολιτικοὶ ἄνδρες χρώμενοι τὰς πόλεις ὀρθοῦσιν, οὐδὲν διαφερόντως ἔχοντες πρὸς τὸ φρονεῖν ἢ οἱ χρησμῳδοί τε καὶ οἱ θεομάντεις· καὶ γὰρ οὗτοι ἐνθουσιῶντες λέγουσιν μὲν ἀληθῆ καὶ πολλά, ἴσασι δὲ οὐδὲν ὧν λέγουσιν.* c 5

MEN. *Κινδυνεύει οὕτως ἔχειν.*

ΣΩ. *Οὐκοῦν, ὦ Μένων, ἄξιον τούτους θείους καλεῖν τοὺς ἄνδρας, οἵτινες νοῦν μὴ ἔχοντες πολλὰ καὶ μεγάλα κατορθοῦσιν ὧν πράττουσι καὶ λέγουσι;*

MEN. *Πάνυ γε.* 10

ΣΩ. *Ὀρθῶς ἄρ' ἂν καλοῖμεν θείους τε οὓς νυνδὴ ἐλέγομεν χρησμῳδοὺς καὶ μάντεις καὶ τοὺς ποιητικοὺς ἅπαντας· καὶ τοὺς πολιτικοὺς οὐχ ἥκιστα τούτων φαῖμεν ἂν θείους τε εἶναι καὶ ἐνθουσιάζειν, ἐπίπνους ὄντας καὶ κατεχομένους ἐκ τοῦ θεοῦ, ὅταν κατορθῶσι λέγοντες πολλὰ καὶ μεγάλα πράγματα, μηδὲν εἰδότες ὧν λέγουσιν.* d 5

MEN. *Πάνυ γε.*

ΣΩ. *Καὶ αἵ γε γυναῖκες δήπου, ὦ Μένων, τοὺς ἀγαθοὺς ἄνδρας θείους καλοῦσι· καὶ οἱ Λάκωνες ὅταν τινὰ ἐγκωμιάζωσιν ἀγαθὸν ἄνδρα, "Θεῖος ἀνήρ," φασίν, "οὗτος."*

是这样的人。

米诺：事实似乎是如你所说的这样，苏格拉底。 10

苏格拉底：因此若不是借由知识的话，那所剩之事

就只出现在好的看法[1]中；政治人物借由它管理及维系 c

城邦，关于对事情的思考上他们所拥有的与

预言家及占卜师所拥有的并无不同，因为当他们

受到神祇的启示时，他们说出许多真理，但对于他们所言之事

他们没有知识[2]。 5

米诺：事实可能是如此。

苏格拉底：因此，米诺，称这些人是神祇所派来的[3]

是适切的事，因为他们不是在有意的情况下成功地完成许多

他所做及所言的重要事情吗？

米诺：没错。 10

苏格拉底：或许我们可正确地称我们刚才言及的那些人是神祇

所派来的，预言家、占卜师及所有的诗人[4]；此外 d

在这些人之中我们主要是要说，政治人物是神祇派来的而

且受到启发，他们受到神祇的启发及被神祇

附身，当他们成功地完成他们所说的许多重要的事情，

他们对自己所言之事一无所知。 5

米诺：是的。

苏格拉底：女人们[5]想必，米诺，称有德之

人是神祇所派来的人；当斯巴达人赞美一

位有德之人时，他们说："他是神祇所派来之人。"

---

① eudoxia 原意是好的判断，故看法正确。

② 诗人的创作由于受到神圣的启示，但他们对作品中所描写者并无知识，参见《辩护篇》22b9-c3 及《伊翁篇》535e-536b。

③ theious 或可译为"受到启发"，参见《伊翁篇》533a-534e。

④ 诗人被视为占卜师，参见《辩护篇》22b-c 及《伊翁篇》534b-d。

⑤ 指众神之母（Cybele）信仰文化或酒神狄奥尼索斯信仰文化，这两种宗教信仰皆以女性信徒为主，参见 E. R. Dodds：1951，77-80 及 270-282；《克里同篇》54d3。然而 R. W. Sharples：1991，188 引柏拉图《克拉提娄斯篇》（The *Cratylus*）418b-c 的观点，女人保留老的说法。

ΜΕΝ. *Καὶ φαίνονταί γε, ὦ Σώκρατες, ὀρθῶς λέγειν. καίτοι ἴσως Ἄνυτος ὅδε σοι ἄχθεται λέγοντι.* e

ΣΩ. *Οὐδὲν μέλει ἔμοιγε. τούτῳ μέν, ὦ Μένων, καὶ αὖθις διαλεξόμεθα· εἰ δὲ νῦν ἡμεῖς ἐν παντὶ τῷ λόγῳ τούτῳ καλῶς ἐζητήσαμέν τε καὶ ἐλέγομεν, ἀρετὴ ἂν εἴη οὔτε φύσει οὔτε* 5 *διδακτόν, ἀλλὰ θείᾳ μοίρᾳ παραγιγνομένη ἄνευ νοῦ οἷς ἂν παραγίγνηται, εἰ μή τις εἴη τοιοῦτος τῶν πολιτικῶν ἀνδρῶν* **100a** *οἷος καὶ ἄλλον ποιῆσαι πολιτικόν. εἰ δὲ εἴη, σχεδὸν ἄν τι οὗτος λέγοιτο τοιοῦτος ἐν τοῖς ζῶσιν οἷον ἔφη Ὅμηρος ἐν τοῖς τεθνεῶσιν τὸν Τειρεσίαν εἶναι, λέγων περὶ αὐτοῦ, ὅτι οἶος πέπνυται τῶν ἐν Ἅιδου, τοὶ δὲ σκιαὶ ἀίσσουσι.* 5 *ταὐτὸν ἂν καὶ ἐνθάδε ὁ τοιοῦτος ὥσπερ παρὰ σκιὰς ἀληθὲς ἂν πρᾶγμα εἴη πρὸς ἀρετήν.*

ΜΕΝ. *Κάλλιστα δοκεῖς μοι λέγειν, ὦ Σώκρατες.* b

ΣΩ. *Ἐκ μὲν τοίνυν τούτου τοῦ λογισμοῦ, ὦ Μένων, θείᾳ μοίρᾳ ἡμῖν φαίνεται παραγιγνομένη ἡ ἀρετὴ οἷς ἂν παραγίγνηται· τὸ δὲ σαφὲς περὶ αὐτοῦ εἰσόμεθα τότε, ὅταν πρὶν ᾧτινι τρόπῳ τοῖς ἀνθρώποις παραγίγνεται ἀρετή, πρότερον* 5 *ἐπιχειρήσωμεν αὐτὸ καθ' αὑτὸ ζητεῖν τί ποτ' ἔστιν ἀρετή.*

米诺：他们似乎，苏格拉底，说的对。 e
然而或许这位阿尼投斯对你所言感到生气。

苏格拉底：我不在乎[①]。我会再和他，米诺，
聊聊；若我们刚才在这所有的论述中有适切的
探寻与陈述，德性既非天生也非 5
可教之事，而是借由神圣的分配而出现，不具有知识地[②]
出现在人们身上，除非有任何这类的政治人物， **100a**
他可使别人成为政治人物[③]。若有的话，这样的人
一定会在人世中被提及，就像荷马说泰瑞
希雅斯[④]是在死人中被提及，关于此人他说：
“在冥府中只有他有智慧，但其他人如影子般倏飞。[⑤]” 5
这样的人也以相同的方式在此，就像真实的
事物与影子比较，关于德性的事。

米诺：我认为你说的非常好，苏格拉底。 b

苏格拉底：那出于这个考量，米诺，对我
们而言德性的出现是借由神圣的分配，它若出现
在人们身上的话，但我们将会知道关于它的真实说法，在
德性以任何方式出现在人们身上之前，当 5
我们试着探寻德性就其自身究竟为何。

---

① 苏格拉底不甚礼貌的回应，似乎透显出阿尼投斯此刻并无就近参与对话。

② 苏格拉底在99b-c认为好的政治人物统治城邦不是借他们所有的知识，而是借真实看法，但在此似乎连好的政治人物具有真实看法的可能性都予以否认。Sedley：2011，xxii认为，“神圣分配”的概念在此或许有着政治人物的政治直觉及天赋才能的意思，所以他们可以真实看法，非以知识，对城邦事务下决定。R. Weiss：2001，180则主张，这显示苏格拉底认为，人类的知识相较于神祇的智慧是少有或毫无价值（《辩护篇》23a)，无人能在生前死后获得属于神祇的智慧；此外这符合苏格拉底自称无知的精神与态度。

③ 《高尔奇亚斯篇》521d称苏格拉底是唯一有此能力的政治人物，他可使同胞公民具有德性。此外苏格拉底行事经常受到神祇的鼓励或劝阻（参见《费多篇》60e2的注释），这说明了他教导雅典人德性知识的能力不来自他有知识，是受神圣启示的缘故。因此关于89c-96d论证的结论，由于找不到可教授德性的老师，所以德性不可教，似乎不足以反映是苏格拉底接受的观点。参见T. Irwin：1995，140-141。

④ Teiresias，传说中是塞贝斯的盲眼先知。

⑤ 参见《奥迪赛》10，494-495。

νῦν δ' ἐμοὶ μὲν ὥρα ποι ἰέναι, σὺ δὲ ταὐτὰ ταῦτα ἅπερ αὐτὸς πέπεισαι πεῖθε καὶ τὸν ξένον τόνδε Ἄνυτον, ἵνα πρᾳότερος ᾖ· ὡς ἐὰν πείσῃς τοῦτον, ἔστιν ὅτι καὶ Ἀθηναίους ὀνήσεις. c

可是现在是我该去别的地方的时候[①]，但你让在
此的友人阿尼投斯相信这些事，就
像你自己相信它们一样，所以他或许会
较温和些[②]；若你可说服他的话，你将 c
对雅典人有所助益[③]。

---

① 苏格拉底在《辩护篇》42a2-3 亦有类似的表述，但那部对话录中他的意思是该是死的时候，若在这部对话录他表达的也是这个意思，则 100b3-4 的未来式的使用，eisometha（我们将知道）及 epicheirēsōmen（我们将试着），暗示苏格拉底与米诺将针对相同的议题再次对话，似乎不会发生。

② 这好像表示，温和些的阿尼投斯不会冲动地控告苏格拉底。

③ 所以雅典人不会失去苏格拉底这位智者或马蝇，参见《辩护篇》28a1-34b5。

《费多篇》结构分析

1. 导论：57a1-59c7

艾赫克拉特斯问费多在苏格拉底临终前是否在狱中陪伴他，若是，请他详述当天所发生的事。

2. 苏格拉底面对死亡的态度：59c8-70c3

2.1 绪言：59c8-63e8

苏格拉底指出哲学家认为死比生好，并不是他随性选择结束生命，而是得到神祇的许可及召唤。

2.2 辩护：64a4-69e5

苏格拉底为自己的主张，哲学家欢迎死亡的到来及练习死亡，提出辩护。

2.3 克贝斯的质疑：69e6-70c3

克贝斯认为苏格拉底的论述，其合理性须建立在灵魂不灭的观点上，他要求苏格拉底证明之。

3. 灵魂不灭的论证

3.1 循环论证：70c4-72e2

苏格拉底以“生者出于死者”及“死者出于生者”的生死循环观念来证明灵魂不灭。

3.2 回忆说：72e3-77a5

苏格拉底以“学习是回忆灵魂在进入身体之前已拥有的知识”来说明灵魂不灭。

3.3 回忆说的论证不完全：77a6-77d5

但希米亚斯认为回忆说的论证充其量仅证明了灵魂在我们出生前存在，却无法证明在我们死后，它依然存在。

3.4 希米亚斯与克贝斯的忧心：77d5-78b4

希米亚斯及克贝斯忧心，若无法证明人死后灵魂续存，人们会如害怕妖怪般地害怕死亡。

3.5 相似性论证：78b4-84b8

苏格拉底论述，由于灵魂与稳定、不变、单纯、不朽及神圣的理型相似，因此它也应是不朽的。

3.6 插曲：84c1-85b9

在论述完相似性论证后，狱中一片寂静，苏格拉底等待对话者的质疑。

3.7 驳斥与质疑：85b10-88b8

3.7.1）希米亚斯的驳斥：85b10-86d4

希米亚斯以竖琴为例指出，当竖琴与琴弦皆受损，和谐的音律不复存在，灵魂是身体的元素或性质的和谐。当身体毁坏，灵魂也毁坏。

3.7.2）克贝斯的驳斥：86d5-88b8

克贝斯虽不赞成希米亚斯的论证，对灵魂不灭却仍抱疑虑，他以纺织人与外套的关系来说明，灵魂在穿完最后一件衣服（身体）前会毁灭。

3.8 插曲：88c1-89a8

希米亚斯与克贝斯的驳斥造成在场的人一阵错愕与困惑，因为他们似乎推翻了苏格拉底灵魂不朽的论证。

3.9 苏格拉底的警示：89a9-91c5

苏格拉底警告在场的友人，不要成为憎恨论证的人。

3.10 回应希米亚斯的驳斥：91c6-95a3

苏格拉底首先以希米亚斯承认学习即回忆的论证，来驳斥他所提出的灵魂是和谐的论证，再以灵魂不具等级与灵魂是主导者的观点驳斥希米亚斯。

3.11 回应克贝斯的驳斥：95a4-e6

苏格拉底回顾克贝斯的驳斥，却因故暂停。

3.12 苏格拉底自述寻找真正的理由说明的历程：95e7-102a9

苏格拉底提及对先苏哲学家的原因说明感到失望，并提出寻找真正理由的二次航行。

3.13 最后的论证：102a10-107b10

苏格拉底在最后的论证中以对反的事物不相互接受为论证的基础主张，灵魂是生命的原则，且生命不接受其对反的事物死亡，因此灵魂是不朽不灭。

3.14 神话：107c1-115a8

苏格拉底以一则神话或故事来说明人所居住的环境与真正的圣境的区别，地底世界的样貌及人死后灵魂在进入冥府所受的对待。

3.15 结论：116a1-118a17

苏格拉底饮鸩长眠。

《费多篇》译注

ΕΧΕΚΡΑΤΗΣ ΦΑΙΔΩΝ

St. I

ΕΧ. *Αὐτός, ὦ Φαίδων, παρεγένου Σωκράτει ἐκείνῃ τῇ ἡμέρᾳ ᾗ τὸ φάρμακον ἔπιεν ἐν τῷ δεσμωτηρίῳ, ἢ ἄλλου του ἤκουσας;* **57a**

ΦΑΙΔ. *Αὐτός, ὦ Ἐχέκρατες.*

ΕΧ. *Τί οὖν δή ἐστιν ἅττα εἶπεν ὁ ἀνὴρ πρὸ τοῦ θανάτου; καὶ πῶς ἐτελεύτα; ἡδέως γὰρ ἂν [ἐγὼ] ἀκούσαιμι. καὶ γὰρ οὔτε [τῶν πολιτῶν] Φλειασίων οὐδεὶς πάνυ τι ἐπιχωριάζει τὰ νῦν Ἀθήναζε, οὔτε τις ξένος ἀφῖκται χρόνου συχνοῦ ἐκεῖθεν ὅστις ἂν ἡμῖν σαφές τι ἀγγεῖλαι οἷός τ' ἦν περὶ τούτων, πλήν γε δὴ ὅτι φάρμακον πιὼν ἀποθάνοι· τῶν δὲ ἄλλων οὐδὲν εἶχεν φράζειν.* 5 b

ΦΑΙΔ. *Οὐδὲ τὰ περὶ τῆς δίκης ἄρα ἐπύθεσθε ὃν τρόπον ἐγένετο;* **58a**

ΕΧ. *Ναί, ταῦτα μὲν ἡμῖν ἤγγειλέ τις, καὶ ἐθαυμάζομέν γε ὅτι πάλαι γενομένης αὐτῆς πολλῷ ὕστερον φαίνεται ἀποθανών. τί οὖν ἦν τοῦτο, ὦ Φαίδων;* 5

艾赫克拉特斯　费多

史蒂芬奴斯页码

艾赫克拉特斯：你，费多，是否那天与苏格拉底在一起，　**57a**
当他在狱中喝下毒药时[1]，还是你听别人
转述？

费多[2]：我亲自在场，艾赫克拉特斯。

艾赫克拉特斯：那在死之前他说了些什么吗？　5
还有他是怎么死的？因为我乐于听这些事。
其实现在少有菲利乌斯人[3]造访
雅典，也没有外国人经常打那儿来，
有谁能确实告诉我们关于这些　b
事，除了他死于喝毒药；转述者并
未说其他的事。

费多：你也不知道关于他的惩罚出现了什么　**58a**
转折吗？

艾赫克拉特斯：知道，有人曾告诉我们这事，我们感到惊讶，
他似乎是在判决多日之后才死[4]。
那原因是什么，费多？　5

---

① 柏拉图于《费多篇》通篇皆只以 to pharmakon（毒药）来描述苏格拉底的死刑，这毒药应该是 to tōneion（毒胡萝卜汁）。

② 原以战俘及奴隶的身份被带至雅典，恢复自由之身后，成为苏格拉底的友人。或许在苏格拉底去世后，他回到艾利斯成立一哲学学派，他所著之对话录现仅存一两段断简残篇。

③ Phliasioi 是 Phlious（菲利乌斯）的城民，该城位于伯罗奔尼萨半岛北部，是座山城。

④ 色诺芬《苏格拉底回忆录》指出是三十天（IV，viii，2）。

ΦΑΙΔ. *Τύχη τις αὐτῷ, ὦ Ἐχέκρατες, συνέβη· ἔτυχεν γὰρ τῇ προτεραίᾳ τῆς δίκης ἡ πρύμνα ἐστεμμένη τοῦ πλοίου ὃ εἰς Δῆλον Ἀθηναῖοι πέμπουσιν.*

ΕΧ. *Τοῦτο δὲ δὴ τί ἐστιν;*

ΦΑΙΔ. *Τοῦτ' ἔστι τὸ πλοῖον, ὥς φασιν Ἀθηναῖοι, ἐν ᾧ* 10
Θησεύς ποτε εἰς Κρήτην τοὺς "δὶς ἑπτὰ" ἐκείνους ᾤχετο ἄγων καὶ ἔσωσέ τε καὶ αὐτὸς ἐσώθη. τῷ οὖν Ἀπόλλωνι b
ηὔξαντο ὡς λέγεται τότε, εἰ σωθεῖεν, ἑκάστου ἔτους θεωρίαν ἀπάξειν εἰς Δῆλον· ἣν δὴ ἀεὶ καὶ νῦν ἔτι ἐξ ἐκείνου κατ' ἐνιαυτὸν τῷ θεῷ πέμπουσιν. ἐπειδὰν οὖν ἄρξωνται τῆς θεωρίας, νόμος ἐστὶν αὐτοῖς ἐν τῷ χρόνῳ τούτῳ καθαρεύειν 5
τὴν πόλιν καὶ δημοσίᾳ μηδένα ἀποκτεινύναι, πρὶν ἂν εἰς Δῆλόν τε ἀφίκηται τὸ πλοῖον καὶ πάλιν δεῦρο· τοῦτο δ' ἐνίοτε ἐν πολλῷ χρόνῳ γίγνεται, ὅταν τύχωσιν ἄνεμοι ἀπολαβόντες αὐτούς. ἀρχὴ δ' ἐστὶ τῆς θεωρίας ἐπειδὰν ὁ c
ἱερεὺς τοῦ Ἀπόλλωνος στέψῃ τὴν πρύμναν τοῦ πλοίου· τοῦτο δ' ἔτυχεν, ὥσπερ λέγω, τῇ προτεραίᾳ τῆς δίκης γεγονός. διὰ ταῦτα καὶ πολὺς χρόνος ἐγένετο τῷ Σωκράτει ἐν τῷ δεσμωτηρίῳ ὁ μεταξὺ τῆς δίκης τε καὶ τοῦ θανάτου. 5

ΕΧ. *Τί δὲ δὴ τὰ περὶ αὐτὸν τὸν θάνατον, ὦ Φαίδων; τί ἦν τὰ λεχθέντα καὶ πραχθέντα, καὶ τίνες οἱ παραγενόμενοι τῶν ἐπιτηδείων τῷ ἀνδρί; ἢ οὐκ εἴων οἱ ἄρχοντες παρεῖναι,*

费多：某种巧合，艾赫克拉特斯，发生在他身上；因为
在审判的前一天，雅典人派去德娄斯岛的船的船尾
正好被系上花圈。

艾赫克拉特斯：这是什么船？

费多：这艘船是，如雅典人说，塞修斯 10
曾经搭乘至克里特岛的船，他离开时带着那“七对”
祭品[①]，他平安地带他们回来，也保全自己的性命。因此，他们向阿波 b
罗神许愿，在当时据说，若他们能平安归来，他们每年都会
持续这项到德娄斯岛的任务[②]；从那次以后一直到今，他们
年年派遣此一任务。因此当他们开始这项
任务，在这段时间他们有法律要保持城邦的 5
洁净，且不可以城邦之名对任何人行刑，在船到
达德娄斯岛及回返雅典之前。有时候
会耗费不少时日，当风正好阻碍
他们。当任务开始之时，阿波罗 c
的祭司为船尾系上花环；这
正巧，恰如我言，发生在审判的前一天。
因此之故，审判与行刑之间苏格拉底在
狱中待了一段不短的时日。 5

艾赫克拉特斯：那关于他的死，费多？
他说了什么，做了什么，及他的某些友人
在场吗？或是狱政官[③]不允许有人在场，

---

① 塞修斯（Theseus）是雅典的建城者，因为每一年须送七对童男童女至克里特岛的米诺斯国王（Minos），当做贡品给半人半牛的儿子米诺陶尔（Minotaur），造成许多家庭悲剧，塞修斯见之心生不舍，遂向父亲艾格欧斯（Aegeos）自荐，亲自带领贡品至克里特，并会安全将孩童带回，当塞修斯的船抵达克里特岛时，米诺斯及其女阿丽安德妮（Ariandnē）在港口迎接，结果后者对塞修斯一见钟情，助他杀死米诺陶尔及逃离迷宫，塞修斯顺利带着孩童回雅典，途中转向德娄斯岛，在岛上举行祭典庆祝；相关故事参见 *Plut. Thes.* XV-XXII。亦可参见《克里同篇》43c9。

② 德娄斯岛据传是阿波罗神的出生地，雅典人约于公元前 6 世纪便在该岛从事宗教祭祀的活动。

③ 柏拉图在此的用字是 hoi archōntes（管理者）；管理监狱的职务有一正式的名称，参见 59e6 的注释。

ἀλλ' ἔρημος ἐτελεύτα φίλων;

ΦΑΙΔ. *Οὐδαμῶς, ἀλλὰ παρῆσάν τινες, καὶ πολλοί γε.* d

ΕΧ. *Ταῦτα δὴ πάντα προθυμήθητι ὡς σαφέστατα ἡμῖν ἀπαγγεῖλαι, εἰ μή τίς σοι ἀσχολία τυγχάνει οὖσα.*

ΦΑΙΔ. *Ἀλλὰ σχολάζω γε καὶ πειράσομαι ὑμῖν διηγήσασθαι· καὶ γὰρ τὸ μεμνῆσθαι Σωκράτους καὶ αὐτὸν λέγοντα* 5 *καὶ ἄλλου ἀκούοντα ἔμοιγε ἀεὶ πάντων ἥδιστον.*

ΕΧ. *Ἀλλὰ μήν, ὦ Φαίδων, καὶ τοὺς ἀκουσομένους γε τοιούτους ἑτέρους ἔχεις· ἀλλὰ πειρῶ ὡς ἂν δύνῃ ἀκριβέστατα διεξελθεῖν πάντα.*

ΦΑΙΔ. *Καὶ μὴν ἔγωγε θαυμάσια ἔπαθον παραγενόμενος.* e *οὔτε γὰρ ὡς θανάτῳ παρόντα με ἀνδρὸς ἐπιτηδείου ἔλεος εἰσῄει· εὐδαίμων γάρ μοι ἀνὴρ ἐφαίνετο, ὦ Ἐχέκρατες, καὶ τοῦ τρόπου καὶ τῶν λόγων, ὡς ἀδεῶς καὶ γενναίως ἐτελεύτα, ὥστε μοι ἐκεῖνον παρίστασθαι μηδ' εἰς Ἅιδου ἰόντα ἄνευ θείας μοίρας ἰέναι, ἀλλὰ καὶ ἐκεῖσε ἀφικόμενον εὖ πράξειν* 5 *εἴπερ τις πώποτε καὶ ἄλλος. διὰ δὴ ταῦτα οὐδὲν πάνυ μοι* **59a** *ἐλεινὸν εἰσῄει, ὡς εἰκὸς ἂν δόξειεν εἶναι παρόντι πένθει, οὔτε αὖ ἡδονὴ ὡς ἐν φιλοσοφίᾳ ἡμῶν ὄντων ὥσπερ εἰώθεμεν — καὶ γὰρ οἱ λόγοι τοιοῦτοί τινες ἦσαν — ἀλλ' ἀτεχνῶς ἄτοπόν τί μοι πάθος παρῆν καί τις ἀήθης κρᾶσις ἀπό τε τῆς* 5 *ἡδονῆς συγκεκραμένη ὁμοῦ καὶ ἀπὸ τῆς λύπης, ἐνθυμουμένῳ ὅτι αὐτίκα ἐκεῖνος ἔμελλε τελευτᾶν. καὶ πάντες οἱ παρόντες σχεδόν τι οὕτω διεκείμεθα, τοτὲ μὲν γελῶντες, ἐνίοτε δὲ δακρύοντες, εἷς δὲ ἡμῶν καὶ διαφερόντως, Ἀπολλόδωρος —*

他死时没有朋友陪伴？

费多：一点都不，有些人在场，事实上还蛮多人的。 d

艾赫克拉特斯：你务必以欣然的态度告诉我们这些
事，愈清楚愈好，若你正好有空的话。

费多：我当然有空，我也会试着对你们
叙述，因为回忆苏格拉底的谈话 5
及听别人谈论他，对我而言一直都是最愉快的事。

艾赫克拉特斯：事实上，费多，你会拥有具有相同
感受的听众，试着尽你所能巨细靡遗地
详述一切。

费多：其实我在场有一股奇特的感受。 e
其实我现身于朋友临终之时并不感到
遗憾，因为我觉得他在举止言谈中，艾赫克拉特斯，
皆满心欢喜①，好像死得无惧且高贵，
所以我了解到，没有神圣的天命②，他不会
到冥府③去，但到了那儿他会过得很好， 5
若其他人也曾有此经验。因此我完全不感 **59a**
到遗憾，如出席丧礼之人似乎自然会有的感受，
但也不感快乐，因为我们一如往常地专心于哲学中
——事实上有某些这类的谈话——我只是
有种奇怪的感受，某种不寻常的情绪混合，快乐 5
与悲伤混在一起，心里想着
他即将死。我们所有在场的人都因此处
在某种情绪感受中，有时候笑，有时候
哭，其中有个人极为例外，阿波罗都洛斯④——

---

① eudaimōn（快乐）一词在此似乎为苏格拉底对死亡的态度定调，参见 63a8-9。

② 可视作为 62a-c 寻死须有神祇认可的论述预埋伏笔。

③ Haidēs 原指不可见之处。

④ Apollodōros，色诺芬在其《辩护篇》描绘他是位单纯之人（euēthēs）(28)；此人也出现在柏拉图《辩护篇》34a2、《飨宴篇》173d 等，他被柏拉图形容为一位多愁善感之人。

οἶσθα γάρ που τὸν ἄνδρα καὶ τὸν τρόπον αὐτοῦ. b

ΕΧ. *Πῶς γὰρ οὔ;*

ΦΑΙΔ. *Ἐκεῖνός τε τοίνυν παντάπασιν οὕτως εἶχεν, καὶ αὐτὸς ἔγωγε ἐτεταράγμην καὶ οἱ ἄλλοι.*

ΕΧ. *Ἔτυχον δέ, ὦ Φαίδων, τίνες παραγενόμενοι;* 5

ΦΑΙΔ. *Οὗτός τε δὴ ὁ Ἀπολλόδωρος τῶν ἐπιχωρίων παρῆν καὶ Κριτόβουλος καὶ ὁ πατὴρ αὐτοῦ καὶ ἔτι Ἑρμογένης καὶ Ἐπιγένης καὶ Αἰσχίνης καὶ Ἀντισθένης· ἦν δὲ καὶ Κτήσιππος ὁ Παιανιεὺς καὶ Μενέξενος καὶ ἄλλοι τινὲς τῶν ἐπιχωρίων. Πλάτων δὲ οἶμαι ἠσθένει.* 10

ΕΧ. *Ξένοι δέ τινες παρῆσαν;* c

ΦΑΙΔ. *Ναί, Σιμμίας τέ γε ὁ Θηβαῖος καὶ Κέβης καὶ*

你应该知道这个人与他的行事风格。 b

艾赫克拉特斯：怎会不知道？

费多：他极为痛苦，我

自己受到影响，还有其他人也是。

艾赫克拉特斯：在场的还有谁，费多？ 5

费多：雅典本地人有这位阿波罗都洛斯

在场，还有克里投布娄斯及他的父亲[①]，尚有赫尔莫

给内斯[②]及艾皮革内斯[③]，艾斯希内斯[④]及安提斯塞内斯[⑤]；

还有派阿尼亚的克特希波斯[⑥]及梅内克斯赞诺斯[⑦]，及

其他雅典人，我想柏拉图病了[⑧]。 10

艾赫克拉特斯：有外国人在场吗？ c

费多：当然有，来自塞贝斯的希米亚斯、克贝斯[⑨]及

---

① Kritoboulos，克里同（Kritōn）较年长的儿子，色诺芬之《飨宴篇》（*Symposium*）曾叙述他与克雷尼亚斯（Kleinias）间的情爱关系（IV，23-26），《论家管》（*Oeconomicus*）中又云他富有却不懂理财（II，6-8）、不懂持家（III，4-8）。亦可参见柏拉图《辩护篇》33d9-e1及《尤希迪莫斯篇》306d5。

② Hermogenēs（公元前4世纪）生于公元前5世纪最富有的家族之一，诡辩学派卡利阿斯（Kallias）的兄弟，参见《辩护篇》20a、《普罗大哥拉斯篇》311a2。

③ Epigenēs，安提丰（Antiphōn）之子，参见《苏格拉底回忆录》III，xii，1、《辩护篇》33e3。

④ Aeschinēs（公元前4世纪），平日写诉状及教授演讲术，以写苏格拉底对话录闻名，但生活贫困，参见《辩护篇》33e2。

⑤ Antisthenēs（公元前5世纪中叶至公元前4世纪），小苏格拉底学派之犬儒学派（The Cynics）的创立者，主张德性足以使人幸福，强调禁欲；此一学派对斯多葛学派的伦理思想影响重大。

⑥ Ktēsippos，来自派阿尼亚（Paeania）的优秀年轻人，有些性急，参见《尤希迪莫斯篇》273a、《吕希斯篇》（The *Lysis*）203a。

⑦ Menexenos，根据《吕希斯篇》206d3-4他与克特希波斯是堂兄弟；柏拉图的一篇对话录以其名为篇名。

⑧ 为何要强调柏拉图病了？这个问题或许有以下可能的答案：1）柏拉图欲以自己的不在场来突显他与《费多篇》中灵魂不灭不朽及轮回观点的距离，尤其是后一观点并非古希腊传统的宗教观，苏格拉底即因被指控另立新神（《辩护篇》24c）而判死刑，为了避免遭受与苏格拉底相同的对待，柏拉图以此方式自保；2）柏拉图真的病了，以至于无法亲自送苏格拉底走完生命的最后一程，这正是为什么苏格拉底在临终前嘱咐克里同，要还给医神一只鸡的原因，因为他预见柏拉图病好了，参见118a8的注释。

⑨ Simmias及Kebēs亦出现在《克里同篇》45b4-5，色诺芬视二人为苏格拉底的追随者（《苏格拉底回忆录》I，ii，48及IV，xi，17）。

Φαιδώνδης καὶ Μεγαρόθεν Εὐκλείδης τε καὶ Τερψίων.

ΕΧ. *Τί δέ; Ἀρίστιππος καὶ Κλεόμβροτος παρεγένοντο;*

ΦΑΙΔ. *Οὐ δῆτα· ἐν Αἰγίνῃ γὰρ ἐλέγοντο εἶναι.* 5

ΕΧ. *Ἄλλος δέ τις παρῆν;*

ΦΑΙΔ. *Σχεδόν τι οἶμαι τούτους παραγενέσθαι.*

ΕΧ. *Τί οὖν δή; τίνες φῂς ἦσαν οἱ λόγοι;*

ΦΑΙΔ. *Ἐγώ σοι ἐξ ἀρχῆς πάντα πειράσομαι διηγήσα-σθαι. ἀεὶ γὰρ δὴ καὶ τὰς πρόσθεν ἡμέρας εἰώθεμεν φοιτᾶν* d
καὶ ἐγὼ καὶ οἱ ἄλλοι παρὰ τὸν Σωκράτη, συλλεγόμενοι ἕωθεν εἰς τὸ δικαστήριον ἐν ᾧ καὶ ἡ δίκη ἐγένετο· πλησίον γὰρ ἦν τοῦ δεσμωτηρίου. περιεμένομεν οὖν ἑκάστοτε ἕως ἀνοιχθείη τὸ δεσμωτήριον, διατρίβοντες μετ' ἀλλήλων, ἀνεῴ- 5
γετο γὰρ οὐ πρῴ· ἐπειδὴ δὲ ἀνοιχθείη, εἰσῇμεν παρὰ τὸν Σωκράτη καὶ τὰ πολλὰ διημερεύομεν μετ' αὐτοῦ. καὶ δὴ καὶ τότε πρῳαίτερον συνελέγημεν· τῇ γὰρ προτεραίᾳ [ἡμέρᾳ] ἐπειδὴ ἐξήλθομεν ἐκ τοῦ δεσμωτηρίου ἑσπέρας, ἐπυθόμεθα e
ὅτι τὸ πλοῖον ἐκ Δήλου ἀφιγμένον εἴη. παρηγγείλαμεν οὖν

法伊冬德斯[①]，及来自于梅加拉的尤克利德斯[②]及特尔普希翁[③]。

艾赫克拉特斯：还有呢？阿里斯提波斯[④]及克雷翁布罗投斯[⑤]在场吗？

费多：当然不在，因为据说他们在艾吉内[⑥]。 5

艾赫克拉特斯：还有其他人在场吗？

费多：我想大概是这些人在场。

艾赫克拉特斯：那做什么？你说的谈话是什么？

费多：我试着从头开始对你叙述所有

的事。一如过去那些日子我与其他人依例 d

去探望苏格拉底，我们在清晨于举行

审判的法庭集合，因为它邻近

监狱，所以我们每天清晨都等到

监狱开门，我们相互聊天，因为它 5

不会太早开门。当狱门开时，我们进去

陪伴苏格拉底，几乎一整天都与他为伍。那天

我们特地较早集合，因为前一〔天〕[⑦]晚

当我们离开监狱时，我们得知 e

从德娄斯岛出发的船已经到了。所以我们

---

① Phaidōndēs，色诺芬亦将其视为苏格拉底的追随者（《苏格拉底回忆录》I，ii，48）。

② Eucleidēs（约公元前 450—前 380 年），小苏格拉底学派中的梅加拉学派（The Megarian School）主事者，主张善是一，但有诸多名称；强调论证上要攻击对手的结论，而非前提，故被视为公元前 5 世纪争辩传统（eristic tradition）的一员。

③ Terpsiōn，曾出现在柏拉图《塞鄂提投斯篇》的导论，是尤克利德斯之友。

④ Aristippos of Cyrene（约公元前 440—前 399 年），锡兰尼学派（The Cyrenaics）的创立者，主张享乐主义，影响后世伊比鸠鲁学派。

⑤ Kleombrotos，生平事迹不详。根据西塞罗《在图斯库伦的论辩》（*Tusculanae Disputationes*）I，xxxiv，84 的记载，此人在阅读完柏拉图的著作后，投海自尽。

⑥ Aiginē，一座岛屿。公元前 6 世纪与雅典发生战争，随后于公元前 458/7 年并入雅典帝国，公元前 4 世纪它曾变为海盗的根据地。阿里斯提波斯及克雷翁布罗投斯若在艾吉内，即使知道船将从德娄斯岛回雅典，可能亦无法赶赴雅典，或许他们根本不知船已回返。值得一提的是，古代的文献记载，柏拉图的这句话是表示他对阿里斯提波斯的不满，参见 Demetrius，*On Style*，288 及迪欧金尼斯·拉尔提乌斯《著名哲学家生平》I，iii，36。然而 R. Blondell，*The Play of Character in Plato's Dialogues*（Cambridge，2004），34 认为引述这些文献来说明柏拉图的意图时，应特别小心。

⑦ Burnet、Archer-Hind 及 Rowe 的版本皆将 hēmera（天）于中括号中；1995 修订的 OCT 版本则直接将此字删除。

ἀλλήλοις ἥκειν ὡς πρῳαίτατα εἰς τὸ εἰωθός. καὶ ἥκομεν καὶ ἡμῖν ἐξελθὼν ὁ θυρωρός, ὅσπερ εἰώθει ὑπακούειν, εἶπεν περιμένειν καὶ μὴ πρότερον παριέναι ἕως ἂν αὐτὸς κελεύσῃ· 5
"Λύουσι γάρ," ἔφη, "οἱ ἕνδεκα Σωκράτη καὶ παραγγέλλουσιν ὅπως ἂν τῇδε τῇ ἡμέρᾳ τελευτᾷ." οὐ πολὺν δ' οὖν χρόνον ἐπισχὼν ἧκεν καὶ ἐκέλευεν ἡμᾶς εἰσιέναι. εἰσιόντες οὖν κατελαμβάνομεν τὸν μὲν Σωκράτη ἄρτι λελυμένον, τὴν δὲ **60a**
Ξανθίππην — γιγνώσκεις γάρ — ἔχουσάν τε τὸ παιδίον αὐτοῦ καὶ παρακαθημένην. ὡς οὖν εἶδεν ἡμᾶς ἡ Ξανθίππη, ἀνηυφήμησέ τε καὶ τοιαῦτ' ἄττα εἶπεν, οἷα δὴ εἰώθασιν αἱ γυναῖκες, ὅτι "Ὦ Σώκρατες, ὕστατον δή σε προσεροῦσι νῦν 5
οἱ ἐπιτήδειοι καὶ σὺ τούτους." καὶ ὁ Σωκράτης βλέψας εἰς τὸν Κρίτωνα, "Ὦ Κρίτων," ἔφη, "ἀπαγέτω τις αὐτὴν οἴκαδε."

Καὶ ἐκείνην μὲν ἀπῆγόν τινες τῶν τοῦ Κρίτωνος βοῶσάν τε καὶ κοπτομένην· ὁ δὲ Σωκράτης ἀνακαθιζόμενος εἰς τὴν b
κλίνην συνέκαμψέ τε τὸ σκέλος καὶ ἐξέτριψε τῇ χειρί, καὶ τρίβων ἅμα, Ὡς ἄτοπον, ἔφη, ὦ ἄνδρες, ἔοικέ τι εἶναι τοῦτο ὃ καλοῦσιν οἱ ἄνθρωποι ἡδύ· ὡς θαυμασίως πέφυκε πρὸς τὸ δοκοῦν ἐναντίον εἶναι, τὸ λυπηρόν, τὸ ἅμα μὲν 5
αὐτῷ μὴ 'θέλειν παραγίγνεσθαι τῷ ἀνθρώπῳ, ἐὰν δέ τις

相互要求要尽早来到集合地。当我们到时，
有位经常应门的门卫出来，告诉我们
等一下，在他允许之前不可进入。 5
他说："因为狱政官①松绑苏格拉底，并
对今日处死他的方式下指令。"没等多久，
他出来且命令我们进去。一进去
我们发现刚被松绑的苏格拉底及 **60a**
赞希佩②——你知道吧——抱着他的小孩③
坐在一旁。当赞希佩看到我们时，她
放声大哭，并说了这类女人常说的
话："苏格拉底，这是最后一次你的朋友 5
与你说话及你与这些人说话④。"而苏格拉底
看着克里同说："克里同，把她带
回家。"

当克里同的人带她走时，她大叫
恸哭，而苏格拉底端坐在 b
床上盘着腿，并以手按摩腿
在按摩的同时他说，诸位，人们所谓的
快乐是件多么奇特的事，它与看似与它相反
的事物，痛苦，之间的关系，是多么令人惊奇，它们 5
不会同时出现在一个人身上，但若有人追求

---

① Hendeka（字义为数字十一），雅典狱政官名，由抽签决定官员人选，主司囚犯看管与行刑等事务，参见《辩护篇》37c。

② Xanthippē，苏格拉底之妻。R. S Bluck：2001，41，n. 1 认为，她是在狱中过夜，所以当费多一行人进入狱中时，她已坐在其中。

③ 这个小孩应是梅内克塞奴斯（Menexenos）；苏格拉底另外两位儿子分别名为蓝普洛克雷斯（Lamproclēs）及索弗尼斯寇斯（Sophroniskos），参见《辩护篇》34d6-7。

④ proserēin（说），柏拉图不仅描述赞希佩讨厌苏格拉底与朋友间的对话，且指出苏格拉底一贯地借由对话的方式探讨哲学议题，至死不渝，参见《辩护篇》23c-d。然而 R. Burger：1999，25 认为，赞希佩因这是苏格拉底最后一次与朋友们进行哲学对话，感到难过；P. J. Ahrensdorf：1995，22 主张，赞希佩不仅为她自己及苏格拉底，也为他的友人感到悲伤。Ahrensdorf 将赞希佩描写成一位善体人意的女人，不同于传统对她刻薄的理解。

διώκῃ τὸ ἕτερον καὶ λαμβάνῃ, σχεδόν τι ἀναγκάζεσθαι ἀεὶ λαμβάνειν καὶ τὸ ἕτερον, ὥσπερ ἐκ μιᾶς κορυφῆς ἡμμένω δύ' ὄντε. καί μοι δοκεῖ, ἔφη, εἰ ἐνενόησεν αὐτὰ Αἴσωπος, μῦθον ἂν συνθεῖναι ὡς ὁ θεὸς βουλόμενος αὐτὰ διαλλάξαι πολεμοῦντα, ἐπειδὴ οὐκ ἐδύνατο, συνῆψεν εἰς ταὐτὸν αὐτοῖς τὰς κορυφάς, καὶ διὰ ταῦτα ᾧ ἂν τὸ ἕτερον παραγένηται ἐπακολουθεῖ ὕστερον καὶ τὸ ἕτερον. ὥσπερ οὖν καὶ αὐτῷ μοι ἔοικεν· ἐπειδὴ ὑπὸ τοῦ δεσμοῦ ἦν ἐν τῷ σκέλει τὸ ἀλγεινόν, ἥκειν δὴ φαίνεται ἐπακολουθοῦν τὸ ἡδύ.

c 5

Ὁ οὖν Κέβης ὑπολαβών, Νὴ τὸν Δία, ὦ Σώκρατες, ἔφη, εὖ γ' ἐποίησας ἀναμνήσας με. περὶ γάρ τοι τῶν ποιημάτων ὧν πεποίηκας ἐντείνας τοὺς τοῦ Αἰσώπου λόγους καὶ τὸ εἰς τὸν Ἀπόλλω προοίμιον καὶ ἄλλοι τινές με ἤδη ἤροντο, ἀτὰρ καὶ Εὔηνος πρῴην, ὅτι ποτὲ διανοηθείς, ἐπειδὴ δεῦρο ἦλθες, ἐποίησας αὐτά, πρότερον οὐδὲν πώποτε ποιήσας. εἰ οὖν τί σοι μέλει τοῦ ἔχειν ἐμὲ Εὐήνῳ ἀποκρίνασθαι ὅταν με αὖθις ἐρωτᾷ — εὖ οἶδα γὰρ ὅτι ἐρήσεται — εἰπὲ τί χρὴ λέγειν.

d 5

Λέγε τοίνυν, ἔφη, αὐτῷ, ὦ Κέβης, τἀληθῆ, ὅτι οὐκ ἐκείνῳ βουλόμενος οὐδὲ τοῖς ποιήμασιν αὐτοῦ ἀντίτεχνος εἶναι ἐποίησα ταῦτα — ᾔδη γὰρ ὡς οὐ ῥᾴδιον εἴη — ἀλλ'

e

并获得其中一个，几乎在每个例子都一定要
接受另外一个，就好像两个存有物被绑在
一个头上。我认为，他说，若伊索[①]知道这事的话， c
他会写个故事，神祇想调解双边的
纷争，因调解未果，祂将双方的头
绑在一起，因此当其中一个出现，
另一个会跟随着它。这好像符合我个人的 5
例子，因为枷锁在脚上的痛苦，
快乐似乎跟随它而来[②]。

克贝斯回应，他说，以宙斯之名为誓，苏格拉
底，谢谢你提醒了我。因为是为了何故
你写诗，为伊索的寓言故事谱曲， d
及为阿波罗神写赞美诗，有些人已
经问过我，尤艾诺斯[③]前天也问我，究竟
你做这些事的意图为何，自从你入狱之后，你之前不曾写过一首诗。
若你在意的话，让我可以回应尤艾诺斯，当 5
他再问我时——我十分清楚他会再问——告诉我该
说什么。

那，他说，克贝斯，告诉他实话，写这些诗
我并不想以自己的诗作成为他的
竞争对手——因我知道这并不容易——而是 e

---

① Aisōpos（Aesop），奴隶出身，希罗多德（Herodotus）认为他是公元前 6 世纪的寓言故事作家，《历史》（*Historia*）II，134。

② 柏拉图在《理想国篇》第九卷区分出真与假的快乐，后者一定会伴随痛苦，例如吃饱后的满足一定会有饥饿随之而来；前者则不受痛苦的限定。本对话录随后柏拉图明确地陈述灵魂的不受干扰才是真正的快乐。

③ Euēnos，帕罗斯人（Paros），古希腊诡辩学家及诗人，参见《辩护篇》20b8。亚里斯多德《尼科马哥伦理学》1152a31 亦曾言及此人。

ἐνυπνίων τινῶν ἀποπειρώμενος τί λέγοι, καὶ ἀφοσιούμενος
εἰ πολλάκις ταύτην τὴν μουσικήν μοι ἐπιτάττοι ποιεῖν.
ἦν γὰρ δὴ ἄττα τοιάδε· πολλάκις μοι φοιτῶν τὸ αὐτὸ ἐν-
ύπνιον ἐν τῷ παρελθόντι βίῳ, ἄλλοτ' ἐν ἄλλῃ ὄψει φαινό- 5
μενον, τὰ αὐτὰ δὲ λέγον, "Ὦ Σώκρατες," ἔφη, "μουσικὴν
ποίει καὶ ἐργάζου." καὶ ἐγὼ ἔν γε τῷ πρόσθεν χρόνῳ ὅπερ
ἔπραττον τοῦτο ὑπελάμβανον αὐτό μοι παρακελεύεσθαί τε
καὶ ἐπικελεύειν, ὥσπερ οἱ τοῖς θέουσι διακελευόμενοι, καὶ **61a**
ἐμοὶ οὕτω τὸ ἐνύπνιον ὅπερ ἔπραττον τοῦτο ἐπικελεύειν,
μουσικὴν ποιεῖν, ὡς φιλοσοφίας μὲν οὔσης μεγίστης μουσι-
κῆς, ἐμοῦ δὲ τοῦτο πράττοντος. νῦν δ' ἐπειδὴ ἥ τε δίκη
ἐγένετο καὶ ἡ τοῦ θεοῦ ἑορτὴ διεκώλυέ με ἀποθνῄσκειν, ἔδοξε 5
χρῆναι, εἰ ἄρα πολλάκις μοι προστάττοι τὸ ἐνύπνιον ταύτην
τὴν δημώδη μουσικὴν ποιεῖν, μὴ ἀπειθῆσαι αὐτῷ ἀλλὰ
ποιεῖν· ἀσφαλέστερον γὰρ εἶναι μὴ ἀπιέναι πρὶν ἀφοσιώ-
σασθαι ποιήσαντα ποιήματα [καὶ] πιθόμενον τῷ ἐνυπνίῳ. b
οὕτω δὴ πρῶτον μὲν εἰς τὸν θεὸν ἐποίησα οὗ ἦν ἡ παροῦσα
θυσία· μετὰ δὲ τὸν θεόν, ἐννοήσας ὅτι τὸν ποιητὴν δέοι,
εἴπερ μέλλοι ποιητὴς εἶναι, ποιεῖν μύθους ἀλλ' οὐ λόγους,

证明梦的意涵[①]及让自己心里过得去，
若碰巧它要求我从事这词曲技艺[②]。
事情是这样的，同一个梦在过去经常
来拜访我，在不同的观看中会有不同 5
的样貌，但都说同样的话："苏格拉底，"它说，
"要写词曲并练习词曲的技艺。"过去我认为
它要求并鼓励我做这事，就好像
受神祇所鼓励的人们，我 **61a**
的梦鼓励我做此事，
创作词曲，我所做的事，哲学是最
伟大的词曲技艺[③]。而今审判结果出炉
之后，神祇的餐宴[④]阻挡了我的死，我 5
应该以一般的方式从事此词曲技艺，若正巧梦要
求我的话，不要违背它，而是
做这事。因为在离开之前遵循梦的
要求写诗，会令我心安，这比较安全。 b
因此首先我写给神祇关于当今献
祭之事，在写给神祇之后，我了解到诗人似乎，
若他想成为诗人的话，应写故事而不是论述[⑤]，

---

① 根据 R. E. Dodds：ibid. 106-107 的说明，对古希腊人而言，梦一般可分为有意义及无意义两种，前者又可分为三种：1）符号梦：此种梦类似谜语，没有诠释无法明白；2）预示未来的梦：此种梦是对未来事件的预示；3）神谕：通常是梦者的双亲、祭司、神祇在梦中要求该做或不该做什么。《辩护篇》33c5、《尤希迪莫斯篇》272e3-4 及《费多篇》所言及的梦皆是（3）；《克里同篇》44a3-5 则是（2）。

② 关于 mousikē，原意是音乐的技艺，在此译为词曲或词曲的技艺；《克里同篇》50d8、《理想国篇》卷二及卷三则指文艺教育。

③ 根据新柏拉图主义哲学家伊安布里库斯（Iamblichus，约 245-325 AD）的记载，对毕达哥拉斯学派而言，和谐（harmonia）是最美的事物（DK 58C4），和谐的技艺如音乐能洗涤人心。类似的说法亦可见《理想国篇》548b8 及《法律篇》（The *Laws*）689d6。

④ 参见 58a-c。

⑤ 本对话录对灵魂不灭的解释是以神话作结（107c1-115a8）；柏拉图对 muthos 的态度，参见 114d6 的注释。muthos（故事或神话）与 logos（理性或推理）之间的对比是古希腊哲学中一有趣的议题，相关问题探讨可参考 K. A. Morgan：2000；亦可参见导论中的概述。

καὶ αὐτὸς οὐκ ἦ μυθολογικός, διὰ ταῦτα δὴ οὓς προχείρους 5
εἶχον μύθους καὶ ἠπιστάμην τοὺς Αἰσώπου, τούτων ἐποίησα
οἷς πρώτοις ἐνέτυχον. ταῦτα οὖν, ὦ Κέβης, Εὐήνῳ φράζε,
καὶ ἐρρῶσθαι καί, ἂν σωφρονῇ, ἐμὲ διώκειν ὡς τάχιστα.
ἄπειμι δέ, ὡς ἔοικε, τήμερον· κελεύουσι γὰρ Ἀθηναῖοι. c

Καὶ ὁ Σιμμίας, Οἷον παρακελεύῃ, ἔφη, τοῦτο, ὦ Σώ-
κρατες, Εὐήνῳ; πολλὰ γὰρ ἤδη ἐντετύχηκα τῷ ἀνδρί·
σχεδὸν οὖν ἐξ ὧν ἐγὼ ᾔσθημαι οὐδ' ὁπωστιοῦν σοι ἑκὼν
εἶναι πείσεται. 5

Τί δέ; ἦ δ' ὅς, οὐ φιλόσοφος Εὔηνος;

Ἔμοιγε δοκεῖ, ἔφη ὁ Σιμμίας.

Ἐθελήσει τοίνυν καὶ Εὔηνος καὶ πᾶς ὅτῳ ἀξίως τούτου
τοῦ πράγματος μέτεστιν. οὐ μέντοι ἴσως βιάσεται αὑτόν·
οὐ γάρ φασι θεμιτὸν εἶναι. Καὶ ἅμα λέγων ταῦτα καθῆκε 10
τὰ σκέλη ἐπὶ τὴν γῆν, καὶ καθεζόμενος οὕτως ἤδη τὰ λοιπὰ d
διελέγετο.

Ἤρετο οὖν αὐτὸν ὁ Κέβης· Πῶς τοῦτο λέγεις, ὦ
Σώκρατες, τὸ μὴ θεμιτὸν εἶναι ἑαυτὸν βιάζεσθαι, ἐθέλειν δ'
ἂν τῷ ἀποθνῄσκοντι τὸν φιλόσοφον ἕπεσθαι; 5

Τί δέ, ὦ Κέβης; οὐκ ἀκηκόατε σύ τε καὶ Σιμμίας περὶ
τῶν τοιούτων Φιλολάῳ συγγεγονότες;

但自己不是说故事的人，因此之故我拿起 5
手边熟读的伊索寓言，将最先出现的几
则写成诗。所以克贝斯，告诉尤艾诺斯这些事，
并替我向他道别，若他明智的话，要尽快赶上我。
看来我今天会走，因为雅典人的要求。 c

而希米亚斯说，苏格拉底，你给尤艾诺斯
这种鼓励。我与这个人有不少的往来，
从与他的交往我非常确定，他完全不会想要
听你的。 5

什么？他说，尤艾诺斯不是哲学家吗？

我认为他是，希米亚斯说。

那尤艾诺斯愿意成为所有视哲学为
职志的人中的一员。然而，他或许不会对自己行凶[①]。
因为他们说，这不是正义之事。在说话的同时他 10
将双脚置于地上，并坐着，如此他继续 d
说。

克贝斯问他，你凭什么说这事，
苏格拉底，对自己行凶是不正义之事，但哲学
家愿意追随死亡？ 5

什么，克贝斯？你与希米亚斯不曾听过
费娄劳斯[②]于这类的谈话吗[③]？

---

① 苏格拉底挖苦尤艾诺斯，因为他是位诡辩者，而非爱智慧的哲学家，因此要他追随苏格拉底的足迹是难为他。

② 费娄劳斯（约公元前470—前390年），与苏格拉底同时代的毕达哥拉斯学派哲学家，主张宇宙不仅是由不受限定者组成，如先苏哲学家所使用的元素；也有由受限者组成，如形状；两者依某种数学关系形成和谐。此外，他是第一位将地球视为一星球，并环绕一中心之火运行的哲学家，相关讨论参见 C. Kahn：2001，23-26。

③ 毕达哥拉斯学派的人学思想主要有三：1）身体是灵魂的监狱；2）素食主义是生命的基本原则；3）灵魂轮回。参见 R. E. Dodds：ibid. 135-178。

Οὐδέν γε σαφές, ὦ Σώκρατες.

Ἀλλὰ μὴν καὶ ἐγὼ ἐξ ἀκοῆς περὶ αὐτῶν λέγω· ἃ μὲν
οὖν τυγχάνω ἀκηκοὼς φθόνος οὐδεὶς λέγειν. καὶ γὰρ ἴσως 10
καὶ μάλιστα πρέπει μέλλοντα ἐκεῖσε ἀποδημεῖν διασκοπεῖν e
τε καὶ μυθολογεῖν περὶ τῆς ἀποδημίας τῆς ἐκεῖ, ποίαν τινὰ
αὐτὴν οἰόμεθα εἶναι· τί γὰρ ἄν τις καὶ ποιοῖ ἄλλο ἐν τῷ
μέχρι ἡλίου δυσμῶν χρόνῳ;

Κατὰ τί δὴ οὖν ποτε οὔ φασι θεμιτὸν εἶναι αὐτὸν ἑαυτὸν 5
ἀποκτεινύναι, ὦ Σώκρατες; ἤδη γὰρ ἔγωγε, ὅπερ νυνδὴ σὺ
ἤρου, καὶ Φιλολάου ἤκουσα, ὅτε παρ' ἡμῖν διῃτᾶτο, ἤδη δὲ
καὶ ἄλλων τινῶν, ὡς οὐ δέοι τοῦτο ποιεῖν· σαφὲς δὲ περὶ
αὐτῶν οὐδενὸς πώποτε οὐδὲν ἀκήκοα.

Ἀλλὰ προθυμεῖσθαι χρή, ἔφη· τάχα γὰρ ἂν καὶ ἀκού- **62a**
σαις. ἴσως μέντοι θαυμαστόν σοι φανεῖται εἰ τοῦτο μόνον
τῶν ἄλλων ἁπάντων ἁπλοῦν ἐστιν, καὶ οὐδέποτε τυγχάνει τῷ
ἀνθρώπῳ, ὥσπερ καὶ τἆλλα, ἔστιν ὅτε καὶ οἷς βέλτιον <ὂν>
τεθνάναι ἢ ζῆν· οἷς δὲ βέλτιον τεθνάναι, θαυμαστὸν ἴσως 5
σοι φαίνεται εἰ τούτοις τοῖς ἀνθρώποις μὴ ὅσιον αὐτοὺς
ἑαυτοὺς εὖ ποιεῖν, ἀλλὰ ἄλλον δεῖ περιμένειν εὐεργέτην.

Καὶ ὁ Κέβης ἠρέμα ἐπιγελάσας, Ἴττω Ζεύς, ἔφη, τῇ
αὑτοῦ φωνῇ εἰπών.

Καὶ γὰρ ἂν δόξειεν, ἔφη ὁ Σωκράτης, οὕτω γ' εἶναι b
ἄλογον· οὐ μέντοι ἀλλ' ἴσως γ' ἔχει τινὰ λόγον. ὁ μὲν οὖν

不确定[①]，苏格拉底。

那关于此我说说我所听来的，说我
碰巧听来的事，我并不在意。因为或许 10
这是适切的：一个行将就木之人仔细地检视 e
及诉说关于去那儿[②]的旅程的故事，我们认为它
是什么样的旅程，因为在太阳下山前还有什么事
是在座每一位可做？

他们根据什么说，有时候一个人自杀是 5
不对的[③]，苏格拉底？你刚才所问之事，我
是听费娄劳斯说的，当他与我们在一起的时候，
但我也曾听其他人说过，其实没有必要做这事，但
关于此事我不曾听过任何人有清楚的说明。

那就戮力为之，他说，因为或许你会 **62a**
听到清楚的说明。或许你会有些讶异，若在
所有别的事物中只有这件事[④]是单纯的，且它从未
发生在人的身上，如其他事情一样，对某些人而言
死比活着更好，但对这些死较好的人而言，或许 5
你会感到惊讶，若这些人为自己谋利是不圣洁的，
他们必须等待另一位恩人。

克贝斯浅浅微笑，以他的方言说，让宙斯
为我见证。

因为这么说，苏格拉底说，它似乎 b
不合情理，然而或许它确有道理。关于这些事的

---

① 此回答可有两种解释：1）克贝斯及希米亚斯不确定费娄劳斯是否说过相关议题；2）虽听过讲述，但不确定其所言是否合理。

② 指冥府。

③ 柏拉图在此的用字是 themitos，这个字有出于诸神祇的律法之意，所以苏格拉底稍后主张，人不可在无神祇的许可下，结束自己的生命。

④ touto 此中性代名词的意义会随着行文脉络而明确，即生比死要好。柏拉图之所以在这段论述提及两个“惊讶”（a2 及 6）是因为克贝斯 61d4-5 的说词；显示克贝斯在这阶段尚未接受哲学家寻死的态度。

ἐν ἀπορρήτοις λεγόμενος περὶ αὐτῶν λόγος, ὡς ἔν τινι
φρουρᾷ ἐσμεν οἱ ἄνθρωποι καὶ οὐ δεῖ δὴ ἑαυτὸν ἐκ ταύτης
λύειν οὐδ' ἀποδιδράσκειν, μέγας τέ τίς μοι φαίνεται καὶ οὐ 5
ῥᾴδιος διιδεῖν· οὐ μέντοι ἀλλὰ τόδε γέ μοι δοκεῖ, ὦ Κέβης,
εὖ λέγεσθαι, τὸ θεοὺς εἶναι ἡμῶν τοὺς ἐπιμελουμένους καὶ
ἡμᾶς τοὺς ἀνθρώπους ἓν τῶν κτημάτων τοῖς θεοῖς εἶναι. ἢ
σοὶ οὐ δοκεῖ οὕτως;

Ἔμοιγε, φησὶν ὁ Κέβης. 10

Οὐκοῦν, ἦ δ' ὅς, καὶ σὺ ἂν τῶν σαυτοῦ [κτημάτων] εἴ c
τι αὐτὸ ἑαυτὸ ἀποκτεινύοι, μὴ σημήναντός σου ὅτι βούλει
αὐτὸ τεθνάναι, χαλεπαίνοις ἂν αὐτῷ καί, εἴ τινα ἔχοις
τιμωρίαν, τιμωροῖο ἄν;

Πάνυ γ', ἔφη. 5

Ἴσως τοίνυν ταύτῃ οὐκ ἄλογον μὴ πρότερον αὐτὸν
ἀποκτεινύναι δεῖν, πρὶν <ἂν> ἀνάγκην τινὰ θεὸς ἐπιπέμψῃ,
ὥσπερ καὶ τὴν νῦν ἡμῖν παροῦσαν.

Ἀλλ' εἰκός, ἔφη ὁ Κέβης, τοῦτό γε φαίνεται. ὃ μέν-
τοι νυνδὴ ἔλεγες, τὸ τοὺς φιλοσόφους ῥᾳδίως ἂν ἐθέλειν 10
ἀποθνῄσκειν, ἔοικεν τοῦτο, ὦ Σώκρατες, ἀτόπῳ, εἴπερ ὃ d
νυνδὴ ἐλέγομεν εὐλόγως ἔχει, τὸ θεόν τε εἶναι τὸν ἐπιμε-
λούμενον ἡμῶν καὶ ἡμᾶς ἐκείνου κτήματα εἶναι. τὸ γὰρ μὴ
ἀγανακτεῖν τοὺς φρονιμωτάτους ἐκ ταύτης τῆς θεραπείας
ἀπιόντας, ἐν ᾗ ἐπιστατοῦσιν αὐτῶν οἵπερ ἄριστοί εἰσιν τῶν 5
ὄντων ἐπιστάται, θεοί, οὐκ ἔχει λόγον· οὐ γάρ που αὐτός γε

道理在奥秘中道出[①]，我们人类在
某种牢房中，我们不可释放自己，
跑出牢房，我认为这是高深不易懂的 5
事。然而克贝斯，我认为这说
得好：神祇们照顾我们，
我们人类是神祇们的所有物之一[②]。或者
你不这么认为？

我认为是，克贝斯说。 10

你是否会，他说，惩罚自己的所有物，若 c
有一个自杀了，在没有你要杀它的命令下，你是
否会生它的气，若你可以惩罚它的话？

当然会，他说。 5

那或许在这个方式下，之前人不可自杀的说法
便不会不合理，在神祇传达出某种必要之前，
就像此必要正现身于我们之中。

这看来，克贝斯说，确实合理。你刚才
所说的，哲学家无怨地想 10
死，苏格拉底，这看来奇怪，若我们 d
刚才所说的言之成理的话，神祇会照
顾我们，且我们是祂的所有物。因为最有
智慧的人不会抱怨，当离开祂的
看顾，在其中最好的主人，神祇们[③] 5
是他们的监督者，这不合理，因为他或许不会

---

① 指奥菲斯（Orpheus）或毕达哥拉斯学派的思想。从奥菲斯而出的宗教称为奥菲斯主义（Orphism），此一宗教是一相信来世生命的神秘教派，并认为某种生活习惯是对灵魂的净化，禁欲是其中重要一环，视身体为寻求与神祇和一的障碍，且灵魂轮回是必要，相关讨论参见 W. K. C. Guthrie：1993，6-11 及 205-207。

② 相同的观点，亦可参见《费德若斯篇》274a。

③ 在本段中（d1 及 d5）神祇（theos）一字单复数交替使用，并无任何特殊的形上学或神学意涵，参见 R. D. Archer-Hind：1988，13。Burnet：1911，24 认为柏拉图可能不自觉到此一转换。

αὑτοῦ οἴεται ἄμεινον ἐπιμελήσεσθαι ἐλεύθερος γενόμενος. ἀλλ' ἀνόητος μὲν ἄνθρωπος τάχ' ἂν οἰηθείη ταῦτα, φευκτέον εἶναι ἀπὸ τοῦ δεσπότου, καὶ οὐκ ἂν λογίζοιτο ὅτι οὐ δεῖ ἀπό e *γε τοῦ ἀγαθοῦ φεύγειν ἀλλ' ὅτι μάλιστα παραμένειν, διὸ ἀλογίστως ἂν φεύγοι· ὁ δὲ νοῦν ἔχων ἐπιθυμοῖ που ἂν ἀεὶ εἶναι παρὰ τῷ αὑτοῦ βελτίονι. καίτοι οὕτως, ὦ Σώκρατες, τοὐναντίον εἶναι εἰκὸς ἢ ὃ νυνδὴ ἐλέγετο· τοὺς μὲν γὰρ* 5 *φρονίμους ἀγανακτεῖν ἀποθνῄσκοντας πρέπει, τοὺς δὲ ἄφρονας χαίρειν.*

Ἀκούσας οὖν ὁ Σωκράτης ἡσθῆναί τέ μοι ἔδοξε τῇ τοῦ Κέβητος πραγματείᾳ, καὶ ἐπιβλέψας εἰς ἡμᾶς, Ἀεί τοι, **63a** *ἔφη, [ὁ] Κέβης λόγους τινὰς ἀνερευνᾷ, καὶ οὐ πάνυ εὐθέως ἐθέλει πείθεσθαι ὅτι ἄν τις εἴπῃ.*

Καὶ ὁ Σιμμίας, Ἀλλὰ μήν, ἔφη, ὦ Σώκρατες, νῦν γέ μοι δοκεῖ τι καὶ αὐτῷ λέγειν Κέβης· τί γὰρ ἂν βουλόμενοι 5 *ἄνδρες σοφοὶ ὡς ἀληθῶς δεσπότας ἀμείνους αὑτῶν φεύγοιεν καὶ ῥᾳδίως ἀπαλλάττοιντο αὐτῶν; καί μοι δοκεῖ Κέβης εἰς σὲ τείνειν τὸν λόγον, ὅτι οὕτω ῥᾳδίως φέρεις καὶ ἡμᾶς ἀπολείπων καὶ ἄρχοντας ἀγαθούς, ὡς αὐτὸς ὁμολογεῖς, θεούς.* b

Δίκαια, ἔφη, λέγετε· οἶμαι γὰρ ὑμᾶς λέγειν ὅτι χρή με πρὸς ταῦτα ἀπολογήσασθαι ὥσπερ ἐν δικαστηρίῳ.

Πάνυ μὲν οὖν, ἔφη ὁ Σιμμίας.

Φέρε δή, ἦ δ' ὅς, πειραθῶ πιθανώτερον πρὸς ὑμᾶς ἀπολο- 5 *γήσασθαι ἢ πρὸς τοὺς δικαστάς. ἐγὼ γάρ, ἔφη, ὦ Σιμμία τε καὶ Κέβης, εἰ μὲν μὴ ᾤμην ἥξειν πρῶτον μὲν παρὰ θεοὺς ἄλλους σοφούς τε καὶ ἀγαθούς, ἔπειτα [καὶ] παρ'*

认为，在他自由之后，他会有更好的照顾。
但无知的人或许做如是想，应该
从主人那儿逃跑，且他并不考虑， e
不应从好的主人那儿逃走，反而更应留下来，因
此逃走是不智的，但明智的人或许会想要
一直与比他更优秀的人在一起。而这么说，苏格拉底，
似乎与刚才说的相反，因为这是恰当的： 5
有智慧之人会抱怨死亡，但愚蠢之人
会对死亡感到高兴。

事实上，当苏格拉底倾听时，对我而言他似乎对
克贝斯的坚持感到高兴，他看了我们一眼。克贝斯， **63a**
他说，总是描绘出一些论述，且他完全不会
马上相信某人所言。

希米亚斯说，但，苏格拉底，克贝斯此时所
言在我看来似乎言之有物，因为真正有智慧之人 5
何以会想要逃离比他们更优秀的主人，
轻率地与祂们分开？我认为克贝斯
是将他的论证指向你，因为你如此轻松承受
离开我们及优秀的统治者，如你自己同意的，神祇们[①]。 b

你们所言皆是，他说，因为我认为你们所言，
我必须对此提出辩护，就像在法庭中。

那好，希米亚斯说。

告诉我，他说，我比较可能试着对你们， 5
还是对法官们提出自辩。由于我，他说，希米亚斯
及克贝斯，若不相信有智慧及有德之人首先会到
那些神祇们跟前[②]，然后再去拜访在

① 苏格拉底以轻松的态度面对死亡，参见《辩护篇》43d、《高尔奇亚斯篇》522d8-e10。
② allous theous（那些神祇）意谓冥府中的诸神，参见《辩护篇》41a3-5。

ἀνθρώπους τετελευτηκότας ἀμείνους τῶν ἐνθάδε, ἠδίκουν ἂν οὐκ ἀγανακτῶν τῷ θανάτῳ· νῦν δὲ εὖ ἴστε [ὅτι] παρ' c
ἄνδρας τε ἐλπίζω ἀφίξεσθαι ἀγαθούς — καὶ τοῦτο μὲν οὐκ ἂν πάνυ διισχυρισαίμην — τὸ μέντοι παρὰ θεοὺς δεσπότας πάνυ ἀγαθοὺς ἥξειν, εὖ ἴστε ὅτι εἴπερ τι ἄλλο τῶν τοιούτων διισχυρισαίμην ἂν καὶ τοῦτο. ὥστε διὰ ταῦτα οὐχ ὁμοίως 5
ἀγανακτῶ, ἀλλ' εὔελπίς εἰμι εἶναί τι τοῖς τετελευτηκόσι καί, ὥσπερ γε καὶ πάλαι λέγεται, πολὺ ἄμεινον τοῖς ἀγαθοῖς ἢ τοῖς κακοῖς.

Τί οὖν, ἔφη ὁ Σιμμίας, ὦ Σώκρατες; αὐτὸς ἔχων τὴν διάνοιαν ταύτην ἐν νῷ ἔχεις ἀπιέναι, ἢ κἂν ἡμῖν μεταδοίης; d
κοινὸν γὰρ δὴ ἔμοιγε δοκεῖ καὶ ἡμῖν εἶναι ἀγαθὸν τοῦτο, καὶ ἅμα σοι ἡ ἀπολογία ἔσται, ἐὰν ἅπερ λέγεις ἡμᾶς πείσῃς.

Ἀλλὰ πειράσομαι, ἔφη. πρῶτον δὲ Κρίτωνα τόνδε σκεψώμεθα τί ἐστιν ὃ βούλεσθαί μοι δοκεῖ πάλαι εἰπεῖν. 5

Τί δέ, ὦ Σώκρατες, ἔφη ὁ Κρίτων, ἄλλο γε ἢ πάλαι μοι λέγει ὁ μέλλων σοι δώσειν τὸ φάρμακον ὅτι χρή σοι φράζειν ὡς ἐλάχιστα διαλέγεσθαι; φησὶ γὰρ θερμαίνεσθαι μᾶλλον διαλεγομένους, δεῖν δὲ οὐδὲν τοιοῦτον προσφέρειν τῷ φαρμάκῳ· εἰ δὲ μή, ἐνίοτε ἀναγκάζεσθαι καὶ δὶς καὶ τρὶς e
πίνειν τούς τι τοιοῦτον ποιοῦντας.

Καὶ ὁ Σωκράτης, Ἔα, ἔφη, χαίρειν αὐτόν· ἀλλὰ μόνον τὸ ἑαυτοῦ παρασκευαζέτω ὡς καὶ δὶς δώσων, ἐὰν δὲ δέῃ, καὶ τρίς. 5

Ἀλλὰ σχεδὸν μέν τι ᾔδη, ἔφη ὁ Κρίτων· ἀλλά μοι πάλαι πράγματα παρέχει.

那儿比他们还要优秀的已逝者[1]，我对
死有所抱怨是对的。但现在你们清楚知道， c
我希望来到有德之人面前——我不会完全
断定——有德之人一定全都会来到
神祇们，主人，面前，你们十分明了，若我可断定
其他这类事物，就是这件事。所以因此缘故，我不 5
可能抱怨，反而满怀希望有什么是给死者的，
就像古代故事中所言[2]，给有德之人的东西要比给为恶之
徒的要好得多[3]。

什么，希米亚斯说，苏格拉底？你企图抱持
着这个想法离开，还是要与我们分享？ d
我认为好的东西是我们共同分享，且
同时是你的自我辩护，若你所言能说服我们的话。

我会试试看，他说。首先让我们探究[4]，克里同，
我想，之前想要说的是什么。 5

苏格拉底，克里同说，就是先前将给
你毒药的人告诉我，为什么你应该
尽量少说话？因为他说，说话会使
人们的体温变得更高，不应将此种事
运用在毒药上，不然的话，做这种事的人 e
有时候必须喝二到三次的毒药。

而苏格拉底说，不要理他，只要
他准备给第二剂，或有必要的话，
第三剂的毒药。 5

我十分了解你的意思，克里同说，但他
烦了我很久。

---

① 参见《辩护篇》41b-c。

② palai legetai（很久以前所说的），指奥菲斯的宗教传统思想，参见62b3及70c5。

③ 此一说法一直到107c ff.才获得进一步的说明。

④ 这句话指出苏格拉底提出哲学家追求死亡之导论的结束。

Ἔα αὐτόν, ἔφη. ἀλλ' ὑμῖν δὴ τοῖς δικασταῖς βούλομαι ἤδη τὸν λόγον ἀποδοῦναι, ὥς μοι φαίνεται εἰκότως ἀνὴρ τῷ ὄντι ἐν φιλοσοφίᾳ διατρίψας τὸν βίον θαρρεῖν μέλλων 10 *ἀποθανεῖσθαι καὶ εὔελπις εἶναι ἐκεῖ μέγιστα οἴσεσθαι ἀγαθὰ* **64a** *ἐπειδὰν τελευτήσῃ. πῶς ἂν οὖν δὴ τοῦθ' οὕτως ἔχοι, ὦ Σιμμία τε καὶ Κέβης, ἐγὼ πειράσομαι φράσαι.*

Κινδυνεύουσι γὰρ ὅσοι τυγχάνουσιν ὀρθῶς ἁπτόμενοι φιλοσοφίας λεληθέναι τοὺς ἄλλους ὅτι οὐδὲν ἄλλο αὐτοὶ 5 *ἐπιτηδεύουσιν ἢ ἀποθνῄσκειν τε καὶ τεθνάναι. εἰ οὖν τοῦτο ἀληθές, ἄτοπον δήπου ἂν εἴη προθυμεῖσθαι μὲν ἐν παντὶ τῷ βίῳ μηδὲν ἄλλο ἢ τοῦτο, ἥκοντος δὲ δὴ αὐτοῦ ἀγανακτεῖν ὃ πάλαι προυθυμοῦντό τε καὶ ἐπετήδευον.*

Καὶ ὁ Σιμμίας γελάσας, Νὴ τὸν Δία, ἔφη, ὦ Σώκρατες, b *οὐ πάνυ γέ με νυνδὴ γελασείοντα ἐποίησας γελάσαι. οἶμαι γὰρ ἂν τοὺς πολλοὺς αὐτὸ τοῦτο ἀκούσαντας δοκεῖν εὖ πάνυ εἰρῆσθαι εἰς τοὺς φιλοσοφοῦντας καὶ συμφάναι ἂν τοὺς μὲν παρ' ἡμῖν ἀνθρώπους καὶ πάνυ ὅτι τῷ ὄντι οἱ φιλοσο-* 5 *φοῦντες θανατῶσι, καὶ σφᾶς γε οὐ λελήθασιν ὅτι ἄξιοί εἰσιν τοῦτο πάσχειν.*

Καὶ ἀληθῆ γ' ἂν λέγοιεν, ὦ Σιμμία, πλήν γε τοῦ σφᾶς μὴ λεληθέναι. λέληθεν γὰρ αὐτοὺς ᾗ τε θανατῶσι καὶ ᾗ ἄξιοί εἰσιν θανάτου καὶ οἵου θανάτου οἱ ὡς ἀληθῶς φιλόσοφοι. 10 *εἴπωμεν γάρ, ἔφη, πρὸς ἡμᾶς αὐτούς, χαίρειν εἰπόντες ἐκεί-* c *νοις· ἡγούμεθά τι τὸν θάνατον εἶναι;*

Πάνυ γε, ἔφη ὑπολαβὼν ὁ Σιμμίας.

随便他，他说。我现在想要回应
你们，审判官们，我认为一个真正将
生命投注在哲学中的人，自然不会害怕生命 10
的结束，且会满怀希望地认为在那儿有最好的 **64a**
事物，当他死后。事情何以是如此，希
米亚斯及克贝斯，我会试着厘清。

所有真正从事哲学的人，其他人
可能都不知道，他们不会追求别 5
的事，除了有意地追求死亡及获得它[①]。若这
为真，想必这是奇怪的事，在每个人的生命中大
家只热衷于这件事，而当它真的来临时，
长期热衷追求它的人会感到苦恼。

希米亚斯笑着说，以宙斯之名起誓，苏格拉底， b
我一点都不想笑，但你使我发笑。我想
许多人听到这个讲得不错的说法，
会认为它是关于从事哲学的人——我们周遭
的人都完全同意[②]——事实上从事哲学的人 5
是想死的，且他们清楚知道，这些人值得
承受死亡。

他们或许说得没错，希米亚斯，除了他们
清楚所知的事外。因为他们没注意到，真正的哲
学家想死，值得死亡的报偿，且就像死了一样。 10
我们或可，他说，对自己说，不要理会那些人 c
的说法；我们认为有件事是死亡吗[③]？

当然，希米亚斯回应说。

---

① apothnēskein 指死亡的过程；tethnanai 指死亡。柏拉图在此的意思或许是：前者是人尚活着时，要尽量使自己不受身体干扰；后者指身体与灵魂完全分离，这两点都在随后的对话中得到阐述。

② 塞贝斯人传统上以愚蠢著称。柏拉图在此让希米亚斯说，除非人们是愚蠢的，他们不会相信追求哲学化的生活是追求死亡。

③ 典型苏格拉底式的问题形式，有某物 X 的存在，那 X 的定义是什么，即“什么是 X？”

Ἆρα μὴ ἄλλο τι ἢ τὴν τῆς ψυχῆς ἀπὸ τοῦ σώματος ἀπαλλαγήν; καὶ εἶναι τοῦτο τὸ τεθνάναι, χωρὶς μὲν ἀπὸ τῆς ψυχῆς ἀπαλλαγὲν αὐτὸ καθ' αὑτὸ τὸ σῶμα γεγονέναι, χωρὶς δὲ τὴν ψυχὴν [ἀπὸ] τοῦ σώματος ἀπαλλαγεῖσαν αὐτὴν καθ' αὑτὴν εἶναι; ἆρα μὴ ἄλλο τι [ὁ θάνατος] ἢ τοῦτο; 5

Οὔκ, ἀλλὰ τοῦτο, ἔφη.

Σκέψαι δή, ὠγαθέ, ἐὰν ἄρα καὶ σοὶ συνδοκῇ ἅπερ ἐμοί· ἐκ γὰρ τούτων μᾶλλον οἶμαι ἡμᾶς εἴσεσθαι περὶ ὧν σκοποῦμεν. φαίνεταί σοι φιλοσόφου ἀνδρὸς εἶναι ἐσπουδακέναι περὶ τὰς ἡδονὰς καλουμένας τὰς τοιάσδε, οἷον σιτίων [τε] καὶ ποτῶν; 10 d

Ἥκιστα, ὦ Σώκρατες, ἔφη ὁ Σιμμίας. 5

Τί δὲ τὰς τῶν ἀφροδισίων;

Οὐδαμῶς.

Τί δὲ τὰς ἄλλας τὰς περὶ τὸ σῶμα θεραπείας; δοκεῖ σοι ἐντίμους ἡγεῖσθαι ὁ τοιοῦτος; οἷον ἱματίων διαφερόντων κτήσεις καὶ ὑποδημάτων καὶ τοὺς ἄλλους καλλωπισμοὺς τοὺς περὶ τὸ σῶμα πότερον τιμᾶν δοκεῖ σοι ἢ ἀτιμάζειν, καθ' ὅσον μὴ πολλὴ ἀνάγκη μετέχειν αὐτῶν; 10 e

Ἀτιμάζειν ἔμοιγε δοκεῖ, ἔφη, ὅ γε ὡς ἀληθῶς φιλόσοφος.

Οὐκοῦν ὅλως δοκεῖ σοι, ἔφη, ἡ τοῦ τοιούτου πραγματεία οὐ περὶ τὸ σῶμα εἶναι, ἀλλὰ καθ' ὅσον δύναται ἀφεστάναι αὐτοῦ, πρὸς δὲ τὴν ψυχὴν τετράφθαι; 5

它是任何不同于灵魂脱离身体的
事吗？死亡是，身体与灵魂 5
成为分离状态[1]，独自存在，及
灵魂与身体分开，独自
存在吗？有与此不同的死亡吗？

没有，除此之外，他说。

那思考，高贵的朋友，我认为不错的是否你也认为 10
不错，因为从这些观点我认为，我们会在所探讨的 d
事情上有所进展。你认为哲学家的特质[2]是热衷于
这类所谓的快乐，如吃与喝的快乐？

一点都不，苏格拉底，希米亚斯说。 5

那男欢女爱的快乐呢？

绝不。

那其他与伺候身体相关的快乐呢？你认
为这种事高尚吗？就像拥有不同于他人的衣服，
鞋子及其他与身体相关的装饰[3]，你认为要尊重，还是鄙视， 10
除了在有必要为自己考量这些事的情况外？

e

我认为，他说，真正的哲学家会
鄙视它们。

你不也全然认为，他说，这种人的志
业不是关于身体，而是在能力范围之内 5
尽力与它保持距离，转向灵魂？

---

① 死亡是身体与灵魂的分离，并非苏格拉底的创新观念，之前的文学或哲学作品中，皆可见此一传统的死亡定义；相同的论点，参见《高尔奇亚斯篇》524b2-4。在《辩护篇》40c4-41b 苏格拉底主张死亡不是没有感官知觉，就是灵魂的位置变换。然而 D. Bostock：ibid. 21 认为，身体在人死后不会一直存在，虽然柏拉图在 80b-c 承认它不会一直存在，但他在此的论述有点不谨慎。

② 哲学家的特质是：1）鄙视肉体物质享乐；2）避免身体的干扰；3）理性思维，不依赖感官。

③ 《艾尔奇比亚德斯篇》有言，身体是灵魂所有之物，衣鞋则是身体所有之物，若我们应照顾灵魂胜于照顾身体，那对身体的所有物便不需关心（129b-130e）。

Ἔμοιγε.

Ἆρ' οὖν πρῶτον μὲν ἐν τοῖς τοιούτοις δῆλός ἐστιν ὁ φιλόσοφος ἀπολύων ὅτι μάλιστα τὴν ψυχὴν ἀπὸ τῆς τοῦ σώματος κοινωνίας διαφερόντως τῶν ἄλλων ἀνθρώπων; **65a**

Φαίνεται.

Καὶ δοκεῖ γέ που, ὦ Σιμμία, τοῖς πολλοῖς ἀνθρώποις ᾧ μηδὲν ἡδὺ τῶν τοιούτων μηδὲ μετέχει αὐτῶν οὐκ ἄξιον εἶναι ζῆν, ἀλλ' ἐγγύς τι τείνειν τοῦ τεθνάναι ὁ μηδὲν φροντίζων τῶν ἡδονῶν αἳ διὰ τοῦ σώματός εἰσιν. 5

Πάνυ μὲν οὖν ἀληθῆ λέγεις.

Τί δὲ δὴ περὶ αὐτὴν τὴν τῆς φρονήσεως κτῆσιν; πότερον ἐμπόδιον τὸ σῶμα ἢ οὔ, ἐάν τις αὐτὸ ἐν τῇ ζητήσει κοινωνὸν συμπαραλαμβάνῃ; οἷον τὸ τοιόνδε λέγω· ἆρα ἔχει ἀλήθειάν τινα ὄψις τε καὶ ἀκοὴ τοῖς ἀνθρώποις, ἢ τά γε τοιαῦτα καὶ οἱ ποιηταὶ ἡμῖν ἀεὶ θρυλοῦσιν, ὅτι οὔτ' ἀκούομεν ἀκριβὲς οὐδὲν οὔτε ὁρῶμεν; καίτοι εἰ αὗται τῶν περὶ τὸ σῶμα αἰσθήσεων μὴ ἀκριβεῖς εἰσιν μηδὲ σαφεῖς, σχολῇ αἵ γε ἄλλαι· πᾶσαι γάρ που τούτων φαυλότεραί εἰσιν. ἢ σοὶ οὐ δοκοῦσιν; 10 b 5

Πάνυ μὲν οὖν, ἔφη.

Πότε οὖν, ἦ δ' ὅς, ἡ ψυχὴ τῆς ἀληθείας ἅπτεται; ὅταν μὲν γὰρ μετὰ τοῦ σώματος ἐπιχειρῇ τι σκοπεῖν, δῆλον ὅτι τότε ἐξαπατᾶται ὑπ' αὐτοῦ. 10

Ἀληθῆ λέγεις.

我是。

首先在这类事中明确显示，哲学家与其他人
最大的不同在于，他将灵魂与从身体的 **65a**
结合中释放出来？

看来是。

想必，希米亚斯，大多数的人认为，
这类事物不令某人愉悦，也不分享这些事，他的 5
生活不值得活，他非常接近死亡，不思考
任何借由身体而存在的快乐[①]。

你所言完全为真。

那关于拥有明智呢？身体
是否是阻碍，若某人在探究时带着 10
它，当成伙伴？例如我说诸如此类的事，对人们 b
而言，视力与听力具有某种真理[②]，或至少
诗人们一直对我们叨絮这类的事[③]，我们
无法正确地听看任何事？然而若与身体有关的
感官知觉自身都不是正确清晰[④]，更 5
遑论其他的事物，因为它们想必是比较差的。
或是你不这么认为？

我当然认为，他说。

那或许，他说，灵魂掌握真理？无论何时
它与身体为伍，试着探讨某事，它一定会 10
受身体的欺骗。

你所言为真。

---

① 因身体存在的快乐总伴随着痛苦，故非真正的快乐，参见 60b-c 的叙述与注释。

② 虽然感官无法帮助我们认识或看见或听见事物的本质，但它们却可唤起理智，进而探究与观看事物的本质。参见《米诺篇》82b-85b、《飨宴篇》208a、《理想国篇》523a10-b4、《提迈欧斯篇》47a-d 及《费德若斯篇》250d。

③ 诗人不具智慧，参见《辩护篇》22a-c 及《米诺篇》99c5 的注释。

④ 苏格拉底说视觉是人类最敏锐的感官；因此若视觉无法提供真理，其他的感官更无能为力，参见《费德若斯篇》205d。亦可参见《理想国篇》602c10-d2。

Ἆρ' οὖν οὐκ ἐν τῷ λογίζεσθαι εἴπερ που ἄλλοθι κατάδηλον αὐτῇ γίγνεταί τι τῶν ὄντων; c

Ναί.

Λογίζεται δέ γέ που τότε κάλλιστα, ὅταν αὐτὴν τούτων μηδὲν παραλυπῇ, μήτε ἀκοὴ μήτε ὄψις μήτε ἀλγηδὼν μηδέ 5 *τις ἡδονή, ἀλλ' ὅτι μάλιστα αὐτὴ καθ' αὑτὴν γίγνηται ἐῶσα χαίρειν τὸ σῶμα, καὶ καθ' ὅσον δύναται μὴ κοινωνοῦσα αὐτῷ μηδ' ἁπτομένη ὀρέγηται τοῦ ὄντος.*

Ἔστι ταῦτα.

Οὐκοῦν καὶ ἐνταῦθα ἡ τοῦ φιλοσόφου ψυχὴ μάλιστα 10 *ἀτιμάζει τὸ σῶμα καὶ φεύγει ἀπ' αὐτοῦ, ζητεῖ δὲ αὐτὴ καθ'* d *αὑτὴν γίγνεσθαι;*

Φαίνεται.

Τί δὲ δὴ τὰ τοιάδε, ὦ Σιμμία; φαμέν τι εἶναι δίκαιον αὐτὸ ἢ οὐδέν; 5

Φαμὲν μέντοι νὴ Δία.

Καὶ αὖ καλόν γέ τι καὶ ἀγαθόν;

Πῶς δ' οὔ;

Ἤδη οὖν πώποτέ τι τῶν τοιούτων τοῖς ὀφθαλμοῖς εἶδες;

Οὐδαμῶς, ἦ δ' ὅς. 10

Ἀλλ' ἄλλῃ τινὶ αἰσθήσει τῶν διὰ τοῦ σώματος ἐφήψω αὐτῶν; λέγω δὲ περὶ πάντων, οἷον μεγέθους πέρι, ὑγιείας, ἰσχύος, καὶ τῶν ἄλλων ἑνὶ λόγῳ ἁπάντων τῆς οὐσίας ὃ τυγχάνει ἕκαστον ὄν· ἆρα διὰ τοῦ σώματος αὐτῶν τὸ e *ἀληθέστατον θεωρεῖται, ἢ ὧδε ἔχει· ὃς ἂν μάλιστα ἡμῶν*

若在任何地方某事真的对灵魂清楚地 c
示意，不是在推论中吗？

当然是。

或许它真的是最精于推论，当这些事
不干扰它时，听力、视力、痛苦及 5
某种快乐，特别是它独自存在，不理会
身体，它尽力不与身体为伍，不受它掌控，
只以真理为目标[①]。

这是事实。

在这个例子不也是，哲学家的灵魂极为 10
鄙视身体，且躲避它，它独立探 d
究？

似乎如此。

那这类的事物呢，希米亚斯？我们说某事
是就其自身正义的[②]，或没有这种事？ 5

我当然说有，以宙斯之名为誓。

再者，有美及善的事吗？

怎么没有？

你曾经以自己的双眼看过某种这类的事吗？

不曾，他说。 10

还是你曾借由身体其他某种感觉官能了解
这些事？我说的是关于所有的事，例如大，健康，
力量，一言以蔽之，关于所有其他事物的本质，每件
事物真正是什么。借由身体事物之中最真 e
的部分被注视，或者你如此认为：我们之中任何人

---

① 因此柏拉图在 64c6 所说的“分离”或许有两个意涵：1）灵魂与身体“完全分离”，即死亡；2）灵魂与身体“尽可能分离”，故灵魂可在极小量的身体干扰下追求真理。哲学家在活着时要努力达成（2），获得此状态的方法是，以德性来净化灵魂（66b ff.）。或许我们可以说（2），对柏拉图而言，是一种类死亡的状态。

② auto（就其自身）具有特殊的哲学意涵，它在此意谓正义自身或正义的本质。

καὶ ἀκριβέστατα παρασκευάσηται αὐτὸ ἕκαστον διανοηθῆναι περὶ οὗ σκοπεῖ, οὗτος ἂν ἐγγύτατα ἴοι τοῦ γνῶναι ἕκαστον;

Πάνυ μὲν οὖν. 5

Ἆρ' οὖν ἐκεῖνος ἂν τοῦτο ποιήσειεν καθαρώτατα ὅστις ὅτι μάλιστα αὐτῇ τῇ διανοίᾳ ἴοι ἐφ' ἕκαστον, μήτε τιν' ὄψιν παρατιθέμενος ἐν τῷ διανοεῖσθαι μήτε [τινὰ] ἄλλην αἴσθησιν ἐφέλκων μηδεμίαν μετὰ τοῦ λογισμοῦ, ἀλλ' αὐτῇ **66a** *καθ' αὑτὴν εἰλικρινεῖ τῇ διανοίᾳ χρώμενος αὐτὸ καθ' αὑτὸ εἰλικρινὲς ἕκαστον ἐπιχειροῖ θηρεύειν τῶν ὄντων, ἀπαλλαγεὶς ὅτι μάλιστα ὀφθαλμῶν τε καὶ ὤτων καὶ ὡς ἔπος εἰπεῖν σύμπαντος τοῦ σώματος, ὡς ταράττοντος καὶ οὐκ ἐῶντος τὴν* 5 *ψυχὴν κτήσασθαι ἀλήθειάν τε καὶ φρόνησιν ὅταν κοινωνῇ; ἆρ' οὐχ οὗτός ἐστιν, ὦ Σιμμία, εἴπερ τις [καὶ] ἄλλος ὁ τευξόμενος τοῦ ὄντος;*

Ὑπερφυῶς, ἔφη ὁ Σιμμίας, ὡς ἀληθῆ λέγεις, ὦ Σώκρατες. 10

Οὐκοῦν ἀνάγκη, ἔφη, ἐκ πάντων τούτων παρίστασθαι b *δόξαν τοιάνδε τινὰ τοῖς γνησίως φιλοσόφοις, ὥστε καὶ πρὸς ἀλλήλους τοιαῦτα ἄττα λέγειν, ὅτι "Κινδυνεύει τοι ὥσπερ ἀτραπός [τις] ἐκφέρειν ἡμᾶς [μετὰ τοῦ λόγου ἐν τῇ σκέψει], ὅτι, ἕως ἂν τὸ σῶμα ἔχωμεν καὶ συμπεφυρμένη ᾖ ἡμῶν ἡ* 5 *ψυχὴ μετὰ τοιούτου κακοῦ, οὐ μή ποτε κτησώμεθα ἱκανῶς οὗ ἐπιθυμοῦμεν· φαμὲν δὲ τοῦτο εἶναι τὸ ἀληθές. μυρίας μὲν γὰρ ἡμῖν ἀσχολίας παρέχει τὸ σῶμα διὰ τὴν ἀναγκαίαν τροφήν· ἔτι δέ, ἄν τινες νόσοι προσπέσωσιν, ἐμποδίζουσιν* c *ἡμῶν τὴν τοῦ ὄντος θήραν. ἐρώτων δὲ καὶ ἐπιθυμιῶν καὶ*

将自己准备得最好，最完美，以思考他所探究的关于
每一个依其自身存在之物，他会离知道每一个依其自身存在之物最近？
那当然。 5
任何人以最纯粹的方式做这件事，
他几乎是只以理智的形式来到每一个依其自身存在之物面前，
在这之中思考，他不委托某种视觉，在他的思想中
也不尾随其他的感觉，而是使用 **66a**
他精纯、独立存在的理智，企图猎捕
每一个精纯、独立存在的事物[①]，几乎与
眼睛及耳朵分开，一言以蔽之，与整个
身体分开，因为身体混淆灵魂且不允许 5
它获得真理及明智，当它们联系在一起？
希米亚斯，若有其他人体悟真理[②]，此人不
会吗？
你所言，希米亚斯说，完全正确，
苏格拉底。 10
因此，他说，从这些观点看来[③]，有必要将这 b
类的意见正确地呈现给哲学家，他们相
互之间说这类的事："有可能有某种如道
路般的东西，在探究的过程中带领着我们及我们的推理，
只要我们拥有身体而且我们的灵魂与此种恶 5
混在一起，我们永远无法充分地拥有
我们所欲求的事；我们说的是真理。身体
借由必要的生计给我们无数的
干扰，此外还有某些疾病的发生，它们妨碍 c
我们对真理的猎捕。它使我们充斥着许多

① tōn ontōn 应指事物的本体或本质。
② ton onton 意谓关于事物本质的真理。
③ 64d2-65a2 及 65a9-66a10。

φόβων καὶ εἰδώλων παντοδαπῶν καὶ φλυαρίας ἐμπίμπλησιν
ἡμᾶς πολλῆς, ὥστε τὸ λεγόμενον ὡς ἀληθῶς τῷ ὄντι ὑπ'
αὐτοῦ οὐδὲ φρονῆσαι ἡμῖν ἐγγίγνεται οὐδέποτε οὐδέν. καὶ 5
γὰρ πολέμους καὶ στάσεις καὶ μάχας οὐδὲν ἄλλο παρέχει ἢ
τὸ σῶμα καὶ αἱ τούτου ἐπιθυμίαι. διὰ γὰρ τὴν τῶν χρη-
μάτων κτῆσιν πάντες οἱ πόλεμοι γίγνονται, τὰ δὲ χρήματα
ἀναγκαζόμεθα κτᾶσθαι διὰ τὸ σῶμα, δουλεύοντες τῇ τούτου d
θεραπείᾳ· καὶ ἐκ τούτου ἀσχολίαν ἄγομεν φιλοσοφίας πέρι
διὰ πάντα ταῦτα. τὸ δ' ἔσχατον πάντων ὅτι, ἐάν τις
ἡμῖν καὶ σχολὴ γένηται ἀπ' αὐτοῦ καὶ τραπώμεθα πρὸς τὸ
σκοπεῖν τι, ἐν ταῖς ζητήσεσιν αὖ πανταχοῦ παραπῖπτον 5
θόρυβον παρέχει καὶ ταραχὴν καὶ ἐκπλήττει, ὥστε μὴ
δύνασθαι ὑπ' αὐτοῦ καθορᾶν τἀληθές. ἀλλὰ τῷ ὄντι ἡμῖν
δέδεικται ὅτι, εἰ μέλλομέν ποτε καθαρῶς τι εἴσεσθαι,
ἀπαλλακτέον αὐτοῦ καὶ αὐτῇ τῇ ψυχῇ θεατέον αὐτὰ τὰ e
πράγματα· καὶ τότε, ὡς ἔοικεν, ἡμῖν ἔσται οὗ ἐπιθυμοῦμέν
τε καί φαμεν ἐρασταὶ εἶναι, φρονήσεως, ἐπειδὰν τελευτή-
σωμεν, ὡς ὁ λόγος σημαίνει, ζῶσιν δὲ οὔ. εἰ γὰρ μὴ οἷόν
τε μετὰ τοῦ σώματος μηδὲν καθαρῶς γνῶναι, δυοῖν θάτερον, 5
ἢ οὐδαμοῦ ἔστιν κτήσασθαι τὸ εἰδέναι ἢ τελευτήσασιν· τότε
γὰρ αὐτὴ καθ' αὑτὴν ἡ ψυχὴ ἔσται χωρὶς τοῦ σώματος, **67a**
πρότερον δ' οὔ. καὶ ἐν ᾧ ἂν ζῶμεν, οὕτως, ὡς ἔοικεν,
ἐγγυτάτω ἐσόμεθα τοῦ εἰδέναι, ἐὰν ὅτι μάλιστα μηδὲν
ὁμιλῶμεν τῷ σώματι μηδὲ κοινωνῶμεν, ὅτι μὴ πᾶσα ἀνάγκη,
μηδὲ ἀναπιμπλώμεθα τῆς τούτου φύσεως, ἀλλὰ καθαρεύωμεν 5

欲望、需求、恐惧、各式各样的幻想及
荒谬的言谈，所以如俗谚所说[①]，我们真的且
实际上不可能借由身体在任何时刻思考任何事。 5
因为没有其他事物如身体及由身体而来的欲望
一样，产生出敌对、冲突及战斗。借由拥
有所有的财富战争开始，但透过身体
我们被迫要拥有财富，成为为身体服务的 d
奴隶，且来自于身体的阻碍，我们因为这些缘
故离开哲学。最糟糕的是，若身体给
我们一点喘息时间，转而探究
某事，在探索研究中它再次四处产生 5
错误的噪音及弄出失序混乱的状态，所以
我们无法借由身体知道真理。然而事实上
对我们所呈现出来的事是，若我们有心想要清楚知
道真理，我们必须与身体分开，必须在灵魂自身中 e
注视事物的本质[②]，在那个时候，看来，我们会拥有所要的
东西，我们说是明智的爱好者，当我们
死了，如论证所指[③]，而不是活着。我们不可
能与身体为伍会知道任何事，两者选一， 5
我们绝对无法知道真理，或死亡[④]，在
灵魂与身体分开独自存在的时候， **67a**
而不是在此之前。当我们活着，以这种方式，看来，
我们会最接近知道真理，若我们
不与和身体有关的事物为伍及联系，在没有必要之内[⑤]，
不受到身体的本性所污染，我们保持自己 5

---

① 此俗谚不详。

② ta pragmata 等同于 ta onta。

③ d7-8。

④ 死亡会带来益处，参见《辩护篇》40c。

⑤ 参见 66b。

ἀπ' αὐτοῦ, ἕως ἂν ὁ θεὸς αὐτὸς ἀπολύσῃ ἡμᾶς· καὶ οὕτω μὲν καθαροὶ ἀπαλλαττόμενοι τῆς τοῦ σώματος ἀφροσύνης, ὡς τὸ εἰκὸς μετὰ τοιούτων τε ἐσόμεθα καὶ γνωσόμεθα δι' ἡμῶν αὐτῶν πᾶν τὸ εἰλικρινές, τοῦτο δ' ἐστὶν ἴσως τὸ ἀληθές· b
μὴ καθαρῷ γὰρ καθαροῦ ἐφάπτεσθαι μὴ οὐ θεμιτὸν ᾖ."
τοιαῦτα οἶμαι, ὦ Σιμμία, ἀναγκαῖον εἶναι πρὸς ἀλλήλους λέγειν καὶ δοξάζειν πάντας τοὺς ὀρθῶς φιλομαθεῖς. ἢ οὐ δοκεῖ σοι οὕτως; 5

Παντός γε μᾶλλον, ὦ Σώκρατες.

Οὐκοῦν, ἔφη ὁ Σωκράτης, εἰ ταῦτα ἀληθῆ, ὦ ἑταῖρε, πολλὴ ἐλπὶς ἀφικομένῳ οἷ ἐγὼ πορεύομαι, ἐκεῖ ἱκανῶς, εἴπερ που ἄλλοθι, κτήσασθαι τοῦτο οὗ ἕνεκα ἡ πολλὴ πραγματεία ἡμῖν ἐν τῷ παρελθόντι βίῳ γέγονεν, ὥστε ἥ γε 10
ἀποδημία ἡ νῦν μοι προστεταγμένη μετὰ ἀγαθῆς ἐλπίδος c
γίγνεται καὶ ἄλλῳ ἀνδρὶ ὃς ἡγεῖταί οἱ παρεσκευάσθαι τὴν διάνοιαν ὥσπερ κεκαθαρμένην.

Πάνυ μὲν οὖν, ἔφη ὁ Σιμμίας.

Κάθαρσις δὲ εἶναι ἆρα οὐ τοῦτο συμβαίνει, ὅπερ πάλαι 5
ἐν τῷ λόγῳ λέγεται, τὸ χωρίζειν ὅτι μάλιστα ἀπὸ τοῦ σώματος τὴν ψυχὴν καὶ ἐθίσαι αὐτὴν καθ' αὐτὴν παντα-

的洁净，直到神祇祂释放我们，由于
与身体的愚昧脱离，我们因此洁净，我们
有可能与这种洁净之人为伍，且透过我们
自己知道一切纯净的事物，这或许是真理。 b
因为让不洁净之人拥有洁净之物是不对的[①]。”
我认为，希米亚斯，所有爱好知识的人必须正确地
相互告知此种观点并相信它们。还是你
并不如此认为？ 5

我尤其认为，苏格拉底。

因此，苏格拉底说，若这是真的，我的伙伴，
我去的地方，对到达该处的人有许多的希望，到那儿，
若是任何地方，是为了获得真理，这在过往的生命中是
我们的职志，所以如今我，还有其他认为为自己理智做 10
准备，就像是净化自己的人[②]。被指派的旅程伴随 c
着好的希望。

没错，希米亚斯说。

净化是否碰巧是，之前在论证 5
中所说的，灵魂尽量与身体
分离，且习惯于自己独立装配及

① 这似乎预告了 78b ff. 的相似性论证。

② katharsis，根据 E. Rohde：ibid. 588-590 的说明，为达净化的目的，驱除恶灵，通常需使用流动的水，献过祭的动物（如狗），植物（如无花果及海洋葱），擦拭身体，或以蛋来吸收身上的恶灵。除了音乐之外，海洋葱似乎是毕达哥拉斯使用的净化方式之一。在本对话录，苏格拉底则主张德性是灵魂的净化。

χόθεν ἐκ τοῦ σώματος συναγείρεσθαί τε καὶ ἀθροίζεσθαι,

καὶ οἰκεῖν κατὰ τὸ δυνατὸν καὶ ἐν τῷ νῦν παρόντι καὶ ἐν τῷ

ἔπειτα μόνην καθ' αὑτήν, ἐκλυομένην ὥσπερ [ἐκ] δεσμῶν ἐκ d

τοῦ σώματος;

Πάνυ μὲν οὖν, ἔφη.

Οὐκοῦν τοῦτό γε θάνατος ὀνομάζεται, λύσις καὶ χωρισμὸς

ψυχῆς ἀπὸ σώματος; 5

Παντάπασί γε, ἦ δ' ὅς.

Λύειν δέ γε αὐτήν, ὥς φαμεν, προθυμοῦνται ἀεὶ μάλιστα

καὶ μόνοι οἱ φιλοσοφοῦντες ὀρθῶς, καὶ τὸ μελέτημα αὐτὸ

τοῦτό ἐστιν τῶν φιλοσόφων, λύσις καὶ χωρισμὸς ψυχῆς

ἀπὸ σώματος· ἢ οὔ; 10

Φαίνεται.

Οὐκοῦν, ὅπερ ἐν ἀρχῇ ἔλεγον, γελοῖον ἂν εἴη ἄνδρα

παρασκευάζονθ' ἑαυτὸν ἐν τῷ βίῳ ὅτι ἐγγυτάτω ὄντα τοῦ e

τεθνάναι οὕτω ζῆν, κἄπειθ' ἥκοντος αὐτῷ τούτου ἀγανακτεῖν;

Γελοῖον· πῶς δ' οὔ;

Τῷ ὄντι ἄρα, ἔφη, ὦ Σιμμία, οἱ ὀρθῶς φιλοσοφοῦντες

ἀποθνῄσκειν μελετῶσι, καὶ τὸ τεθνάναι ἥκιστα αὐτοῖς 5

组合自己[①]，远离身体的每一部分，
根据自己的能力，在现在及未
来，独立居住，不受身体的干扰，就像 d
免于枷锁般？

当然是，他说。

因此这被称为死亡，灵魂与身体
的分解及脱离？ 5

完全没错，他说。

只有哲学家，如我们所言，总是特别且
真正地热衷于释放灵魂，这是哲学家
所关心的事，灵魂与肉体分解及
脱离，或者不是？ 10

看来是。

因此，一开始所说的观点[②]，有人在生活
中为自己做好死亡的准备，以如此的方式他活得最 e
接近真理，然后当死亡来临时他感到困扰，是可笑的？

可笑的，怎么不是呢？

事实上，他说，希米亚斯，哲学家真的在
练习死亡，他们完全没有人们对死亡 5

---

① sunageiresthai te kai hathroizesthai 此二字似乎指出，柏拉图认为灵魂具有部分，与身体分离后会调整灵魂中各个部分之间的关系；《高尔奇亚斯篇》503e1-504a1 亦有类似的表述。《理想国篇》第四卷提到灵魂具三个部分，理智、激情（thumos）与欲望（434d-445e）；《提迈欧斯篇》41e 表示人的灵魂的制作方式与世界魂的制作方式一样，都是存在，相同与不同的混合，这亦说明了灵魂是由不同的事物所组成的复合体；《费德若斯篇》246a-257b 以马车的意象解释灵魂三部分，并强调和谐的灵魂如一体运行的马车拥有的翅膀可飞上天际注视天外的真正存有（247b-e），这种和谐而不朽的灵魂，不只是理智，而是整辆马车，即理智、激情与欲望。从以上几部对话录的内容可知，柏拉图似乎主张灵魂具有部分，而且人死后的灵魂依然由部分组成。至于《理想国篇》611b 复合的灵魂不会是不朽的主张，是指以不完美及不精致的方式形构的灵魂，但以完美精致的方式组成的灵魂是不朽的（b6）。此外，当灵魂与身体结合时，身体的欲求加重了欲望与情绪的要求，导致灵魂的和谐与秩序被破坏，故理智无法在不受干扰的情况下思考。不同的观点，参见 D. Gallop：1990，89 及 D. Bostock：ibid. 40-41，但后者认为，柏拉图似乎对灵魂是单一非复合物或复合物，态度未决。

② 64a4-9。

ἀνθρώπων φοβερόν. ἐκ τῶνδε δὲ σκόπει. εἰ γὰρ δια-
βέβληνται μὲν πανταχῇ τῷ σώματι, αὐτὴν δὲ καθ' αὑτὴν
ἐπιθυμοῦσι τὴν ψυχὴν ἔχειν, τούτου δὲ γιγνομένου [εἰ]
φοβοῖντο καὶ ἀγανακτοῖεν, οὐ πολλὴ ἂν ἀλογία εἴη, εἰ μὴ
ἄσμενοι ἐκεῖσε ἴοιεν, οἷ ἀφικομένοις ἐλπίς ἐστιν οὗ διὰ βίου **68a**
ἤρων τυχεῖν — ἤρων δὲ φρονήσεως — ᾧ τε διεβέβληντο, τούτου
ἀπηλλάχθαι συνόντος αὐτοῖς; ἢ ἀνθρωπίνων μὲν παιδικῶν
καὶ γυναικῶν καὶ ὑέων ἀποθανόντων πολλοὶ δὴ ἑκόντες
ἠθέλησαν εἰς Ἅιδου μετελθεῖν, ὑπὸ ταύτης ἀγόμενοι τῆς 5
ἐλπίδος, τῆς τοῦ ὄψεσθαί τε ἐκεῖ ὧν ἐπεθύμουν καὶ συνέσε-
σθαι· φρονήσεως δὲ ἄρα τις τῷ ὄντι ἐρῶν, καὶ λαβὼν σφόδρα
τὴν αὐτὴν ταύτην ἐλπίδα, μηδαμοῦ ἄλλοθι ἐντεύξεσθαι αὐτῇ
ἀξίως λόγου ἢ ἐν Ἅιδου, ἀγανακτήσει τε ἀποθνῄσκων καὶ b
οὐχ ἄσμενος εἶσιν αὐτόσε; οἴεσθαί γε χρή, ἐὰν τῷ ὄντι γε
ᾖ, ὦ ἑταῖρε, φιλόσοφος· σφόδρα γὰρ αὐτῷ ταῦτα δόξει,
μηδαμοῦ ἄλλοθι καθαρῶς ἐντεύξεσθαι φρονήσει ἀλλ' ἢ ἐκεῖ.
εἰ δὲ τοῦτο οὕτως ἔχει, ὅπερ ἄρτι ἔλεγον, οὐ πολλὴ ἂν 5
ἀλογία εἴη εἰ φοβοῖτο τὸν θάνατον ὁ τοιοῦτος;

Πολλὴ μέντοι νὴ Δία, ἦ δ' ὅς.

Οὐκοῦν ἱκανόν σοι τεκμήριον, ἔφη, τοῦτο ἀνδρός, ὃν
ἂν ἴδῃς ἀγανακτοῦντα μέλλοντα ἀποθανεῖσθαι, ὅτι οὐκ ἄρ'
ἦν φιλόσοφος ἀλλά τις φιλοσώματος; ὁ αὐτὸς δέ που c
οὗτος τυγχάνει ὢν καὶ φιλοχρήματος καὶ φιλότιμος, ἤτοι τὰ

的恐惧。从这些观点来探究。若他们
在任何方面皆与身体不合，希望让灵魂
独自存在，当死亡发生，若他们感到害怕
及不自在，这不会很无理吗？若他们不是
欢喜地去那儿，到那儿的人们都满怀 **68a**
会获得他们一生所爱之物的希望——对智慧的爱[①]——他们与此不合，
要避免与它的接触？或当许多人的爱人，
妻子及儿子去世时，他们愿意到
冥府，受到这个希望的驱使，为了在那 5
儿看到他们所欲求的人及与他们
为伍；某位真的爱智慧的人，也全心抱持
着相同的希望，除了冥府外，他在其他
地方遇到的智慧都不值得一提，在死亡的困扰中 b
他不会欢喜地去那儿吧？我们必须知道，若他
真的是位哲学家，我的朋友，他会坚持抱持这些观念，
不会在其他地方洁净地遇见智慧，除了在那儿。
若事实是如此，我们刚才说的，若这种人害怕死 5
亡，不是非常不合理吗？

确实非常不合理，以宙斯之名为誓，他说。

那关于你看到面临死亡会感到困扰
的人，这个证明对你而言是否足够，他不是
哲学家而是个身体爱好者？这个人，我认为， c
是金钱爱好者及荣誉爱好者[②]，的确他不是

---

① 此乃《费德若斯篇》及《飨宴篇》的主要议题。

② Archer-Hind：ibid. 23 及 Burnet：ibid. 40 皆认为这两个字 philochrēmatos（金钱爱好者）及 philotimos（荣誉爱好者）暗示了《理想国篇》中灵魂的欲望（epithumia）及激情的部分（554b8-c6，581a5-6）。Burnet 认为这个灵魂具有部分的观点，可远溯自毕达哥拉斯学派（此乃根据罗马中期斯多葛学派哲学家波希东尼乌斯 [Posidonius] 的说法，参见 I. G. Kidd，*Posidonius* [Cambridge，1999]，F. 151）。虽然柏拉图使用此一观点，但他依然认为灵魂是一及不可分割。Burnet 的诠释或有两种解读的可能：对柏拉图而言，1）灵魂是一及不可分割，指灵魂不是一复合物；2）灵魂是一复合物，但它是一整体，不可被分割。(2) 或许是较符合柏拉图思想的诠释，参见 67c8 的注释。

ἕτερα τούτων ἢ ἀμφότερα.

Πάνυ, ἔφη, ἔχει οὕτως ὡς λέγεις.

Ἆρ' οὖν, ἔφη, ὦ Σιμμία, οὐ καὶ ἡ ὀνομαζομένη ἀνδρεία 5
τοῖς οὕτω διακειμένοις μάλιστα προσήκει;

Πάντως δήπου, ἔφη.

Οὐκοῦν καὶ ἡ σωφροσύνη, ἣν καὶ οἱ πολλοὶ ὀνομάζουσι σωφροσύνην, τὸ περὶ τὰς ἐπιθυμίας μὴ ἐπτοῆσθαι ἀλλ' ὀλιγώρως ἔχειν καὶ κοσμίως, ἆρ' οὐ τούτοις μόνοις προσήκει, 10
τοῖς μάλιστα τοῦ σώματος ὀλιγωροῦσίν τε καὶ ἐν φιλοσοφίᾳ ζῶσιν; d

Ἀνάγκη, ἔφη.

Εἰ γὰρ ἐθέλεις, ἦ δ' ὅς, ἐννοῆσαι τήν γε τῶν ἄλλων ἀνδρείαν τε καὶ σωφροσύνην, δόξει σοι εἶναι ἄτοπος.

Πῶς δή, ὦ Σώκρατες; 5

Οἶσθα, ἦ δ' ὅς, ὅτι τὸν θάνατον ἡγοῦνται πάντες οἱ ἄλλοι τῶν μεγάλων κακῶν;

Καὶ μάλ', ἔφη.

Οὐκοῦν φόβῳ μειζόνων κακῶν ὑπομένουσιν αὐτῶν οἱ ἀνδρεῖοι τὸν θάνατον, ὅταν ὑπομένωσιν; 10

Ἔστι ταῦτα.

Τῷ δεδιέναι ἄρα καὶ δέει ἀνδρεῖοί εἰσι πάντες πλὴν οἱ φιλόσοφοι· καίτοι ἄλογόν γε δέει τινὰ καὶ δειλίᾳ ἀνδρεῖον εἶναι.

Πάνυ μὲν οὖν. e

Τί δὲ οἱ κόσμιοι αὐτῶν; οὐ ταὐτὸν τοῦτο πεπόνθασιν·

两者之一，就是两者皆是。

事实确实如此，他说，如你所言。

那，他说，希米亚斯，结论是否是，勇气的称谓 5

特别适合处在如此态度的人？

完全正确，他说。

所以节制[①]，许多人称节制，

是关于欲望不要被激起，而是

忽略它并保持平和，这不是只适合这些 10

特别漠视身体的欲望，且活在哲学中的

人吗？ d

一定的，他说。

若你想，他说，思考其他人的

勇气与节制，你会感到奇怪。

怎么会呢，苏格拉底？ 5

你知道，他说，其他所有的人认为死亡

是巨大的恶吗？

当然，他说。

那么这些人之中的勇气是以对较大的恶

的恐惧的方式承担忍受死亡，无论何时他们承受它？ 10

这是事实。

所有的人都是借由恐惧害怕成为勇者[②]，除了

哲学家外，但借由害怕与懦弱成为勇者是不合理

的。

没错。 e

那在他们之中的明智者又如何？他们不也经历相

① sōphrosunē 这个字通常译为节制，但本字在字源上是与 sophia（智慧），sophrōn（明智）同源，且原意是明智，故在译文上亦可以“慎重”，即谨慎行事，来涵括 sōphrosunē 的意义。

② 勇气是应怕及不应怕之事的信念的维系，但这种勇气不是真正的勇气，而是属于城邦的勇气，因为无智慧相伴，参见《理想国篇》429b-c 及 430c3。真正的勇气须有智慧相伴，参见《米诺篇》88a-b。

ἀκολασίᾳ τινὶ σώφρονές εἰσιν; καίτοι φαμέν γε ἀδύνατον εἶναι, ἀλλ' ὅμως αὐτοῖς συμβαίνει τούτῳ ὅμοιον τὸ πάθος τὸ περὶ ταύτην τὴν εὐήθη σωφροσύνην· φοβούμενοι γὰρ 5
ἑτέρων ἡδονῶν στερηθῆναι καὶ ἐπιθυμοῦντες ἐκείνων, ἄλλων ἀπέχονται ὑπ' ἄλλων κρατούμενοι. καίτοι καλοῦσί γε ἀκολασίαν τὸ ὑπὸ τῶν ἡδονῶν ἄρχεσθαι, ἀλλ' ὅμως συμβαίνει **69a**
αὐτοῖς κρατουμένοις ὑφ' ἡδονῶν κρατεῖν ἄλλων ἡδονῶν. τοῦτο δ' ὅμοιόν ἐστιν ᾧ νυνδὴ ἐλέγετο, τῷ τρόπον τινὰ δι' ἀκολασίαν αὐτοὺς σεσωφρονίσθαι.

Ἔοικε γάρ. 5

Ὦ μακάριε Σιμμία, μὴ γὰρ οὐχ αὕτη ᾖ [ἡ] ὀρθὴ πρὸς ἀρετὴν ἀλλαγή, ἡδονὰς πρὸς ἡδονὰς καὶ λύπας πρὸς λύπας καὶ φόβον πρὸς φόβον καταλλάττεσθαι, [καὶ] μείζω πρὸς ἐλάττω ὥσπερ νομίσματα, ἀλλ' ᾖ ἐκεῖνο μόνον τὸ νόμισμα ὀρθόν, ἀντὶ οὗ δεῖ πάντα ταῦτα καταλλάττεσθαι, φρόνησις, b
[καὶ τούτου μὲν πάντα] καὶ μετὰ τούτου [ὠνούμενά τε καὶ πιπρασκόμενα] τῷ ὄντι ᾖ καὶ ἀνδρεία καὶ σωφροσύνη καὶ δικαιοσύνη καὶ συλλήβδην ἀληθὴς ἀρετή, [ἡ] μετὰ φρονήσεως, καὶ προσγιγνομένων καὶ ἀπογιγνομένων καὶ ἡδονῶν καὶ 5
φόβων καὶ τῶν ἄλλων πάντων τῶν τοιούτων· χωριζόμενα δὲ φρονήσεως [καὶ] ἀλλαττόμενα ἀντὶ ἀλλήλων μὴ σκιαγραφία τις ᾖ ἡ τοιαύτη ἀρετὴ καὶ τῷ ὄντι ἀνδραποδώδης τε καὶ οὐδὲν ὑγιὲς οὐδ' ἀληθὲς ἔχῃ, τὸ δ' ἀληθὲς τῷ ὄντι ᾖ κάθαρσίς τις τῶν τοιούτων πάντων καὶ ἡ σωφροσύνη καὶ 10
ἡ δικαιοσύνη καὶ [ἡ] ἀνδρεία, καὶ αὐτὴ ἡ φρόνησις μὴ c
καθαρμός τις ᾖ. καὶ κινδυνεύουσι καὶ οἱ τὰς τελετὰς ἡμῖν

同的事，借由某种纵欲而成为明智者？确实，我们说这
是不可能的，然而与单纯的节制有关的感受，
是以类似的方式发生在人们身上，因为他们担心 5
失去其他的快乐，而对它们有所欲求，他们
远离那些受其他人掌控的快乐。他们的确称
放纵是被快乐统治，但受快乐所统治 **69a**
的人有可能统治其他的快乐。
这与刚才所说的类似，借由某一方式，
放纵，人们成为节制明智。

看来是。 5

亲爱的希米亚斯，就德性来判断，这相同的改变
或许不为真，以快乐交换快乐，痛苦交换痛苦，
恐惧交换恐惧及以较大换
较小，就像钱币一样，但只有那个钱币，智慧，
是真的，所有的事[1]都必须与它交换， b
所有事物的买卖是为了智慧，或恰当地说，
有它为伴善德是真正的善，勇气，节制
及正义，简而言之，真正的德性，有智慧相伴，
不论快乐，恐惧及所有其他这类事物 5
的出现或消逝；当事物相互交换而且
与智慧分离，这种德性是一种幻影，
事实上它只是德性的影子[2]，
它既不完整也不真实，但所有这类
事物的净化事实上是真实的，节制， 10
正义，勇气及智慧本身是 c
某种净化。我们完成入教仪式[3]

① 指生理物质的享乐。

② 在《理想国篇》柏拉图不断强调画作是一种 skiagraphia（幻影）(583b，586b 及 602d)，这与 598b8 的 eidōlon（影子）相互呼应，皆有欺骗与缺乏形上真实性的意思。

③ 指成为神秘宗教的成员前，所接受的入教仪式，在此或许是奥菲斯的神秘宗教。

οὗτοι καταστήσαντες οὐ φαῦλοί τινες εἶναι, ἀλλὰ τῷ ὄντι
πάλαι αἰνίττεσθαι ὅτι ὃς ἂν ἀμύητος καὶ ἀτέλεστος εἰς
Ἅιδου ἀφίκηται ἐν βορβόρῳ κείσεται, ὁ δὲ κεκαθαρμένος 5
τε καὶ τετελεσμένος ἐκεῖσε ἀφικόμενος μετὰ θεῶν οἰκήσει.
εἰσὶν γὰρ δή, [ὥς] φασιν οἱ περὶ τὰς τελετάς, "ναρθηκοφόροι
μὲν πολλοί, βάκχοι δέ τε παῦροι·" οὗτοι δ' εἰσὶν κατὰ τὴν d
ἐμὴν δόξαν οὐκ ἄλλοι ἢ οἱ πεφιλοσοφηκότες ὀρθῶς. ὧν δὴ
καὶ ἐγὼ κατά γε τὸ δυνατὸν οὐδὲν ἀπέλιπον ἐν τῷ βίῳ,
ἀλλὰ παντὶ τρόπῳ προυθυμήθην γενέσθαι· εἰ δ' ὀρθῶς
προυθυμήθην καί τι ἠνύσαμεν, ἐκεῖσε ἐλθόντες τὸ σαφὲς 5
εἰσόμεθα, ἂν θεὸς ἐθέλῃ, ὀλίγον ὕστερον, ὡς ἐμοὶ δοκεῖ.
ταῦτ' οὖν ἐγώ, ἔφη, ὦ Σιμμία τε καὶ Κέβης, ἀπολογοῦμαι,
ὡς εἰκότως ὑμᾶς τε ἀπολείπων καὶ τοὺς ἐνθάδε δεσπότας οὐ
χαλεπῶς φέρω οὐδ' ἀγανακτῶ, ἡγούμενος κἀκεῖ οὐδὲν ἧττον e
ἢ ἐνθάδε δεσπόταις τε ἀγαθοῖς ἐντεύξεσθαι καὶ ἑταίροις·
[τοῖς δὲ πολλοῖς ἀπιστίαν παρέχει]· εἴ τι οὖν ὑμῖν πιθανώ-
τερός εἰμι ἐν τῇ ἀπολογίᾳ ἢ τοῖς Ἀθηναίων δικασταῖς, εὖ
ἂν ἔχοι. 5

Εἰπόντος δὴ τοῦ Σωκράτους ταῦτα, ὑπολαβὼν ὁ Κέβης
ἔφη· Ὦ Σώκρατες, τὰ μὲν ἄλλα ἔμοιγε δοκεῖ καλῶς λέγεσθαι,
τὰ δὲ περὶ τῆς ψυχῆς πολλὴν ἀπιστίαν παρέχει τοῖς ἀνθρώποις **70a**
μή, ἐπειδὰν ἀπαλλαγῇ τοῦ σώματος, οὐδαμοῦ ἔτι, ἀλλ' ἐκείνῃ

的人可能不是某种无用之人，而事实上
这早就如谜般地被传颂，未完成仪式的人
到达冥府后会躺在泥地上[①]，到那儿后他接受　　5
净化及履行入教仪式，与神祇们同在[②]。
这些关切入教仪式的人们说："持酒神手杖
的人多，但热衷的人少。"这些人，依　　d
我所见，不是别人，就是曾经真正从事哲学的人。为
了成为他们其中一员，我依自己的能力在生命中不遗漏任
何一件事[③]，且以一切的方式展现我的热忱；若我真有
热忱且我们[④]已获利[⑤]，我们确定会去那儿，　　5
我们将会到那儿，若神祇愿意的话，待会儿，我想。
我，他说，希米亚斯及克贝斯，提出此辩护以
显示这是多么地合理：我离开你们，在那儿
我不会难以承受这些主人，也不会觉得困扰，且我相信不会　　e
发生较不好的事，会在那儿遇见好的主人及同伴，
〔对许多人来说这是不可置信的事[⑥]〕，若在辩护过程中
我，对你们来说比对雅典的审判官们来说，更值得相信，
这就不错了。　　5

在苏格拉底说完这件事后，克贝斯回应
说，苏格拉底，我认为这些说法很好，
但许多人无法相信关于灵魂的论　　**70a**
述，一旦它与身体分离，便无法持续存在，在它

---

① 参见《理想国篇》363d。

② 与神祇同在除了是奥菲斯及毕达哥拉斯的思想外，柏拉图在《塞鄂提投斯篇》176亦言及，一个人要逃离现世，并让自己尽可能像神祇一样，当他是正义与洁净之时便像神祇一样。

③ 因此苏格拉底遵循梦的要求，尝试写诗作曲。

④ 苏格拉底从第一人称单数转换成复数，似乎是将哲学视为一种"合作的事业"，不是独占，也不是在象牙塔不问世事的工作，参见 C. Rowe：ibid. 151。

⑤ ti 的意涵是采取 Archer-Hind：ibid. 26 的诠释。

⑥ Burnet：ibid. 46 及 Archer-Hind：ibid. 26 认为这句话多余，但 Rowe：ibid. 152 认为这句话可合理地解释。1995 年修订的 OCT 版本将这句话删除。

τῇ ἡμέρᾳ διαφθείρεταί τε καὶ ἀπόλλυται ᾗ ἄνθρωπος ἀπο-
θνῄσκει, εὐθὺς ἀπαλλαττομένη τοῦ σώματος καὶ ἐκβαίνουσα
ὥσπερ πνεῦμα ἢ καπνὸς διασκεδασθεῖσα [οἴχηται διαπτομένη 5
καὶ οὐδὲν ἔτι οὐδαμοῦ ᾖ]. ἐπεί, εἴπερ εἴη που αὐτὴ καθ'
αὑτὴν συνηθροισμένη καὶ ἀπηλλαγμένη τούτων τῶν κακῶν
ὧν σὺ νυνδὴ διῆλθες, πολλὴ ἂν εἴη ἐλπὶς καὶ καλή, ὦ
Σώκρατες, ὡς ἀληθῆ ἐστιν ἃ σὺ λέγεις· ἀλλὰ τοῦτο δὴ b
ἴσως οὐκ ὀλίγης παραμυθίας δεῖται καὶ πίστεως, ὡς ἔστι τε
ψυχὴ ἀποθανόντος τοῦ ἀνθρώπου καί τινα δύναμιν ἔχει καὶ
φρόνησιν.

Ἀληθῆ, ἔφη, λέγεις, ὁ Σωκράτης, ὦ Κέβης· ἀλλὰ τί δὴ 5
ποιῶμεν; ἢ περὶ αὐτῶν τούτων βούλει διαμυθολογῶμεν, εἴτε
εἰκὸς οὕτως ἔχειν εἴτε μή;

Ἐγὼ γοῦν, ἔφη ὁ Κέβης, ἡδέως ἂν ἀκούσαιμι ἥντινα
δόξαν ἔχεις περὶ αὐτῶν.

Οὔκουν γ' ἂν οἶμαι, ἦ δ' ὃς ὁ Σωκράτης, εἰπεῖν τινα νῦν 10
ἀκούσαντα, οὐδ' εἰ κωμῳδοποιὸς εἴη, ὡς ἀδολεσχῶ καὶ οὐ c
περὶ προσηκόντων τοὺς λόγους ποιοῦμαι. εἰ οὖν δοκεῖ, χρὴ
διασκοπεῖσθαι.

Σκεψώμεθα δὲ αὐτὸ τῇδέ πῃ, εἴτ' ἄρα ἐν Ἅιδου εἰσὶν αἱ
ψυχαὶ τελευτησάντων τῶν ἀνθρώπων εἴτε καὶ οὔ. παλαιὸς 5
μὲν οὖν ἔστι τις λόγος οὗ μεμνήμεθα, ὡς εἰσὶν ἐνθένδε

败坏毁灭的那一天，人也死亡，
与它离开及走出身体的同一时间，
就像气[①]或烟四散逃窜地飘动， 5
在任何地方皆不存在。因为，若它真的在某处，
独自地自我凝聚并与你刚才说的那
些坏事分开，会有非常好的愿景，
苏格拉底你所言如此之真；但要相信 b
此事，或许需要满大的说服力，会朽的
人的灵魂具有某种能力及
智慧。

你，苏格拉底说，所言为真，克贝斯，但我 5
们可以做什么？还是你想要我们谈论与此相关之事，
看事实是否是如此？

我当然，克贝斯说，乐意听任何你对这些事
所抱持的看法。

我当然不认为，苏格拉底说，现在有人，他甚至不是 10
位喜剧作家[②]，在听完我的论述后说，我在瞎聊[③]而且没 c
有提出与我相关的论证[④]。若确实如此，这应该被
彻底探讨。

且让我们以某种这类方式探讨这个议题，已逝之人
的灵魂是否在冥府中。我们记得一个古老的理论[⑤]，它们 5
从这里去到那儿，然后它们又回到这儿，而且从

---

① 参见《伊里亚德》XXIII，100。

② 参见《辩护篇》19b-c。

③ adoleschein，瞎聊或吹嘘，苏格拉底在诸篇对话录中对自己有类似的描述，参见《塞鄂提投斯篇》195b-c及《政治家篇》299b7-8；此外，亚里斯多芬尼斯在《云》1480及《论家管》XI，3也有类似的描述。

④ 之所以强调 peri prosēkontōn（与我有关），是因为苏格拉底将死而且相信来世生命，故对灵魂不朽提出论述是与其有关。

⑤ 希罗多德告诉我们这是古埃及的理论（《历史》II，123），后来的奥菲斯及毕达哥拉斯皆有此再生思想，这三人间思想传承的关系，参见 Dodds：ibid. ch. V。

*ἀφικόμεναι ἐκεῖ, καὶ πάλιν γε δεῦρο ἀφικνοῦνται καὶ γί-
γνονται ἐκ τῶν τεθνεώτων· καὶ εἰ τοῦθ' οὕτως ἔχει, πάλιν
γίγνεσθαι ἐκ τῶν ἀποθανόντων τοὺς ζῶντας, ἄλλο τι ἢ εἶεν
ἂν αἱ ψυχαὶ ἡμῶν ἐκεῖ; οὐ γὰρ ἄν που πάλιν ἐγίγνοντο μὴ* d
*οὖσαι, καὶ τοῦτο ἱκανὸν τεκμήριον τοῦ ταῦτ' εἶναι, εἰ τῷ
ὄντι φανερὸν γίγνοιτο ὅτι οὐδαμόθεν ἄλλοθεν γίγνονται οἱ
ζῶντες ἢ ἐκ τῶν τεθνεώτων· εἰ δὲ μὴ ἔστι τοῦτο, ἄλλου ἄν
του δέοι λόγου.* 5

Πάνυ μὲν οὖν, ἔφη ὁ Κέβης.

*Μὴ τοίνυν κατ' ἀνθρώπων, ἦ δ' ὅς, σκόπει μόνον τοῦτο,
εἰ βούλει ῥᾷον μαθεῖν, ἀλλὰ καὶ κατὰ ζῴων πάντων καὶ
φυτῶν, καὶ συλλήβδην ὅσαπερ ἔχει γένεσιν περὶ πάντων
ἴδωμεν ἆρ' οὑτωσὶ γίγνεται πάντα, οὐκ ἄλλοθεν ἢ ἐκ τῶν* e
*ἐναντίων τὰ ἐναντία, ὅσοις τυγχάνει ὂν τοιοῦτόν τι, οἷον τὸ
καλὸν τῷ αἰσχρῷ ἐναντίον που καὶ δίκαιον ἀδίκῳ, καὶ ἄλλα
δὴ μυρία οὕτως ἔχει. τοῦτο οὖν σκεψώμεθα, ἆρα ἀναγκαῖον
ὅσοις ἔστι τι ἐναντίον, μηδαμόθεν ἄλλοθεν αὐτὸ γίγνεσθαι* 5
*ἢ ἐκ τοῦ αὐτῷ ἐναντίου. οἷον ὅταν μεῖζόν τι γίγνηται,
ἀνάγκη που ἐξ ἐλάττονος ὄντος πρότερον ἔπειτα μεῖζον
γίγνεσθαι;*

Ναί.

Οὐκοῦν κἂν ἔλαττον γίγνηται, ἐκ μείζονος ὄντος πρότερον 10
ὕστερον ἔλαττον γενήσεται; **71a**

Ἔστιν οὕτω, ἔφη.

*Καὶ μὴν ἐξ ἰσχυροτέρου γε τὸ ἀσθενέστερον καὶ ἐκ βρα-
δυτέρου τὸ θᾶττον;*

死中重生；若事实是如此，人们从已逝之人又再一次成为
生者，除了我们灵魂在那儿外，
还有其他说法吗？因为它们想必无法再
生，且这足以成为此事为真的证明，若这事实上是 d
显而易见之事，生者不会由其他地方产生
除了从死者之外；若事实不是如此，它
需要其他的论述。

5

没错，克贝斯说。

那么不要，他说，只在人的身上探讨此议题，
若你有心想了解的话，而是在所有的动
植物身上探究它，简言之，我们或可了解一切的
有生物的发生，一切有生物的发生，不是从其他地方而来，而 e
是从它们的对反之物而来，也就是说，每一件事都有
某种这类事物，例如美的对反之物想必是丑，正义是不正义，
事实上还有其他无数这样的例子[①]。那让我们探究，每一件事
一定有其对反之物，它不从任何地方出生， 5
除了从它的对反物。例如，任何较大的事物的发生，
想必一定是出于之前是较小的事物，当它变成较大
的事物？

是的。

那小的事物的产生，是出于之前是较大的事物， 10
之后变成较小的事物？ **71a**

事实如此，他说。

再来，从较强壮产生较羸弱，从较迟缓
产生较迅速？

---

① 先苏哲学家赫拉克利图斯（Heraclitus，约公元前 540—前 480 年）主张世界并非静止不动，而是处于一持续的变动中，它的平衡是建立在两两相对之相对物的力量相互平衡（DK 22B51）；此外火与水及土之间的依据限度之生成毁灭所形成的宇宙变化亦是透过对立（stasis）而形成统一的表现（DK 22B30 及 31）。

Πάνυ γε. 5

Τί δέ; ἄν τι χεῖρον γίγνηται, οὐκ ἐξ ἀμείνονος, καὶ ἂν δικαιότερον, ἐξ ἀδικωτέρου;

Πῶς γὰρ οὔ;

Ἱκανῶς οὖν, ἔφη, ἔχομεν τοῦτο, ὅτι πάντα οὕτω γίγνεται, ἐξ ἐναντίων τὰ ἐναντία πράγματα; 10

Πάνυ γε.

Τί δ' αὖ; ἔστι τι καὶ τοιόνδε ἐν αὐτοῖς, οἷον μεταξὺ ἀμφοτέρων πάντων τῶν ἐναντίων δυοῖν ὄντοιν δύο γενέσεις, ἀπὸ μὲν τοῦ ἑτέρου ἐπὶ τὸ ἕτερον, ἀπὸ δ' αὖ τοῦ ἑτέρου b *πάλιν ἐπὶ τὸ ἕτερον· μείζονος μὲν πράγματος καὶ ἐλάττονος μεταξὺ αὔξησις καὶ φθίσις, καὶ καλοῦμεν οὕτω τὸ μὲν αὐξάνεσθαι, τὸ δὲ φθίνειν;*

Ναί, ἔφη. 5

Οὐκοῦν καὶ διακρίνεσθαι καὶ συγκρίνεσθαι, καὶ ψύχεσθαι καὶ θερμαίνεσθαι, καὶ πάντα οὕτω, κἂν εἰ μὴ χρώμεθα τοῖς ὀνόμασιν ἐνιαχοῦ, ἀλλ' ἔργῳ γοῦν πανταχοῦ οὕτως ἔχειν ἀναγκαῖον, γίγνεσθαί τε αὐτὰ ἐξ ἀλλήλων γένεσίν τε εἶναι ἑκατέρου εἰς ἄλληλα; 10

Πάνυ μὲν οὖν, ἦ δ' ὅς.

Τί οὖν; ἔφη, τῷ ζῆν ἐστί τι ἐναντίον, ὥσπερ τῷ c *ἐγρηγορέναι τὸ καθεύδειν;*

Πάνυ μὲν οὖν, ἔφη.

Τί;

Τὸ τεθνάναι, ἔφη. 5

Οὐκοῦν ἐξ ἀλλήλων τε γίγνεται ταῦτα, εἴπερ ἐναντία ἐστιν, καὶ αἱ γενέσεις εἰσὶν αὐτοῖν μεταξὺ δύο δυοῖν ὄντοιν;

Πῶς γὰρ οὔ;

Τὴν μὲν τοίνυν ἑτέραν συζυγίαν ὧν νυνδὴ ἔλεγον ἐγώ σοι, ἔφη, ἐρῶ, ὁ Σωκράτης, καὶ αὐτὴν καὶ τὰς γενέσεις· σὺ 10

没错。 5

还有呢？某较低劣之物的产生不是出于较优秀之物，
较正义之事，不是出于较不正义之事吗？

怎么会不是？

那么对此，他说，我们有充分的认识，一切事物是如此产生，
对反的事物出于其对反之物？ 10

当然。

再来是什么呢？在它们之中是否有这种事，在一切
两两对反之物之间有两种产生的过程，
一个是从这个到那个，另一个是从那个再一次 b
回到这个；在较大与较小的对反事物
中有增加及减少的过程，我们因此称一个是
增加，另一个是减少？

是的，他说。 5

所以分开与结合，降温与
加热，及所有诸如此类的过程，就算有时候
我们不想用这些名称，但事实上在任何地方这都应
该是如此，对反之物由对方所产生，且有一个从
两者之一变为另一个的过程？ 10

没错，他说。

还有呢？他说，活的对反物是什么，就像 c
睡着是对反于醒着？

是的，他说。

什么？

死亡，他说。 5

因此对反之物相互从对方产生，若确有
对反物的话，且在它们之间有两个产生的过程？

怎么不是呢？

我会告诉你我刚说的一对中的其中一个，
苏格拉底说，它自己及它的产生过程，而你 10

δέ μοι τὴν ἑτέραν. λέγω δὲ τὸ μὲν καθεύδειν, τὸ δὲ ἐγρηγορέναι, καὶ ἐκ τοῦ καθεύδειν τὸ ἐγρηγορέναι γίγνεσθαι καὶ ἐκ τοῦ ἐγρηγορέναι τὸ καθεύδειν, καὶ τὰς γενέσεις αὐτοῖν d
τὴν μὲν καταδαρθάνειν εἶναι, τὴν δ' ἀνεγείρεσθαι. ἱκανῶς σοι, ἔφη, ἢ οὔ;

Πάνυ μὲν οὖν.

Λέγε δή μοι καὶ σύ, ἔφη, οὕτω περὶ ζωῆς καὶ θανάτου. 5
οὐκ ἐναντίον μὲν φῂς τῷ ζῆν τὸ τεθνάναι εἶναι;

Ἔγωγε.

Γίγνεσθαι δὲ ἐξ ἀλλήλων;

Ναί.

Ἐξ οὖν τοῦ ζῶντος τί τὸ γιγνόμενον; 10

Τὸ τεθνηκός, ἔφη.

Τί δέ, ἦ δ' ὅς, ἐκ τοῦ τεθνεῶτος;

Ἀναγκαῖον, ἔφη, ὁμολογεῖν ὅτι τὸ ζῶν.

Ἐκ τῶν τεθνεώτων ἄρα, ὦ Κέβης, τὰ ζῶντά τε καὶ οἱ ζῶντες γίγνονται; 15

Φαίνεται, ἔφη. e

Εἰσὶν ἄρα, ἔφη, αἱ ψυχαὶ ἡμῶν ἐν Ἅιδου.

Ἔοικεν.

Οὐκοῦν καὶ τοῖν γενεσέοιν τοῖν περὶ ταῦτα ἥ γ' ἑτέρα σαφὴς οὖσα τυγχάνει; τὸ γὰρ ἀποθνῄσκειν σαφὲς δήπου, 5
ἢ οὔ;

Πάνυ μὲν οὖν, ἔφη.

Πῶς οὖν, ἦ δ' ὅς, ποιήσομεν; οὐκ ἀνταποδώσομεν τὴν ἐναντίαν γένεσιν, ἀλλὰ ταύτῃ χωλὴ ἔσται ἡ φύσις; ἢ ἀνάγκη ἀποδοῦναι τῷ ἀποθνῄσκειν ἐναντίαν τινὰ γένεσιν; 10

Πάντως που, ἔφη.

Τίνα ταύτην;

Τὸ ἀναβιώσκεσθαι.

告诉我另一个。我说一个是睡觉，另一个是
清醒，从睡觉产生出清醒，从清醒产生
出睡觉，这两个过程，一个是 d
睡着，另一个是醒来。你是否
满意，他说？

非常满意。

你以此方式，他说，告诉我关于生与死。 5
难道你不会说，死是生的对反物吗？

我会。

它们相互产生吗？

是的。

那从生产生出什么？ 10

死，他说。

那，他说，那死呢？

必须，他说，承认是生。

从死者，克贝斯，生物及活人
产生吗？ 15

看来是，他说。 e

那，他说，我们的灵魂存在于冥府中。

好像是。

那么在这两个产生的过程中，其中一个
是确实发生啰？死亡是否确实为 5
真？

当然，他说。

再来，他说，我们怎么做？我们是否要
指定对反的产生过程，但在此过程上自然是否是残缺的？
或者有必要给予死亡某种对反的产生过程？ 10

绝对要，我认为。

那是什么过程呢？

复活。

*Οὐκοῦν, ἦ δ' ὅς, εἴπερ ἔστι τὸ ἀναβιώσκεσθαι, ἐκ τῶν
τεθνεώτων ἂν εἴη γένεσις εἰς τοὺς ζῶντας αὕτη, τὸ ἀνα-* **72a**
βιώσκεσθαι;

Πάνυ γε.

*Ὁμολογεῖται ἄρα ἡμῖν καὶ ταύτῃ τοὺς ζῶντας ἐκ τῶν
τεθνεώτων γεγονέναι οὐδὲν ἧττον ἢ τοὺς τεθνεῶτας ἐκ τῶν* 5
*ζώντων, τούτου δὲ ὄντος ἱκανόν που [ἐδόκει] τεκμήριον εἶναι
ὅτι ἀναγκαῖον τὰς τῶν τεθνεώτων ψυχὰς εἶναί που, ὅθεν δὴ
πάλιν γίγνεσθαι.*

*Δοκεῖ μοι, ἔφη, ὦ Σώκρατες, ἐκ τῶν ὡμολογημένων
ἀναγκαῖον οὕτως ἔχειν.* 10

*Ἰδὲ τοίνυν οὕτως, ἔφη, ὦ Κέβης, ὅτι οὐδ' ἀδίκως ὡμο-
λογήκαμεν, ὡς ἐμοὶ δοκεῖ. εἰ γὰρ μὴ ἀεὶ ἀνταποδιδοίη τὰ
ἕτερα τοῖς ἑτέροις γιγνόμενα, ὡσπερεὶ κύκλῳ περιιόντα, ἀλλ'* b
*εὐθεῖά τις εἴη ἡ γένεσις ἐκ τοῦ ἑτέρου μόνον εἰς τὸ καταν-
τικρὺ καὶ μὴ ἀνακάμπτοι πάλιν ἐπὶ τὸ ἕτερον μηδὲ καμπὴν
ποιοῖτο, οἶσθ' ὅτι πάντα τελευτῶντα τὸ αὐτὸ σχῆμα ἂν σχοίη
καὶ τὸ αὐτὸ πάθος ἂν πάθοι καὶ παύσαιτο γιγνόμενα;* 5

Πῶς λέγεις; ἔφη.

*Οὐδὲν χαλεπόν, ἦ δ' ὅς, ἐννοῆσαι ὃ λέγω· ἀλλ' οἷον εἰ
τὸ καταδαρθάνειν μὲν εἴη, τὸ δ' ἀνεγείρεσθαι μὴ ἀνταποδιδοίη
γιγνόμενον ἐκ τοῦ καθεύδοντος, οἶσθ' ὅτι τελευτῶντα πάντ'
<ἂν> λῆρον τὸν Ἐνδυμίωνα ἀποδείξειεν καὶ οὐδαμοῦ ἂν* c
*φαίνοιτο διὰ τὸ καὶ τἆλλα πάντα ταὐτὸν ἐκείνῳ πεπονθέναι,
καθεύδειν. κἂν εἰ συγκρίνοιτο μὲν πάντα, διακρίνοιτο δὲ*

因此，他说，若有复活的过程存在，它便是
从死者成为生者的过程，复 **72a**
活？

没错。

我们同意，以此方式生者从
死者产生，同样地，死者是从生 5
者产生，我认为关于此为真的证明是
足够的，死者的灵魂一定存在于某处，从该处
它们可再生一次。

我认为，他说，苏格拉底，从我们所认可的事看，
事实必须是如此。 10

那这么看，他说，克贝斯，我们并未以错误的方式
同意，在我看来。若其中一组对反物的产生并未对应到另
一组对反物，就好似以环状的方式行进，而是 b
某种直线的产生过程，只有从一方到它的对反物，
没有再次回返到另一个对反物，且没有
作转弯，你知道所有的死亡会有相同的特质，
发生相同的状态，且停止变动吗[1]？ 5

你的意思是，他说？

我所说，他说，并不难理解，例如若
睡着存在，醒来却不是对应到
从睡着而来的产生过程，你认为到头来这
一切都使得恩迪米翁[2]看来滑稽，且他在那儿 c
都不会出现，因为一切事情都经历到与他相同的
事，睡觉。若所有事物真的结合，那就没有分离，

---

① 柏拉图强调，若循环论证要为真，时间与变化的历程不能是线性方式，而需是环状方式，否则一切的变化有去无回。赫拉克利图斯亦对变化有类似的主张，参见 DK 22B31 及 36。《理想国篇》611a 的论证似乎呼应这个看法。

② Endumiōn，美男子，月神爱上他，使其永远沉睡在拉特莫斯山（Mt. Latmus）的洞穴中，以便定期见到他。

μή, ταχὺ ἂν τὸ τοῦ Ἀναξαγόρου γεγονὸς εἴη, "Ὁμοῦ πάντα χρήματα." ὡσαύτως δέ, ὦ φίλε Κέβης, καὶ εἰ ἀποθνήσκοι 5
μὲν πάντα ὅσα τοῦ ζῆν μεταλάβοι, ἐπειδὴ δὲ ἀποθάνοι, μένοι ἐν τούτῳ τῷ σχήματι τὰ τεθνεῶτα καὶ μὴ πάλιν ἀναβιώσκοιτο, ἆρ' οὐ πολλὴ ἀνάγκη τελευτῶντα πάντα τεθνάναι καὶ μηδὲν ζῆν; εἰ γὰρ ἐκ μὲν τῶν ἄλλων τὰ d
ζῶντα γίγνοιτο, τὰ δὲ ζῶντα θνήσκοι, τίς μηχανὴ μὴ οὐχὶ πάντα καταναλωθῆναι εἰς τὸ τεθνάναι;

Οὐδὲ μία μοι δοκεῖ, ἔφη ὁ Κέβης, ὦ Σώκρατες, ἀλλά μοι δοκεῖς παντάπασιν ἀληθῆ λέγειν. 5

Ἔστιν γάρ, ἔφη, ὦ Κέβης, ὡς ἐμοὶ δοκεῖ, παντὸς μᾶλλον οὕτω, καὶ ἡμεῖς αὐτὰ ταῦτα οὐκ ἐξαπατώμενοι ὁμολογοῦμεν, ἀλλ' ἔστι τῷ ὄντι καὶ τὸ ἀναβιώσκεσθαι καὶ ἐκ τῶν τεθνεώτων τοὺς ζῶντας γίγνεσθαι καὶ τὰς τῶν τεθνεώτων ψυχὰς εἶναι [καὶ ταῖς μέν γε ἀγαθαῖς ἄμεινον εἶναι, ταῖς δὲ κακαῖς e
κάκιον].

Καὶ μήν, ἔφη ὁ Κέβης ὑπολαβών, καὶ κατ' ἐκεῖνόν γε τὸν λόγον, ὦ Σώκρατες, εἰ ἀληθής ἐστιν, ὃν σὺ εἴωθας θαμὰ λέγειν, ὅτι ἡμῖν ἡ μάθησις οὐκ ἄλλο τι ἢ ἀνάμνησις 5
τυγχάνει οὖσα, καὶ κατὰ τοῦτον ἀνάγκη που ἡμᾶς ἐν προτέρῳ τινὶ χρόνῳ μεμαθηκέναι ἃ νῦν ἀναμιμνῃσκόμεθα. τοῦτο δὲ ἀδύνατον, εἰ μὴ ἦν που ἡμῖν ἡ ψυχὴ πρὶν ἐν τῷδε τῷ ἀν- **73a**
θρωπίνῳ εἴδει γενέσθαι· ὥστε καὶ ταύτῃ ἀθάνατον ἡ ψυχή τι ἔοικεν εἶναι.

Ἀλλά, ὦ Κέβης, ἔφη ὁ Σιμμίας ὑπολαβών, ποῖαι τούτων

很快安纳萨哥拉斯所言会发生：“一切事物
皆在一起[①]。”以同样的方式，亲爱的克贝斯，若一切 5
死亡的事物皆参与在生命中，当它死时，已死之物会
留在此种形态中而且不会再
复生，一切已死之物死了且无物活着，
是否极为必然？因为若生者是由其他 d
事物所产生，且生者会死，是什么样的机制可以
让所有事物不被消耗殆尽至死？

我想是没有，克贝斯说，苏格拉底，但我
认为你所言一切为真。 5

关于所有的事物，他说，克贝斯，这绝对是
如此，且我们所同意的事并没错，
这真的是事实：复生，生者从死者产生及有
死者的灵魂〔且对好人而言有较好的事，但对坏人
而是有较不好的事[②]。〕 e

接下来，克贝斯回应道，根据那个
论述，苏格拉底，若它是真的，你经常习
惯提及的论述，对我们而言不外乎就是 5
回忆[③]，且据此论述想必我们一定在之前某
段时间曾学过我们现在正在回忆之事。但
这不可能，除非我们的灵魂在被生于这个人的 **73a**
形体之中前是存在于某处，所以以此方式灵魂
似乎是某种不朽之物[④]。

但是，克贝斯，希米亚斯回应道，你所证明

① 参见 DK 59B1，亦可参见 96d5 的注释。

② 这句话与整段行文的脉络无关，明显是添窜之语，Archer-Hind 及 1995 年修订的 OCT 版本皆删除，Burnet 及 Rowe 的版本以中括号区隔。

③ 学习即回忆是柏拉图《米诺篇》中的重要议题之一。

④ 参见《米诺篇》86a-b。

αἱ ἀποδείξεις; ὑπόμνησόν με· οὐ γὰρ σφόδρα ἐν τῷ παρόντι 5
μέμνημαι.

Ἑνὶ μὲν λόγῳ, ἔφη ὁ Κέβης, καλλίστῳ, ὅτι ἐρωτώμενοι οἱ ἄνθρωποι, ἐάν τις καλῶς ἐρωτᾷ, αὐτοὶ λέγουσιν πάντα ᾗ ἔχει· καίτοι εἰ μὴ ἐτύγχανεν αὐτοῖς ἐπιστήμη ἐνοῦσα καὶ ὀρθὸς λόγος, οὐκ ἂν οἷοί τ' ἦσαν τοῦτο ποιῆσαι. ἔπειτα 10
ἐάν τις ἐπὶ τὰ διαγράμματα ἄγῃ ἢ ἄλλο τι τῶν τοιούτων, b
ἐνταῦθα σαφέστατα κατηγορεῖ ὅτι τοῦτο οὕτως ἔχει.

Εἰ δὲ μὴ ταύτῃ γε, ἔφη, πείθῃ, ὦ Σιμμία, ὁ Σωκράτης, σκέψαι ἂν τῇδέ πῄ σοι σκοπουμένῳ συνδόξῃ. ἀπιστεῖς γὰρ δὴ πῶς ἡ καλουμένη μάθησις ἀνάμνησίς ἐστιν; 5

Ἀπιστῶ μέν [σοι] ἔγωγε, ἦ δ' ὃς ὁ Σιμμίας, οὔ, αὐτὸ δὲ τοῦτο, ἔφη, δέομαι παθεῖν περὶ οὗ ὁ λόγος, ἀναμνησθῆναι. καὶ σχεδόν γε ἐξ ὧν Κέβης ἐπεχείρησε λέγειν ἤδη μέμνημαι καὶ πείθομαι· οὐδὲν μεντἂν ἧττον ἀκούοιμι νῦν πῇ σὺ ἐπ-
εχείρησας λέγειν. 10

Τῇδ' ἔγωγε, ἦ δ' ὅς. ὁμολογοῦμεν γὰρ δήπου, εἴ τίς τι c
ἀναμνησθήσεται, δεῖν αὐτὸν τοῦτο πρότερόν ποτε ἐπίστασθαι.

Πάνυ γ', ἔφη.

Ἆρ' οὖν καὶ τόδε ὁμολογοῦμεν, ὅταν ἐπιστήμη παρα-
γίγνηται τρόπῳ τοιούτῳ, ἀνάμνησιν εἶναι; λέγω δὲ τίνα 5
τρόπον; τόνδε. ἐάν τίς τι ἕτερον ἢ ἰδὼν ἢ ἀκούσας ἤ τινα ἄλλην αἴσθησιν λαβὼν μὴ μόνον ἐκεῖνο γνῷ, ἀλλὰ καὶ ἕτερον ἐννοήσῃ οὗ μὴ ἡ αὐτὴ ἐπιστήμη ἀλλ' ἄλλη, ἆρα οὐχὶ τοῦτο δικαίως λέγομεν ὅτι ἀνεμνήσθη, οὗ τὴν ἔννοιαν
ἔλαβεν; d

的这些是什么东西？提醒我，因为我现在不太 5
记得。

在一个，克贝斯说，漂亮的论证中显示，从事探究
的人们，若有人确实探讨，他们说出每件事物的
真理——然而，若知识与正确的说明没有呈现在
他们身上，他们是无法达成此事——在那例子中[①]， 10
若有人带领他们朝向那些图像或其他这类的事物， b
这极为清楚地事实是如此[②]。

若以此方式无法说服你，希米亚斯，苏格拉底说，
或许你会认为以某种的这类的方式探讨是较好的。因为
你怀疑所谓的学习何以会是回忆？ 5

我并不怀疑〔你〕，希米亚斯说，但关于
这个论证，他说，我需要有相同的经验，回忆。
从克贝斯尝试所说的，我几乎已经想起
而且相信；我现在依旧想听你处理这个论
证的方式。 10

我以此方式处理，他说。我们大致上同意，若有人 c
回忆起某事，他一定在之前某时候知道此事。

没错，他说。

那我们是否也同意这个说法，无论何时知识
以这种方式产生，皆存在着回忆？我说什么方式？ 5
这种方式[③]。若有人看到、听到某件事物，也想到
另一件事物，关于它的知识不是相同的，而是另一种，
我们说得不正确吗，他回忆起他所想的
事物？ d

---

① 这句话回溯到 a8“若有人确实探讨”。

② 借由图像回忆关于事物的真理，苏格拉底曾在沙地上画几何图形来引导奴隶得出正确答案，参见《米诺篇》82b ff.。

③ Archer-Hind 与 Rowe 的版本是“legō de tropon tonde”（我说的是像这样的方式）；Burnet 及 1995 年修订之 OCT 版本是“legō de tina tropon；tonde，”本译文采用后者。

Πῶς λέγεις;

Οἷον τὰ τοιάδε· ἄλλη που ἐπιστήμη ἀνθρώπου καὶ λύρας.

Πῶς γὰρ οὔ;

Οὐκοῦν οἶσθα ὅτι οἱ ἐρασταί, ὅταν ἴδωσιν λύραν ἢ ἱμάτιον 5
ἢ ἄλλο τι οἷς τὰ παιδικὰ αὐτῶν εἴωθε χρῆσθαι, πάσχουσι
τοῦτο· ἔγνωσάν τε τὴν λύραν καὶ ἐν τῇ διανοίᾳ ἔλαβον τὸ
εἶδος τοῦ παιδὸς οὗ ἦν ἡ λύρα; τοῦτο δέ ἐστιν ἀνάμνησις·
ὥσπερ καὶ Σιμμίαν τις ἰδὼν πολλάκις Κέβητος ἀνεμνήσθη,
καὶ ἄλλα που μυρία τοιαῦτ' ἂν εἴη. 10

Μυρία μέντοι νὴ Δία, ἔφη ὁ Σιμμίας.

Οὐκοῦν, ἦ δ' ὅς, τὸ τοιοῦτον ἀνάμνησίς τίς ἐστι; μάλιστα e
μέντοι ὅταν τις τοῦτο πάθῃ περὶ ἐκεῖνα ἃ ὑπὸ χρόνου καὶ τοῦ
μὴ ἐπισκοπεῖν ἤδη ἐπελέληστο;

Πάνυ μὲν οὖν, ἔφη.

Τί δέ; ἦ δ' ὅς· ἔστιν ἵππον γεγραμμένον ἰδόντα καὶ 5
λύραν γεγραμμένην ἀνθρώπου ἀναμνησθῆναι, καὶ Σιμμίαν
ἰδόντα γεγραμμένον Κέβητος ἀναμνησθῆναι;

Πάνυ γε.

Οὐκοῦν καὶ Σιμμίαν ἰδόντα γεγραμμένον αὐτοῦ Σιμμίου
ἀναμνησθῆναι; 10

Ἔστι μέντοι, ἔφη. **74a**

Ἆρ' οὖν οὐ κατὰ πάντα ταῦτα συμβαίνει τὴν ἀνάμνησιν
εἶναι μὲν ἀφ' ὁμοίων, εἶναι δὲ καὶ ἀπὸ ἀνομοίων;

Συμβαίνει.

Ἀλλ' ὅταν γε ἀπὸ τῶν ὁμοίων ἀναμιμνῄσκηταί τίς τι, ἆρ' 5

怎么说?

我的意思如下，关于人的知识想必是不同于关于竖琴的知识。

怎么不是呢?

所以你知道，那些爱人者，当他们看到竖琴或衣服 5
或其他属于他们的年少爱人经常使用的东西，他们会受此
影响[①]；看到属于小男孩的竖琴，心中
浮现他的形容? 这是回忆，
就像有人看到希米亚斯经常回忆起克贝斯，
且想必有无数相同的例子。[②]

10

因此，他说，这类的事是回忆吗? 当然， e
每当有人受到由于时间或忽略而已经淡忘
之事的影响?

是的，他说。

还有呢? 他说；看到马的画像及 5
竖琴的画像，想起人，看到希米亚斯
的画像，想起克贝斯?

没错。

因此看到希米亚斯的画像，回想起希米
亚斯本人? 10

这是当然的，他说。 **74a**

那根据这一切所言，结论不是：回忆一方面
来自相似的事物，另一方面来自不相似的事物吗[③]?

结论是。

然而每当有人从相似的事物回忆起某事， 5

---

① 男性同性之间的爱与被爱的关系，参见《飨宴篇》183c-185c 保沙尼亚斯（Pausanias）的论述。

② 此句以下漏译一行。王太庆译做：“辛弥亚说：‘宙斯在上：的确不可胜数。’”（《柏拉图对话集》，王太庆译，商务印书馆 2004，229 页）——编注

③ 关于 homoiōn 及 anomoiōn 不应被译为相似（similarity）及不相似（dissimilarity），而应译为像（likeness）与不像（unlikeness）的主张，参见 Gerson：ibid. 66-67。

οὐκ ἀναγκαῖον τόδε προσπάσχειν, ἐννοεῖν εἴτε τι ἐλλείπει τοῦτο κατὰ τὴν ὁμοιότητα εἴτε μὴ ἐκείνου οὗ ἀνεμνήσθη;

Ἀνάγκη, ἔφη.

Σκόπει δή, ἦ δ' ὅς, εἰ ταῦτα οὕτως ἔχει. φαμέν πού τι εἶναι ἴσον, οὐ ξύλον λέγω ξύλῳ οὐδὲ λίθον λίθῳ οὐδ' ἄλλο 10 *τῶν τοιούτων οὐδέν, ἀλλὰ παρὰ ταῦτα πάντα ἕτερόν τι, αὐτὸ τὸ ἴσον· φῶμέν τι εἶναι ἢ μηδέν;*

Φῶμεν μέντοι νὴ Δί', ἔφη ὁ Σιμμίας, θαυμαστῶς γε. b

Ἦ καὶ ἐπιστάμεθα αὐτὸ ὃ ἔστιν;

Πάνυ γε, ἦ δ' ὅς.

Πόθεν λαβόντες αὐτοῦ τὴν ἐπιστήμην; ἆρ' οὐκ ἐξ ὧν νυνδὴ ἐλέγομεν, ἢ ξύλα ἢ λίθους ἢ ἄλλα ἄττα ἰδόντες 5 *ἴσα, ἐκ τούτων ἐκεῖνο ἐνενοήσαμεν, ἕτερον ὂν τούτων; ἢ οὐχ ἕτερόν σοι φαίνεται; σκόπει δὲ καὶ τῇδε. ἆρ' οὐ λίθοι μὲν ἴσοι καὶ ξύλα ἐνίοτε ταὐτὰ ὄντα τῷ μὲν ἴσα φαίνεται, τῷ δ' οὔ;*

Πάνυ μὲν οὖν. 10

Τί δέ; αὐτὰ τὰ ἴσα ἔστιν ὅτε ἄνισά σοι ἐφάνη, ἢ ἡ ἰσότης c

他没有必要再经验到这事，心中想着这件事完
全缺乏相似性，或他所回忆的不是那件事？

一定的，他说。

探究，他说，事实是否如此。我们说，我推想，
有某种平等之物存在，我不是说木头与木头，石头与石头，及 10
其他这类之事的平等，而是在这所有事物之上的另一个事物，
平等自身①；我们说②是否有它的存在？

我们，以宙斯之名为誓，一定要特别地这么说。 b

我们也知道它是什么吗？

是的，他说。

从哪儿我们获得关于它的知识？不是从我
们刚才说的事，看见相等的木头、石头或其他相等的 5
事物，从这些事我们会想到它，不同于那些事？或是
你不认为有所不同？以此方式来探讨。相等的石头及
木头，当它们维持不变，有时候看来是相等，但有时候
看来不相等③，不是吗？

没错。 10

还有呢？你认为诸多就其自身相等之物④是不相等，或相等 c

---

① “auto to ison”这个表述所对应的问题是“平等是什么？”亦即，要回答这个问题，须指出平等的定义或本质。

② D. Sedley：2007，74-75 认为“我们”广义地说是指所有理性的存有，狭义说是指学过几何学之人。

③ 这个论证可从三个面向来看，相等的木头 1）就某物而言是相等，就另一物而言不相等；2）就某人而言是相等，但就另一人言是不相等；3）就某时间点而言是相等，但就另一时间点而言是不相等的。我们似乎并无理由区分柏拉图会采用（1）或（2）的诠释，因为他想必会采用（2），但在《理想国篇》479a-c 他或许想的是（1）。(3) 应可分别并入（1）与（2）来看。相关论述参见 Gallop：1990，121-125 及 Bostock：ibid. 73-78。对 Bostock 的诠释之回应，参见导论。

④ 柏拉图在此的表述“auta ta isa”有诠释上的困难，复数形的相等自身意指相等的本质，还是指个别的相等事物？若是前者，会造成相等的本质不是一而是多的怪现象；若是后者，便是指在个别的事物上所认知到的相等本质，但这个诠释似乎无法解释柏拉图何以置 auta 于 ta isa（相等）之前。或许一个可能的解释是，“auta ta isa”是一个集合词，在此集合中包含了相互相等的感官事物及相等自身。当苏格拉底说“诸多就其自身相等之物”，其实指的是相等自身及因“参与”而现身在个别相等事物的相等自身。相关讨论参见 Rowe：ibid. 169-170；Archer-Hind：ibid. 37-38；Gallop：ibid. 123-125 及 Sedley：ibid. 82-84。

ἀνισότης;

Οὐδεπώποτέ γε, ὦ Σώκρατες.

Οὐ ταὐτὸν ἄρα ἐστίν, ἦ δ' ὅς, ταῦτά τε τὰ ἴσα καὶ αὐτὸ τὸ ἴσον. 5

Οὐδαμῶς μοι φαίνεται, ὦ Σώκρατες.

Ἀλλὰ μὴν ἐκ τούτων γ', ἔφη, τῶν ἴσων, ἑτέρων ὄντων ἐκείνου τοῦ ἴσου, ὅμως αὐτοῦ τὴν ἐπιστήμην ἐννενόηκάς τε καὶ εἴληφας;

Ἀληθέστατα, ἔφη, λέγεις. 10

Οὐκοῦν ἢ ὁμοίου ὄντος τούτοις ἢ ἀνομοίου;

Πάνυ γε.

Διαφέρει δέ γε, ἦ δ' ὅς, οὐδέν· ἕως ἂν ἄλλο ἰδὼν ἀπὸ ταύτης τῆς ὄψεως ἄλλο ἐννοήσῃς, εἴτε ὅμοιον εἴτε ἀνόμοιον, d *ἀναγκαῖον, ἔφη, αὐτὸ ἀνάμνησιν γεγονέναι.*

Πάνυ μὲν οὖν.

Τί δέ; ἦ δ' ὅς· ἦ πάσχομέν τι τοιοῦτον περὶ τὰ ἐν τοῖς ξύλοις τε καὶ οἷς νυνδὴ ἐλέγομεν [ἐν] τοῖς ἴσοις; ἆρα φαί- 5 *νεται ἡμῖν οὕτως ἴσα εἶναι ὥσπερ αὐτὸ ὃ ἔστιν ἴσον, ἢ ἐνδεῖ τῳ ἐκείνου [τῷ τοιοῦτον εἶναι οἷον τὸ ἴσον] ἢ οὐδέν;*

Καὶ πολύ γε, ἔφη, ἐνδεῖ.

Οὐκοῦν ὁμολογοῦμεν, ὅταν τίς τι ἰδὼν ἐννοήσῃ ὅτι βού-λεται μὲν τοῦτο ὃ νῦν ἐγὼ ὁρῶ εἶναι οἷον ἄλλο τι τῶν ὄντων, 10 *ἐνδεῖ δὲ καὶ οὐ δύναται τοιοῦτον εἶναι [ἴσον] οἷον ἐκεῖνο, ἀλλ'* e *ἔστιν φαυλότερον, ἀναγκαῖόν που τὸν τοῦτο ἐννοοῦντα τυχεῖν προειδότα ἐκεῖνο ᾧ φησιν αὐτὸ προσεοικέναι μέν, ἐνδεεστέρως δὲ ἔχειν;*

Ἀνάγκη. 5

Τί οὖν; τὸ τοιοῦτον πεπόνθαμεν καὶ ἡμεῖς ἢ οὒ περί τε τὰ ἴσα καὶ αὐτὸ τὸ ἴσον;

Παντάπασί γε.

是不相等？

绝不会，苏格拉底。

相等的事物，他说，与相等自身不
是相同的事物。 5

我不认为是，苏格拉底。

然而从这些相等之物，他说，不同于那个
相等自身，尽管如此你想到而且获得关于它
的知识？

你说得极真，他说。 10

因此，它要么与它们相似，要么与它们不相似？

没错。

总之，他说，没有不同；只要看到一件事，从
此视觉中，你想到另一件事，无论相似或不相似，这 d
一定是，他说，回忆的发生。

是的。

还有呢？他说；我们在木头及相等事物相关
事物中，我们刚才所提及之事，经验到某种此类事物吗？我们因 5
此认为它们是相等的，就像是相等自身一样，或者它们完全
缺乏成为相等这类事物的特质，还是完全不缺乏？

相当不足，他说。

那么我们同意，每当有人看见某物会在心中想到，
我现在所看之物指向某种不同的存有，它 10
不足以且不能成为那类〔相等〕的事物，它较 e
劣质，在心中想到这事物想必一定是之前已
看过它，他说像它，但较为
不足？

一定的。 5

再来呢？我们是否经验过与相等事物及
相等自身有关的这类事物？

当然。

Ἀναγκαῖον ἄρα ἡμᾶς προειδέναι τὸ ἴσον πρὸ ἐκείνου τοῦ χρόνου ὅτε τὸ πρῶτον ἰδόντες τὰ ἴσα ἐνενοήσαμεν ὅτι ὀρέγεται μὲν πάντα ταῦτα εἶναι οἷον τὸ ἴσον, ἔχει δὲ ἐνδεεστέρως. **75a**

Ἔστι ταῦτα.

Ἀλλὰ μὴν καὶ τόδε ὁμολογοῦμεν, μὴ ἄλλοθεν αὐτὸ ἐννενοηκέναι μηδὲ δυνατὸν εἶναι ἐννοῆσαι ἀλλ' ἢ ἐκ τοῦ ἰδεῖν ἢ ἅψασθαι ἢ ἔκ τινος ἄλλης τῶν αἰσθήσεων· ταὐτὸν δὲ πάντα ταῦτα λέγω. 5

Ταὐτὸν γὰρ ἔστιν, ὦ Σώκρατες, πρός γε ὃ βούλεται δηλῶσαι ὁ λόγος. 10

Ἀλλὰ μὲν δὴ ἔκ γε τῶν αἰσθήσεων δεῖ ἐννοῆσαι ὅτι πάντα τὰ ἐν ταῖς αἰσθήσεσιν ἐκείνου τε ὀρέγεται τοῦ ὃ ἔστιν ἴσον, καὶ αὐτοῦ ἐνδεέστερά ἐστιν· ἢ πῶς λέγομεν; b

Οὕτως.

Πρὸ τοῦ ἄρα ἄρξασθαι ἡμᾶς ὁρᾶν καὶ ἀκούειν καὶ τἆλλα αἰσθάνεσθαι τυχεῖν ἔδει που εἰληφότας ἐπιστήμην αὐτοῦ τοῦ ἴσου ὅτι ἔστιν, εἰ ἐμέλλομεν τὰ ἐκ τῶν αἰσθήσεων ἴσα ἐκεῖσε ἀνοίσειν, ὅτι προθυμεῖται μὲν πάντα τοιαῦτ' εἶναι οἷον ἐκεῖνο, ἔστιν δὲ αὐτοῦ φαυλότερα. 5

Ἀνάγκη ἐκ τῶν προειρημένων, ὦ Σώκρατες.

Οὐκοῦν γενόμενοι εὐθὺς ἑωρῶμέν τε καὶ ἠκούομεν καὶ τὰς ἄλλας αἰσθήσεις εἴχομεν; 10

Πάνυ γε.

Ἔδει δέ γε, φαμέν, πρὸ τούτων τὴν τοῦ ἴσου ἐπιστήμην εἰληφέναι; c

Ναί.

Πρὶν γενέσθαι ἄρα, ὡς ἔοικεν, ἀνάγκη ἡμῖν αὐτὴν εἰλη-

我们一定在那时间之前已见过相等
自身，当我们看到相等的事物时，首先想到相等， 75a
所有相同的事物皆想要成为相等自身，但较
为不足。

这是事实。

其实我们也同意此事，我们无法从他处 5
察觉感知到它，除了借由看或
感知或某种其他知觉，我将这一切
的事物视为一样。

是的，它们是一样，苏格拉底，至少就我们
的论证所想要揭示而言。 10

此外，我们必须从这些知觉感知到，
在知觉中的一切事物都对它，相等， b
有欲求，但稍嫌不足；或者我们以何种方式说？

是如此。

在我们开始看、听及使用其他的
感官知觉前，我想，一定已经拥有关于相等 5
自身的知识，若我们要从感官知觉将相等之事
归因于它，所有这类的事物都急切地要成为
它，但皆比它逊色。

从之前所言，这是必然的，苏格拉底。

那么我们生下来马上会看、听及 10
拥有其他的感官知觉？

没错。

我们一定，我们说，在拥有这些感官知觉前，已 c
有关于相等的知识？

是的。

在我们出生前，看来，我们一定已经拥有

φέναι. 5

Ἔοικεν.

Οὐκοῦν εἰ μὲν λαβόντες αὐτὴν πρὸ τοῦ γενέσθαι ἔχοντες ἐγενόμεθα, ἠπιστάμεθα καὶ πρὶν γενέσθαι καὶ εὐθὺς γενόμενοι οὐ μόνον τὸ ἴσον καὶ τὸ μεῖζον καὶ τὸ ἔλαττον ἀλλὰ καὶ σύμπαντα τὰ τοιαῦτα; οὐ γὰρ περὶ τοῦ ἴσου νῦν ὁ λόγος 10 *ἡμῖν μᾶλλόν τι ἢ καὶ περὶ αὐτοῦ τοῦ καλοῦ καὶ αὐτοῦ τοῦ ἀγαθοῦ καὶ δικαίου καὶ ὁσίου καί, ὅπερ λέγω, περὶ ἁπάντων* d *οἷς ἐπισφραγιζόμεθα τὸ "αὐτὸ ὃ ἔστι" καὶ ἐν ταῖς ἐρωτήσεσιν ἐρωτῶντες καὶ ἐν ταῖς ἀποκρίσεσιν ἀποκρινόμενοι. ὥστε ἀναγκαῖον ἡμῖν τούτων πάντων τὰς ἐπιστήμας πρὸ τοῦ γενέσθαι εἰληφέναι.* 5

Ἔστι ταῦτα.

Καὶ εἰ μέν γε λαβόντες ἑκάστοτε μὴ ἐπιλελήσμεθα, εἰδότας ἀεὶ γίγνεσθαι καὶ ἀεὶ διὰ βίου εἰδέναι· τὸ γὰρ εἰδέναι τοῦτ' ἔστιν, λαβόντα του ἐπιστήμην ἔχειν καὶ μὴ ἀπολωλεκέναι· ἢ οὐ τοῦτο λήθην λέγομεν, ὦ Σιμμία, ἐπι- 10 *στήμης ἀποβολήν;*

Πάντως δήπου, ἔφη, ὦ Σώκρατες. e

Εἰ δέ γε οἶμαι λαβόντες πρὶν γενέσθαι γιγνόμενοι ἀπωλέσαμεν, ὕστερον δὲ ταῖς αἰσθήσεσι χρώμενοι περὶ αὐτὰ ἐκείνας ἀναλαμβάνομεν τὰς ἐπιστήμας ἅς ποτε καὶ πρὶν εἴχομεν, ἆρ' οὐχ ὃ καλοῦμεν μανθάνειν οἰκείαν ἂν ἐπιστήμην 5 *ἀναλαμβάνειν εἴη; τοῦτο δέ που ἀναμιμνῄσκεσθαι λέγοντες*

这个知识[①]。 5

看来是。

因此若我们在出生前就拥有它，我们是
带着它出生的，在出生前及出生的当下我们是否
不仅知道相等，还有较大、较小及其他
一切这类事物？我们关于相等自身的论 10
述并未多于美自身、善自身、
正义自身、虔诚自身，任何我说的，关于一切 d
我们盖上“以其自身存在”的标志，在我们所
提的问题中及在我们回应的答案中。
所以我们一定在出生之前已经拥有关于这一
切事物的知识。 5

这是事实。

若拥有它们后，在任何时候我们都不会遗忘，
我们出生便总是知，且终生皆知，因为这是知：
拥有关于某物的知识，拥有它且不
会失去它。或者我们不是说这是，希米亚斯，知识 10
的遗忘与丢弃？

完全确定，他说，苏格拉底。 e

若我认为在出生前所拥有的知识，在出生的
当下失落了，之后我们借由感官知觉获得与它
们相关的知识，重获我们在之前某时候已
拥有的知识，我们不是称学习是重获属于 5
自己的知识吗？这想必是回忆，若我们所言

① 不同于《米诺篇》81c5-10指出灵魂在轮回的过程中知道“所有的事”，《费多篇》仅强调灵魂拥有理型的知识，姑且不论这两部对话录，对灵魂所拥有的知识的范围说法不同，但《米诺篇》81c6 heōrakuia（曾看过），c7 memathēken（曾学过）及《费多篇》75c4 eilēphenai（已拥有）三个完成式动词的表述，令人质疑不朽的灵魂一开始是从何处获得知识。至于在何处看到理型的问题，参见《米诺篇》81c7的注释。

ὀρθῶς ἂν λέγοιμεν;

Πάνυ γε.

Δυνατὸν γὰρ δὴ τοῦτό γε ἐφάνη, αἰσθόμενόν τι ἢ ἰδόντα **76a**
ἢ ἀκούσαντα ἤ τινα ἄλλην αἴσθησιν λαβόντα ἕτερόν τι ἀπὸ
τούτου ἐννοῆσαι ὃ ἐπελέληστο, ᾧ τοῦτο ἐπλησίαζεν ἀνόμοιον
ὂν ἢ ᾧ ὅμοιον· ὥστε, ὅπερ λέγω, δυοῖν θάτερα, ἤτοι ἐπι-
στάμενοί γε αὐτὰ γεγόναμεν καὶ ἐπιστάμεθα διὰ βίου πάντες, 5
ἢ ὕστερον, οὕς φαμεν μανθάνειν, οὐδὲν ἀλλ' ἢ ἀναμιμνή-
σκονται οὗτοι, καὶ ἡ μάθησις ἀνάμνησις ἂν εἴη.

Καὶ μάλα δὴ οὕτως ἔχει, ὦ Σώκρατες.

Πότερον οὖν αἱρῇ, ὦ Σιμμία; ἐπισταμένους ἡμᾶς γεγο-
νέναι, ἢ ἀναμιμνῄσκεσθαι ὕστερον ὧν πρότερον ἐπιστήμην b
εἰληφότες ἦμεν;

Οὐκ ἔχω, ὦ Σώκρατες, ἐν τῷ παρόντι ἑλέσθαι.

Τί δέ; τόδε ἔχεις ἑλέσθαι, καὶ πῇ σοι δοκεῖ περὶ αὐτοῦ;
ἀνὴρ ἐπιστάμενος περὶ ὧν ἐπίσταται ἔχοι ἂν δοῦναι λόγον 5
ἢ οὔ;

Πολλὴ ἀνάγκη, ἔφη, ὦ Σώκρατες.

Ἦ καὶ δοκοῦσί σοι πάντες ἔχειν διδόναι λόγον περὶ τού-
των ὧν νυνδὴ ἐλέγομεν;

Βουλοίμην μεντἄν, ἔφη ὁ Σιμμίας· ἀλλὰ πολὺ μᾶλλον 10
φοβοῦμαι μὴ αὔριον τηνικάδε οὐκέτι ᾖ ἀνθρώπων οὐδεὶς
ἀξίως οἷός τε τοῦτο ποιῆσαι.

Οὐκ ἄρα δοκοῦσί σοι ἐπίστασθαί γε, ἔφη, ὦ Σιμμία, c
πάντες αὐτά;

Οὐδαμῶς.

正确的话[①]？

没错。

是的，因为这似乎可能，感知到某物，不论是看到， **76a**
听到或其他的感官知觉感知到，从所感知之物获知
另一个已遗忘之物，所感知之物与此物有所联系，不论
是以不相似的方式或相似的方式；所以，如我所言，两者
选一：我们出生即知道这些事[②]，而且一辈子都知道，或 5
者是我们说学习理解这些事，除了回忆外别无
他法，且学习或许是回忆。

事实的确是如此，苏格拉底。

希米亚斯，你是否了解？我们是出生时即知，
还是之后回忆，我们之前知道但已遗忘 b
之事？

我现在，苏格拉底，无法了解。

还有呢？你了解这个说法吗？关于它你的看法如何？
人理解他所知道的事，是否有能力提出 5
说明[③]？

极为必要，他说，苏格拉底。

还是你认为所有人都有能力对我们刚才所
说[④]的提出说明？

我当然会希望，希米亚斯说；但我非常 10
担心，明日此时将不再有人能够适切地
做这件事。

你不认为每一个人，他说，希米亚斯，都知 c
道这些事物吗？

完全不。

---

① 类似的说法，参见《米诺篇》81d。

② auto 意指出生前已具有的知识（75e1-3）。

③ 关于知识与提出说明之间的关系，参见《米诺篇》98a3 注释的说明。

④ 美自身、善自身及正义自身等事物（75c11-d2）。

Ἀναμιμνήσκονται ἄρα ἅ ποτε ἔμαθον;

Ἀνάγκη. 5

Πότε λαβοῦσαι αἱ ψυχαὶ ἡμῶν τὴν ἐπιστήμην αὐτῶν; οὐ γὰρ δὴ ἀφ' οὗ γε ἄνθρωποι γεγόναμεν.

Οὐ δῆτα.

Πρότερον ἄρα.

Ναί. 10

Ἦσαν ἄρα, ὦ Σιμμία, αἱ ψυχαὶ καὶ πρότερον, πρὶν εἶναι ἐν ἀνθρώπου εἴδει, χωρὶς σωμάτων, καὶ φρόνησιν εἶχον.

Εἰ μὴ ἄρα ἅμα γιγνόμενοι λαμβάνομεν, ὦ Σώκρατες, ταύτας τὰς ἐπιστήμας· οὗτος γὰρ λείπεται ἔτι ὁ χρόνος. 15

Εἶεν, ὦ ἑταῖρε· ἀπόλλυμεν δὲ αὐτὰς ἐν ποίῳ ἄλλῳ χρόνῳ; d
— οὐ γὰρ δὴ ἔχοντές γε αὐτὰς γιγνόμεθα, ὡς ἄρτι ὡμολογή-Σαμεν — ἢ ἐν τούτῳ ἀπόλλυμεν ἐν ᾧπερ καὶ λαμβάνομεν; ἢ ἔχεις ἄλλον τινὰ εἰπεῖν χρόνον;

Οὐδαμῶς, ὦ Σώκρατες, ἀλλὰ ἔλαθον ἐμαυτὸν οὐδὲν εἰ- 5
πών.

Ἆρ' οὖν οὕτως ἔχει, ἔφη, ἡμῖν, ὦ Σιμμία; εἰ μὲν ἔστιν ἃ θρυλοῦμεν ἀεί, καλόν τέ τι καὶ ἀγαθὸν καὶ πᾶσα ἡ τοιαύτη οὐσία, καὶ ἐπὶ ταύτην τὰ ἐκ τῶν αἰσθήσεων πάντα ἀνα-φέρομεν, ὑπάρχουσαν πρότερον ἀνευρίσκοντες ἡμετέραν e
οὖσαν, καὶ ταῦτα ἐκείνῃ ἀπεικάζομεν, ἀναγκαῖον, οὕτως ὥσπερ καὶ ταῦτα ἔστιν, οὕτως καὶ τὴν ἡμετέραν ψυχὴν εἶναι καὶ πρὶν γεγονέναι ἡμᾶς· εἰ δὲ μὴ ἔστι ταῦτα, ἄλλως ἂν ὁ λόγος οὗτος εἰρημένος εἴη; ἆρ' οὕτως ἔχει, καὶ ἴση ἀνάγκη ταῦτά 5
τε εἶναι καὶ τὰς ἡμετέρας ψυχὰς πρὶν καὶ ἡμᾶς γεγονέναι,

所有人都回忆他们曾经知道的事吗？

必定是。 5

我们的灵魂曾经拥有关于它们的知识吗？一定不是从我们生而为人的时候。

当然不是。

是之前。

是的。 10

灵魂之前，希米亚斯，存在于人的形体之内前，是与身体分离，且拥有智慧。

除非在出生的同时我们，苏格拉底，拥有那些相同的知识，因为这时间依然续存。 15

非常好，我的同伴，那我们是在其他什么时间失去它们？ d
——我们当然不是在出生当时拥有它们，如我们之前所同意的——还是我们失去它们的同时也获得它们？或是你可说其他某个时间？

绝不，苏格拉底，但我没注意到自己的 5
胡言乱语。

我们如此认为吗，他说，希米亚斯？若我们一直在谈论的东西存在，某个美、善及一切这类的事物，我们将出自于感官知觉的一切归因于这事物，之前所存在的事物我们发现是属于自己的， e
我们将感觉事物与它做比较，正如这些事物[①]一定是以如此方式存在，所以我们的灵魂在我们出生前也以如此方式存在，若它们不存在的话，这个论证会是徒然的？事实是否如此，这些事物与 5
我们出生前的灵魂的存在有同等的必要，

---

① d8-9。

καὶ εἰ μὴ ταῦτα, οὐδὲ τάδε;

Ὑπερφυῶς, ὦ Σώκρατες, ἔφη ὁ Σιμμίας, δοκεῖ μοι ἡ αὐτὴ ἀνάγκη εἶναι, καὶ εἰς καλόν γε καταφεύγει ὁ λόγος εἰς τὸ ὁμοίως εἶναι τήν τε ψυχὴν ἡμῶν πρὶν γενέσθαι ἡμᾶς καὶ **77a** *τὴν οὐσίαν ἣν σὺ νῦν λέγεις. οὐ γὰρ ἔχω ἔγωγε οὐδὲν οὕτω μοι ἐναργὲς ὂν ὡς τοῦτο, τὸ πάντα τὰ τοιαῦτ' εἶναι ὡς οἷόν τε μάλιστα, καλόν τε καὶ ἀγαθὸν καὶ τἆλλα πάντα ἃ σὺ νυνδὴ ἔλεγες· καὶ ἐμοὶ δοκεῖ ἱκανῶς ἀποδέδεικται.* 5

Τί δὲ δὴ Κέβητι; ἔφη ὁ Σωκράτης· δεῖ γὰρ καὶ Κέβητα πείθειν.

Ἱκανῶς, ἔφη ὁ Σιμμίας, ὡς ἔγωγε οἶμαι· καίτοι καρτερώτατος ἀνθρώπων ἐστὶν πρὸς τὸ ἀπιστεῖν τοῖς λόγοις. ἀλλ' οἶμαι οὐκ ἐνδεῶς τοῦτο πεπεῖσθαι αὐτόν, ὅτι πρὶν γενέσθαι b *ἡμᾶς ἦν ἡμῶν ἡ ψυχή· εἰ μέντοι καὶ ἐπειδὰν ἀποθάνωμεν ἔτι ἔσται, οὐδὲ αὐτῷ μοι δοκεῖ, ἔφη, ὦ Σώκρατες, ἀποδεδεῖχθαι, ἀλλ' ἔτι ἐνέστηκεν ὃ νυνδὴ Κέβης ἔλεγε, τὸ τῶν πολλῶν, ὅπως μὴ ἅμα ἀποθνῄσκοντος τοῦ ἀνθρώπου δια-* 5 *σκεδάννυται ἡ ψυχὴ καὶ αὐτῇ τοῦ εἶναι τοῦτο τέλος ᾖ. τί γὰρ κωλύει γίγνεσθαι μὲν αὐτὴν καὶ συνίστασθαι ἁμόθεν ποθὲν καὶ εἶναι πρὶν καὶ εἰς ἀνθρώπειον σῶμα ἀφικέσθαι, ἐπειδὰν δὲ ἀφίκηται καὶ ἀπαλλάττηται τούτου, τότε καὶ αὐτὴν τελευτᾶν καὶ διαφθείρεσθαι;* 10

Εὖ λέγεις, ἔφη, ὦ Σιμμία, ὁ Κέβης. φαίνεται γὰρ c *ὥσπερ ἥμισυ ἀποδεδεῖχθαι οὗ δεῖ, ὅτι πρὶν γενέσθαι ἡμᾶς*

且若它们不存在，灵魂也不存在[1]？

我特别认为，苏格拉底，希米亚斯说，这是
相同的必要性，且这个论证的确适切地在
我们出生前的灵魂，及你现在正在谈论的存有具有 **77a**
相似的存在中，找到避难所。因为我自己并不拥有像
这个论证如此清晰的论述，所有这类的事物的
存在，就如任何事物的存在一样确定[2]，美、善及其他
你刚才言及之事物，至少对我而言，这个证明是适切的。 5

那克贝斯呢？苏格拉底说，因为克贝斯也一定
要相信。

这个证明很充分，希米亚斯说，如我个人认为；但
关于不相信这些论证，他是最坚定的人。尽管如此
我认为他完全被此论证给说服，在我们出生前， b
我们的灵魂已存在，然而当我们死后它是否
依然存在，我自己认为，他说，苏格拉底，尚未被
证明，然而克贝斯刚才所言依然成立[3]，关于大多数人的
恐惧，灵魂在人死时一并 5
消散而对它而言这是存在的终点。
是什么阻碍了它的形成及由其他不同地方
的源头所组成，且阻碍它的存在，在它来到人的身体前，
当它到来且又与身体分开，那时它也
死亡及败坏吗？ 10

你说得好，希米亚斯，克贝斯说。因为这看来 c
就好像论证的一半必须证明，在我们出生前

---

① 这不禁令人好奇，回忆说的真正目的为何。是为了证明理型存在，抑或是为了证明灵魂不朽？答案或许是，两者皆是。诚如导论中言，柏拉图在《费多篇》的论证是三条如麻花般纠结的路线，并相互支援。

② hōs hoion te malista 这句话另一个可能的翻译是“以最高的程度存在”，柏拉图的形上学思想中，有“存有的等级（degrees of being）”观念，参见《理想国篇》585b-c，但在此行文脉络乃欲证明这些理型确实存在，而非要指出存有具有不同的等级。

③ 70a。

ἦν ἡμῶν ἡ ψυχή, δεῖν δὲ προσαποδεῖξαι ὅτι καὶ ἐπειδὰν ἀποθάνωμεν οὐδὲν ἧττον ἔσται ἢ πρὶν γενέσθαι, εἰ μέλλει τέλος ἡ ἀπόδειξις ἕξειν. 5

Ἀποδέδεικται μέν, ἔφη, ὦ Σιμμία τε καὶ Κέβης, ὁ Σωκράτης, καὶ νῦν, εἰ 'θέλετε συνθεῖναι τοῦτόν τε τὸν λόγον εἰς ταὐτὸν καὶ ὃν πρὸ τούτου ὡμολογήσαμεν, τὸ γίγνεσθαι πᾶν τὸ ζῶν ἐκ τοῦ τεθνεῶτος. εἰ γὰρ ἔστιν μὲν ἡ ψυχὴ καὶ πρότερον, ἀνάγκη δὲ αὐτῇ εἰς τὸ ζῆν ἰούσῃ τε d *καὶ γιγνομένῃ μηδαμόθεν ἄλλοθεν ἢ ἐκ θανάτου καὶ τοῦ τεθνάναι γίγνεσθαι, πῶς οὐκ ἀνάγκη αὐτὴν καὶ ἐπειδὰν ἀποθάνῃ εἶναι, ἐπειδή γε δεῖ αὖθις αὐτὴν γίγνεσθαι; ἀποδέδεικται μὲν οὖν ὅπερ λέγετε καὶ νῦν. ὅμως δέ μοι δοκεῖς* 5 *σύ τε καὶ Σιμμίας ἡδέως ἂν καὶ τοῦτον διαπραγματεύσασθαι τὸν λόγον ἔτι μᾶλλον, καὶ δεδιέναι τὸ τῶν παίδων, μὴ ὡς ἀληθῶς ὁ ἄνεμος αὐτὴν ἐκβαίνουσαν ἐκ τοῦ σώματος διαφυσᾷ καὶ διασκεδάννυσιν, ἄλλως τε καὶ ὅταν τύχῃ τις μὴ ἐν* e *νηνεμίᾳ ἀλλ' ἐν μεγάλῳ τινὶ πνεύματι ἀποθνῄσκων.*

Καὶ ὁ Κέβης ἐπιγελάσας, Ὡς δεδιότων, ἔφη, ὦ Σώκρατες, πειρῶ ἀναπείθειν· μᾶλλον δὲ μὴ ὡς ἡμῶν δεδιότων, ἀλλ' ἴσως ἔνι τις καὶ ἐν ἡμῖν παῖς ὅστις τὰ τοιαῦτα φοβεῖται. 5 *τοῦτον οὖν πειρώ μεθα πείθειν μὴ δεδιέναι τὸν θάνατον ὥσπερ τὰ μορμολύκεια.*

Ἀλλὰ χρή, ἔφη ὁ Σωκράτης, ἐπᾴδειν αὐτῷ ἑκάστης ἡμέρας ἕως ἂν ἐξεπᾴσητε.

Πόθεν οὖν, ἔφη, ὦ Σώκρατες, τῶν τοιούτων ἀγαθὸν ἐπῳδὸν **78a** *ληψόμεθα, ἐπειδὴ σύ, ἔφη, ἡμᾶς ἀπολείπεις;*

我们的灵魂已存在，但我们必须证明，当
我们死后它会依然存在，或在出生前，若证
明要完全的话。 5

事实上这刚才已证明，希米亚斯及克贝斯，
苏格拉底说，若你们要将这个论证与在此论
证之前我们所同意的论证结合，
所有的生者皆由死者所生。若灵魂之前
存在，它一定不会从其他地方重生 d
及产生，除了从死亡及无生命的
状态中产生，这怎么会不必然，当人
死后它存在，因为它必须重生？
那么你刚才提的事已被证明。尽管如此我认为 5
你及希米亚斯会乐意更进一步地仔细检视
这个论证，且你们像小孩般地担心，它
真的走出身体，风会将它吹得
四散，特别是当有人碰巧不是死 e
于平静中，而是在某个强风中。

克贝斯笑着说，好像我们担心害怕，苏格拉底，
试着说服我们，或更恰当地说，我们好像并不担心害怕，
但或许在我们身上有个小孩[①]，是他担心害怕这类的事。 5
那试着说服我们改变对论证的看法，不要害怕死亡像
害怕妖怪一样。

然而我们应该，苏格拉底说，每天对它吟唱符咒，
直到将它诱引出来。

那我们从哪儿，他说，苏格拉底，获得这类好 **78a**
的符咒[②]，在你，他说，离开我们之后？

---

① 这个小孩是指灵魂；en hēmin 亦可译为“在我们之中”有个小孩，但如此会经常被理解为是阿波罗都洛斯，并不恰当。

② 好的符咒意即好的论证，参见《卡尔米德斯篇》157a。

Πολλὴ μὲν ἡ Ἑλλάς, ἔφη, ὦ Κέβης, ἐν ᾗ ἔνεισί που
ἀγαθοὶ ἄνδρες, πολλὰ δὲ καὶ τὰ τῶν βαρβάρων γένη, οὓς
πάντας χρὴ διερευνᾶσθαι ζητοῦντας τοιοῦτον ἐπῳδόν, μήτε 5
χρημάτων φειδομένους μήτε πόνων, ὡς οὐκ ἔστιν εἰς ὅτι
ἂν εὐκαιρότερον ἀναλίσκοιτε χρήματα. ζητεῖν δὲ χρὴ καὶ
αὐτοὺς μετ' ἀλλήλων· ἴσως γὰρ ἂν οὐδὲ ῥᾳδίως εὕροιτε
μᾶλλον ὑμῶν δυναμένους τοῦτο ποιεῖν.

Ἀλλὰ ταῦτα μὲν δή, ἔφη, ὑπάρξει, ὁ Κέβης· ὅθεν δὲ 10
ἀπελίπομεν ἐπανέλθωμεν, εἴ σοι ἡδομένῳ ἐστίν. b

Ἀλλὰ μὴν ἡδομένῳ γε· πῶς γὰρ οὐ μέλλει;

Καλῶς, ἔφη, λέγεις.

Οὐκοῦν τοιόνδε τι, ἦ δ' ὃς ὁ Σωκράτης, δεῖ ἡμᾶς ἀνερέσθαι
ἑαυτούς, τῷ ποίῳ τινὶ ἄρα προσήκει τοῦτο τὸ πάθος πάσχειν, 5
τὸ διασκεδάννυσθαι, καὶ ὑπὲρ τοῦ ποίου τινὸς δεδιέναι μὴ
πάθῃ αὐτό, καὶ τῷ ποίῳ τινὶ <οὔ>· καὶ μετὰ τοῦτο αὖ
ἐπισκέψασθαι πότερον [ἡ] ψυχή ἐστιν, καὶ ἐκ τούτων
θαρρεῖν ἢ δεδιέναι ὑπὲρ τῆς ἡμετέρας ψυχῆς;

Ἀληθῆ, ἔφη, λέγεις. 10

Ἆρ' οὖν τῷ μὲν συντεθέντι τε καὶ συνθέτῳ ὄντι φύσει c
προσήκει τοῦτο πάσχειν, διαιρεθῆναι ταύτῃ ᾗπερ συνετέθη·
εἰ δέ τι τυγχάνει ὂν ἀσύνθετον, τούτῳ μόνῳ προσήκει μὴ
πάσχειν ταῦτα, εἴπερ τῳ ἄλλῳ;

Δοκεῖ μοι, ἔφη, οὕτως ἔχειν, ὁ Κέβης. 5

Οὐκοῦν ἅπερ ἀεὶ κατὰ ταὐτὰ καὶ ὡσαύτως ἔχει, ταῦτα

希腊大得很，他说，克贝斯，在其中想必有
优秀之人[①]，也有许多的外族[②]，所有从事探究的
人应该寻求这类的符咒，不要 5
不舍花钱及嫌辛苦，因为无事比此
更适合你们花钱[③]。但你们也要相互
探寻，因为或许你们会轻易地发现，
没有人比你们更有能力做这件事。

这是在我们的能力范围之内，克贝斯说， 10
让我们回到我们搁置的论证，若你高兴的话。 b

我当然高兴，这怎么会令我不高兴呢？

你说得好，他说。

因此我们自己应该，苏格拉底说，探究某
种这类的事，这事实上是属于什么样的事物，它经验到 5
此类事物的发生，四散分解，由于什么样的事要担心
这事的发生，在什么事中不用担心；在这之后我
们应该再次检证哪一个是灵魂，从这些事中
我们应对自己的灵魂有信心或担心？

你所言不假，他说。 10

那复合的事物及在本质上是复合的 c
事物是属于这种事物，它易于分解成为它的组合部分[④]，
但若某物不是复合的，只有属于这事物的东西是不
受此影响，若它有别于他物的话？

我认为，克贝斯说，事实是如此。 5

那么，任何一直保持稳定不变的事物，它

---

① 苏格拉底谦辞克贝斯的赞美（a1-2）。

② 苏格拉底或许心中想的是塞拉希人（Thracians）及弗莱基亚人（Phrygians），参见《克里同篇》d3。

③ 柏拉图在此或有挖苦诡辩学者之意，因为他们收学费却无意与学生探究真理；为了能获得真理，对苏格拉底而言，一切的代价皆值得。

④ 若一件事物由四个部分或元素组成，如地、水、火及风，它会分解成四个部分或元素。

μάλιστα εἰκὸς εἶναι τὰ ἀσύνθετα, τὰ δὲ ἄλλοτ' ἄλλως καὶ μηδέποτε κατὰ ταὐτά, ταῦτα δὲ σύνθετα;

Ἔμοιγε δοκεῖ οὕτως.

Ἴωμεν δή, ἔφη, ἐπὶ ταὐτὰ ἐφ' ἅπερ ἐν τῷ ἔμπροσθεν 10
λόγῳ. αὐτὴ ἡ οὐσία ἧς λόγον δίδομεν τοῦ εἶναι καὶ ἐρω- d
τῶντες καὶ ἀποκρινόμενοι, πότερον ὡσαύτως ἀεὶ ἔχει κατὰ ταὐτὰ ἢ ἄλλοτ' ἄλλως; αὐτὸ τὸ ἴσον, αὐτὸ τὸ καλόν, αὐτὸ ἕκαστον ὃ ἔστιν, τὸ ὄν, μή ποτε μεταβολὴν καὶ ἡντινοῦν ἐνδέχεται; ἢ ἀεὶ αὐτῶν ἕκαστον ὃ ἔστι, μονοειδὲς ὂν αὐτὸ 5
καθ' αὑτό, ὡσαύτως κατὰ ταὐτὰ ἔχει καὶ οὐδέποτε οὐδαμῇ οὐδαμῶς ἀλλοίωσιν οὐδεμίαν ἐνδέχεται;

Ὡσαύτως, ἔφη, ἀνάγκη, ὁ Κέβης, κατὰ ταὐτὰ ἔχειν, ὦ Σώκρατες.

Τί δὲ τῶν πολλῶν καλῶν, οἷον ἀνθρώπων ἢ ἵππων ἢ 10
ἱματίων ἢ ἄλλων ὡντινωνοῦν τοιούτων, ἢ ἴσων [ἢ καλῶν] ἢ e
πάντων τῶν ἐκείνοις ὁμωνύμων; ἆρα κατὰ ταὐτὰ ἔχει, ἢ πᾶν τοὐναντίον ἐκείνοις οὔτε αὐτὰ αὑτοῖς οὔτε ἀλλήλοις οὐδέποτε ὡς ἔπος εἰπεῖν οὐδαμῶς κατὰ ταὐτά;

Οὕτως αὖ, ἔφη ὁ Κέβης, ταῦτα· οὐδέποτε ὡσαύτως ἔχει. 5

Οὐκοῦν τούτων μὲν κἂν ἅψαιο κἂν ἴδοις κἂν ταῖς ἄλλαις **79a**
αἰσθήσεσιν αἴσθοιο, τῶν δὲ κατὰ ταὐτὰ ἐχόντων οὐκ ἔστιν ὅτῳ ποτ' ἂν ἄλλῳ ἐπιλάβοιο ἢ τῷ τῆς διανοίας λογισμῷ, ἀλλ' ἔστιν ἀιδῆ τὰ τοιαῦτα καὶ οὐχ ὁρατά;

Παντάπασιν, ἔφη, ἀληθῆ λέγεις. 5

Θῶμεν οὖν βούλει, ἔφη, δύο εἴδη τῶν ὄντων, τὸ μὲν ὁρατόν, τὸ δὲ ἀιδές;

最可能是非复合的事物，但其他异于此的事物
未曾保持稳定不变，是复合的事物？

我个人是如此认为。

让我们来到，他说，在之前的论证中的相同 10
的论述。我们对存有的本质所提出的说明，在我们 d
的询答中，它是一直保持稳定不变，
还是不同于此？相等自身、美自身及
每一个就其自身“是”的事物，那“是”什么的事物[①]，从未允许任何
形式的改变？还是，它们每一个一直“是”，并就其自身 5
单纯，保持稳定不变而且不曾以任何方式，
在任何时间地点允许任何的变化？

它一定是稳定不变的，克贝斯说，苏
格拉底。

那关于众多的美的事物，例如美人、骏马、华 10
服、或其他任何这类的事物，或相等的事物〔或美的事物〕或 e
所有与那些同名的事物又如何呢？它们是维持不变，或者
它们与那些同名的事物完全相反，它们从未就自身及相互间
保持一致，简而言之，它们从未保持稳定不变？

这也是事实，克贝斯说；它们从未保持不变。 5

因此你可触摸、看见及以其他的 **79a**
感官知觉感知这些事物，但保持稳定不变的事物
你无法掌握它们，除了以理智的推理，
这类事物是不具象而且不可见的？

你所言，他说，完全真。 5

那你想要我们，他说，提出两种存在事物，
一种是可见的，另一种是不可见的吗？

---

① “auto hekaston ho estin，to on”我将 ho estin 及 to on 译为“是”的事物及那“是”什么的事物，主要的理由在于，柏拉图中期的对话录，如《费多篇》及《理想国篇》475e-480a，所提及的连缀动词“to on”或 estin 并不适合以存在意涵诠释，较适合以描述意涵诠释，相关讨论参见徐学庸：2004，98-113。

Θῶμεν, ἔφη.

Καὶ τὸ μὲν ἀιδὲς ἀεὶ κατὰ ταὐτὰ ἔχον, τὸ δὲ ὁρατὸν μηδέποτε κατὰ ταὐτά; 10

Καὶ τοῦτο, ἔφη, θῶμεν.

Φέρε δή, ἦ δ' ὅς, ἄλλο τι ἡμῶν αὐτῶν τὸ μὲν σῶμά ἐστι, τὸ δὲ ψυχή; b

Οὐδὲν ἄλλο, ἔφη.

Ποτέρῳ οὖν ὁμοιότερον τῷ εἴδει φαμὲν ἂν εἶναι καὶ συγγενέστερον τὸ σῶμα; 5

Παντί, ἔφη, τοῦτό γε δῆλον, ὅτι τῷ ὁρατῷ.

Τί δὲ ἡ ψυχή; ὁρατὸν ἢ ἀιδές;

Οὐχ ὑπ' ἀνθρώπων γε, ὦ Σώκρατες, ἔφη.

Ἀλλὰ μὴν ἡμεῖς γε τὰ ὁρατὰ καὶ τὰ μὴ τῇ τῶν ἀνθρώπων φύσει ἐλέγομεν· ἢ ἄλλῃ τινὶ οἴει; 10

Τῇ τῶν ἀνθρώπων.

Τί οὖν περὶ ψυχῆς λέγομεν; ὁρατὸν ἢ ἀόρατον εἶναι;

Οὐχ ὁρατόν.

Ἀιδὲς ἄρα;

Ναί. 15

Ὁμοιότερον ἄρα ψυχὴ σώματός ἐστιν τῷ ἀιδεῖ, τὸ δὲ τῷ ὁρατῷ.

Πᾶσα ἀνάγκη, ὦ Σώκρατες. c

Οὐκοῦν καὶ τόδε πάλαι λέγομεν, ὅτι ἡ ψυχή, ὅταν μὲν τῷ σώματι προσχρῆται εἰς τὸ σκοπεῖν τι ἢ διὰ τοῦ ὁρᾶν ἢ διὰ τοῦ ἀκούειν ἢ δι' ἄλλης τινὸς αἰσθήσεως — τοῦτο γάρ

让我们提出，他说。

此外，不可见的事物稳定不变，但可见事物
从未稳定不变？ 10

且让我们，他说，确立此说法。

那再来，他说，有什么不同于此的说法，我们一方面 b
有身体，另一方面有灵魂？

没有不同的说法，他说。

我们说身体是较相近于
前一类型的事物吗？ 5

这相当明显，他说，因为每个人都知道。

那灵魂呢？是可见或不可见呢？

人是看不见它，苏格拉底，他说。

但我们至少是在谈论，就人的本质[①]而言可见
及不可见的事物，或者你认为就人的其他某种事物而言？ 10

人的本质。

关于灵魂我们说什么？是可见或不可见事物？

不可见事物。

不具象吗？

没错。 15

灵魂比身体更近似不具象的事物，但身体较
近似可见事物？

完全必要，苏格拉底。 c

因此，我们之前提及的论证[②]，灵魂，当它
使用身体来探究某事，是透过看、
听或其他某个感官知觉——因为这是

---

① 人的本质可见不具象之物，可从两个面向来理解：1）在尚未具有形体前；2）在死后与身体分离，当与身体结合时我们只能“最接近真理”（67a3），而无法获得真理。

② 65a-67b。

ἐστιν τὸ διὰ τοῦ σώματος, τὸ δι' αἰσθήσεως σκοπεῖν τι — 5

τότε μὲν ἕλκεται ὑπὸ τοῦ σώματος εἰς τὰ οὐδέποτε κατὰ

ταὐτὰ ἔχοντα, καὶ αὐτὴ πλανᾶται καὶ ταράττεται καὶ εἰλιγγιᾷ

ὥσπερ μεθύουσα, ἅτε τοιούτων ἐφαπτομένη;

Πάνυ γε.

Ὅταν δέ γε αὐτὴ καθ' αὑτὴν σκοπῇ, ἐκεῖσε οἴχεται εἰς d

τὸ καθαρόν τε καὶ ἀεὶ ὂν καὶ ἀθάνατον καὶ ὡσαύτως ἔχον,

καὶ ὡς συγγενὴς οὖσα αὐτοῦ ἀεὶ μετ' ἐκείνου τε γίγνεται,

ὅτανπερ αὐτὴ καθ' αὑτὴν γένηται καὶ ἐξῇ αὐτῇ, καὶ πέπαυταί

τε τοῦ πλάνου καὶ περὶ ἐκεῖνα ἀεὶ κατὰ ταὐτὰ ὡσαύτως ἔχει, 5

ἅτε τοιούτων ἐφαπτομένη· καὶ τοῦτο αὐτῆς τὸ πάθημα φρό-

νησις κέκληται;

Παντάπασιν, ἔφη, καλῶς καὶ ἀληθῆ λέγεις, ὦ Σώκρατες.

Ποτέρῳ οὖν αὖ σοι δοκεῖ τῷ εἴδει καὶ ἐκ τῶν πρόσθεν καὶ ἐκ

τῶν νῦν λεγομένων ψυχὴ ὁμοιότερον εἶναι καὶ συγγενέστερον; e

Πᾶς ἄν μοι δοκεῖ, ἦ δ' ὅς, συγχωρῆσαι, ὦ Σώκρατες, ἐκ

ταύτης τῆς μεθόδου, καὶ ὁ δυσμαθέστατος, ὅτι ὅλῳ καὶ

παντὶ ὁμοιότερόν ἐστι ψυχὴ τῷ ἀεὶ ὡσαύτως ἔχοντι μᾶλλον

ἢ τῷ μή. 5

Τί δὲ τὸ σῶμα;

Τῷ ἑτέρῳ.

Ὅρα δὴ καὶ τῇδε ὅτι ἐπειδὰν ἐν τῷ αὐτῷ ὦσι ψυχὴ καὶ

σῶμα, τῷ μὲν δουλεύειν καὶ ἄρχεσθαι ἡ φύσις προστάττει, **80a**

借由身体，借由感官知觉来探究某物[①]—— 5
然后它被身体拖拉至从未保持稳
定的事物面前，它感到迷惑、混淆及晕眩，
就像喝醉一般[②]，因为它与这类事物接触？

没错。

但当它依据自身来探究，在那时候它来到 d
洁净、一直存在、不朽及保持不变的事物面前，
它与此事物类似，且总是与它为伍，
无论何时它就其自身存在，且在它的能力范围内，它便停止
游荡而且关于那些事它总是保持稳定不变， 5
因为它与这类事物接触，它的这种状态
被称为智慧？

你说的，他说，非常好而且完全正确，苏格拉底。

从我们之前及刚才的论述中，你再次认为
灵魂比较相近于哪个类型？ e

我认为，他说，从这个论证进路看，苏格拉底，
每个人皆会同意，就算是最愚昧之人，灵魂
与其相似于不稳定事物，不如是完全且绝对地相似于
稳定的事物。 5

那身体呢？

与另一个相似。

以此方式来看，当灵魂与身体在
一起时，自然要求后者服务及被统治， **80a**

---

① 这句话虽重复上一句，却有着修辞学上的功用，提醒读者注意身体这个概念，参见 Rowe：ibid. 186。

② 赫拉克利图斯亦有类似的观点，喝酒之人使其灵魂潮湿，故就像被小男孩引导踉跄前行，不知要去何处（DK 22B117）。

τῇ δὲ ἄρχειν καὶ δεσπόζειν· καὶ κατὰ ταῦτα αὖ πότερόν σοι δοκεῖ ὅμοιον τῷ θείῳ εἶναι καὶ πότερον τῷ θνητῷ; ἢ οὐ δοκεῖ σοι τὸ μὲν θεῖον οἷον ἄρχειν τε καὶ ἡγεμονεύειν πεφυκέναι, τὸ δὲ θνητὸν ἄρχεσθαί τε καὶ δουλεύειν; 5

Ἔμοιγε.

Ποτέρῳ οὖν ἡ ψυχὴ ἔοικεν;

Δῆλα δή, ὦ Σώκρατες, ὅτι ἡ μὲν ψυχὴ τῷ θείῳ, τὸ δὲ σῶμα τῷ θνητῷ.

Σκόπει δή, ἔφη, ὦ Κέβης, εἰ ἐκ πάντων τῶν εἰρημένων 10 *τάδε ἡμῖν συμβαίνει, τῷ μὲν θείῳ καὶ ἀθανάτῳ καὶ νοητῷ* b *καὶ μονοειδεῖ καὶ ἀδιαλύτῳ καὶ ἀεὶ ὡσαύτως κατὰ ταὐτὰ ἔχοντι ἑαυτῷ ὁμοιότατον εἶναι ψυχή, τῷ δὲ ἀνθρωπίνῳ καὶ θνητῷ καὶ πολυειδεῖ καὶ ἀνοήτῳ καὶ διαλυτῷ καὶ μηδέποτε κατὰ ταὐτὰ ἔχοντι ἑαυτῷ ὁμοιότατον αὖ εἶναι σῶμα. ἔχομέν* 5 *τι παρὰ ταῦτα ἄλλο λέγειν, ὦ φίλε Κέβης, ᾗ οὐχ οὕτως ἔχει;*

Οὐκ ἔχομεν.

Τί οὖν; τούτων οὕτως ἐχόντων ἆρ' οὐχὶ σώματι μὲν ταχὺ διαλύεσθαι προσήκει, ψυχῇ δὲ αὖ τὸ παράπαν ἀδιαλύτῳ εἶναι ἢ ἐγγύς τι τούτου; 10

Πῶς γὰρ οὔ; c

前者统治及成为主人[①]；据此你是否再次
认为一个相似于神圣之物，另一个相似于会朽事物？
或者你不认为，诸如此类的神圣之事生来要统治及领导，
但会朽之物生来要被统治及服务？ 5

我当然认为。

那灵魂看来是哪一个呢？

明显的，苏格拉底，灵魂相似于神圣之物，身体
却相似于会朽之物。

探究，他说，克贝斯，从所说的一切我们 10
是否同意这些说法，灵魂最相似于神圣、不朽、 b
睿智、单纯、不会消散及保持稳定的事物，
但身体是最相似于人世的、会朽的、
多样的、愚昧的[②]、会消散的及从未
保持稳定不变的事物。除此之外我们 5
能说别的事吗？亲爱的克贝斯，或者事实并非如此？

我们不能。

还有呢？事实是否是这样，快速消解
是属于身体、完全[③]不消解是属于
灵魂，或者某种相近于此的说法[④]？ 10

怎么不是呢？ c

---

① 灵魂统治身体的结论有些突兀，因为64e-65a柏拉图提及身体囚禁灵魂，似乎指出灵魂不必然一定会统治身体。一如《理想国篇》430e-431a柏拉图认为只有在节制之人身上，才可看到身体受灵魂的制约。此外柏拉图的主张在当代心灵哲学中，称为灵肉的互动主义。这个观点最大的困难，一如笛卡儿所面对的困难，灵肉互动的联系点在哪儿？这使得灵肉互动说有着某种不可被明示的神秘性。再者，柏拉图不只一次地强调，只有非物质物（灵魂）可以与非物质的客体（理型）有所交通；然而他在此却主张，灵魂与身体有实质的往来，柏拉图或许犯了一范畴上的错误。关于灵魂统治身体的概念，亦可参见《克雷投丰篇》（The *Cleitophon*）407e、《艾尔奇比亚德斯篇》353e及《菲利布斯篇》（The *Philebus*）35d。

② 身体是愚蠢的说法，参见67a。

③ 在此parapan（完全地）意谓灵魂不仅“看来”不会消解，且是“真的”不会消解。

④ Burnet：ibid. 80认为这句话显示苏格拉底的论证并未拍板定案；Gallop：ibid. 142认为苏格拉底在灵魂不会消解及对此说法有所保留之间犹豫不决。

Ἐννοεῖς οὖν, ἔφη, ἐπειδὰν ἀποθάνῃ ὁ ἄνθρωπος, τὸ μὲν ὁρατὸν αὐτοῦ, τὸ σῶμα, καὶ ἐν ὁρατῷ κείμενον, ὃ δὴ νεκρὸν καλοῦμεν, ᾧ προσήκει διαλύεσθαι καὶ διαπίπτειν καὶ δια-πνεῖσθαι, οὐκ εὐθὺς τούτων οὐδὲν πέπονθεν, ἀλλ' ἐπιεικῶς 5
συχνὸν ἐπιμένει χρόνον, ἐὰν μέν τις καὶ χαριέντως ἔχων τὸ σῶμα τελευτήσῃ καὶ ἐν τοιαύτῃ ὥρᾳ, καὶ πάνυ μάλα. συμ-πεσὸν γὰρ τὸ σῶμα καὶ ταριχευθέν, ὥσπερ οἱ ἐν Αἰγύπτῳ ταριχευθέντες, ὀλίγου ὅλον μένει ἀμήχανον ὅσον χρόνον·
ἔνια δὲ μέρη τοῦ σώματος, καὶ ἂν σαπῇ, ὀστᾶ τε καὶ νεῦρα d
καὶ τὰ τοιαῦτα πάντα, ὅμως ὡς ἔπος εἰπεῖν ἀθάνατά ἐστιν· ἢ οὔ;

Ναί.

Ἡ δὲ ψυχὴ ἄρα, τὸ ἀιδές, τὸ εἰς τοιοῦτον τόπον ἕτερον 5
οἰχόμενον γενναῖον καὶ καθαρὸν καὶ ἀιδῆ, εἰς Ἅιδου ὡς ἀληθῶς, παρὰ τὸν ἀγαθὸν καὶ φρόνιμον θεόν, οἷ, ἂν θεὸς θέλῃ, αὐτίκα καὶ τῇ ἐμῇ ψυχῇ ἰτέον, αὕτη δὲ δὴ ἡμῖν ἡ τοιαύτη καὶ οὕτω πεφυκυῖα ἀπαλλαττομένη τοῦ σώματος εὐθὺς διαπεφύσηται καὶ ἀπόλωλεν, ὥς φασιν οἱ πολλοὶ 10
ἄνθρωποι; πολλοῦ γε δεῖ, ὦ φίλε Κέβης τε καὶ Σιμμία, e
ἀλλὰ πολλῷ μᾶλλον ὧδ' ἔχει· ἐὰν μὲν καθαρὰ ἀπαλλάττηται, μηδὲν τοῦ σώματος συνεφέλκουσα, ἅτε οὐδὲν κοινωνοῦσα αὐτῷ ἐν τῷ βίῳ ἑκοῦσα εἶναι, ἀλλὰ φεύγουσα αὐτὸ καὶ συνηθροισμένη αὐτὴ εἰς ἑαυτήν, ἅτε μελετῶσα ἀεὶ τοῦτο — 5
τὸ δὲ οὐδὲν ἄλλο ἐστὶν ἢ ὀρθῶς φιλοσοφοῦσα καὶ τῷ ὄντι τεθνάναι μελετῶσα ῥᾳδίως· ἢ οὐ τοῦτ' ἂν εἴη μελέτη **81a**

你知道，他说，当人死时，他的
可见的部分，身体，保持在可见的范围中，我们
称为尸体，它属于会消散、瓦解及被
吹跑，不会立即受到这些事物的影响，但它 5
会相当长的时间保持原样，若有人死时身体
是处于一良好状态，且在如此的年纪，真的可长期保持[①]；
当身体缩水及被涂上防腐剂，就如在埃及
被涂防腐剂的人，它会维持一段无法言说的漫长时间，
某些身体的部分，即使身体腐朽，骨头，肌腱及 d
所有这类的事物却，简言之，是不朽，
是或不是?

是。

那我们可否认为，灵魂，不可见的事物[②]，是去不同的地方， 5
高贵、无污染及不具象的地方，是真的
到冥府去，与高贵、有智慧的神祇为伍，若
神祇愿意的话，我的灵魂应马上去那儿，而
我们这种灵魂，在本质上是以如此方式与身体分离，
它会如众人所说的，立即被吹散及 10
毁坏吗？绝对不会[③]，亲爱的克贝斯及希米亚斯， e
它反而会在如此的状态中，一旦分开它便成为洁净，
不会与身体的任何一部分结合，因为它在生活中没有
意愿与身体有任何的交通，而是避免身体，并
将自己聚合在一起，因它总是关心此事—— 5
这就是以正确的方式从事哲学而且事实上
是愿意练习死亡，或者这不是死亡的 **81a**

---

① 若一个身体状况良好的年轻人不幸早逝，他的身体不会立即消散瓦解，而会保持一段时间。

② 柏拉图运用 aides（不可见事物）及 Aidēs（冥府）的相同拼字来指出理型存在的地方，这使得柏拉图将传统神话中的冥府转化成一理性的领域，参见 K. Dorter：1976，299 及 C. Rowe：ibid. 97-109。

③ 因此灵魂不是物质物，参见 70c-d。

θανάτου;

Παντάπασί γε.

Οὐκοῦν οὕτω μὲν ἔχουσα εἰς τὸ ὅμοιον αὐτῇ τὸ ἀιδὲς ἀπέρχεται, τὸ θεῖόν τε καὶ ἀθάνατον καὶ φρόνιμον, οἷ 5 *ἀφικομένῃ ὑπάρχει αὐτῇ εὐδαίμονι εἶναι, πλάνης καὶ ἀνοίας καὶ φόβων καὶ ἀγρίων ἐρώτων καὶ τῶν ἄλλων κακῶν τῶν ἀνθρωπείων ἀπηλλαγμένῃ, ὥσπερ δὲ λέγεται κατὰ τῶν μεμυημένων, ὡς ἀληθῶς τὸν λοιπὸν χρόνον μετὰ θεῶν διάγουσα; οὕτω φῶμεν, ὦ Κέβης, ἢ ἄλλως;* 10

Οὕτω νὴ Δία, ἔφη ὁ Κέβης.

Ἐὰν δέ γε οἶμαι μεμιασμένη καὶ ἀκάθαρτος τοῦ σώματος b *ἀπαλλάττηται, ἅτε τῷ σώματι ἀεὶ συνοῦσα καὶ τοῦτο θεραπεύουσα καὶ ἐρῶσα καὶ γοητευομένη ὑπ' αὐτοῦ ὑπό τε τῶν ἐπιθυμιῶν καὶ ἡδονῶν, ὥστε μηδὲν ἄλλο δοκεῖν εἶναι ἀληθὲς ἀλλ' ἢ τὸ σωματοειδές, οὗ τις ἂν ἅψαιτο καὶ ἴδοι καὶ πίοι* 5 *καὶ φάγοι καὶ πρὸς τὰ ἀφροδίσια χρήσαιτο, τὸ δὲ τοῖς ὄμμασι σκοτῶδες καὶ ἀιδές, νοητὸν δὲ καὶ φιλοσοφίᾳ αἱρετόν, τοῦτο δὲ εἰθισμένη μισεῖν τε καὶ τρέμειν καὶ φεύγειν, οὕτω δὴ ἔχουσαν οἴει ψυχὴν αὐτὴν καθ' αὑτὴν εἰλικρινῆ ἀπαλ-* c *λάξεσθαι;*

Οὐδ' ὁπωστιοῦν, ἔφη.

Ἀλλὰ [καὶ] διειλημμένην γε οἶμαι ὑπὸ τοῦ σωματοειδοῦς, ὃ αὐτῇ ἡ ὁμιλία τε καὶ συνουσία τοῦ σώματος διὰ τὸ ἀεὶ 5

练习？

完全没错。

因此事实是如此，灵魂来到与它相似的事物——不可见、

神圣、不朽及有智慧的事物[①]——面前，当它到了那儿， 5

它有可能感到安宁[②]，它远离欺骗、愚蠢、

害怕、强烈的欲望及其他与人有关的

恶，就像上述完全人教仪式的人[③]，

真的花所剩的时间与神为伍[④]，

克贝斯，我们是否这么说呢？ 10

是这么说的，以宙斯之名为誓，克贝斯说。

若我认为灵魂与身体分开时是污浊 b

肮脏的，因为它一直与身体为伍，为它

服务、喜欢它、受到它及欲望与快乐

的迷惑，所以除了与身体有关的事物外，

似乎无物为真实的[⑤]，有人可触摸它、看见它、 5

喝它、吃它及想要耽溺在肉体欢爱之中，

然而对眼睛而言是晦暗不可见之物，却是可理解的事物，且

必须借由哲学获得，身体习于憎恨、恐惧及逃避，

你真的认为灵魂在如此的状态下会独自地与洁净 c

分开吗？

绝不会，他说。

我反而认为灵魂被与身体有关之物点缀，

它与身体共同生活、为伴，借一直 5

---

① 以上形容词（theion，athanaton，phronimon）不是指人死后灵魂去的地方，而是诸神所有的特质，参见 Hackforth：ibid. 88，n. 4；Gallop：ibid. 143 认为这些神祇便是理型。

② eudaimon（快乐、幸福），不是肉体物质上的快乐（b3），而是一种安顿宁静的状态（well-being）。

③ 69c-d。

④ 据《费德若斯篇》249a，灵魂要经验三千年的轮回，才得以免于轮回，与诸神为伍；《费多篇》人死后洁净的灵魂可直接与神为伍。Hackforth：ibid. 88，n. 5 认为《费德若斯篇》的论述更贴近奥菲斯的思想。

⑤ alēthes 在此是真实与虚幻的对比，而不是知识上真与假的。

συνεῖναι καὶ διὰ τὴν πολλὴν μελέτην ἐνεποίησε σύμφυτον;

Πάνυ γε.

Ἐμβριθὲς δέ γε, ὦ φίλε, τοῦτο οἴεσθαι χρὴ εἶναι καὶ βαρὺ καὶ γεῶδες καὶ ὁρατόν· ὃ δὴ καὶ ἔχουσα ἡ τοιαύτη ψυχὴ βαρύνεταί τε καὶ ἕλκεται πάλιν εἰς τὸν ὁρατὸν τόπον 10
φόβῳ τοῦ ἀιδοῦς τε καὶ Ἅιδου, ὥσπερ λέγεται, περὶ τὰ μνήματά τε καὶ τοὺς τάφους κυλινδουμένη, περὶ ἃ δὴ καὶ d
ὤφθη ἄττα ψυχῶν σκιοειδῆ φαντάσματα, οἷα παρέχονται αἱ τοιαῦται ψυχαὶ εἴδωλα, αἱ μὴ καθαρῶς ἀπολυθεῖσαι ἀλλὰ τοῦ ὁρατοῦ μετέχουσαι, διὸ καὶ ὁρῶνται.

Εἰκός γε, ὦ Σώκρατες. 5

Εἰκὸς μέντοι, ὦ Κέβης· καὶ οὔ τί γε τὰς τῶν ἀγαθῶν αὐτὰς εἶναι, ἀλλὰ τὰς τῶν φαύλων, αἳ περὶ τὰ τοιαῦτα ἀναγκάζονται πλανᾶσθαι δίκην τίνουσαι τῆς προτέρας τροφῆς κακῆς οὔσης. καὶ μέχρι γε τούτου πλανῶνται, ἕως ἂν τῇ τοῦ συνεπακολουθοῦντος, τοῦ σωματοειδοῦς, ἐπιθυμίᾳ πάλιν e
ἐνδεθῶσιν εἰς σῶμα· ἐνδοῦνται δέ, ὥσπερ εἰκός, εἰς τοιαῦτα ἤθη ὁποῖ' ἄττ' ἂν καὶ μεμελετηκυῖαι τύχωσιν ἐν τῷ βίῳ.

Τὰ ποῖα δὴ ταῦτα λέγεις, ὦ Σώκρατες;

Οἷον τοὺς μὲν γαστριμαργίας τε καὶ ὕβρεις καὶ φιλοποσίας 5
μεμελετηκότας καὶ μὴ διηυλαβημένους εἰς τὰ τῶν ὄνων γένη καὶ τῶν τοιούτων θηρίων εἰκὸς ἐνδύεσθαι. ἢ οὐκ οἴει; **82a**

Πάνυ μὲν οὖν εἰκὸς λέγεις.

Τούς δέ γε ἀδικίας τε καὶ τυραννίδας καὶ ἁρπαγὰς προ-

相处与许多的追求，它们长成一体[①]？

没错。

这应被视为是，我的朋友，沉重、
迟钝、世俗及可见的事物，这种拥有此物
的灵魂会受到对不可见的事物与冥府的恐惧所困扰， 10
且会再一次被拖到可见的领域中，就像传说中的一样，
在坟冢基地留连徘徊，在这些地方 d
可见某些灵魂幽暗的形象，这些影子
是这类的灵魂所产生的，它们不是在洁净的状态下
离开，而是分享可见事物的特质，因此被看见[②]。

看来是，苏格拉底。 5

看来一定是，克贝斯，此外，这些不是有德之人
的灵魂，而是无德之人的灵魂，它们被
迫要在这类事物的周遭徘徊，为之前不好的生
活方式承受惩罚。它们会一直留连徘徊，直到
再次被追随与身体有关的事物的欲望绑缚在 e
身体上，它们被绑缚在，就像是，这类
的性格上，与它们在活着的时候所投射出的性格一样。

你的意思是，苏格拉底？

例如，那些习于贪婪、放纵及酗酒 5
的人，并未十分注意自己可能进入驴子的族类
及诸如此类的野兽的族类。还是你不认为？ **82a**

你所言非常合理。

好，那些喜爱不义、专制及掠夺之事

---

① 此处论述似乎指出灵魂与身体之间的互动如两个物质物之间的互动，Gallop：ibid. 143 认为柏拉图对灵魂的本质经常无一致的说法，或在叙述灵魂时语言用字不严谨，类似看法亦可参见 Hackforth：ibid. 93，n. 1。此外 Bostock：ibid. 28 认为，灵魂与身体分离后，依然带有身体的元素之说法，勿认真对待。

② 古希腊传统文化中对灵魂、鬼魅或灵魂的影子等看法，参见 Dodds：ibid. 135-156；Adkins：ibid. 14-15；Snell：ibid. 1-22 及 Bremmer：ibid. 108-123。

τετιμηκότας εἰς τὰ τῶν λύκων τε καὶ ἱεράκων καὶ ἰκτίνων γένη· ἢ ποῖ ἂν ἄλλοσέ φαμεν τὰς τοιαύτας ἰέναι; 5

Ἀμέλει, ἔφη ὁ Κέβης, εἰς τὰ τοιαῦτα.

Οὐκοῦν, ἦ δ' ὅς, δῆλα δὴ καὶ τἆλλα ᾗ ἂν ἕκαστα ἴοι κατὰ τὰς αὐτῶν ὁμοιότητας τῆς μελέτης;

Δῆλον δή, ἔφη· πῶς δ' οὔ;

Οὐκοῦν εὐδαιμονέστατοι, ἔφη, καὶ τούτων εἰσὶ καὶ εἰς 10 *βέλτιστον τόπον ἰόντες οἱ τὴν δημοτικὴν καὶ πολιτικὴν ἀρετὴν ἐπιτετηδευκότες,* b *ἣν δὴ καλοῦσι σωφροσύνην τε καὶ δικαιοσύνην, ἐξ ἔθους τε καὶ μελέτης γεγονυῖαν ἄνευ φιλοσοφίας τε καὶ νοῦ;*

Πῇ δὴ οὗτοι εὐδαιμονέστατοι;

Ὅτι τούτους εἰκός [ἐστιν] εἰς τοιοῦτον πάλιν ἀφικνεῖσθαι 5 *πολιτικὸν καὶ ἥμερον γένος, ἤ που μελιττῶν ἢ σφηκῶν ἢ μυρμήκων, καὶ εἰς ταὐτόν γε πάλιν τὸ ἀνθρώπινον γένος, καὶ γίγνεσθαι ἐξ αὐτῶν ἄνδρας μετρίους.*

Εἰκός.

Εἰς δέ γε θεῶν γένος μὴ φιλοσοφήσαντι καὶ παντελῶς 10 *καθαρῷ ἀπιόντι οὐ θέμις ἀφικνεῖσθαι ἀλλ' ἢ τῷ φιλομαθεῖ.* c *ἀλλὰ τούτων ἕνεκα, ὦ ἑταῖρε Σιμμία τε καὶ Κέβης, οἱ ὀρθῶς φιλοσοφοῦντες ἀπέχονται τῶν κατὰ τὸ σῶμα ἐπιθυμιῶν ἁπασῶν καὶ καρτεροῦσι καὶ οὐ παραδιδόασιν αὐταῖς ἑαυτούς, οὔ τι οἰκοφθορίαν τε καὶ πενίαν φοβούμενοι, ὥσπερ οἱ* 5 *πολλοὶ καὶ φιλοχρήματοι· οὐδὲ αὖ ἀτιμίαν τε καὶ ἀδοξίαν*

的人，可能进入狼、老鹰及鸢的族类，

或者我们说这类的灵魂会去哪儿[①]？ 5

毫无疑问地，克贝斯说，是进入这类动物身上。

因此，他说，这相当明显，每一个不同的族类

去的地方，是符合最近似它们所关切的事物。

确实明显，他说；怎么不是呢？

所以他们之中，他说，最安宁的人，是去最 10

高贵的地方，那些实践一般或公民的

德性，他们称此为节制及 b

正义，它是从性格与行为实践中产生，没有

哲学与理智的伴随吗[②]？

他们何以成为最安宁的人？

因为这些人有可能再次来到公民 5

及温驯的族类，我想不是蜜蜂，就是土蜂、

或蚂蚁，及再一次进入人的族类，

谦逊之人由他们而出。

有可能。

来到神的族类，此一权利不会来到远离 10

从事哲学及完全洁净的人面前，而是到爱学习者面前[③]。 c

为这些事的缘故，亲爱的希米亚斯及克贝斯，哲

学家们真的远离一切欲望，反对身体，且

立稳脚跟，不使自己向它们投降，

他们不担心某些财富的损失及贫穷，如大多 5

数人及爱财之人所怕，也不担心荣耀及名声失

---

① 灵魂在轮回时会进入别种生物的身体之说，亦可参见《理想国篇》619e-620a；《费德若斯篇》249b；《提迈欧斯篇》41e-42c、91d-92c。Dodds：ibid. 229，n. 43 认为这个轮回至动物身上的观点来自于毕达哥拉斯的思想（Xenophanes，DK 21B7），但并不适用于理性的灵魂。

② 类似的说法，参见《理想国篇》619c6-619d1；非哲学家虽不具有真正的德性，但它们具有不建立在哲学与理性上的一般公民的德性（domestikē aretē），这些人在《理想国篇》中是卫士阶级的成员。

③ 净化灵魂与追求哲学化生活不是只为了来世生活的报偿，也是为了追求智慧与其他的德性（69a-c）。

μοχθηρίας δεδιότες, ὥσπερ οἱ φίλαρχοί τε καὶ φιλότιμοι, ἔπειτα ἀπέχονται αὐτῶν.

Οὐ γὰρ ἂν πρέποι, ἔφη, ὦ Σώκρατες, ὁ Κέβης.

Οὐ μέντοι μὰ Δία, ἦ δ' ὅς. τοιγάρτοι τούτοις μὲν d *ἅπασιν, ὦ Κέβης, ἐκεῖνοι οἷς τι μέλει τῆς ἑαυτῶν ψυχῆς ἀλλὰ μὴ σώματι [πλάττοντες] ζῶσι, χαίρειν εἰπόντες, οὐ κατὰ ταὐτὰ πορεύονται αὐτοῖς ὡς οὐκ εἰδόσιν ὅπη ἔρχονται, αὐτοὶ δὲ ἡγούμενοι οὐ δεῖν ἐναντία τῇ φιλοσοφίᾳ πράττειν* 5 *καὶ τῇ ἐκείνης λύσει τε καὶ καθαρμῷ ταύτῃ δὴ τρέπονται ἐκείνῃ ἑπόμενοι, ᾗ ἐκείνη ὑφηγεῖται.*

Πῶς, ὦ Σώκρατες;

Ἐγὼ ἐρῶ, ἔφη. γιγνώσκουσι γάρ, ἦ δ' ὅς, οἱ φιλομαθεῖς ὅτι παραλαβοῦσα αὐτῶν τὴν ψυχὴν ἡ φιλοσοφία ἀτεχνῶς e *διαδεδεμένην ἐν τῷ σώματι καὶ προσκεκολλημένην, ἀναγκαζομένην δὲ ὥσπερ διὰ εἱργμοῦ διὰ τούτου σκοπεῖσθαι τὰ ὄντα ἀλλὰ μὴ αὐτὴν δι' αὑτῆς, καὶ ἐν πάσῃ ἀμαθίᾳ κυλινδουμένην, καὶ τοῦ εἱργμοῦ τὴν δεινότητα κατιδοῦσα ὅτι δι'* 5 *ἐπιθυμίας ἐστίν, ὡς ἂν μάλιστα αὐτὸς ὁ δεδεμένος συλλήπτωρ εἴη τοῦ δεδέσθαι, — ὅπερ οὖν λέγω, γιγνώσκουσιν οἱ φιλομα-* **83a** *θεῖς ὅτι οὕτω παραλαβοῦσα ἡ φιλοσοφία ἔχουσαν αὐτῶν τὴν ψυχὴν ἠρέμα παραμυθεῖται καὶ λύειν ἐπιχειρεῖ, ἐνδεικνυμένη ὅτι ἀπάτης μὲν μεστὴ ἡ διὰ τῶν ὀμμάτων σκέψις, ἀπάτης δὲ ἡ διὰ τῶν ὤτων καὶ τῶν ἄλλων αἰσθήσεων,* 5 *πείθουσα δὲ ἐκ τούτων μὲν ἀναχωρεῖν, ὅσον μὴ ἀνάγκη [αὐτοῖς] χρῆσθαι, αὐτὴν δὲ εἰς αὑτὴν συλλέγεσθαι καὶ ἁθροίζεσθαι παρακελευομένη, πιστεύειν δὲ μηδενὶ ἄλλῳ ἀλλ'*

去后的艰辛，如喜好权力及荣耀之人所怕，
为此他们远离这些事[①]。

因这是不适切的，克贝斯说，苏格拉底。

当然不适切，以宙斯之名为誓，他说。因此那些 d
关切自己的灵魂，不活在身体
的铸模之中的人向所有这些人说再见，他们不会
顺着不知道自己会去哪儿的人的路径前行[②]，
但他们认为不应该做违背哲学之事， 5
违背陈述哲学及净化之事，并转向
追随哲学，它指引方向。

怎么指引，苏格拉底？

我会说的，他说。因为爱学习者，他说，知道，
哲学掌控他们的灵魂，当它被 e
完全拴系附着在身体之中时，就像
它必须透过这个监狱来探究
事物，不是透过自己，它游荡在全然的
无知之中，且监狱的精明吞噬了它，意即 5
透过欲望，被监禁之人特别会成为
监禁者的伙伴，——如我所言，爱学习者知 **83a**
道，当哲学将他们灵魂掌控在
此状态下，适度地鼓励并试着放松，当它
证明，透过眼睛的探究是充满欺骗，
透过耳朵及其他感官知觉是满布虚假， 5
它说服灵魂从这些感官知觉中撤离，在灵魂没
有必要使用它们的范围内，它要求灵魂做自己的伙伴，
自我结合[③]，除了自己之外不要相信任何

① 关于爱智慧、爱金钱及爱荣誉和灵魂三分的关系，参见 68c2 的注释。
② 明智的灵魂对未来了然于心，参见 108a6-7。
③ 类似的观点，参见 67c7-8，柏拉图再次暗示灵魂具有部分。

ἢ αὐτὴν αὐτῇ, ὅταν νοήσῃ αὐτὴ καθ' αὑτὴν αὐτὸ τι καθ' b
αὑτὸ τῶν ὄντων· ὅτι δ' ἂν δι' ἄλλων σκοπῇ ἐν ἄλλοις ὂν
ἄλλο, μηδὲν ἡγεῖσθαι ἀληθές· εἶναι δὲ τὸ μὲν τοιοῦτον
αἰσθητόν τε καὶ ὁρατόν, ὃ δὲ αὐτὴ ὁρᾷ νοητόν τε καὶ ἀιδές.
ταύτῃ οὖν τῇ λύσει οὐκ οἰομένη δεῖν ἐναντιοῦσθαι ἡ τοῦ ὡς 5
ἀληθῶς φιλοσόφου ψυχὴ οὕτως ἀπέχεται τῶν ἡδονῶν τε
καὶ ἐπιθυμιῶν καὶ λυπῶν [καὶ φόβων] καθ' ὅσον δύναται,
λογιζομένη ὅτι, ἐπειδάν τις σφόδρα ἡσθῇ ἢ φοβηθῇ [ἢ
λυπηθῇ] ἢ ἐπιθυμήσῃ, οὐδὲν τοσοῦτον κακὸν ἔπαθεν ἀπ'
αὐτῶν ὧν ἄν τις οἰηθείη, οἷον ἢ νοσήσας ἤ τι ἀναλώσας c
διὰ τὰς ἐπιθυμίας, ἀλλ' ὃ πάντων μέγιστόν τε κακῶν καὶ
ἔσχατόν ἐστι, τοῦτο πάσχει καὶ οὐ λογίζεται αὐτό.

Τί τοῦτο, ὦ Σώκρατες; ἔφη ὁ Κέβης.

Ὅτι ψυχὴ παντὸς ἀνθρώπου ἀναγκάζεται ἅμα τε ἡσθῆναι 5
σφόδρα ἢ λυπηθῆναι ἐπί τῳ καὶ ἡγεῖσθαι περὶ ὃ ἂν μάλιστα
τοῦτο πάσχῃ, τοῦτο ἐναργέστατόν τε εἶναι καὶ ἀληθέστατον,
οὐχ οὕτως ἔχον· ταῦτα δὲ μάλιστα <τὰ> ὁρατά· ἢ οὔ;

Πάνυ γε.

Οὐκοῦν ἐν τούτῳ τῷ πάθει μάλιστα καταδεῖται ψυχὴ ὑπὸ d
σώματος;

Πῶς δή;

事，不论是什么事它皆独自透过自己来 b
理解；因为透过其他事物的探究，它们在不同情形下，
是不同的事物[①]，灵魂所思虑的无一为真[②]，这类可
感知及可见事物存在，但灵魂所见的是可理解及不可见的事物。
真正的哲学家的灵魂认为不应该 5
抵制这个陈述，为了尽自己所能
远离享乐、欲求、痛苦〔及恐惧〕[③]，
也认为，当有人强烈地快乐、害怕、〔
痛苦〕、或欲求[④]，他承受从它们而起的恶
并没有他所想的小，例如因为欲望而来 c
的疾病与花费，但最大及最极端的恶
是，他承受它而且对此恶不知所以。

这是什么，苏格拉底？克贝斯说。

所有人的灵魂一定会对某物感 5
到快乐与痛苦，且同时一定会认为关于他特别
经验到的东西，是最清晰及最真实的事物，
但事实不是如此，这些事物尤其是可见的事物；或不是？

没错。

因此，在此感受中灵魂格外受到身体的 d
桎梏吗？

怎么会？

---

① 感官经验中的事物不稳定（78d10-e4）；Gallop：ibid. 144 及 Bluck：ibid. 82，n. 1 认为“en allois on allo”一句应译为“在不同的事物中有所不同”，但根据 74b 及 78d-e 的论述，例如美的事物是在不同的情况下，而非在不同的事物中，会变成丑的事物。

② alēthes（真）具有何种意涵，当柏拉图说感官经验中的事物不真？显然柏拉图并非指感觉事物不存在，亦非指感觉事物为假，而是指一个美的经验事物无法充分完整地显示美是什么，因此它们缺乏美的实在性（reality）或不“是”美的事物，参见 78d 之译文与注释。

③ Archer-Hind、Rowe 及 1995 年修订之 OCT 的版本皆保留本句“kai phobōn”；但 Burnet 认为此为后人窜插。

④ Burnet 的版本是“hēsthē ē phobēthē [ē lupēthē] ē epithumēsē”；Archer-Hind 的版本直接将 ē lupēthē 删除；Rowe 及 1995 年修订之 OCT 版本皆为“hēsthē ē lupēthē ē phobēthē ē epithumēsē”，中译文为“当有人强烈地快乐、恐惧、痛苦或欲求”。

Ὅτι ἑκάστη ἡδονὴ καὶ λύπη ὥσπερ ἧλον ἔχουσα προσηλοῖ

αὐτὴν πρὸς τὸ σῶμα καὶ προσπερονᾷ καὶ ποιεῖ σωματοειδῆ, 5

δοξάζουσαν ταῦτα ἀληθῆ εἶναι ἅπερ ἂν καὶ τὸ σῶμα φῇ.

ἐκ γὰρ τοῦ ὁμοδοξεῖν τῷ σώματι καὶ τοῖς αὐτοῖς χαίρειν

ἀναγκάζεται οἶμαι ὁμότροπός τε καὶ ὁμότροφος γίγνεσθαι

καὶ οἵα μηδέποτε εἰς Ἅιδου καθαρῶς ἀφικέσθαι, ἀλλὰ ἀεὶ

τοῦ σώματος ἀναπλέα ἐξιέναι, ὥστε ταχὺ πάλιν πίπτειν εἰς 10

ἄλλο σῶμα καὶ ὥσπερ σπειρομένη ἐμφύεσθαι, καὶ ἐκ τούτων e

ἄμοιρος εἶναι τῆς τοῦ θείου τε καὶ καθαροῦ καὶ μονοειδοῦς

συνουσίας.

Ἀληθέστατα, ἔφη, λέγεις, ὁ Κέβης, ὦ Σώκρατες.

Τούτων τοίνυν ἕνεκα, ὦ Κέβης, οἱ δικαίως φιλομαθεῖς 5

κόσμιοί εἰσι καὶ ἀνδρεῖοι, οὐχ ὧν οἱ πολλοὶ ἕνεκά [φασιν]·

ἢ σὺ οἴει;

Οὐ δῆτα ἔγωγε. **84a**

Οὐ γάρ· ἀλλ' οὕτω λογίσαιτ' ἂν ψυχὴ ἀνδρὸς φιλοσόφου,

καὶ οὐκ ἂν οἰηθείη τὴν μὲν φιλοσοφίαν χρῆναι αὐτὴν λύειν,

λυούσης δὲ ἐκείνης αὐτὴ παραδιδόναι ταῖς ἡδοναῖς καὶ λύπαις

ἑαυτὴν πάλιν αὖ ἐγκαταδεῖν καὶ ἀνήνυτον ἔργον πράττειν 5

Πηνελόπης τινὰ ἐναντίως ἱστὸν μεταχειριζομένη, ἀλλὰ γαλή-

νην τούτων παρασκευάζουσα, ἑπομένη τῷ λογισμῷ καὶ ἀεὶ

ἐν τούτῳ οὖσα, τὸ ἀληθὲς καὶ [τὸ] θεῖον καὶ [τὸ] ἀδόξαστον

θεωμένη καὶ ὑπ' ἐκείνου τρεφομένη, ζῆν τε οἴεται οὕτω b

每一个快乐与痛苦[1]，就像具有钉子一般，将灵
魂钉拴在身体之上，且使它具有形体， 5
因此它会认为任何身体所说的事皆为真。
从与身体感同身受，及对感官知觉感到快乐，
我认为一定会形成意见相同及一起成长
且不会以洁净的状态到达冥府，而是在行
进中一直受到身体的污染[2]，所以它再次快速地陷 10
入另一个身体，就像被种在身体中，成长茁壮，且由于 e
这些事的缘故，它无法与神圣、洁净及精纯
为伍。

你所言极为恰当，克贝斯说，苏格拉底。

那么因为这个缘故，克贝斯，爱智之人是 5
真正的智者及勇者，不是因为众人所说的理由[3]，
或是你认为呢？

我当然认为不是。 **84a**

的确不是，哲学家的灵魂以此方式思虑，
且不认为哲学应该释放它，
一旦释放了它，便会自愿向快乐与痛苦投降，
它再一次地被捆绑，且从事潘妮洛佩 5
的无止尽的工作，以一相反的方式处理编织物[4]，
灵魂获致欲望上的平静，它追随思想而
且一直致力于其中，它看见真理、神圣之物及
不是意见的对象的事物[5]，受此养育，它认为应 b

---

① 快乐与痛苦在此受到批判，主要是因它们与身体的联系关系。这或可回溯至苏格拉底在 69b-c 的说法。

② Burnet：ibid. 83 认为 anaplea 应理解为污染。

③ 真正哲学家的德性是以智慧为基础（69a6-c3），并明了生命的目的为何。

④ 奥迪修斯之妻潘妮洛佩（Pēnelopē）以反复编织拖延追求者的追求，参见《奥迪赛》2，92-105。

⑤ 关于知识与意见、哲学家与非哲学家之别，柏拉图在《理想国篇》476d-480a 有所论述，知识的对象是理型，意见的对象则是感觉事物。

*δεῖν ἕως ἂν ζῇ, καὶ ἐπειδὰν τελευτήσῃ, εἰς τὸ συγγενὲς
καὶ εἰς τὸ τοιοῦτον ἀφικομένη ἀπηλλάχθαι τῶν ἀνθρωπίνων
κακῶν. ἐκ δὴ τῆς τοιαύτης τροφῆς οὐδὲν δεινὸν μὴ φοβηθῇ,
[ταῦτα δ' ἐπιτηδεύσασα,] ὦ Σιμμία τε καὶ Κέβης, ὅπως μὴ* 5
*διασπασθεῖσα ἐν τῇ ἀπαλλαγῇ τοῦ σώματος ὑπὸ τῶν ἀνέ-
μων διαφυσηθεῖσα καὶ διαπτομένη οἴχηται καὶ οὐδὲν ἔτι
οὐδαμοῦ ᾖ.*

Σιγὴ οὖν ἐγένετο ταῦτα εἰπόντος τοῦ Σωκράτους ἐπὶ c
*πολὺν χρόνον, καὶ αὐτός τε πρὸς τῷ εἰρημένῳ λόγῳ ἦν ὁ
Σωκράτης, ὡς ἰδεῖν ἐφαίνετο, καὶ ἡμῶν οἱ πλεῖστοι· Κέβης
δὲ καὶ Σιμμίας σμικρὸν πρὸς ἀλλήλω διελεγέσθην. καὶ ὁ
Σωκράτης ἰδὼν αὐτὼ ἤρετο, Τί; ἔφη, ὑμῖν τὰ λεχθέντα μῶν* 5
*μὴ δοκεῖ ἐνδεῶς λέγεσθαι; πολλὰς γὰρ δὴ ἔτι ἔχει ὑποψίας
καὶ ἀντιλαβάς, εἴ γε δή τις αὐτὰ μέλλει ἱκανῶς διεξιέναι. εἰ
μὲν οὖν τι ἄλλο σκοπεῖσθον, οὐδὲν λέγω· εἰ δέ τι περὶ
τούτων ἀπορεῖτον, μηδὲν ἀποκνήσητε καὶ αὐτοὶ εἰπεῖν καὶ
διελθεῖν, εἴ πῃ ὑμῖν φαίνεται βέλτιον <ἂν> λεχθῆναι, καὶ* d
*αὖ καὶ ἐμὲ συμπαραλαβεῖν, εἴ τι μᾶλλον οἴεσθε μετ' ἐμοῦ
εὐπορήσειν.*

*Καὶ ὁ Σιμμίας ἔφη· Καὶ μήν, ὦ Σώκρατες, τἀληθῆ σοι
ἐρῶ. πάλαι γὰρ ἡμῶν ἑκάτερος ἀπορῶν τὸν ἕτερον προωθεῖ* 5
*καὶ κελεύει ἐρέσθαι διὰ τὸ ἐπιθυμεῖν μὲν ἀκοῦσαι, ὀκνεῖν δὲ
ὄχλον παρέχειν, μή σοι ἀηδὲς ᾖ διὰ τὴν παροῦσαν συμφοράν.*

*Καὶ ὃς ἀκούσας ἐγέλασέν τε ἠρέμα καί φησιν· Βαβαί,
ὦ Σιμμία· ἦ που χαλεπῶς ἂν τοὺς ἄλλους ἀνθρώπους πεί-* e
σαιμι ὡς οὐ συμφορὰν ἡγοῦμαι τὴν παροῦσαν τύχην, ὅτε

该以如此方式活着，只要它活着时[1]，当它死时[2]，
它来到与它近似之物及诸如此类之物面前，与人的
恶分开。由于这类的养育它不惧怕恐怖之事，
〔追求这些事〕希米亚斯及克贝斯，在与身体 5
分开时它被风给撕成碎片，
四散分飞，它飞走并且不再位于
任何地方。

在苏格拉底说完这些事后，出现一段漫 c
长的寂静，苏格拉底自己沉浸在之前的
论述中，如他的面前所呈现的，我们大多数也是。克贝斯
及希米亚斯相互轻声交谈。苏格
拉底看见并问他，什么事？他说，你们不会 5
认为我们所说的尚有不足吧？依然有许多的
怀疑及弱点，若真的有人想要充分地检视它们。
若是要探究其他议题，我无话可说；若是关
于这些论述的迷惑，你们不要犹豫，说出来并
检视它，若你们认为它可以某种方式说得更好， d
再把我带在身边，若你们认为与我在一起较能找
到走出迷惑的方法。

希米亚斯说，那么，苏格拉底，我将告诉你
实话。我们两个困惑已久，互相迫使 5
及要求对方问问题，因为我们想要听你说，但犹豫
给你带来麻烦，万一你觉得不愉快，因为当下的不幸。

他听完之后面带微笑地说，注意，
希米亚斯，想必我很难说服其他人， e
我并不认为自己正身处不幸之中，若我

---

① “只要它活着”意谓只要灵魂与身体在一起的时候。

② “当它死时”意谓当人死时，身体不再有知觉活动。然而 Bostock：ibid. 21-22 认为这是指，灵魂死亡（亦可参见 88a6），但这与最后的论证中灵魂不灭的论证不一致。

γε μηδ' ὑμᾶς δύναμαι πείθειν, ἀλλὰ φοβεῖσθε μὴ δυσκολώ-
τερόν τι νῦν διάκειμαι ἢ ἐν τῷ πρόσθεν βίῳ· καί, ὡς ἔοικε,
τῶν κύκνων δοκῶ φαυλότερος ὑμῖν εἶναι τὴν μαντικήν, οἳ 5
ἐπειδὰν αἴσθωνται ὅτι δεῖ αὐτοὺς ἀποθανεῖν, ᾄδοντες καὶ ἐν
τῷ πρόσθεν χρόνῳ, τότε δὴ πλεῖστα καὶ μέγιστον ᾄδουσι, **85a**
γεγηθότες ὅτι μέλλουσι παρὰ τὸν θεὸν ἀπιέναι οὗπέρ εἰσι
θεράποντες. οἱ δ' ἄνθρωποι διὰ τὸ αὑτῶν δέος τοῦ θανάτου
καὶ τῶν κύκνων καταψεύδονται, καί φασιν αὐτοὺς θρηνοῦντας
τὸν θάνατον ὑπὸ λύπης ἐξᾴδειν, καὶ οὐ λογίζονται ὅτι οὐδὲν 5
ὄρνεον ᾄδει ὅταν πεινῇ ἢ ῥιγῷ ἤ τινα ἄλλην λύπην λυπῆται,
οὐδὲ αὐτὴ ἥ τε ἀηδὼν καὶ χελιδὼν καὶ ὁ ἔποψ, ἃ δή φασι
διὰ λύπην θρηνοῦντα ᾄδειν. ἀλλ' οὔτε ταῦτά μοι φαίνεται
λυπούμενα ᾄδειν οὔτε οἱ κύκνοι, ἀλλ' ἅτε οἶμαι τοῦ Ἀπόλ- b
λωνος ὄντες, μαντικοί τέ εἰσι καὶ προειδότες τὰ ἐν Ἅιδου
ἀγαθὰ ᾄδουσι καὶ τέρπονται ἐκείνην τὴν ἡμέραν διαφερόντως
ἢ ἐν τῷ ἔμπροσθεν χρόνῳ. ἐγὼ δὲ καὶ αὐτὸς ἡγοῦμαι
ὁμόδουλός τε εἶναι τῶν κύκνων καὶ ἱερὸς τοῦ αὐτοῦ θεοῦ, 5
καὶ οὐ χεῖρον ἐκείνων τὴν μαντικὴν ἔχειν παρὰ τοῦ δεσπότου,
οὐδὲ δυσθυμότερον αὐτῶν τοῦ βίου ἀπαλλάττεσθαι. ἀλλὰ
τούτου γ' ἕνεκα λέγειν τε χρὴ καὶ ἐρωτᾶν ὅτι ἂν βούλησθε,
ἕως ἂν Ἀθηναίων ἐῶσιν ἄνδρες ἕνδεκα.

Καλῶς, ἔφη, λέγεις, ὁ Σιμμίας· καὶ ἐγώ τέ σοι ἐρῶ ὃ 10
ἀπορῶ, καὶ αὖ ὅδε, ᾗ οὐκ ἀποδέχεται τὰ εἰρημένα. ἐμοὶ c
γὰρ δοκεῖ, ὦ Σώκρατες, περὶ τῶν τοιούτων ἴσως ὥσπερ καὶ

无法说服你们的话，可是你们却担心，
我现在的状况比之前更别扭；我认为，
我们似乎是比天鹅还不如的先知， 5
当它们感知到自己必死时，它们之前
会鸣唱，它们以最优美[①]的方式鸣唱， **85a**
它们对即将回到神祇身边感到愉悦，它
们是祂的侍从[②]。人们由于自己害怕死亡，
关于天鹅的事他们说谎，他们说：天鹅哀
嚎死亡，为伤悲唱首离别之歌，且他们不认为 5
鸟会鸣唱，每当它感到饥饿、寒冷或其他某种痛苦时，
它不是夜莺、燕子及戴胜鸟[③]，他们说这些鸟
因为痛苦哀鸣而唱。然而我认为它们及
天鹅都不是因感到痛苦悲伤而唱，因为我想它们是 b
属于阿波罗神，是预言家而且预知在冥府中
的好事，它们特别为那一天欢唱，比之
前的日子更感高兴。我认为自己
是天鹅的奴仆同志，是这位神祇的祭品， 5
在主人身旁我拥有的预言能力不亚于它们，
且我与生命分开也没有比它们还沮丧。然而
就这件事来说，必须说及问你们所想之事，
直到十一位雅典人[④]出现。

你说得好，希米亚斯说；我问你我所 10
疑惑之事，且他会问你他所不接受的说法。我 c
认为，苏格拉底，关于这些事或许就像你认为的

---

① Burnet 及 1995 年修订之 OCT 版本是 kallista（最优美地），但 Rowe：ibid. 201 认为没有必要将原来的 malista（最大声地）改为 kallista；Archer-Hind 的版本亦采用 malista。

② 天鹅是阿波罗神的使者（b1）。关于神祇与鸟的关系，参见 ODCW 114。

③ 这是关于普洛克尼（Procnē）、菲娄梅拉（Philomela）及特瑞欧斯（Tereus）的故事，他们三人在历经一连串的事故后，分别变成夜莺、燕子及戴胜鸟，因此人们认为这三种鸟会因为自身遭遇而产生痛苦悲伤之感。

④ 59e6。

σοὶ τὸ μὲν σαφὲς εἰδέναι ἐν τῷ νῦν βίῳ ἢ ἀδύνατον εἶναι
ἢ παγχάλεπόν τι, τὸ μέντοι αὖ τὰ λεγόμενα περὶ αὐτῶν μὴ
οὐχὶ παντὶ τρόπῳ ἐλέγχειν καὶ μὴ προαφίστασθαι πρὶν ἂν 5
πανταχῇ σκοπῶν ἀπείπῃ τις, πάνυ μαλθακοῦ εἶναι ἀνδρός·
δεῖν γὰρ περὶ αὐτὰ ἕν γέ τι τούτων διαπράξασθαι, ἢ μαθεῖν
ὅπῃ ἔχει ἢ εὑρεῖν ἤ, εἰ ταῦτα ἀδύνατον, τὸν γοῦν βέλ-
τιστον τῶν ἀνθρωπίνων λόγων λαβόντα καὶ δυσεξελεγκτό- d
τατον, ἐπὶ τούτου ὀχούμενον ὥσπερ ἐπὶ σχεδίας κινδυνεύοντα
διαπλεῦσαι τὸν βίον, εἰ μή τις δύναιτο ἀσφαλέστερον καὶ
ἀκινδυνότερον ἐπὶ βεβαιοτέρου ὀχήματος, [ἢ] λόγου θείου
τινός, διαπορευθῆναι. καὶ δὴ καὶ νῦν ἔγωγε οὐκ ἐπαισχυν- 5
θήσομαι ἐρέσθαι, ἐπειδὴ καὶ σὺ ταῦτα λέγεις, οὐδ' ἐμαυ-
τὸν αἰτιάσομαι ἐν ὑστέρῳ χρόνῳ ὅτι νῦν οὐκ εἶπον ἅ μοι
δοκεῖ. ἐμοὶ γάρ, ὦ Σώκρατες, ἐπειδὴ καὶ πρὸς ἐμαυτὸν
καὶ πρὸς τόνδε σκοπῶ τὰ εἰρημένα, οὐ πάνυ φαίνεται ἱκανῶς
εἰρῆσθαι. 10

Καὶ ὁ Σωκράτης, Ἴσως γάρ, ἔφη, ὦ ἑταῖρε, ἀληθῆ σοι e
φαίνεται· ἀλλὰ λέγε ὅπῃ δὴ οὐχ ἱκανῶς.

Ταύτῃ ἔμοιγε, ἦ δ' ὅς, ᾗ δὴ καὶ περὶ ἁρμονίας ἄν τις καὶ
λύρας τε καὶ χορδῶν τὸν αὐτὸν τοῦτον λόγον εἴποι, ὡς ἡ
μὲν ἁρμονία ἀόρατον καὶ ἀσώματον καὶ πάγκαλόν τι καὶ 5
θεῖόν ἐστιν ἐν τῇ ἡρμοσμένῃ λύρᾳ, αὐτὴ δ' ἡ λύρα καὶ **86a**
αἱ χορδαὶ σώματά τε καὶ σωματοειδῆ καὶ σύνθετα καὶ
γεώδη ἐστὶ καὶ τοῦ θνητοῦ συγγενῆ. ἐπειδὰν οὖν ἢ κατάξῃ

一样，要在此生了解真理，不是不可能的事，
就是非常难的事，关于这些事的说法当然要
用一切的方式再次地检证，且不可心生不悦[①]直到 5
有人因全面探究感到疲累，精神完全不济，因
为与此相关之事，他应该完成其中一件，（从别人那儿）学习
它何以为真、（自己）发现、或若这无法达成的话，采用世上
最优秀及最难驳斥的论证， d
倚靠它就像在木筏上冒着
生命危险航行，直到他能更安全且
更无风险地在坚固的船上，〔或〕在某一神圣
的说法中[②]，航行。因此我现在不感羞耻 5
地问，当你说这些事时，且我之后
也不会责备自己，因为我没说自己所认为
的事。我认为，苏格拉底，当我根据我自己
及根据他来探究这些论证，它似乎并未完
全充分地被陈述出来。 10

苏格拉底说，或许，我的伙伴，你的看法 e
正确，但说它何以未被充分地陈述。

我认为是以此方式，他说，有人或许
对和谐[③]、竖琴及琴弦提出相同的论述，和
谐是不可见、不具体、最美及 5
神圣的事物，在调好音的竖琴上，这把竖琴及 **86a**
它的弦是物体、物质物、复合物及
世俗的，且近似于会朽之物。当你摔

---

① 参见 89d1-e3。

② Burnet：ibid. 85 及 Archer-Hind：ibid. 63 认为，这是指奥菲斯及毕达哥拉斯的思想；然而 Gallop：ibid. 146 认为希米亚斯并不认为此一神圣的说法能为众人解惑，因此宗教信仰与哲学探究并不相同。此外，c10 的木筏意象，苏格拉底在 99c-100a 亦使用之。

③ harmonia 一字的动词 harmottein 为调整、调和、结合、适切等意，希米亚斯在此用法是竖琴的各个部分与琴弦调整合宜的结果。故和谐不必然可完全表达 harmonia 的意涵。

τις τὴν λύραν ἢ διατέμῃ καὶ διαρρήξῃ τὰς χορδάς, εἴ τις
διισχυρίζοιτο τῷ αὐτῷ λόγῳ ὥσπερ σύ, ὡς ἀνάγκη ἔτι εἶναι 5
τὴν ἁρμονίαν ἐκείνην καὶ μὴ ἀπολωλέναι·οὐδεμία γὰρ
μηχανὴ ἂν εἴη τὴν μὲν λύραν ἔτι εἶναι διερρωγυιῶν τῶν
χορδῶν καὶ τὰς χορδὰς θνητοειδεῖς οὔσας, τὴν δὲ ἁρμονίαν
ἀπολωλέναι τὴν τοῦ θείου τε καὶ ἀθανάτου ὁμοφυῆ τε καὶ b
συγγενῆ, προτέραν τοῦ θνητοῦ ἀπολομένην·ἀλλὰ φαίη
ἀνάγκη ἔτι που εἶναι αὐτὴν τὴν ἁρμονίαν, καὶ πρότερον τὰ
ξύλα καὶ τὰς χορδὰς κατασαπήσεσθαι πρίν τι ἐκείνην
παθεῖν — καὶ γὰρ οὖν, ὦ Σώκρατες, οἶμαι ἔγωγε καὶ αὐτόν 5
σε τοῦτο ἐντεθυμῆσθαι, ὅτι τοιοῦτόν τι μάλιστα ὑπολαμ-
βάνομεν τὴν ψυχὴν εἶναι, ὥσπερ ἐντεταμένου τοῦ σώματος
ἡμῶν καὶ συνεχομένου ὑπὸ θερμοῦ καὶ ψυχροῦ καὶ ξηροῦ
καὶ ὑγροῦ καὶ τοιούτων τινῶν, κρᾶσιν εἶναι καὶ ἁρμονίαν
αὐτῶν τούτων τὴν ψυχὴν ἡμῶν, ἐπειδὰν ταῦτα καλῶς καὶ c
μετρίως κραθῇ πρὸς ἄλληλα — εἰ οὖν τυγχάνει ἡ ψυχὴ οὖσα
ἁρμονία τις, [δῆλον ὅτι,] ὅταν χαλασθῇ τὸ σῶμα [ἡμῶν]
ἀμέτρως ἢ ἐπιταθῇ ὑπὸ νόσων καὶ ἄλλων κακῶν, τὴν μὲν

坏竖琴，或割断及毁坏琴弦，若有人
可像你一样对这个论证感到自在，那个和谐 5
一定依然存在，且没有毁损——因为竖琴与琴弦，
为会朽之物，在琴弦断裂毁坏之后，

不可能继续存在，与神圣不朽事物同质近似 b
的和谐会毁坏，在会朽之物毁灭之前——他或许会说，
这和谐想必一定会继续存在，且在木头与
琴弦腐朽之前，和谐已受某种程度的
影响[①]——因此，苏格拉底，我真的认为你 5
自己思考的是这件事，我们[②]认为灵魂特别
像某种这类的事物，就好像我们的身体借
由热、冷、干、湿及某些诸如此类的性质，处
在一种绷紧合一的状态，我们的灵魂是这些
事物的混合与和谐，当它们被合宜适度地 c
混合在一起时[③]——若灵魂是某种
和谐，明显地，当我们的身体不当地
松弛或受到病痛及其他不好的事物紧拉，

---

① Bluck：ibid. 86 认为柏拉图之前所提出的相似性论证受到希米亚斯和谐性论证的严厉挑战，且并未提出令人满意的答案证明相似性论述的合理性；Gallop：ibid. 147 则认为和谐性论证未成功驳斥相似性论证，理由有三：1）灵魂是非复合物，但和谐是复合物，因此以和谐比喻灵魂不恰当；2）灵魂统治身体，但和谐不曾或从未统治琴及琴弦；3）和谐虽看不见，但可听到，然而灵魂不具任何可感觉性。值得注意的是，理由（1）似乎不成立，因为在 67c8 柏拉图提及灵魂“习惯于自己独立装配及组合自己”，这似乎指出灵魂是一复合物。唯柏拉图对灵魂和谐的理解不同于希米亚斯：灵魂内部各部分的和谐。理由（2）似乎也不成立，因为 64e-65a 指出身体控制灵魂，而非后者统治前者。

② 谁为“我们”？ Burnet：ibid. 86 认为从希米亚斯是费娄劳斯的学生及 b8-9 似是引用恩培多克利斯的思想，皆可推论出这是指毕达哥拉斯学派；然而根据亚里斯多德《论灵魂》（*De Anima*）407b27-30，灵魂是和谐的说法是一通行的概念，不专属毕达哥拉斯学派，当代学者如 Hackforth：ibid. 102-103 及 Gallop：ibid. 148 皆认为无直接证据证明为毕达哥拉斯学派；Rowe：ibid. 204-205 则认为重点是希米亚斯接受此一观点，而非它出于何者。

③ 希米亚斯的论述指出，灵魂并非一独立存在的实体，而是身体中的诸多性质或元素以某种和谐的比例所混合形成。

ψυχὴν ἀνάγκη εὐθὺς ὑπάρχειν ἀπολωλέναι, καίπερ οὖσαν 5
θειοτάτην, ὥσπερ καὶ αἱ ἄλλαι ἁρμονίαι αἵ τ' ἐν τοῖς
φθόγγοις καὶ ἐν τοῖς τῶν δημιουργῶν ἔργοις πᾶσι, τὰ δὲ
λείψανα τοῦ σώματος ἑκάστου πολὺν χρόνον παραμένειν,
ἕως ἂν ἢ κατακαυθῇ ἢ κατασαπῇ — ὅρα οὖν πρὸς τοῦτον τὸν d
λόγον τί φήσομεν, ἐάν τις ἀξιοῖ κρᾶσιν οὖσαν τὴν ψυχὴν
τῶν ἐν τῷ σώματι ἐν τῷ καλουμένῳ θανάτῳ πρώτην ἀπόλ-
λυσθαι.

Διαβλέψας οὖν ὁ Σωκράτης, ὥσπερ τὰ πολλὰ εἰώθει, 5
καὶ μειδιάσας, Δίκαια μέντοι, ἔφη, λέγει ὁ Σιμμίας. εἰ
οὖν τις ὑμῶν εὐπορώτερος ἐμοῦ, τί οὐκ ἀπεκρίνατο; καὶ γὰρ
οὐ φαύλως ἔοικεν ἁπτομένῳ τοῦ λόγου. δοκεῖ μέντοι μοι
χρῆναι πρὸ τῆς ἀποκρίσεως ἔτι πρότερον Κέβητος ἀκοῦσαι e
τί αὖ ὅδε ἐγκαλεῖ τῷ λόγῳ, ἵνα χρόνου ἐγγενομένου βου-
λευσώμεθα τί ἐροῦμεν, ἔπειτα [*δὲ*] *ἀκούσαντας ἢ συγχωρεῖν*
αὐτοῖς ἐάν τι δοκῶσι προσᾴδειν, ἐὰν δὲ μή, οὕτως ἤδη
ὑπερδικεῖν τοῦ λόγου. ἀλλ' ἄγε, ἦ δ' ὅς, ὦ Κέβης, λέγε, 5
τί ἦν τὸ σὲ αὖ θρᾶττον [*ἀπιστίαν παρέχει*].

Λέγω δή, ἦ δ' ὃς ὁ Κέβης. ἐμοὶ γὰρ φαίνεται ἔτι ἐν
τῷ αὐτῷ ὁ λόγος εἶναι, καί, ὅπερ ἐν τοῖς πρόσθεν ἐλέγομεν,
ταὐτὸν ἔγκλημα ἔχειν. ὅτι μὲν γὰρ ἦν ἡμῶν ἡ ψυχὴ καὶ **87a**
πρὶν εἰς τόδε τὸ εἶδος ἐλθεῖν, οὐκ ἀνατίθεμαι μὴ οὐχὶ πάνυ
χαριέντως καί, εἰ μὴ ἐπαχθές ἐστιν εἰπεῖν, πάνυ ἱκανῶς
ἀποδεδεῖχθαι· ὡς δὲ καὶ ἀποθανόντων ἡμῶν ἔτι πού ἐστιν,

灵魂一定会马上毁坏；虽然它是 5
最神圣之物，就如同其他在所有的乐曲及
工艺作品中的和谐一样，每一个
身体所剩之物会长期停留在我们身边，
直到它被烧毁或腐败——注意，对此论 
证我们将说什么，若有人认为最高贵的灵魂
是在所谓的身体中的这些性质的混合，是会
毁坏的[①]。

苏格拉底环顾四周，一如他常有的习惯， 5
面带微笑说，希米亚斯所言确实成理。若
你们之中有人比我更有准备，为何他不回应？因为
他对论证的掌握似乎并不差。事实上我认为
在回应之前，应该要再次听听克贝斯对论证 e
提出什么反对意见，所以当我们有时间，我们思虑
所言为何，当我们听完之后，我们
同意他们，若他们言之成理[②]，但若不是，那时便
要为论证辩护。来，他说，克贝斯，说说， 5
再次令你困扰的是什么〔他显现怀疑的态度〕。

我说，克贝斯说。这个论证对我而言依
然停留在原地不动，且有着我们在之前的论述中所
说的相同的批判。我们的灵魂在获得 **87a**
这个身体前已存在，我并不收回这个论证[③]，
是以十分优美，且若不要说得夸张，充分的方式
呈现，但我认为在我们死后它依然存在，

---

① 希米亚斯似乎认为灵魂是身体各种性质，冷、热、干及湿的混合与调和，因此当我们说人具有灵魂时，意谓人的身体状态。就此观点而言，灵魂与身体并非两个不同的实体，前者不能与后者分离，挑战了苏格拉底的主张灵魂可与也应与身体分离。此外，《飨宴篇》186d-e上述四种性质的互爱会产生健康，但是谁首先将 harmonia 视为灵魂，Rowe：ibid. 205 认为无法追溯。

② prosadein 原意是唱歌或使之和谐。

③ 换言之，克贝斯认为回忆说至少证成了灵魂进入身体之前已存在。

οὔ μοι δοκεῖ τῇδε. ὡς μὲν οὐκ ἰσχυρότερον καὶ πολυ- 5
χρονιώτερον ψυχὴ σώματος, οὐ συγχωρῶ τῇ Σιμμίου ἀντι-
λήψει· δοκεῖ γάρ μοι πᾶσι τούτοις πάνυ πολὺ διαφέρειν. τί
οὖν, ἂν φαίη ὁ λόγος, ἔτι ἀπιστεῖς, ἐπειδὴ ὁρᾷς ἀποθανόντος
τοῦ ἀνθρώπου τό γε ἀσθενέστερον ἔτι ὄν; τὸ δὲ πολυ- b
χρονιώτερον οὐ δοκεῖ σοι ἀναγκαῖον εἶναι ἔτι σῴζεσθαι ἐν
τούτῳ τῷ χρόνῳ; πρὸς δὴ τοῦτο τόδε ἐπίσκεψαι, εἴ τι λέγω·
εἰκόνος γάρ τινος, ὡς ἔοικεν, κἀγὼ ὥσπερ Σιμμίας δέομαι.
ἐμοὶ γὰρ δοκεῖ ὁμοίως λέγεσθαι ταῦτα ὥσπερ ἄν τις περὶ 5
ἀνθρώπου ὑφάντου πρεσβύτου ἀποθανόντος λέγοι τοῦτον
τὸν λόγον, ὅτι οὐκ ἀπόλωλεν ὁ ἄνθρωπος ἀλλ' ἔστι που
σῶς, τεκμήριον δὲ παρέχοιτο θοἰμάτιον ὃ ἠμπείχετο αὐτὸς
ὑφηνάμενος ὅτι ἐστὶ σῶν καὶ οὐκ ἀπόλωλεν, καὶ εἴ τις
ἀπιστοίη αὐτῷ, ἀνερωτῴη πότερον πολυχρονιώτερόν ἐστι c
τὸ γένος ἀνθρώπου ἢ ἱματίου ἐν χρείᾳ τε ὄντος καὶ φορου-
μένου, ἀποκριναμένου δή [τινος] ὅτι πολὺ τὸ τοῦ ἀνθρώπου,
οἴοιτο ἀποδεδεῖχθαι ὅτι παντὸς ἄρα μᾶλλον ὅ γε ἄνθρωπος
σῶς ἐστιν, ἐπειδὴ τό γε ὀλιγοχρονιώτερον οὐκ ἀπόλωλεν. 5
τὸ δ' οἶμαι, ὦ Σιμμία, οὐχ οὕτως ἔχει· σκόπει γὰρ καὶ σὺ
ἃ λέγω. πᾶς [γὰρ] ἂν ὑπολάβοι ὅτι εὔηθες λέγει ὁ τοῦτο
λέγων· ὁ γὰρ ὑφάντης οὗτος πολλὰ κατατρίψας τοιαῦτα
ἱμάτια καὶ ὑφηνάμενος ἐκείνων μὲν ὕστερος ἀπόλωλεν πολ-
λῶν ὄντων, τοῦ δὲ τελευταίου οἶμαι πρότερος, καὶ οὐδέν τι d
μᾶλλον τούτου ἕνεκα ἄνθρωπός ἐστιν ἱματίου φαυλότερον
οὐδ' ἀσθενέστερον. τὴν αὐτὴν δὲ ταύτην οἶμαι εἰκόνα
δέξαιτ' ἂν ψυχὴ πρὸς σῶμα, καί τις λέγων αὐτὰ ταῦτα περὶ

对我而言论正在这方面是不足的。因为灵魂不比 5
身体强壮持久，我不同意希米亚斯的
驳斥，因为我认为灵魂在所有的面向都真的较优越。
那为什么，论证或许会说，你还怀疑，当你知道
人死之后较弱的部分依然存在？难道你不 b
认为较强壮持久的部分应该较持久，在那段时间中
依然活着吗？关于此问题，注意我是否言之有物；
看来，我和希米亚斯一样需要一个图像，
因为我认为这些被提出的论证，就好像是某人 5
提出关于已逝的老织布人，
他人并未死，完好无缺地存在
于某处，他提出老织衣人穿过及亲自
纺织的外套为证[①]，他安然无恙地存在，没有死亡，若
有人不相信他，他或许会问人这类事物 c
会比在使用及穿戴的外套这类事物
更持久，当〔有人〕回答人这类事物较持久时，
他认为这显示人绝对是安然无恙
地存在，因为持续较短暂的事物没毁坏。 5
然而我认为，希米亚斯，事实并非如此。你探究
我的陈述。若任何人驳斥这个论证所言
愚蠢，因为那位纺织人穿破并纺织
许多的外套，他比那些许多外套还要
晚毁坏，我认为他比最后一件外套早毁坏， d
绝不会因为这个缘故，人比外套逊色及
衰弱。我认为灵魂与身体的关系显
示出类似的图像，且任何人对关于它们的

① Burnet：ibid. 86 认为老人不必然一定要是纺织人。Hackforth：ibid. 104 持相反意见，因为他认为克贝斯欲以老人既是纺织人亦是穿衣人的意象来说明灵魂在消解前使用同一系列的身体；若灵魂（纺织人）制造身体（衣服），在制衣前它应已存在，符合克贝斯 87a2 的说词；若纺织人是位老者，他极有可能在穿破最后一件衣服前死亡，那灵魂亦极可能在最后一个身体衰弱前消解。

αὐτῶν μέτρι' ἄν μοι φαίνοιτο λέγειν, ὡς ἡ μὲν ψυχὴ 5
πολυχρόνιόν ἐστι, τὸ δὲ σῶμα ἀσθενέστερον καὶ ὀλιγο-
χρονιώτερον· ἀλλὰ γὰρ ἂν φαίη ἑκάστην τῶν ψυχῶν πολλὰ
σώματα κατατρίβειν, ἄλλως τε κἂν πολλὰ ἔτη βιῷ. εἰ γὰρ
ῥέοι τὸ σῶμα καὶ ἀπολλύοιτο ἔτι ζῶντος τοῦ ἀνθρώπου,
ἀλλ' ἡ ψυχὴ ἀεὶ τὸ κατατριβόμενον ἀνυφαίνοι, ἀναγκαῖον e
μεντἂν εἴη, ὁπότε ἀπολλύοιτο ἡ ψυχή, τὸ τελευταῖον ὕφασμα
τυχεῖν αὐτὴν ἔχουσαν καὶ τούτου μόνου προτέραν ἀπόλ-
λυσθαι, ἀπολομένης δὲ τῆς ψυχῆς τότ' ἤδη τὴν φύσιν τῆς
ἀσθενείας ἐπιδεικνύοι τὸ σῶμα καὶ ταχὺ σαπὲν διοίχοιτο. 5
ὥστε τούτῳ τῷ λόγῳ οὔπω ἄξιον πιστεύσαντα θαρρεῖν ὡς
ἐπειδὰν ἀποθάνωμεν ἔτι που ἡμῶν ἡ ψυχὴ ἔστιν. εἰ γάρ **88a**
τις καὶ πλέον ἔτι τῷ λέγοντι ἢ ἃ σὺ λέγεις συγχωρήσειεν,
δοὺς αὐτῷ μὴ μόνον ἐν τῷ πρὶν καὶ γενέσθαι ἡμᾶς χρόνῳ
εἶναι ἡμῶν τὰς ψυχάς, ἀλλὰ μηδὲν κωλύειν καὶ ἐπειδὰν
ἀποθάνωμεν ἐνίων ἔτι εἶναι καὶ ἔσεσθαι καὶ πολλάκις γενή- 5
σεσθαι καὶ ἀποθανεῖσθαι αὖθις — οὕτω γὰρ αὐτὸ φύσει
ἰσχυρὸν εἶναι, ὥστε πολλάκις γιγνομένην ψυχὴν ἀντέχειν
— δοὺς δὲ ταῦτα ἐκεῖνο μηκέτι συγχωροῖ, μὴ οὐ πονεῖν
αὐτὴν ἐν ταῖς πολλαῖς γενέσεσιν καὶ τελευτῶσάν γε ἔν
τινι τῶν θανάτων παντάπασιν ἀπόλλυσθαι, τοῦτον δὲ τὸν 10
θάνατον καὶ ταύτην τὴν διάλυσιν τοῦ σώματος ἣ τῇ ψυχῇ b
φέρει ὄλεθρον μηδένα φαίη εἰδέναι — ἀδύνατον γὰρ εἶναι

事有相同的论述，我认为是恰当的陈述，因为灵魂 5
是持久之物，身体是较衰弱及较
短暂之物。再者，他说每一个灵魂
穿破许多外套，特别是它若活得许多年——因为若
身体流变[①]且在人还活着时毁坏，
灵魂总是在重新编织它所穿破的外套——这或许 e
是必然的事，当灵魂毁灭时，在当时它会拥有
最后一件衣服，且会比这唯一的一件衣服更早
毁坏，当灵魂毁灭后，身体展现出它本
质上的弱势，且快速地腐败死亡。 5
所以不值得信赖及相信这个论证，
当我们死后，我们的灵魂依然存在于某处。即使 **88a**
有人对使用此论证之人做比你说的还要大的让步[②]，
不仅承认在我们出生之前的那段时间内，
我们的灵魂存在，且当我们死后无物
会形成阻碍，我们某些人的灵魂会依然存在及未来也存在， 5
且会再次生与死好多次——因此这个被讨论的事物[③]在本质上
是强壮的，所以灵魂承受得起许多次的出生[④]
——认可此事，他不再做进一步的让步，它在多次的生的
过程中没有受苦，且最后在每一个
死亡的过程中都不会死亡，他或许会说 10
没有人知道这个死亡及与身体散离是 b
否会给灵魂带来毁灭——因为我们之中任何人

---

① 这个“流变”(hrēin) 的概念，或许暗示着先苏哲学家赫拉克利图斯的流变说（DK 22B49a, 22B91a，b)，参见柏拉图《塞鄂提投斯篇》182c。克贝斯借此流变的概念强调身体并非一单一持续的实体，而是处于变化中，须不断地由灵魂重新编织其构造；然而值得一提的是，d8“活得许多年”显示克贝斯在现阶段的论述没有论及灵魂再拥有肉身，这个观念一直到88a才出现。

② Burnet：ibid. 87 指出这不是克贝斯及希米亚斯说的话，而是克贝斯模拟反驳者的陈述；这句话的用意是为了向苏格拉底展现他的机智，Rowe：ibid. 209。

③ 即灵魂。

④ 指一再拥有新的身体。

ὁτῳοῦν αἰσθέσθαι ἡμῶν — εἰ δὲ τοῦτο οὕτως ἔχει, οὐδενὶ προσήκει θάνατον θαρροῦντι μὴ οὐκ ἀνοήτως θαρρεῖν, ὃς ἂν μὴ ἔχῃ ἀποδεῖξαι ὅτι ἔστι ψυχὴ παντάπασιν ἀθάνατόν τε 5
καὶ ἀνώλεθρον· εἰ δὲ μή, ἀνάγκη [εἶναι] ἀεὶ τὸν μέλλοντα ἀποθανεῖσθαι δεδιέναι ὑπὲρ τῆς αὑτοῦ ψυχῆς μὴ ἐν τῇ νῦν τοῦ σώματος διαζεύξει παντάπασιν ἀπόληται.

Πάντες οὖν ἀκούσαντες εἰπόντων αὐτῶν ἀηδῶς διετέθημεν, ὡς ὕστερον ἐλέγομεν πρὸς ἀλλήλους, ὅτι ὑπὸ τοῦ ἔμπροσθεν λόγου σφόδρα πεπεισμένους ἡμᾶς πάλιν ἐδόκουν ἀναταράξαι καὶ εἰς ἀπιστίαν καταβαλεῖν οὐ μόνον τοῖς προειρημένοις λόγοις, ἀλλὰ καὶ εἰς τὰ ὕστερον μέλλοντα 5 *ῥηθήσεσθαι, μὴ οὐδενὸς ἄξιοι εἶμεν κριταὶ ἢ καὶ τὰ πράγματα ἄπιστα ᾖ.* (c)

ΕΧ. *Νὴ τοὺς θεούς, ὦ Φαίδων, συγγνώμην γε ἔχω ὑμῖν. καὶ γὰρ αὐτόν με νῦν ἀκούσαντά σου τοιοῦτόν τι λέγειν πρὸς ἐμαυτὸν ἐπέρχεται· "Τίνι οὖν ἔτι πιστεύσομεν λόγῳ; ὡς γὰρ σφόδρα πιθανὸς ὤν, ὃν ὁ Σωκράτης ἔλεγε λόγον, νῦν εἰς ἀπιστίαν καταπέπτωκεν." θαυμαστῶς γάρ μου ὁ λόγος οὗτος ἀντιλαμβάνεται καὶ νῦν καὶ ἀεί, τὸ ἁρμονίαν τινὰ ἡμῶν εἶναι τὴν ψυχήν, καὶ ὥσπερ ὑπέμνησέν με ῥηθεὶς* 5 *ὅτι καὶ αὐτῷ μοι ταῦτα προυδέδοκτο. καὶ πάνυ δέομαι πάλιν ὥσπερ ἐξ ἀρχῆς ἄλλου τινὸς λόγου ὅς με πείσει ὡς τοῦ ἀποθανόντος οὐ συναποθνῄσκει ἡ ψυχή. λέγε οὖν πρὸς Διὸς πῇ ὁ Σωκράτης μετῆλθε τὸν λόγον; καὶ πότερον* (d)

都不可能感知到[①]——若事实是如此的话，任何
对死亡有坚定的信念的人都是属于愚昧地相信，
若他无法显示证明灵魂是完全不朽及 5
不灭之物；若他不能的话，将死之人会
是必然地为他的灵魂感到担心，它彻
底毁灭，当下与身体没有任何连结。

我们听完这些论述后，所有人都处在不 c
愉快的状态，随后我们互相交谈，因为之
前的论证[②]令我们十分信服，他们[③]似乎又再
一次让我们困惑，并将我们扔进怀疑之中，不仅
怀疑前述的论证，也怀疑之后即将 5
论述的事，担心我们不是称职的评断者，或
这个议题本身是没有定论。

艾赫克拉特斯：以神祇之名为誓，费多，我真的与你们感同身受。
因为我刚才听完你说，某事浮现
而且对我说："什么样的论证我们还相信？ d
因为我们深信苏格拉底所提的论证，
而今却掉入怀疑中。"这个论证对我有
神奇的影响，现在及始终，我们的灵魂
是某种和谐，就像我忆及，当它被陈述时， 5
先前自己所确立的事。我再一次有极大的
需求，就像另一个从头开始的论证，说服我，
在死后灵魂不会一起死亡。说，以
宙斯之名为誓，苏格拉底如何跟随[④]在这个论证之后？他

---

① Hackforth：ibid. 100，n. 2 诠释，a10-b3 是某位支持灵魂在轮回的过程中不会有任何耗损的人所言。然而这句话更可能是用来支持克贝斯对灵魂不灭的怀疑立场，此外，b3"不可能感知"并无明确指出其感知的客体，克贝斯有可能主张，灵魂不可被感知，所以它被耗损的情形有多糟亦不可被感知，因此不可率尔承认灵魂不灭。

② 相似性论证。

③ 希米亚斯及克贝斯。

④ 柏拉图用 metienai（追捕、跟随）这个字来表现苏格拉底如何支援自己的论证。

κἀκεῖνος, ὥσπερ ὑμᾶς φῄς, ἔνδηλός τι ἐγένετο ἀχθόμενος ἢ e
οὔ, ἀλλὰ πρᾴως ἐβοήθει τῷ λόγῳ; [ἢ] καὶ ἱκανῶς ἐβοήθησεν
ἢ ἐνδεῶς; πάντα ἡμῖν δίελθε ὡς δύνασαι ἀκριβέστατα.

ΦΑΙΔ. *Καὶ μήν, ὦ Ἐχέκρατες, πολλάκις θαυμάσας*
Σωκράτη οὐ πώποτε μᾶλλον ἠγάσθην ἢ τότε παραγενόμενος. 5
τὸ μὲν οὖν ἔχειν ὅτι λέγοι ἐκεῖνος ἴσως οὐδὲν ἄτοπον· ἀλλὰ **89a**
ἔγωγε μάλιστα ἐθαύμασα αὐτοῦ πρῶτον μὲν τοῦτο, ὡς ἡδέως
καὶ εὐμενῶς καὶ ἀγαμένως τῶν νεανίσκων τὸν λόγον ἀπ-
εδέξατο, ἔπειτα ἡμῶν ὡς ὀξέως ᾔσθετο ὃ 'πεπόνθεμεν ὑπὸ
τῶν λόγων, ἔπειτα ὡς εὖ ἡμᾶς ἰάσατο καὶ ὥσπερ πεφευγότας 5
καὶ ἡττημένους ἀνεκαλέσατο καὶ προύτρεψεν πρὸς τὸ παρ-
έπεσθαί τε καὶ συσκοπεῖν τὸν λόγον.

ΕΧ. *Πῶς δή;*

ΦΑΙΔ. *Ἐγὼ ἐρῶ. ἔτυχον γὰρ ἐν δεξιᾷ αὐτοῦ καθή-*
μενος παρὰ τὴν κλίνην ἐπὶ χαμαιζήλου τινός, ὁ δὲ ἐπὶ πολὺ b
ὑψηλοτέρου ἢ ἐγώ. καταψήσας οὖν μου τὴν κεφαλὴν καὶ
συμπιέσας τὰς ἐπὶ τῷ αὐχένι τρίχας — εἰώθει γάρ, ὁπότε
τύχοι, παίζειν μου εἰς τὰς τρίχας — Αὔριον δή, ἔφη, ἴσως, ὦ
Φαίδων, τὰς καλὰς ταύτας κόμας ἀποκερῇ. 5

Ἔοικεν, ἦν δ' ἐγώ, ὦ Σώκρατες.

Οὔκ, ἄν γε ἐμοὶ πείθῃ.

Ἀλλὰ τί; ἦν δ' ἐγώ.

Τήμερον, ἔφη, κἀγὼ τὰς ἐμὰς καὶ σὺ ταύτας, ἐάνπερ γε
ἡμῖν ὁ λόγος τελευτήσῃ καὶ μὴ δυνώμεθα αὐτὸν ἀναβιώ- 10
σασθαι. καὶ ἔγωγ' ἄν, εἰ σὺ εἴην καί με διαφεύγοι ὁ c
λόγος, ἔνορκον ἂν ποιησαίμην ὥσπερ Ἀργεῖοι, μὴ πρότερον

是否，就如你说你们一样，明显变得有些困惑， e
但平和地解救论证？他令人满意地解救了论证，
或有所不足？尽可能精确地对我们详述一切。

费多：那么，艾赫克拉特斯，我多次钦佩
苏格拉底，对他的赞赏不曾比当时的情况高。 5
他所言或许没有任何突兀的地方，但 **89a**
我对他高贵的行为特别敬佩，他以何等愉悦、
善意及赞许的态度接受年轻人的
论证，他多么敏锐地感受到论证对我们的
影响，及他使我们复原多么地好，就像把我们 5
从放逐到失败的状态中唤回，并使我们转向
与他一致，共同探究论证。

艾赫克拉特斯：怎么办到的？

费多：我会说。因为我刚好坐在他的右手边
靠床的一张凳子上，他坐在比我 b
高的地方。摸着我的头，挤弄在
脖子上的头发——因为他常常习惯
把玩我的头发——明天，他说，或许，
费多，你要剪掉这些漂亮的头发[①]。 5

似乎是，我说，苏格拉底。

不，若你相信我的话。

然后呢？我说。

今天，他说，我剪我的头发而且你剪你的头发，若
我们的论证死亡，且我们无法让它 10
起死回生。若我是你而且论证躲避我 c
的话，我会像希腊人一样起誓[②]，不

---

① 剪发是对死者表示哀悼，但随后的对话显示，苏格拉底非指费多要为他的死亡剪发以示哀悼，而是若他的论证无法回应希米亚斯和克贝斯的挑战的话，要为此论证的死亡哀悼。

② 波希战争时，希腊人起誓不夺回叙瑞艾（Thureae）不蓄长发，参见希罗多德《历史》I，82，7。

κομήσειν, πρὶν ἂν νικήσω ἀναμαχόμενος τὸν Σιμμίου τε καὶ Κέβητος λόγον.

Ἀλλ', ἦν δ' ἐγώ, πρὸς δύο λέγεται οὐδ' ὁ Ἡρακλῆς οἷός τε εἶναι. 5

Ἀλλὰ καὶ ἐμέ, ἔφη, τὸν Ἰόλεων παρακάλει, ἕως ἔτι φῶς ἐστιν.

Παρακαλῶ τοίνυν, ἔφην, οὐχ ὡς [ὁ] Ἡρακλῆς, ἀλλ' ὡς Ἰόλεως [τὸν Ἡρακλῆ]. 10

Οὐδὲν διοίσει, ἔφη. ἀλλὰ πρῶτον εὐλαβηθῶμέν τι πάθος μὴ πάθωμεν.

Τὸ ποῖον; ἦν δ' ἐγώ.

Μὴ γενώμεθα, ἦ δ' ὅς, μισόλογοι, ὥσπερ οἱ μισάνθρωποι d *γιγνόμενοι· ὡς οὐκ ἔστιν, ἔφη, ὅτι ἄν τις μεῖζον τούτου κακὸν πάθοι ἢ λόγους μισήσας. γίγνεται δὲ ἐκ τοῦ αὐτοῦ τρόπου μισολογία τε καὶ μισανθρωπία. ἥ τε γὰρ μισανθρωπία ἐνδύεται ἐκ τοῦ σφόδρα τινὶ πιστεῦσαι ἄνευ τέχνης,* 5 *καὶ ἡγήσασθαι παντάπασί γε ἀληθῆ εἶναι καὶ ὑγιῆ καὶ πιστὸν τὸν ἄνθρωπον, ἔπειτα ὀλίγον ὕστερον εὑρεῖν τοῦτον πονηρόν τε καὶ ἄπιστον, καὶ αὖθις ἕτερον· καὶ ὅταν τοῦτο πολλάκις πάθῃ τις καὶ ὑπὸ τούτων μάλιστα οὓς ἂν ἡγήσαιτο οἰκειοτάτους τε καὶ ἑταιροτάτους, τελευτῶν δὴ θαμὰ προσ-* e *κρούων μισεῖ τε πάντας καὶ ἡγεῖται οὐδενὸς οὐδὲν ὑγιὲς εἶναι τὸ παράπαν. ἢ οὐκ ᾔσθησαι σύ πω τοῦτο γιγνόμενον;*

Πάνυ γε, ἦν δ' ἐγώ.

蓄长发，直到我成功反击希米亚斯及
克贝斯的论证。

然而我说，传说中赫拉克雷斯也无 5
法两头作战[①]。

他会召唤我，他说，伊欧雷欧斯[②]，只
要天还亮着。

我也会召唤你，我说，但不是如赫拉克雷斯召唤
伊欧雷欧斯，而是伊欧雷欧斯召唤赫拉克雷斯。 10

这没什么区别，他说。但首先我们要注意，
不要受到某种情绪的影响。

是什么情绪？我说。

我们不要成为，他说，憎恨论证的人，就像有人成 d
为厌恶人类者，因为，他说，没有比此更大的恶，憎恨论证，
会影响我们。憎恨论证及厌恶人类是系出

同源[③]。厌恶人类是始于没有任何专业知识的人极为 5
信赖某人，且全然地认为他是真理、明智及
值得信赖的人，过一会儿当他发现此人是
邪恶及不值得信赖，然后第二个人[④]，当他有
多次相同的经验，特别是受到他认为是自
己的至亲好友的影响，最后，由于经常不断犯 e
错，他憎恨所有人，且认为完全没有一个人在
任何方面是明智的。或者你不认为这是这么产生的？

没错，我说。

---

① 赫拉克雷斯与九头蛇（Hudra）作战时，同时受到大螃蟹的攻击，柏拉图《尤希迪莫斯篇》297c、《理想国篇》426e7 也提及此神话。两头作战指希米亚斯及克贝斯，而非希米亚斯与克贝斯联合质疑与厌恶论证所带来的威胁，因为后者在 89d1 才被提出。

② Ioleōs 是赫拉克雷斯的外甥，他协助赫氏对抗九头蛇。

③ Gallop：ibid. 154 认为 d1-4 的表述与 83c2-9 的论述内容不尽相同，但或有联系，一个憎恨论证之人不会视理型为真正实在性的事物，反而认为感觉世界为真。

④ 有人一而再、再而三地信任他人，然后感到受骗。

Οὐκοῦν, ἦ δ' ὅς, αἰσχρόν, καὶ δῆλον ὅτι ἄνευ τέχνης τῆς 5
περὶ τἀνθρώπεια ὁ τοιοῦτος χρῆσθαι ἐπεχείρει τοῖς ἀνθρώ-
ποις; εἰ γάρ που μετὰ τέχνης ἐχρῆτο, ὥσπερ ἔχει οὕτως
ἂν ἡγήσατο, τοὺς μὲν χρηστοὺς καὶ πονηροὺς σφόδρα **90a**
ὀλίγους εἶναι ἑκατέρους, τοὺς δὲ μεταξὺ πλείστους.

Πῶς λέγεις; ἔφην ἐγώ.

Ὥσπερ, ἦ δ' ὅς, περὶ τῶν σφόδρα σμικρῶν καὶ μεγάλων·
οἴει τι σπανιώτερον εἶναι ἢ σφόδρα μέγαν ἢ σφόδρα σμικρὸν 5
ἐξευρεῖν ἄνθρωπον ἢ κύνα ἢ ἄλλο ὁτιοῦν; ἢ αὖ ταχὺν ἢ
βραδὺν ἢ αἰσχρὸν ἢ καλὸν ἢ λευκὸν ἢ μέλανα; ἢ οὐχὶ
ᾔσθησαι ὅτι πάντων τῶν τοιούτων τὰ μὲν ἄκρα τῶν ἐσχάτων
σπάνια καὶ ὀλίγα, τὰ δὲ μεταξὺ ἄφθονα καὶ πολλά;

Πάνυ γε, ἦν δ' ἐγώ. 10

Οὐκοῦν οἴει, ἔφη, εἰ πονηρίας ἀγὼν προτεθείη, πάνυ ἂν b
ὀλίγους καὶ ἐνταῦθα τοὺς πρώτους φανῆναι;

Εἰκός γε, ἦν δ' ἐγώ.

Εἰκὸς γάρ, ἔφη. ἀλλὰ ταύτῃ μὲν οὐχ ὅμοιοι οἱ λόγοι
τοῖς ἀνθρώποις, ἀλλὰ σοῦ νυνδὴ προάγοντος ἐγὼ ἐφεσπόμην, 5
ἀλλ' ἐκείνῃ· [ᾗ,] ἐπειδάν τις πιστεύσῃ λόγῳ τινὶ ἀληθεῖ
εἶναι ἄνευ τῆς περὶ τοὺς λόγους τέχνης, κἄπειτα ὀλίγον
ὕστερον αὐτῷ δόξῃ ψευδὴς εἶναι, ἐνίοτε μὲν ὤν, ἐνίοτε δ'
οὐκ ὤν, καὶ αὖθις ἕτερος καὶ ἕτερος· — καὶ μάλιστα δὴ οἱ
περὶ τοὺς ἀντιλογικοὺς λόγους διατρίψαντες οἶσθ' ὅτι τελευ- c

因此，他说，这不是件好事，且没有关于人 5
事的专业知识，这种人企图与人交通，这不
明显吗？若他，我想，具备专业知识与人交往，他会与他们
有相同的想法，特别好及特别坏的人 **90a**
并不多，在这两者之间的人很多[①]。

你这么说的理由是什么？我说。

就像，他说，关于极小与极大的事物，
你认为有什么事是比找到最大 5
或最小的人、狗或其他任何事物更稀罕？或再来最快速、最
缓慢，或最丑陋、最美丽，或最亮或最暗的事物？
你不认为，所有这类最极端的事物稀少
且不多，介于两极端之间的事物所在多有？

当然，我说。 10

那么你认为，他说，若举办邪恶的比赛，在 b
比赛中获胜之人似乎应该不多？

似乎是，我说。

似乎是，他说。但理由并不是，论证与人
相似，我刚才只是跟着你的导论， 5
而是，当有人相信某个论证为
真，他并没有关于这些论证的专业知识[②]，不一
会儿他会认为此论证为假，有时候为假，有时候
又不为假，然后一个论证接着一个论证——特别是
那些忙于似是而非的论证[③]之人，你知道最终他 c

---

① 大部分的人是时好时坏，就像冷热快慢等性质会不断相互交替。

② Hackforth：ibid. 的译文是“如何检视论证”；Bluck：ibid. 是“论证上的专家”；在此论证的专业知识或许不只是检视论证的技术，而是实际执行论证及对话的技术，因此 Hackforth 的译文较不适切。

③ ho antilogikos logos，指一个论证在不同的时间对同一个人，既对且错（《费德若斯篇》261c-e）；再者，又可指对手接受某一论证，提出一个与此反对或矛盾的论证，对不是要两者都接受，或放弃原先所接受的论证，所以 antilogikos logos 的结果是两个论证相互矛盾，参见 G. B. Kerfer：1999，63-65。

τῶντες οἴονται σοφώτατοι γεγονέναι καὶ κατανενοηκέναι μόνοι ὅτι οὔτε τῶν πραγμάτων οὐδενὸς οὐδὲν ὑγιὲς οὐδὲ βέβαιον οὔτε τῶν λόγων, ἀλλὰ πάντα [ὄντα] ἀτεχνῶς ὥσπερ ἐν Εὐρίπῳ ἄνω κάτω στρέφεται καὶ χρόνον οὐδένα ἐν 5
οὐδενὶ μένει.

Πάνυ μὲν οὖν, ἔφην ἐγώ, ἀληθῆ λέγεις.

Οὐκοῦν, ὦ Φαίδων, ἔφη, οἰκτρὸν ἂν εἴη τὸ πάθος, εἰ ὄντος δή τινος ἀληθοῦς καὶ βεβαίου λόγου καὶ δυνατοῦ κατανοῆσαι, ἔπειτα διὰ τὸ παραγίγνεσθαι τοιούτοις τισὶ d
λόγοις, τοῖς αὐτοῖς τοτὲ μὲν δοκοῦσιν ἀληθέσιν εἶναι, τοτὲ δὲ μή, μὴ ἑαυτόν τις αἰτιῷτο μηδὲ τὴν ἑαυτοῦ ἀτεχνίαν, ἀλλὰ τελευτῶν διὰ τὸ ἀλγεῖν ἄσμενος ἐπὶ τοὺς λόγους ἀφ' ἑαυτοῦ τὴν αἰτίαν ἀπώσαιτο καὶ ἤδη τὸν λοιπὸν βίον μισῶν 5
τε καὶ λοιδορῶν [τοὺς λόγους] διατελοῖ, τῶν δὲ ὄντων τῆς ἀληθείας τε καὶ ἐπιστήμης στερηθείη.

Νὴ τὸν Δία, ἦν δ' ἐγώ, οἰκτρὸν δῆτα.

Πρῶτον μὲν τοίνυν, ἔφη, τοῦτο εὐλαβηθῶμεν, καὶ μὴ παρίωμεν εἰς τὴν ψυχὴν ὡς τῶν λόγων κινδυνεύει οὐδὲν e
ὑγιὲς εἶναι, ἀλλὰ πολὺ μᾶλλον ὅτι ἡμεῖς οὔπω ὑγιῶς ἔχομεν, ἀλλὰ ἀνδριστέον καὶ προθυμητέον ὑγιῶς ἔχειν, σοὶ μὲν οὖν καὶ τοῖς ἄλλοις καὶ τοῦ ἔπειτα βίου παντὸς ἕνεκα, ἐμοὶ δὲ αὐτοῦ ἕνεκα τοῦ θανάτου, ὡς κινδυνεύω ἔγωγε ἐν τῷ παρόντι **91a**
περὶ αὐτοῦ τούτου οὐ φιλοσόφως ἔχειν ἀλλ' ὥσπερ οἱ πάνυ ἀπαίδευτοι φιλονίκως. καὶ γὰρ ἐκεῖνοι ὅταν περί του ἀμ-

们或许认为自己是最有智慧的人[1]，且不仅考
虑之事皆不合理，论证皆不确实，
而且不思考一切完全为真的事物，就像
在尤里波斯海峡一样[2]，上下波动，没有一个时刻 5
停驻原地。

确实，我说，你所言为真。

因此，费多，他说，这是可悲的感觉，若
真的存在某种真且实在的论证[3]，并可被
理解，即使因为与这类的论证 d
联系，它们时而为真，时而
为假，某人不用责备自己没有专业知识，
反而最后因为痛苦的感受，他乐意将对
自己的责难转移至论证上，且终其一生憎恨 5
辱骂论证，被剥夺掉关于一切存有的
真理与知识。

以宙斯之名为誓，我说，确实可悲。

因此，首先，他说，让我们留心，且让
我们不要认可，在灵魂中可能存在不 e
明确合理的东西，反而我们要理解，自己尚未拥有合理的
论证，要勇敢热切拥有它，对你及
其他人而言是为了之后的生活，对我而言
是为了自己的死，因为我可能在当下 **91a**
尚无法以哲学的态度掌握关于死亡之事，反而像是
粗鲁之人热爱胜利。因为他们对事物有所

---

① 参见柏拉图《诡辩家篇》251c。

② 尤波伊亚及希腊大陆本岛之间的海峡，苏格拉底以海浪的波动来隐喻热衷似是而非的论证之人，其知识是不确定的；关于波动的概念与知识的相对主义的关系，参见《塞鄂提投斯篇》152a-160e及《克拉提娄斯篇》440a-c。

③ 真（alēthous）及实在（bebaiou）不仅使用在论证的逻辑，也用于事物（c4及99e5-6），因此这个表述应是指涉理型论，理型是由真且实在的论证表述。

φισβητῶσιν, ὅπῃ μὲν ἔχει περὶ ὧν ἂν ὁ λόγος ᾖ οὐ φροντί-
ζουσιν, ὅπως δὲ ἃ αὐτοὶ ἔθεντο ταῦτα δόξει τοῖς παροῦσιν, 5
τοῦτο προθυμοῦνται. καὶ ἐγώ μοι δοκῶ ἐν τῷ παρόντι
τοσοῦτον μόνον ἐκείνων διοίσειν· οὐ γὰρ ὅπως τοῖς παροῦσιν
ἃ ἐγὼ λέγω δόξει ἀληθῆ εἶναι προθυμήσομαι, εἰ μὴ εἴη
πάρεργον, ἀλλ' ὅπως αὐτῷ ἐμοὶ ὅτι μάλιστα δόξει οὕτως
ἔχειν. λογίζομαι γάρ, ὦ φίλε ἑταῖρε — θέασαι ὡς πλεο- b
νεκτικῶς — εἰ μὲν τυγχάνει ἀληθῆ ὄντα ἃ λέγω, καλῶς δὴ
ἔχει τὸ πεισθῆναι· εἰ δὲ μηδέν ἐστι τελευτήσαντι, ἀλλ' οὖν
τοῦτόν γε τὸν χρόνον αὐτὸν τὸν πρὸ τοῦ θανάτου ἧττον τοῖς
παροῦσιν ἀηδὴς ἔσομαι ὀδυρόμενος, ἡ δὲ ἄνοιά μοι αὕτη 5
οὐ συνδιατελεῖ, κακὸν γὰρ ἂν ἦν, ἀλλ' ὀλίγον ὕστερον ἀπο-
λεῖται. παρεσκευασμένος δή, ἔφη, ὦ Σιμμία τε καὶ Κέβης,
οὑτωσὶ ἔρχομαι ἐπὶ τὸν λόγον· ὑμεῖς μέντοι, ἂν ἐμοὶ πεί-
θησθε, σμικρὸν φροντίσαντες Σωκράτους, τῆς δὲ ἀληθείας c
πολὺ μᾶλλον, ἐὰν μέν τι ὑμῖν δοκῶ ἀληθὲς λέγειν, συνομο-
λογήσατε, εἰ δὲ μή, παντὶ λόγῳ ἀντιτείνετε, [*εὐλαβούμενοι*]
ὅπως μὴ ἐγὼ ὑπὸ προθυμίας ἅμα ἐμαυτόν τε καὶ ὑμᾶς ἐξα-
πατήσας, ὥσπερ μέλιττα τὸ κέντρον ἐγκαταλιπὼν οἰχήσομαι. 5

Ἀλλ' ἰτέον, ἔφη. πρῶτόν με ὑπομνήσατε ἃ ἐλέγετε, ἐὰν
μὴ φαίνωμαι μεμνημένος. Σιμμίας μὲν γάρ, ὡς ἐγῷμαι,
ἀπιστεῖ τε καὶ φοβεῖται μὴ ἡ ψυχὴ ὅμως καὶ θειότερον καὶ
κάλλιον ὂν τοῦ σώματος προαπολλύηται ἐν ἁρμονίας εἴδει d
οὖσα· Κέβης δέ μοι ἔδοξε τοῦτο μὲν ἐμοὶ συγχωρεῖν,
πολυχρονιώτερόν γε εἶναι ψυχὴν σώματος, ἀλλὰ τόδε
ἄδηλον παντί, μὴ πολλὰ δὴ σώματα καὶ πολλάκις κατα-

争论时，他们并不思考关于这些事的论证何以
确立，却热衷于此事，他们所提出的论证何以对 5
在场之人而言似乎合理[1]。我认为现在我与他们
只有这点不同，不是因为我热衷于如何使在座
各位认为我所说的论证似乎为真，除非
是意外，而是热衷于，何以对我自己而言事实最是
如此。因为我想，亲爱的伙伴——看多么地 b
贪婪[2]——若我所言之事为真，被说服是个
不错的状态，但若人死后便一无所有，至少
在我死之前的这段时间我的不悦与伤悲
会比在座诸位小，我的愚昧不会 5
持续——因为这是个恶——不一会儿它便会
结束。以如此的方式准备，他说，希米亚斯及克贝斯，
我要反驳你们的论证；其实你们，若被
我说服，要少思考苏格拉底，反而要多思 c
考真理，若你们认为我言之成理的话，你
们认可，但若不是的话，你们要反对每一个论证，要留心
注意，所以我不会因个人的热忱同时欺骗自己及
你们，就像蜜蜂一样，我离开时留下蜂针。 5

要这么进行，他说。首先你们提醒我你们所提及的论证，
万一我好像记不得。希米亚斯，如我所想，
不相信而且担心，灵魂虽然比身体更
神圣与美丽，它会比身体早毁灭，身为一种 d
和谐；克贝斯，对我而言，似乎在这论证上同意我，
灵魂比身体更持久，但对所有人而言
这并不显著，灵魂穿破许多的身体，在

---

① 《尤希迪莫斯篇》272a7-b1 提及尤希迪莫斯及狄欧尼索都洛斯（Dionysodoros）两兄弟有争论的技巧，但不关心所提的论证或驳斥是否为真。

② 苏格拉底以玩笑的口吻说，自己的论证最后会成功地回应希米亚斯及克贝斯的论述，赢得胜利。

τρίψασα ἡ ψυχὴ τὸ τελευταῖον σῶμα καταλιποῦσα νῦν 5
αὐτὴ ἀπολλύηται, καὶ ᾖ αὐτὸ τοῦτο θάνατος, ψυχῆς ὄλε-
θρος, ἐπεὶ σῶμά γε ἀεὶ ἀπολλύμενον οὐδὲν παύεται. ἆρα
ἄλλ' ᾖ ταῦτ' ἐστίν, ὦ Σιμμία τε καὶ Κέβης, ἃ δεῖ ἡμᾶς
ἐπισκοπεῖσθαι;

Συνωμολογείτην δὴ ταῦτ' εἶναι ἄμφω. e

Πότερον οὖν, ἔφη, πάντας τοὺς ἔμπροσθε λόγους οὐκ
ἀποδέχεσθε, ἢ τοὺς μέν, τοὺς δ' οὔ;

Τοὺς μέν, ἐφάτην, τοὺς δ' οὔ.

Τί οὖν, ἦ δ' ὅς, περὶ ἐκείνου τοῦ λόγου λέγετε ἐν ᾧ 5
ἔφαμεν τὴν μάθησιν ἀνάμνησιν εἶναι, καὶ τούτου οὕτως
ἔχοντος ἀναγκαίως ἔχειν ἄλλοθι πρότερον ἡμῶν εἶναι τὴν
ψυχήν, πρὶν ἐν τῷ σώματι ἐνδεθῆναι; **92a**

Ἐγὼ μέν, ἔφη ὁ Κέβης, καὶ τότε θαυμαστῶς ὡς ἐπείσθην
ὑπ' αὐτοῦ καὶ νῦν ἐμμένω ὡς οὐδενὶ λόγῳ.

Καὶ μήν, ἔφη ὁ Σιμμίας, καὶ αὐτὸς οὕτως ἔχω, καὶ πάνυ
ἂν θαυμάζοιμι εἴ μοι περί γε τούτου ἄλλο ποτέ τι δόξειεν. 5

Καὶ ὁ Σωκράτης, Ἀλλὰ ἀνάγκη σοι, ἔφη, ὦ ξένε Θηβαῖε,
ἄλλα δόξαι, ἐάνπερ μείνῃ ἥδε ἡ οἴησις, τὸ ἁρμονίαν μὲν εἶναι
σύνθετον πρᾶγμα, ψυχὴν δὲ ἁρμονίαν τινὰ ἐκ τῶν κατὰ τὸ
σῶμα ἐντεταμένων συγκεῖσθαι· οὐ γάρ που ἀποδέξῃ γε
σαυτοῦ λέγοντος ὡς πρότερον ἦν ἁρμονία συγκειμένη, πρὶν b

多次的生命中，且丢弃最后一个身体的当下 5
它毁灭，这就是死亡，灵魂的
毁灭[①]，因为身体总是不断地毁灭。
我们应该探究之事是与此不同吗，
希米亚斯及克贝斯？

他们两人同意，这是事实。 e

你们是否，他说，不接受之前所有的
论证，或者接受一部分，不接受另一部分？

接受一部分，他说，不接受另一部分。

那关于你们说的那个论证，在其中 5
我们说学习是回忆，且若这是
事实，我们的灵魂之前一定居住及存在于
某处，在它被绑在身体之中前？ **92a**

我，克贝斯说，之前不可思议地被它
给说服，且现在依然不相信其他论证。

是的，希米亚斯说，我自己也是如此，且
我会非常惊讶，若关于此我在任何时候有其他的看法。 5

苏格拉底说，但你们一定，来自塞贝斯的朋友，
有不同的想法，若看法维持不变的话，和谐之物是
复合的事物，灵魂是某种出于与身体相关的性质在张力
下的聚合的和谐[②]，因为你想必不会接受
自己主张，复合的和谐的存在先于 b

---

① 克贝斯在 87d-88b 的论述中指出：1）人的死是灵魂的毁灭（87d8-e5）；2）灵魂的某一次死亡会带给自己毁灭（88a9-b3）；因此苏格拉底在此的论述是对（1）或（2）的重申，并非 D. O'Brien：1968，98 对死亡的新的定义。根据 Rowe：ibid. 217，克贝斯在 87e1-5 曾暂时放弃 64c 所同意的死亡定义，但 88a-b 又重新恢复这个定义的使用，且 91d5 亦指出死亡是灵魂与身体的分离，故无所谓新的定义。

② 根据此意，灵魂似乎成了身体的一部分，所以苏格拉底在 93a5-6 说灵魂不适宜指导，而应跟随组合它的事物；然而希米亚斯不必然要接受此一说法，因为 86b-c 他提出灵魂是身体的干、湿、冷及热等性质适度地混合及 harmonia，因此灵魂是身体各种性质或各部分的合宜状态，而非身体的一部分。

ἐκεῖνα εἶναι ἐξ ὧν ἔδει αὐτὴν συντεθῆναι. ἢ ἀποδέξῃ;

Οὐδαμῶς, ἔφη, ὦ Σώκρατες.

Αἰσθάνῃ οὖν, ἦ δ' ὅς, ὅτι ταῦτά σοι συμβαίνει λέγειν,
ὅταν φῇς μὲν εἶναι τὴν ψυχὴν πρὶν καὶ εἰς ἀνθρώπου εἶδός 5
τε καὶ σῶμα ἀφικέσθαι, εἶναι δὲ αὐτὴν συγκειμένην ἐκ τῶν
οὐδέπω ὄντων; οὐ γὰρ δὴ ἁρμονία γέ σοι τοιοῦτόν ἐστιν
ᾧ ἀπεικάζεις, ἀλλὰ πρότερον καὶ ἡ λύρα καὶ αἱ χορδαὶ καὶ
οἱ φθόγγοι ἔτι ἀνάρμοστοι ὄντες γίγνονται, τελευταῖον δὲ c
πάντων συνίσταται ἡ ἁρμονία καὶ πρῶτον ἀπόλλυται. οὗτος
οὖν σοι ὁ λόγος ἐκείνῳ πῶς συνᾴσεται;

Οὐδαμῶς, ἔφη ὁ Σιμμίας.

Καὶ μήν, ἦ δ' ὅς, πρέπει γε εἴπερ τῳ ἄλλῳ λόγῳ συνῳδῷ 5
εἶναι καὶ τῷ περὶ ἁρμονίας.

Πρέπει γάρ, ἔφη ὁ Σιμμίας.

Οὗτος τοίνυν, ἔφη, σοὶ οὐ συνῳδός· ἀλλ' ὅρα πότερον
αἱρῇ τῶν λόγων, τὴν μάθησιν ἀνάμνησιν εἶναι ἢ ψυχὴν
ἁρμονίαν; 10

Πολὺ μᾶλλον, ἔφη, ἐκεῖνον, ὦ Σώκρατες. ὅδε μὲν γάρ
μοι γέγονεν ἄνευ ἀποδείξεως μετὰ εἰκότος τινὸς καὶ εὐπρε- d
πείας, ὅθεν καὶ τοῖς πολλοῖς δοκεῖ ἀνθρώποις· ἐγὼ δὲ τοῖς
διὰ τῶν εἰκότων τὰς ἀποδείξεις ποιουμένοις λόγοις σύνοιδα

组成它的那些性质。还是你接受呢[1]？

绝不，他说，苏格拉底。

那你注意到，他说，你说这些论证的结果，

当你说灵魂在来到人形及身体 5

之前已存在，但它是由尚未存在的性质

所组成？和谐，对你而言，一定不是你所

比较的这类事物，而是之前的竖琴、琴弦

及旋律，尽管不和谐，却存在，和谐是这一 c

切复合组成的最后结果，但首先毁坏。对你而言，

这个论证如何与之前的一致？

无法一致，希米亚斯说。

好，他说，若有其他一致的论证适合存在， 5

它一定是关于和谐。

这适合，希米亚斯说。

可是这个，他说，与你不一致，看你选择

哪一个论证，是学习即回忆，或灵魂是

和谐？ 10

我宁愿选择，他说，前者，苏格拉底。因为它

发生在我面前没有任何伴随着可能及虚矫的 d

证明，因此许多人都认为不错[2]，但我意识到

那些借由可能性的证明来形成论证

---

① 苏格拉底的意思是，若希米亚斯接受学习即回忆的论证，他就不应提出灵魂是身体各种性质的和谐的看法，因为这两个论证相互矛盾。前者主张灵魂先于身体存在，后者却认为身体先于灵魂的存在。Gallop：ibid. 156 主张，92a6-c3 柏拉图的论述并不必然会导致相信回忆说的人因提出和谐性论证而自相矛盾，因为和谐可有三种诠释的可能：1）比例；2）状态；3）音乐。此三者皆有可能比身体或物体先存在。1）规范竖琴长度的比例可先于琴身存在；2）竖琴的调准的状态可先于任何竖琴存在；3）音乐可先于任何乐器存在。然而若希米亚斯有此回应的话，会导致一个和谐由诸多乐器分享，即一个灵魂由诸多身体分享的结果。这个结果或可被避免，若我们假设每一个乐器的和谐皆特属于该乐器，且与其他乐器的和谐是数目的区别，因此和谐不会先于拥有它的乐器存在，在乐器毁坏后和谐也不会存在。

② 灵魂和谐乃广为接受的观念，参见 86b6 的注释。

οὖσιν ἀλαζόσιν, καὶ ἄν τις αὐτοὺς μὴ φυλάττηται, εὖ μάλα
ἐξαπατῶσι, καὶ ἐν γεωμετρίᾳ καὶ ἐν τοῖς ἄλλοις ἅπασιν. 5
ὁ δὲ περὶ τῆς ἀναμνήσεως καὶ μαθήσεως λόγος δι' ὑποθέσεως
ἀξίας ἀποδέξασθαι εἴρηται. ἐρρήθη γάρ που οὕτως ἡμῶν
εἶναι ἡ ψυχὴ καὶ πρὶν εἰς σῶμα ἀφικέσθαι, ὥσπερ αὐτῆς
ἐστιν ἡ οὐσία ἔχουσα τὴν ἐπωνυμίαν τὴν τοῦ "ὃ ἔστιν."
ἐγὼ δὲ ταύτην, ὡς ἐμαυτὸν πείθω, ἱκανῶς τε καὶ ὀρθῶς ἀπο- e
δέδεγμαι. ἀνάγκη οὖν μοι, ὡς ἔοικε, διὰ ταῦτα μήτε ἐμαυτοῦ
μήτε ἄλλου ἀποδέχεσθαι λέγοντος ὡς ψυχή ἐστιν ἁρμονία.

Τί δέ, ἦ δ' ὅς, ὦ Σιμμία, τῇδε; δοκεῖ σοι ἁρμονίᾳ ἢ ἄλλῃ
τινὶ συνθέσει προσήκειν ἄλλως πως ἔχειν ἢ ὡς ἂν ἐκεῖνα **93a**
ἔχῃ ἐξ ὧν ἂν συγκέηται;

Οὐδαμῶς.

Οὐδὲ μὴν ποιεῖν τι, ὡς ἐγᾦμαι, οὐδέ τι πάσχειν ἄλλο
παρ' ἃ ἂν ἐκεῖνα ἢ ποιῇ ἢ πάσχῃ; Συνέφη. 5

Οὐκ ἄρα ἡγεῖσθαί γε προσήκει ἁρμονίαν τούτων ἐξ ὧν ἂν
συντεθῇ, ἀλλ' ἕπεσθαι. Συνεδόκει.

Πολλοῦ ἄρα δεῖ ἐναντία γε ἁρμονία κινηθῆναι ἂν ἢ
φθέγξασθαι ἤ τι ἄλλο ἐναντιωθῆναι τοῖς αὑτῆς μέρεσιν.

Πολλοῦ μέντοι, ἔφη. 10

Τί δέ; οὐχ οὕτως ἁρμονία πέφυκεν εἶναι ἑκάστη ἁρμονία

之人是骗子，若有人不小心防备他们，他们十分
会欺骗，在几何学及在所有其他的领域上。 5
关于回忆与学习的论证是借值得接受
的假设来探究[①]。因为想必我们说，我
们的灵魂在来到身体之前已经存在，就像
就其自身存在的事物[②]拥有“是什么”之名，
我全然具正当性地接受此假设，就如 e
我相信自己一样。我应该，看来，不是因自己的，
也不是因他人的论证，接受灵魂是和谐的说法。

是什么，他说，希米亚斯[③]？你认为和谐
或其他某种复合物适合拥有不同于由那些性质所 **93a**
组成的事物所具有的特质吗？

绝不。

此外，它影响某物，如我所想，及受某物影响是不
同于那些性质影响某物或受某物影响吗？他同意。 5

灵魂不适合指导组合它的
事物，而是跟随它们[④]。他认为不错。

和谐应该不会以反方向运动或
发声或任何其他是对反于它的标准。

当然不会，他说。 10

还有呢？每一个和谐在本质上皆为和谐，若

---

① 苏格拉底并未说明这个假设何以值得接受，但 Gallop：ibid. 157 认为理型论。

② Burnet 的版本是“autēs estin hē ousia...”（属于它的本质存在），但 Archer-Hind、Rowe 及 1995 年修订之 OCT 版本皆为“autē estin hē ousia...”（就其自身存在的事物），参见 Rowe：ibid. 220 及 Archer-Hind：ibid. 77-78 的说明。

③ 苏格拉底开始驳斥希米亚斯的论证，他所使用的论证方式是先在 92e4-93a10 提出论证（1）的前提，94b4-95a 完成论证（1）；93a11-c10 提出论证（2）的前提，并在 93d1-94b3 完成论证（2）。Gallop：ibid. 158 指出前提（1）与（2）并无直接的逻辑关系；Rowe：ibid. 220 则认为这种论证的安排与其说是逻辑的考量，不如说是基于修辞学。

④ 希米亚斯似乎认为人的心灵活动是出于身体性质或元素运动的结果，灵魂本身并无其独立的活动，接近当代心灵哲学中所主张的副带现象论。

ὡς ἂν ἁρμοσθῇ;

Οὐ μανθάνω, ἔφη.

Ἦ οὐχί, ἦ δ' ὅς, ἂν μὲν μᾶλλον ἁρμοσθῇ καὶ ἐπὶ πλέον, εἴπερ ἐνδέχεται τοῦτο γίγνεσθαι, μᾶλλόν τε ἂν ἁρμονία εἴη καὶ b
πλείων, εἰ δ' ἧττόν τε καὶ ἐπ' ἔλαττον, ἧττον τε καὶ ἐλάττων;

Πάνυ γε.

Ἦ οὖν ἔστι τοῦτο περὶ ψυχήν, ὥστε καὶ κατὰ τὸ σμικρότατον [μᾶλλον] ἑτέραν ἑτέρας ψυχῆς ἐπὶ πλέον καὶ μᾶλλον 5
ἢ ἐπ' ἔλαττον καὶ ἧττον αὐτὸ τοῦτο εἶναι, ψυχήν;

Οὐδ' ὁπωστιοῦν, ἔφη.

Φέρε δή, ἔφη, πρὸς Διός· λέγεται ψυχὴ ἡ μὲν νοῦν τε ἔχειν καὶ ἀρετὴν καὶ εἶναι ἀγαθή, ἡ δὲ ἄνοιάν τε καὶ μοχθηρίαν καὶ εἶναι κακή; καὶ ταῦτα ἀληθῶς λέγεται; c

Ἀληθῶς μέντοι.

Τῶν οὖν θεμένων ψυχὴν ἁρμονίαν εἶναι τί τις φήσει ταῦτα ὄντα εἶναι ἐν ταῖς ψυχαῖς, τήν τε ἀρετὴν καὶ τὴν κακίαν; πότερον ἁρμονίαν αὖ τινα ἄλλην καὶ ἀναρμοστίαν; 5
καὶ τὴν μὲν ἡρμόσθαι, τὴν ἀγαθήν, καὶ ἔχειν ἐν αὐτῇ ἁρμονίᾳ οὔσῃ ἄλλην ἁρμονίαν, τὴν δὲ ἀνάρμοστον αὐτήν τε εἶναι καὶ οὐκ ἔχειν ἐν αὐτῇ ἄλλην;

Οὐκ ἔχω ἔγωγε, φησὶν ὁ Σιμμίας, εἰπεῖν· δῆλον δ' ὅτι

当它被调整时[①]。

我不懂，他说。

他说，若和谐被调整愈多，它愈和谐，若这可能发生的话[②]，和谐是愈来愈 b 多，若和谐被调整得较少，它较不和谐，和谐愈来愈少，不是吗？

没错，他说。

那这是否与灵魂有关，所以在最小的程度上一个灵魂比另一个灵魂愈来愈是自己，或愈来 5 愈不是自己？

绝不是，他说。

来，他说，以宙斯之名为誓，据说灵魂拥有理智及德性[③]，且是良善的，它会是愚昧、悲惨及邪恶的吗？这说法是否为真？ c

当然为真。

那些主张灵魂是和谐的人，其中有人对这些事物，德性与恶，在灵魂之中，会说什么？和谐是否又是另一种不和谐[④]？ 5 好的灵魂是被调整好的灵魂[⑤]，且在此和谐中有另一个和谐，但不好的灵魂是未调整好的，且在其自身中没有另一个和谐？

我无法说，希米亚斯说；提出那个

---

① 中文不易表现柏拉图在此使用 harmaonia（和谐）及 harmosthē（被调整）之间的字源关系，依字面上的翻译会是“和谐被和谐”。这个论述是否驳斥了希米亚斯的质疑，参见导论。

② 严格说，此可能性不会发生，因为和谐不具等级与程度，但调音的过程，和谐有较接近完美的音调的状态（Archer-Hind：ibid. 78），因此 Burnet：ibid. 95 主张此可能性不会发生或许并不恰当。然而 Bluck：ibid. 100，n. 1 及 W. F. Hicken：1954，20 则认为和谐是否可被较多或较少地调整是一开放的问题。

③ 69a-c。

④ 若和谐具有等级的说法成立的话，那和谐性较低的和谐就是既和谐又不和谐，相同的论述亦适用于灵魂。

⑤ 此说法一如 67c7-8，预设了灵魂需具有“部分”，所以才可组装与调整，然而此说似乎与相似性论证强调灵魂的非复合性的特质（78b ff.）不一致。参见 67c7-8 之注释。

τοιαῦτ' ἄττ' ἂν λέγοι ὁ ἐκεῖνο ὑποθέμενος. 10

Ἀλλὰ προωμολόγηται, ἔφη, μηδὲν μᾶλλον μηδ' ἧττον d
ἑτέραν ἑτέρας ψυχὴν ψυχῆς εἶναι· τοῦτο δ' ἔστι τὸ ὁμο-
λόγημα, μηδὲν μᾶλλον μηδ' ἐπὶ πλέον μηδ' ἧττον μηδ' ἐπ'
ἔλαττον ἑτέραν ἑτέρας ἁρμονίαν ἁρμονίας εἶναι. ἢ γάρ;

Πάνυ γε. 5

Τὴν δέ γε μηδὲν μᾶλλον μηδὲ ἧττον ἁρμονίαν οὖσαν μήτε
μᾶλλον μήτε ἧττον ἡρμόσθαι· ἔστιν οὕτως;

Ἔστιν.

Ἡ δὲ μήτε μᾶλλον μήτε ἧττον ἡρμοσμένη ἔστιν ὅτι πλέον
ἢ ἔλαττον ἁρμονίας μετέχει, ἢ τὸ ἴσον; 10

Τὸ ἴσον.

Οὐκοῦν ψυχὴ [*ἐπειδὴ*] *οὐδὲν μᾶλλον οὐδ' ἧττον ἄλλη*
ἄλλης αὐτὸ τοῦτο, ψυχή, ἐστίν, οὐδὲ δὴ μᾶλλον οὐδὲ ἧττον e
ἥρμοσται;

Οὕτω.

Τοῦτο δέ γε πεπονθυῖα οὐδὲν πλέον ἀναρμοστίας οὐδὲ
ἁρμονίας μετέχοι ἄν; 5

Οὐ γὰρ οὖν.

Τοῦτο δ' αὖ πεπονθυῖα ἆρ' ἄν τι πλέον κακίας ἢ ἀρετῆς
μετέχοι ἑτέρα ἑτέρας, εἴπερ ἡ μὲν κακία ἀναρμοστία, ἡ δὲ
ἀρετὴ ἁρμονία εἴη;

Οὐδὲν πλέον. 10

Μᾶλλον δέ γέ που, ὦ Σιμμία, κατὰ τὸν ὀρθὸν λόγον **94a**

论证的人[①] 明显是说此类之事。 10

但之前所同意的是[②]，他说，一个 d
灵魂绝不会比另一个灵魂较不是灵魂，这正是
我们所认同的，一个和谐也绝不会比另
一个和谐更几近和谐，也不会较逊于和谐[③]。不是吗？

没错。 5

和谐不是较及较不和谐，也不是
被调整得较多及较少。是这样吗？

是。

有什么事物是调整得既不较多也不较少，
分享较多或较少的和谐，或相等？ 10

相等。

因此，因为一个灵魂不会比另一个灵魂较是及较不
是灵魂，而是一样的，假使如此灵魂便不会被调整得较多及 e
较少？

是如此。

在此情况下，它不会分享较多的不和谐，
及较多的和谐？ 5

当然不会。

另一方面，在此情况下一个灵魂不会比另一个
灵魂分享更多的恶及德性，若恶是不和谐，
而德性是和谐的话？

不会更多。 10

或更恰当地说，我认为，希米亚斯，根据正确的论证， **94a**

---

① c3。

② b4-7。

③ 这个论述是否与 a14-b2 的说法一致？若那个“可能性”不存在，则一致；若它有存在的机会，则柏拉图犯了论证前后不一的谬误；此外，这个论证是否可从 b4-7 得出？若在此的和谐是严格意义上的和谐，则无问题，但 d3-4 并无明确地指出这是一严格意义上和谐的观念，故此说并非可毫无疑问地从 b4-7 得出。

κακίας οὐδεμία ψυχὴ μεθέξει, εἴπερ ἁρμονία ἐστίν· ἁρμονία γὰρ δήπου παντελῶς αὐτὸ τοῦτο οὖσα, ἁρμονία, ἀναρμοστίας οὔποτ' ἂν μετάσχοι.

Οὐ μέντοι. 5

Οὐδέ γε δήπου ψυχή, οὖσα παντελῶς ψυχή, κακίας.

Πῶς γὰρ ἔκ γε τῶν προειρημένων;

Ἐκ τούτου ἄρα τοῦ λόγου ἡμῖν πᾶσαι ψυχαὶ πάντων ζῴων ὁμοίως ἀγαθαὶ ἔσονται, εἴπερ ὁμοίως [ψυχαὶ] πεφύκασιν αὐτὸ τοῦτο, ψυχαί, εἶναι. 10

Ἔμοιγε δοκεῖ, ἔφη, ὦ Σώκρατες.

Ἦ καὶ καλῶς δοκεῖ, ἦ δ' ὅς, οὕτω λέγεσθαι, καὶ πάσχειν ἂν ταῦτα ὁ λόγος εἰ ὀρθὴ ἡ ὑπόθεσις ἦν, τὸ ψυχὴν ἁρμονίαν εἶναι; b

Οὐδ' ὁπωστιοῦν, ἔφη.

Τί δέ; ἦ δ' ὅς· τῶν ἐν ἀνθρώπῳ πάντων ἔσθ' ὅτι ἄλλο λέγεις ἄρχειν ἢ ψυχὴν ἄλλως τε καὶ φρόνιμον; 5

Οὐκ ἔγωγε.

Πότερον συγχωροῦσαν τοῖς κατὰ τὸ σῶμα [πάθεσιν] ἢ καὶ ἐναντιουμένην; λέγω δὲ τὸ τοιόνδε, οἷον καύματος ἐνόντος καὶ δίψους ἐπὶ τοὐναντίον ἕλκειν, τὸ μὴ πίνειν, καὶ πείνης ἐνούσης ἐπὶ τὸ μὴ ἐσθίειν, καὶ ἄλλα μυρία που ὁρῶμεν ἐναντιουμένην τὴν ψυχὴν τοῖς κατὰ τὸ σῶμα· ἢ οὔ; 10 c

Πάνυ μὲν οὖν.

Οὐκοῦν αὖ ὡμολογήσαμεν ἐν τοῖς πρόσθεν μήποτ' ἂν

灵魂不会分享任何的恶，若它是和谐的话，因为
和谐想必完全就是和谐，它从未
分享不和谐。

确实不会。 5

灵魂想必不会，完全是灵魂，分享任何恶。

从之前所述何以会？

我们的结论是，所有有生物的
灵魂都一样的好，若灵魂在本质上是
相同的，就是灵魂。 10

我认为是，他说，苏格拉底。

你认为，他说，这么说可否接受，且这会
发生在此论证上，若假设是正确的，灵魂是 b
和谐[①]？

绝无法接受，他说。

然后呢？他说；在一切的人事中你说
有不同于有智慧的灵魂的统治吗[②]？ 5

我当然没说。

它是对与身体相关的情绪让步，或
是反对它们？我说的是这类的事，例如身
体在热的状态下，它选择对反的事物，不喝，在
饿的状态下，选择不吃，及其他数不清的例子，想 10
必我们可看到灵魂反对与身体相关的情绪[③]；不是吗？ c

没错。

因此，我们再次同意，在之前的论证中，灵魂，

---

① 苏格拉底在92d6-7指出，正确的结论有时是建立在“值得接受的”假设上，但假设不必然完全正确，有瑕疵的假设会造成论证上的矛盾，希米亚斯所提出的假设前提“灵魂是和谐”在苏格拉底的检证下即呈现缺陷。

② 68d-69c及79e-80a。

③ 类似的论证，参见《理想国篇》439b；关于理智与情绪之别，参见《理想国篇》441a-b。关于《费多篇》中具有灵魂三分的概念，参见67c6-7及108b8的注释。

αὐτήν, ἁρμονίαν γε οὖσαν, ἐναντία ᾄδειν οἷς ἐπιτείνοιτο
καὶ χαλῷτο καὶ ψάλλοιτο καὶ ἄλλο ὁτιοῦν πάθος πάσχοι 5
ἐκεῖνα ἐξ ὧν τυγχάνοι οὖσα, ἀλλ' ἕπεσθαι ἐκείνοις καὶ οὔποτ'
ἂν ἡγεμονεύειν;

Ὡμολογήσαμεν, ἔφη· πῶς γὰρ οὔ;

Τί οὖν; νῦν οὐ πᾶν τοὐναντίον ἡμῖν φαίνεται ἐργαζομένη,
ἡγεμονεύουσά τε ἐκείνων πάντων ἐξ ὧν φησί τις αὐτὴν 10
εἶναι, καὶ ἐναντιουμένη ὀλίγου πάντα διὰ παντὸς τοῦ βίου d
καὶ δεσπόζουσα πάντας τρόπους, τὰ μὲν χαλεπώτερον κολά-
ζουσα καὶ μετ' ἀλγηδόνων, τά τε κατὰ τὴν γυμναστικὴν καὶ
τὴν ἰατρικήν, τὰ δὲ πρᾳότερον, καὶ τὰ μὲν ἀπειλοῦσα, τὰ δὲ
νουθετοῦσα, ταῖς ἐπιθυμίαις καὶ ὀργαῖς καὶ φόβοις ὡς ἄλλη 5
οὖσα ἄλλῳ πράγματι διαλεγομένη; οἷόν που καὶ Ὅμηρος ἐν
Ὀδυσσείᾳ πεποίηκεν, οὗ λέγει τὸν Ὀδυσσέα·

στῆθος δὲ πλήξας κραδίην ἠνίπαπε μύθῳ·
τέτλαθι δή, κραδίη· καὶ κύντερον ἄλλο ποτ' ἔτλης. e

ἆρ' οἴει αὐτὸν ταῦτα ποιῆσαι διανοούμενον ὡς ἁρμονίας
αὐτῆς οὔσης καὶ οἵας ἄγεσθαι ὑπὸ τῶν τοῦ σώματος παθη-
μάτων, ἀλλ' οὐχ οἵας ἄγειν τε ταῦτα καὶ δεσπόζειν, καὶ
οὔσης αὐτῆς πολὺ θειοτέρου τινὸς [πράγματος] ἢ καθ' 5
ἁρμονίαν;

Νὴ Δία, ὦ Σώκρατες, ἔμοιγε δοκεῖ.

Οὐκ ἄρα, ὦ ἄριστε, ἡμῖν οὐδαμῇ καλῶς ἔχει ψυχὴν

若确是和谐的话，未曾与碰巧构成它
的事物，绷紧、放松、拉紧及其他 5
任何情绪，唱反调，而是顺从它们并
且不曾领导它们[①]？

我们同意，他说；怎么不是呢？

还有呢？就现况而言，我们不认为它做完全相反的事，
它领导那些构成它的事物，有人说是 10
和谐，终其一生几乎反对一切事情， d
且引导一切的方向，一方面给予较严厉的
惩罚并随伴着痛苦，如根据体育及
医学，另一方面给予较温和的惩罚，如压制
或警告，与欲望、愤怒及恐惧交谈， 5
就像一物与另一物交谈？想必荷马在
《奥迪赛》中也写这事，他说奥迪修斯

> 捶胸，斥责自己的心[②]；
>
> 忍耐，我的心；你曾忍受其他更耻辱的事[③]。 e

你认为荷马写作时，心中想着它是和谐，且受
到身体的情绪的引导，而不是引导情绪，成为情绪的主人，
且与和谐相较它更是某种神圣

5

之物？

以宙斯之名为誓，苏格拉底，我确实认为[④]。

我们，高贵的朋友，无法接受，灵魂

---

① 值得注意的是，希米亚斯在86b7-c2将和谐或灵魂视为身体不同性质的绷紧合一，然而苏格拉底在此的论述却是以与身体相关的情绪与欲望来驳斥希米亚斯的主张。冷、热、干及湿等特质或许与情绪、欲望有关，如热干与口渴、湿冷与难过流泪的关系，但毕竟是两组不同的事物，因此苏格拉底似乎混淆了前一组事物是身体的性质，后一组事物是灵魂的产物。

② kardia或kradia（心）这个字虽具有某种情绪层面的意涵，但在荷马的史诗中，它的主要意义还在于生理学，指心脏，参见Adkins：ibid. 15-18。相同诗句亦出现在《理想国篇》441b5。

③ 参见《奥迪赛》20，17-18。

④ 希米亚斯所认为的不是前者而是后者，即灵魂领导情绪而且比和谐神圣。

ἁρμονίαν τινὰ φάναι εἶναι· οὔτε γὰρ ἄν, ὡς ἔοικεν, Ὁμήρῳ **95a**
θείῳ ποιητῇ ὁμολογοῖμεν οὔτε αὐτοὶ ἡμῖν αὐτοῖς.

Ἔχει οὕτως, ἔφη.

Εἶεν δή, ἦ δ' ὃς ὁ Σωκράτης, τὰ μὲν Ἁρμονίας ἡμῖν τῆς
Θηβαϊκῆς ἵλεά πως, ὡς ἔοικε, μετρίως γέγονεν· τί δὲ δὴ τὰ 5
Κάδμου, ἔφη, ὦ Κέβης, πῶς ἱλασόμεθα καὶ τίνι λόγῳ;

Σύ μοι δοκεῖς, ἔφη ὁ Κέβης, ἐξευρήσειν· τουτονὶ γοῦν
τὸν λόγον τὸν πρὸς τὴν ἁρμονίαν θαυμαστῶς μοι εἶπες ὡς
παρὰ δόξαν. Σιμμίου γὰρ λέγοντος ὅτε ἠπόρει, πάνυ ἐθαύ-
μαζον εἴ τι ἕξει τις χρήσασθαι τῷ λόγῳ αὐτοῦ· πάνυ οὖν b
μοι ἀτόπως ἔδοξεν εὐθὺς τὴν πρώτην ἔφοδον οὐ δέξασθαι
τοῦ σοῦ λόγου. ταὐτὰ δὴ οὐκ ἂν θαυμάσαιμι καὶ τὸν τοῦ
Κάδμου λόγον εἰ πάθοι.

Ὠγαθέ, ἔφη ὁ Σωκράτης, μὴ μέγα λέγε, μή τις ἡμῶν 5
βασκανία περιτρέψῃ τὸν λόγον τὸν μέλλοντα ἔσεσθαι.
ἀλλὰ δὴ ταῦτα μὲν τῷ θεῷ μελήσει, ἡμεῖς δὲ Ὁμηρικῶς
ἐγγὺς ἰόντες πειρώμεθα εἰ ἄρα τι λέγεις. ἔστι δὲ δὴ τὸ
κεφάλαιον ὧν ζητεῖς· ἀξιοῖς ἐπιδειχθῆναι ἡμῶν τὴν ψυχὴν
ἀνώλεθρόν τε καὶ ἀθάνατον οὖσαν, εἰ φιλόσοφος ἀνὴρ μέλ- c
λων ἀποθανεῖσθαι, θαρρῶν τε καὶ ἡγούμενος ἀποθανὼν ἐκεῖ
εὖ πράξειν διαφερόντως ἢ εἰ ἐν ἄλλῳ βίῳ βιοὺς ἐτελεύτα,
μὴ ἀνόητόν τε καὶ ἠλίθιον θάρρος θαρρήσει. τὸ δὲ ἀπο-
φαίνειν ὅτι ἰσχυρόν τί ἐστιν ἡ ψυχὴ καὶ θεοειδὲς καὶ ἦν ἔτι 5
πρότερον, πρὶν ἡμᾶς ἀνθρώπους γενέσθαι, οὐδὲν κωλύειν

似乎是某种和谐，的说法；或许我们，看来，不会 **95a**
同意荷马神圣的诗人，也不会在我们之间达成共识。

事实是如此，他说。

那，苏格拉底说，关于哈尔摩妮雅的论证，
看来，结果对我们而言是个适切的吉兆；关于卡德穆斯的论 5
证，他说，克贝斯，我们如何使它成为吉兆，以什么论证呢[①]？

我认为你似乎，克贝斯说，会找到方法，对我而言
你以令人吃惊及超越期待的方式，提出关于和谐
的论证。当希米亚斯说他困惑[②]，我非常好
奇，是否有人能够处理他的论证；我认为 b
十分奇怪，他没有立即挺身反对你的论证的
第一个攻击。或许我不会讶异，若相同的结果
也发生在卡德穆斯的论证上。

我的好老兄，苏格拉底说，话不要说得太满，所以 5
某个诅咒不会摧毁我们即将开始的论证。
它一定会受到神祇的关注，让我们，像荷马的战士
短兵相接，检视你所言是否为真。这是你所
探究之事的概要，你认为我们的灵魂被证明
是不灭不朽[③]，若哲学家注定 c
要死，深信并且认为在死后
他会在那儿过得比若他死前过不同的生活更好，
他有自信地认为不会成为无知愚昧之人。这显
示，灵魂是强健及如神一样的事物，且在 5
我们成为人之前已存在，你说无物

---

① 哈尔摩妮雅（Harmonia）是塞贝斯神话中的建城英雄卡德穆斯的妻子，参见 ODCW 125。

② Burnet 及 1995 年修订之 OCT 版本是 hote（因为，或当……时），译文为“……因为他困惑”，但这与下文不甚衔接，Rowe 及 Archer-Hind 皆建议为 hoti（that）。

③ Hackforth：ibid. 100，n. 3 认为 anōlethron 及 athanaton 是同义词；Rowe：ibid. 210 认为证明灵魂不朽即证明其不灭。然而 O’Brien：ibid. 97-98 则主张克贝斯认可回忆说的结果以证明灵魂具有部分的不朽性，因此尚需证明的是灵魂与身体分开后，不会如身体一样毁坏；Gallop：ibid. 168-169 持反对意见，认为 O’Brien 的诠释不符文本，且强调不灭的论证始于 102a 以后。

φῂς πάντα ταῦτα μηνύειν ἀθανασίαν μὲν μή, ὅτι δὲ πολυ-
χρόνιόν τέ ἐστιν ψυχὴ καὶ ἦν που πρότερον ἀμήχανον ὅσον
χρόνον καὶ ᾔδει τε καὶ ἔπραττεν πολλὰ ἄττα· ἀλλὰ γὰρ
οὐδέν τι μᾶλλον ἦν ἀθάνατον, ἀλλὰ καὶ αὐτὸ τὸ εἰς ἀν- d
θρώπου σῶμα ἐλθεῖν ἀρχὴ ἦν αὐτῇ ὀλέθρου, ὥσπερ νόσος·
καὶ ταλαιπωρουμένη τε δὴ τοῦτον τὸν βίον ζῴη καὶ τελευτῶσά
γε ἐν τῷ καλουμένῳ θανάτῳ ἀπολλύοιτο. διαφέρειν δὲ δὴ
φῂς οὐδὲν εἴτε ἅπαξ εἰς σῶμα ἔρχεται εἴτε πολλάκις, πρός 5
γε τὸ ἕκαστον ἡμῶν φοβεῖσθαι· προσήκει γὰρ φοβεῖσθαι,
εἰ μὴ ἀνόητος εἴη, τῷ μὴ εἰδότι μηδὲ ἔχοντι λόγον διδόναι
ὡς ἀθάνατόν ἐστι. τοιαῦτ' ἄττα ἐστίν, οἶμαι, ὦ Κέβης, ἃ e
λέγεις· καὶ ἐξεπίτηδες πολλάκις ἀναλαμβάνω, ἵνα μή τι
διαφύγῃ ἡμᾶς, εἴ τέ τι βούλει, προσθῇς ἢ ἀφέλῃς.

Καὶ ὁ Κέβης, Ἀλλ' οὐδὲν ἔγωγε ἐν τῷ παρόντι, ἔφη,
οὔτε ἀφελεῖν οὔτε προσθεῖναι δέομαι· ἔστι δὲ ταῦτα ἃ 5
λέγω.

Ὁ οὖν Σωκράτης συχνὸν χρόνον ἐπισχὼν καὶ πρὸς ἑαυτόν
τι σκεψάμενος, Οὐ φαῦλον πρᾶγμα, ἔφη, ὦ Κέβης, ζητεῖς·
ὅλως γὰρ δεῖ περὶ γενέσεως καὶ φθορᾶς τὴν αἰτίαν δια-
πραγματεύσασθαι. ἐγὼ οὖν σοι δίειμι περὶ αὐτῶν, ἐὰν **96a**
βούλῃ, τά γε ἐμὰ πάθη· ἔπειτα ἄν τί σοι χρήσιμον
φαίνηται ὧν ἂν λέγω, πρὸς τὴν πειθὼ περὶ ὧν δὴ λέγεις
χρήσῃ.

Ἀλλὰ μήν, ἔφη ὁ Κέβης, βούλομαί γε. 5

Ἄκουε τοίνυν ὡς ἐροῦντος. ἐγὼ γάρ, ἔφη, ὦ Κέβης,

阻碍这一切指出它是不朽的，而只有指出，
灵魂是较持久，且之前想必已存在许
久，知道及做过许多的事，但总之
它是不朽之物，但在进入人的 d
身体中，它的败坏开始，就如生病；
它在这个生命中痛苦地活着，最后
在所谓的死亡中毁灭[①]。你说这
不会有影响，灵魂进入身体一次或多次， 5
就我们每一个人的担心而言，因为担心害怕是恰当的，
除非某人是不无知，对不理解及无法提出证明
灵魂是不朽的人而言。这类之事，我想，克贝斯， e
是你论及的；我故意不止一次地重述[②]，为了不让
某个观点离我们远去，若你想要某观点，你自己增加或减少。

克贝斯说，现在我没有什么
要减少及增加的，这是我所 5
说的。

苏格拉底，斟酌良久，且自己在内心
探究某事，说：克贝斯，你所探究的不是件小事，
因为必须彻底详细地检视关于生与死
的理由[③]。关于这些事我要与你讨论我个人 **96a**
的经验，若你愿意的话，因为我所说的事中或许
有对你有用的观点，你将用此观点来说服我们
关于你所说的论证。

我一定愿意，克贝斯说。 5

那就听我道来。我，他说，克贝斯，

---

① 91d6-7。

② 91d2-7。

③ 苏格拉底在此所关心的生（genesis）及死（phthora），并非某物的产生与死亡，而是某物拥有某特质或依附体，及失去某特质及依附体，亦即某物何以成为 F，又不成为 F，亦即何以一物为大，另一物为小，又一物为美，另一物为丑等，参见 Hackforth：ibid. 144-146。

νέος ὢν θαυμαστῶς ὡς ἐπεθύμησα ταύτης τῆς σοφίας ἣν
δὴ καλοῦσι περὶ φύσεως ἱστορίαν· ὑπερήφανος γάρ μοι
ἐδόκει, <καὶ> εἰδέναι τὰς αἰτίας ἑκάστου, διὰ τί γίγνεται
ἕκαστον καὶ διὰ τί ἀπόλλυται καὶ διὰ τί ἔστι. καὶ πολλάκις 10
ἐμαυτὸν ἄνω κάτω μετέβαλλον σκοπῶν πρῶτον τὰ τοιάδε· b
"Ἆρ' ἐπειδὰν τὸ θερμὸν καὶ τὸ ψυχρὸν σηπεδόνα τινὰ
λάβῃ, ὥς τινες ἔλεγον, τότε δὴ τὰ ζῷα συντρέφεται; καὶ
πότερον τὸ αἷμά ἐστιν ᾧ φρονοῦμεν, ἢ ὁ ἀὴρ ἢ τὸ πῦρ; ἢ
τούτων μὲν οὐδέν, ὁ δ' ἐγκέφαλός ἐστιν ὁ τὰς αἰσθήσεις 5
παρέχων τοῦ ἀκούειν καὶ ὁρᾶν καὶ ὀσφραίνεσθαι, ἐκ τούτων
δὲ γίγνοιτο μνήμη καὶ δόξα, ἐκ δὲ μνήμης καὶ δόξης λα-
βούσης τὸ ἠρεμεῖν, κατὰ ταῦτα γίγνεσθαι ἐπιστήμην; καὶ
αὖ τούτων τὰς φθορὰς σκοπῶν, καὶ τὰ περὶ τὸν οὐρανόν c
καὶ τὴν γῆν πάθη, τελευτῶν οὕτως ἐμαυτῷ ἔδοξα πρὸς
ταύτην τὴν σκέψιν ἀφυὴς εἶναι ὡς οὐδὲν χρῆμα. τεκμή-
ριον δέ σοι ἐρῶ ἱκανόν· ἐγὼ γὰρ ἃ καὶ πρότερον σαφῶς
ἠπιστάμην, ὥς γε ἐμαυτῷ καὶ τοῖς ἄλλοις ἐδόκουν, τότε 5
ὑπὸ ταύτης τῆς σκέψεως οὕτω σφόδρα ἐτυφλώθην, ὥστε
ἀπέμαθον καὶ ἃ πρὸ τοῦ ᾤμην εἰδέναι, περὶ ἄλλων τε
πολλῶν καὶ διὰ τί ἄνθρωπος αὐξάνεται. τοῦτο γὰρ ᾤμην
πρὸ τοῦ παντὶ δῆλον εἶναι, ὅτι διὰ τὸ ἐσθίειν καὶ πίνειν·

年轻时特别热衷于那个人们称之为
关于自然的探究的智慧①，因为我认为
了解每件事物的原因是了不起的，每件事
物产生的理由，毁灭及存在的理由。一 10
开始在探讨这类问题上，我经常前后反复： b
“当热与冷受到某种腐败的影响，
如某些人所言，然后有生物滋长吗②？
我们是靠血液、气或火思想③？或者
都不是，而是大脑④，它提供了听、 5
看及闻的感官知觉，从记忆与判断，
当它们保持稳定，以此方式产生知识⑤？

再来我探究关于这些事物的灭亡，它关 c
于天与地的经验，最后我认为关于
这个探究无物比我更不合适。我将
告诉你充足的证明，因为我之前明确地
知道这些事，我及其他人真的如此认为，之后 5
我被这个探究以如此激烈的方式给蒙蔽，所以
我不知道我之前认为知道的事，关于其他
许多事及人何以成长。之前我认为在
所有的事物上这都是明确的，借由吃及喝，

---

① 苏格拉底指的是那些 phusikoi（研究自然的人），或所谓的先苏哲学家。

② Archer-Hind：ibid. 87 及 Burnet：ibid. 95 咸以为这句话是引述安纳萨哥拉斯的学生阿尔赫劳斯（Archelaus）对动物起源的说明（DK 60A1，4）；Rowe：ibid. 230 则认为并非关于物种起源，而是关于动物是由不同元素所组成的论述。

③ 恩培多克利斯主张血液是人的思想（DK 31B105）；阿波娄尼亚的迪欧金尼斯（Diogenes of Apollonia）说气是人的灵魂与理智（64B4，5），或亚纳希曼内斯（Anaximenes）；赫拉克利图斯认为灵魂是火（22B36），火是一切的判准（22B66），干燥的灵魂是明智的（22B118）。

④ 毕达哥拉斯学派哲学家艾尔克麦翁（Alkmaion）的思想（DK 24A5）；egkephalos（大脑）也可指脑髓。

⑤ 否认对日常生活经验保有的记忆可产生知识，参见《高尔奇亚斯篇》501a7-b1。

ἐπειδὰν γὰρ ἐκ τῶν σιτίων ταῖς μὲν σαρξὶ σάρκες προσ- d
γένωνται, τοῖς δὲ ὀστοῖς ὀστᾶ, καὶ οὕτω κατὰ τὸν αὐτὸν
λόγον καὶ τοῖς ἄλλοις τὰ αὐτῶν οἰκεῖα ἑκάστοις προσγένηται,
τότε δὴ τὸν ὀλίγον ὄγκον ὄντα ὕστερον πολὺν γεγονέναι,
καὶ οὕτω γίγνεσθαι τὸν σμικρὸν ἄνθρωπον μέγαν." οὕτως 5
τότε ᾤμην· οὐ δοκῶ σοι μετρίως;

Ἔμοιγε, ἔφη ὁ Κέβης.

Σκέψαι δὴ καὶ τάδε ἔτι. ᾤμην γὰρ ἱκανῶς μοι δοκεῖν,
ὁπότε τις φαίνοιτο ἄνθρωπος παραστὰς μέγας σμικρῷ μείζων
εἶναι αὐτῇ τῇ κεφαλῇ, καὶ ἵππος ἵππου· καὶ ἔτι γε τούτων e
ἐναργέστερα, τὰ δέκα μοι ἐδόκει τῶν ὀκτὼ πλέονα εἶναι διὰ
τὸ δύο αὐτοῖς προσεῖναι, καὶ τὸ δίπηχυ τοῦ πηχυαίου μεῖζον
εἶναι διὰ τὸ ἡμίσει αὐτοῦ ὑπερέχειν.

Νῦν δὲ δή, ἔφη ὁ Κέβης, τί σοι δοκεῖ περὶ αὐτῶν; 5

Πόρρω που, ἔφη, νὴ Δία ἐμὲ εἶναι τοῦ οἴεσθαι περὶ
τούτων του τὴν αἰτίαν εἰδέναι, ὅς γε οὐκ ἀποδέχομαι ἐμαυτοῦ
οὐδὲ ὡς ἐπειδὰν ἑνί τις προσθῇ ἕν, ἢ τὸ ἓν ᾧ προσετέθη
δύο γέγονεν <ἢ τὸ προστεθέν>, ἢ τὸ προστεθὲν καὶ ᾧ προσ-
ετέθη διὰ τὴν πρόσθεσιν τοῦ ἑτέρου τῷ ἑτέρῳ δύο ἐγένετο. **97a**
θαυμάζω γὰρ εἰ ὅτε μὲν ἑκάτερον αὐτῶν χωρὶς ἀλλήλων
ἦν, ἓν ἄρα ἑκάτερον ἦν καὶ οὐκ ἤστην τότε δύο, ἐπεὶ δ'
ἐπλησίασαν ἀλλήλοις, αὕτη ἄρα αἰτία αὐτοῖς ἐγένετο δυοῖν

因为从食物中血肉呈现在血肉之中， d
骨头呈现在骨头之中，因此根据相同的
论证，在食物上合适的东西会呈现在其他每一部分中，
然后小的身躯之后会变较大，
且以此方式小人变为大人[①]。”当时 5
我是这么想，对你而言我不合理吗？

我认为合理，克贝斯说。

进一步探究此事。我以前认为这对我而言是足够的，
每当有高大之人站在矮小之人身旁，他似乎是
高出一个头，一匹马比另一匹马高一个头[②]，关于此 e
可更清楚显示，我认为 10 比 8 大是因为
2 被加在 10 之中，两腕尺比一腕尺大[③]，
是因为它的一半向前进[④]。

那现在，克贝斯说，关于它们你看法为何？ 5

或许事实远非如此，他说，以宙斯之名为誓，我
认为自己知道这些事物的理由，因为我不会接受，甚
至是我自己，当有人在 1 上加 1，不是被加 1 的 1
形成 2，就是被加上的 1 及它被加在其上的 1，
借由一个加在另一个之上，形成 2[⑤]， **97a**
因为我惊讶若当它们之中一个与另一个
分开，每一个实际上皆为 1，且它们两个皆不是 2，但当
它们互相接近，这事实上形成了它们成为 2 的

---

① 安纳萨哥拉斯的论证，在每一件事物中存在着每一件事物的部分（DK 59B11），所以食物中有血肉、头发及骨头等部分，可对应至人的身体上的组成元素（59B10）。

② 苏格拉底在此欲表达出的问题是，“高”的理由是否能以“高出一个头”来说明。

③ 腕尺指手肘至中指尖的距离，约 46-56 公分。

④ 两腕尺的一半向前进。

⑤ 苏格拉底的意思是，若 2 的原因是 1 加上 1 的话，那 1 的二分也会是 2 的原因（97a6-7），这导出增加或二分皆不是对 2 所以形成 2 的适当说明。

γενέσθαι, ἡ σύνοδος τοῦ πλησίον ἀλλήλων τεθῆναι. οὐδέ 5
γε ὡς ἐάν τις ἓν διασχίσῃ, δύναμαι ἔτι πείθεσθαι ὡς αὕτη
αὖ αἰτία γέγονεν, ἡ σχίσις, τοῦ δύο γεγονέναι· ἐναντία γὰρ
γίγνεται ἢ τότε αἰτία τοῦ δύο γίγνεσθαι. τότε μὲν γὰρ ὅτι b
συνήγετο πλησίον ἀλλήλων καὶ προσετίθετο ἕτερον ἑτέρῳ,
νῦν δ' ὅτι ἀπάγεται καὶ χωρίζεται ἕτερον ἀφ' ἑτέρου. οὐδέ
γε δι' ὅτι ἓν γίγνεται ὡς ἐπίσταμαι, ἔτι πείθω ἐμαυτόν,
οὐδ' ἄλλο οὐδὲν ἑνὶ λόγῳ δι' ὅτι γίγνεται ἢ ἀπόλλυται ἢ 5
ἔστι, κατὰ τοῦτον τὸν τρόπον τῆς μεθόδου, ἀλλά τιν' ἄλλον
τρόπον αὐτὸς εἰκῇ φύρω, τοῦτον δὲ οὐδαμῇ προσίεμαι.

Ἀλλ' ἀκούσας μέν ποτε ἐκ βιβλίου τινός, ὡς ἔφη, Ἀναξ-
αγόρου ἀναγιγνώσκοντος, καὶ λέγοντος ὡς ἄρα νοῦς ἐστιν c
ὁ διακοσμῶν τε καὶ πάντων αἴτιος, ταύτῃ δὴ τῇ αἰτίᾳ ἥσθην
καὶ ἔδοξέ μοι τρόπον τινὰ εὖ ἔχειν τὸ τὸν νοῦν εἶναι πάντων
αἴτιον, καὶ ἡγησάμην, εἰ τοῦθ' οὕτως ἔχει, τόν γε νοῦν
κοσμοῦντα πάντα κοσμεῖν καὶ ἕκαστον τιθέναι ταύτῃ ὅπῃ 5
ἂν βέλτιστα ἔχῃ· εἰ οὖν τις βούλοιτο τὴν αἰτίαν εὑρεῖν
περὶ ἑκάστου ὅπῃ γίγνεται ἢ ἀπόλλυται ἢ ἔστι, τοῦτο δεῖν
περὶ αὐτοῦ εὑρεῖν, ὅπῃ βέλτιστον αὐτῷ ἐστιν ἢ εἶναι ἢ
ἄλλο ὁτιοῦν πάσχειν ἢ ποιεῖν· ἐκ δὲ δὴ τοῦ λόγου τούτου d
οὐδὲν ἄλλο σκοπεῖν προσήκειν ἀνθρώπῳ καὶ περὶ αὐτοῦ

理由，相聚组成了它们的并置[①]。我也无法接受， 5
若有一物被劈成两半，我依然可能相信这
是形成 2 的理由，区分，因为这个理由
对反于刚才的 2 的形成的理由[②]。在那时 b
它们相互接近而且一物被加在另一物之上，
而今一物从另一物那儿被带走及分离。我
甚至尚未说服自己，我知道一是何以产生，及
在论证中，其他事物是如何产生、毁灭或 5
存在，根据这个探究的方法[③]，然而我自己
随便混合出某个不同的方法，但完全不认可这个方法。

当我听说，他说，某人从安纳萨哥拉斯的书中[④]
读到并说：心灵实际上是 c
安排一切事物的理由，我对此理由感到高兴，
且我认为某个方法有不错的主张，心灵是一切事物
的理由，我想，若事实是如此，心灵赋予一切事物
秩序，安排及置放每一件事物以任何最 5
好的方式；若有人想发现关于每一件事物，
以何方式产生、毁灭或存在的理由，关于此
他应该发现此事：以何种方式，对一物而言，存在、
受其他任何事物影响、或影响其他事物，是最好的；但从此论证 d
中没有其他适合人的探究，关于人

---

① 苏格拉底的问题是：当 1+1=2 时，不是前个 1，就是这两个数字 1，因为相互加总产生 2，到底是否是相加的过程使它们变成 2，且上述的哪一项事物可说是变成 2。关于第一个问题，苏格拉底显然认为并置不是使得两件事物变成 2 的理由，因为它们已经是 2。第二个问题，2 只能描述或说明在一起的一对事物，而不能单独分开描述说明它们，但这会使得“变成 2”之表述有误，因为一对事物各自分别来看永远不会是 2，所以事物如何变成“2”，若它们永远不会是 2，但一起来看却必须一直是 2，所以事物如何变成“2”，若它们永远不是 2 或一直都是 2？苏格拉底在 101c 对此问题提出说明解释。参见 Gallop：ibid. 173-174。

② 另一个形成 2 的理由是区分，即一物一分为二，但苏格拉底认为相同的结果不可能出自两个对反的理由。

③ 物质主义的方法。

④ nous，DK 59B12。

[ἐκείνου] καὶ περὶ ἄλλων ἀλλ' ἢ τὸ ἄριστον καὶ τὸ βέλτιστον.
ἀναγκαῖον δὲ εἶναι τὸν αὐτὸν τοῦτον καὶ τὸ χεῖρον εἰδέναι·
τὴν αὐτὴν γὰρ εἶναι ἐπιστήμην περὶ αὐτῶν. ταῦτα δὴ 5
λογιζόμενος ἄσμενος ηὑρηκέναι ᾤμην διδάσκαλον τῆς αἰτίας
περὶ τῶν ὄντων κατὰ νοῦν ἐμαυτῷ, τὸν Ἀναξαγόραν, καί
μοι φράσειν πρῶτον μὲν πότερον ἡ γῆ πλατεῖά ἐστιν ἢ
στρογγύλη, ἐπειδὴ δὲ φράσειεν, ἐπεκδιηγήσεσθαι τὴν αἰτίαν e
καὶ τὴν ἀνάγκην, λέγοντα τὸ ἄμεινον καὶ ὅτι αὐτὴν ἄμεινον
ἦν τοιαύτην εἶναι· καὶ εἰ ἐν μέσῳ φαίη εἶναι αὐτήν, ἐπεκ-
διηγήσεσθαι ὡς ἄμεινον ἦν αὐτὴν ἐν μέσῳ εἶναι· καὶ εἴ μοι
ταῦτα ἀποφαίνοι, παρεσκευάσμην ὡς οὐκέτι ποθεσόμενος 5
αἰτίας ἄλλο εἶδος. καὶ δὴ καὶ περὶ ἡλίου οὕτω παρεσκευ-
άσμην ὡσαύτως πευσόμενος, καὶ σελήνης καὶ τῶν ἄλλων **98a**
ἄστρων, τάχους τε πέρι πρὸς ἄλληλα καὶ τροπῶν καὶ τῶν
ἄλλων παθημάτων, πῇ ποτε ταῦτ' ἄμεινόν ἐστιν ἕκαστον
καὶ ποιεῖν καὶ πάσχειν ἃ πάσχει. οὐ γὰρ ἄν ποτε αὐτὸν
ᾤμην, φάσκοντά γε ὑπὸ νοῦ αὐτὰ κεκοσμῆσθαι, ἄλλην τινὰ 5
αὐτοῖς αἰτίαν ἐπενεγκεῖν ἢ ὅτι βέλτιστον αὐτὰ οὕτως ἔχειν
ἐστὶν ὥσπερ ἔχει· ἑκάστῳ οὖν αὐτῶν ἀποδιδόντα τὴν αἰτίαν b
καὶ κοινῇ πᾶσι τὸ ἑκάστῳ βέλτιστον ᾤμην καὶ τὸ κοινὸν
πᾶσιν ἐπεκδιηγήσεσθαι ἀγαθόν· καὶ οὐκ ἂν ἀπεδόμην πολλοῦ

自身[①]及关于其他事物的探讨，除了至善与最高尚的事物外。
同一个人有必要知道至善与较恶之事，
因为关于它们的知识是相同的[②]。思考 5
这些事，我高兴而且认为，老师，安纳萨哥拉斯，
根据我个人的想法，找到关于存在事物的理由，
首先他将告诉我，地球是平的或
圆的[③]，然后他将告诉我，彻底地教授 e
地球何以一定是如此，借由陈述较好的事[④]，亦即，这
类事物是较好的[⑤]；若他说它位于中心[⑥]，他
将进一步教授，它位在中心是较好的；若我
认可这些说法，我准备不再欲求与其他 5
形式相关的理由。特别是关于太阳我也
准备以如此相同的态度来理解，还有月亮及其他 **98a**
的星体，关于它们相互间的速率、运转及其他
的事件，到底每一个星体如何运行及
受影响是较好。我不曾认为，
即使他主张这些星体是受心灵的安排， 5
他会赋予这些事物另一个不同于它们处在
如此状态下最好的理由；所以我认为 b
在个别地及集体地赋予每一件事物理由，他
要进一步解释对每一件事物什么是最好，对整体什么是好的；

---

① 《费德若斯篇》230a 强调“知道自己”是生而为人的当务之急。亦可参见 114e3 的注释。

② 《理想国篇》第一卷，苏格拉底说最有技巧的拳击手不仅擅长攻击，也擅长防守（333e），因此关于对反事物的知识是出于同一个学问。

③ 参见亚里斯多德《论天》（*De Caelo*）294a29。

④ 地球是平的或圆的较好。

⑤ 好或善，是苏格拉底寻找存在事物之所以以如此的方式存在，其理由的重要依据。换言之，苏格拉底认为，一物存在与活动的理由说明，应建立在为什么对此物而言，某种存在与活动的方式对自身最好。柏拉图对宇宙的论述从机械式转移成目的论式的论述。

⑥ 宇宙的中心。地球为在宇宙的中心之说，当时几乎被普遍接受，参见亚里斯多德《论天》293a15；晚期毕达哥拉斯学派认为地球环绕着中心火运行。

τὰς ἐλπίδας, ἀλλὰ πάνυ σπουδῇ λαβὼν τὰς βίβλους ὡς
τάχιστα οἷός τ' ἦ ἀνεγίγνωσκον, ἵν' ὡς τάχιστα εἰδείην τὸ 5
βέλτιστον καὶ τὸ χεῖρον.

Ἀπὸ δὴ θαυμαστῆς ἐλπίδος, ὦ ἑταῖρε, ᾠχόμην φερόμενος,
ἐπειδὴ προϊὼν καὶ ἀναγιγνώσκων ὁρῶ ἄνδρα τῷ μὲν νῷ
οὐδὲν χρώμενον οὐδέ τινας αἰτίας ἐπαιτιώμενον εἰς τὸ
διακοσμεῖν τὰ πράγματα, ἀέρας δὲ καὶ αἰθέρας καὶ ὕδατα c
αἰτιώμενον καὶ ἄλλα πολλὰ καὶ ἄτοπα. καί μοι ἔδοξεν
ὁμοιότατον πεπονθέναι ὥσπερ ἂν εἴ τις λέγων ὅτι Σωκράτης
πάντα ὅσα πράττει νῷ πράττει, κἄπειτα ἐπιχειρήσας λέγειν
τὰς αἰτίας ἑκάστων ὧν πράττω, λέγοι πρῶτον μὲν ὅτι διὰ 5
ταῦτα νῦν ἐνθάδε κάθημαι, ὅτι σύγκειταί μου τὸ σῶμα ἐξ
ὀστῶν καὶ νεύρων, καὶ τὰ μὲν ὀστᾶ ἔστιν στερεὰ καὶ
διαφυὰς ἔχει χωρὶς ἀπ' ἀλλήλων, τὰ δὲ νεῦρα οἷα ἐπι-
τείνεσθαι καὶ ἀνίεσθαι, περιαμπέχοντα τὰ ὀστᾶ μετὰ τῶν d
σαρκῶν καὶ δέρματος ὃ συνέχει αὐτά· αἰωρουμένων οὖν τῶν
ὀστῶν ἐν ταῖς αὑτῶν συμβολαῖς χαλῶντα καὶ συντείνοντα
τὰ νεῦρα κάμπτεσθαί που ποιεῖ οἷόν τ' εἶναι ἐμὲ νῦν τὰ
μέλη, καὶ διὰ ταύτην τὴν αἰτίαν συγκαμφθεὶς ἐνθάδε κά- 5
θημαι· καὶ αὖ περὶ τοῦ διαλέγεσθαι ὑμῖν ἑτέρας τοιαύτας
αἰτίας λέγοι, φωνάς τε καὶ ἀέρας καὶ ἀκοὰς καὶ ἄλλα μυρία
τοιαῦτα αἰτιώμενος, ἀμελήσας τὰς ὡς ἀληθῶς αἰτίας λέγειν, e
ὅτι, ἐπειδὴ Ἀθηναίοις ἔδοξε βέλτιον εἶναι ἐμοῦ καταψη-
φίσασθαι, διὰ ταῦτα δὴ καὶ ἐμοὶ βέλτιον αὖ δέδοκται ἐνθάδε
καθῆσθαι, καὶ δικαιότερον παραμένοντα ὑπέχειν τὴν δίκην
ἣν ἂν κελεύσωσιν· ἐπεὶ νὴ τὸν κύνα, ὡς ἐγῷμαι, πάλαι ἂν 5

我不会为了大笔金钱出卖我的希望，但我非常急切地获得他的书，
以最快的速度阅读，所以我可在最快的时间内知道 5
什么是最好及什么是较恶之事。

从不可思议的希望中，我的伙伴，我急速坠落，
当我开始阅读并看到，人没有使用
心灵，在事物的安排上也没将心灵
指陈为某些理由，却指陈像气、以太、水 c
及其他许多奇怪的事物为理由。我认为
这受制于相同的问题，就像有人说：苏格拉底
一切的作为是借心灵而做，当他尝试陈述
所做的每一件事的理由，首先他或许说， 5
因为这些事他现正坐在这儿：由骨头与肌肉组成
我的身体，骨头是坚硬且
有关节相互分离，肌肉紧
绷及舒张，骨头披覆着 d
肉与皮肤，这将它们结合在一起；当骨头在它们
的关节中摇荡，肌肉的舒张及
紧缩，我想，使我现在能够弯曲自己
的腿，且因为这个理由弯曲着腿我坐 5
在此；再者，关于与你们的谈话，他说
其他这类的理由，声音、空气、听觉及其他
无数这类的事他指陈为理由，对说出真正的理由并不在意， e
当雅典人认为投票定我罪是对我最好
时[①]，由于这些事的缘故坐在这儿似乎对我
最好，且固守较正义之事，承担他们所
要求的惩罚，因为，以狗之名为誓[②]，如我所想，之前 5

① 参见《辩护篇》35e ff.。苏格拉底借此比喻雅典人定他有罪并未说出真正的理由。
② 苏格拉底惯用的发誓语；参见《大希匹亚斯篇》287e5、《辩护篇》22a、《高尔奇亚斯篇》461a7-b1 与 482b、《卡尔米德斯篇》172e4 及《理想国篇》399e4 与 592a7。

ταῦτα τὰ νεῦρα καὶ τὰ ὀστᾶ ἢ περὶ Μέγαρα ἢ Βοιωτοὺς ἦν, **99a**
ὑπὸ δόξης φερόμενα τοῦ βελτίστου, εἰ μὴ δικαιότερον ᾤμην
καὶ κάλλιον εἶναι πρὸ τοῦ φεύγειν τε καὶ ἀποδιδράσκειν
ὑπέχειν τῇ πόλει δίκην ἥντιν' ἂν τάττῃ. ἀλλ' αἴτια μὲν
τὰ τοιαῦτα καλεῖν λίαν ἄτοπον· εἰ δέ τις λέγοι ὅτι ἄνευ 5
τοῦ τὰ τοιαῦτα ἔχειν καὶ ὀστᾶ καὶ νεῦρα καὶ ὅσα ἄλλα ἔχω
οὐκ ἂν οἷός τ' ἢ ποιεῖν τὰ δόξαντά μοι, ἀληθῆ ἂν λέγοι· ὡς
μέντοι διὰ ταῦτα ποιῶ ἃ ποιῶ, καὶ ταῦτα νῷ πράττων, ἀλλ' οὐ
τῇ τοῦ βελτίστου αἱρέσει, πολλὴ ἂν καὶ μακρὰ ῥᾳθυμία εἴη b
τοῦ λόγου. τὸ γὰρ μὴ διελέσθαι οἷόν τ' εἶναι ὅτι ἄλλο μέν
τί ἐστι τὸ αἴτιον τῷ ὄντι, ἄλλο δὲ ἐκεῖνο ἄνευ οὗ τὸ αἴτιον
οὐκ ἄν ποτ' εἴη αἴτιον· ὃ δή μοι φαίνονται ψηλαφῶντες οἱ
πολλοὶ ὥσπερ ἐν σκότει, ἀλλοτρίῳ ὀνόματι προσχρώμενοι, 5
ὡς αἴτιον αὐτὸ προσαγορεύειν. διὸ δὴ καὶ ὁ μέν τις δίνην
περιτιθεὶς τῇ γῇ ὑπὸ τοῦ οὐρανοῦ μένειν δὴ ποιεῖ τὴν γῆν,
ὁ δὲ ὥσπερ καρδόπῳ πλατείᾳ βάθρον τὸν ἀέρα ὑπερείδει·
τὴν δὲ τοῦ ὡς οἷόν τε βέλτιστα αὐτὰ τεθῆναι δύναμιν οὕτω c
νῦν κεῖσθαι, ταύτην οὔτε ζητοῦσιν οὔτε τινὰ οἴονται δαι-
μονίαν ἰσχὺν ἔχειν, ἀλλὰ ἡγοῦνται τούτου Ἄτλαντα ἄν
ποτε ἰσχυρότερον καὶ ἀθανατώτερον καὶ μᾶλλον ἅπαντα
συνέχοντα ἐξευρεῖν, καὶ ὡς ἀληθῶς τὸ ἀγαθὸν καὶ δέον 5

这些肌肉与骨头是与梅加拉或波伊欧提亚人有关[1]， **99a**
借由关于什么是最好的事的信念，它们急速行动[2]，若我不认为
承担由城邦所指定的惩罚比离开及脱逃
更正义、更正确。然而称呼这类的事为
理由是非常奇怪，若有人说，没有 5
这类事物、骨头、肌肉及其他许多事物，
我无法做我所相信之事，及陈述真理；但
由于这些事的缘故我做我所做之事，我是借心灵做这些事，
而不是借关于什么是最好的事的选择，会是极为粗糙 b
的论述方式。无法分辨实际的理由是一件事，而没有它理由
便不成理由，又是另一件事。这对我而言是许多就像
在黑暗中摸索之人，使用不相干的名称来称呼，
好像它是理由。因此某人将漩涡环 5
绕于地球周边，使地球在天空之中保持不动[3]，
另一个人以气当成支撑地球的基底[4]，就像扁平的
揉面槽[5]，但它们现在被置于最佳的位置，
是它们可能以自身的力量使自己如此被 c
放置，它们没有寻求此事，也不认为有
某个神圣的力量，而是认为或许有天
他们会找到比这个更强力及更不朽，且
聚集更多事物的亚特拉斯[6]，他们不认为 5

---

① 《克里同篇》中克里同建议苏格拉底可逃至梅拉加或塞贝斯（53b4）；波伊欧提亚位于塞贝斯。

② 若物质与生理因素是人之所以行为的理由，假设逃狱是件好事，肌肉与骨头会跑得很快（pheromena）。

③ 恩培多克利斯的思想，参见亚里斯多德《论天》295a16。

④ 本说法源自亚纳西曼内斯，安纳萨哥拉斯及德谟克利图斯依然执此说，参见亚里斯多德《论天》294b13-17。

⑤ Burnet：ibid. 107 认为 krados（揉面槽）应理解为 tēs kardopou pōma（揉面槽的“盖子”），所以才会以“扁平的”这个形容词来描述。

⑥ Atlas，神话中的泰坦神之一，祂撑起天空；苏格拉底指责先苏哲学家们忽略维系宇宙的真正力量，反而一直想要寻找一更强大的物质原因。

συνδεῖν καὶ συνέχειν οὐδὲν οἴονται. ἐγὼ μὲν οὖν τῆς τοιαύτης αἰτίας ὅπῃ ποτὲ ἔχει μαθητὴς ὁτουοῦν ἥδιστ' ἂν γενοίμην· ἐπειδὴ δὲ ταύτης ἐστερήθην καὶ οὔτ' αὐτὸς εὑρεῖν οὔτε παρ' ἄλλου μαθεῖν οἷός τε ἐγενόμην, τὸν δεύτερον d *πλοῦν ἐπὶ τὴν τῆς αἰτίας ζήτησιν ᾗ πεπραγμάτευμαι βούλει σοι, ἔφη, ἐπίδειξιν ποιήσωμαι, ὦ Κέβης;*

Ὑπερφυῶς μὲν οὖν, ἔφη, ὡς βούλομαι.

Ἔδοξε τοίνυν μοι, ἦ δ' ὅς, μετὰ ταῦτα, ἐπειδὴ ἀπειρήκη 5 *τὰ ὄντα σκοπῶν, δεῖν εὐλαβηθῆναι μὴ πάθοιμι ὅπερ οἱ τὸν ἥλιον ἐκλείποντα θεωροῦντες καὶ σκοπούμενοι [πάσχουσιν]· διαφθείρονται γάρ που ἔνιοι τὰ ὄμματα, ἐὰν μὴ ἐν ὕδατι ἤ τινι τοιούτῳ σκοπῶνται τὴν εἰκόνα αὐτοῦ. τοιοῦτόν τι καὶ* e *ἐγὼ διενοήθην, καὶ ἔδεισα μὴ παντάπασι τὴν ψυχὴν τυφλωθείην βλέπων πρὸς τὰ πράγματα τοῖς ὄμμασι καὶ ἑκάστῃ τῶν αἰσθήσεων ἐπιχειρῶν ἅπτεσθαι αὐτῶν. ἔδοξε δή μοι χρῆναι εἰς τοὺς λόγους καταφυγόντα ἐν ἐκείνοις σκοπεῖν* 5 *τῶν ὄντων τὴν ἀλήθειαν. ἴσως μὲν οὖν ᾧ εἰκάζω τρόπον τινὰ οὐκ ἔοικεν· οὐ γὰρ πάνυ συγχωρῶ τὸν ἐν [τοῖς] λόγοις* **100a** *σκοπούμενον τὰ ὄντα ἐν εἰκόσι μᾶλλον σκοπεῖν ἢ τὸν ἐν [τοῖς] ἔργοις. ἀλλ' οὖν δὴ ταύτῃ γε ὥρμησα, καὶ ὑποθέμενος ἑκάστοτε λόγον ὃν ἂν κρίνω ἐρρωμενέστατον εἶναι, ἃ μὲν*

善及结合真的系缚连结。我非常乐意
成为对关于这类理由是如何有主张的任何人
的学生，但因为关于这理由我不具备自己发
现的能力，也无法向他人学习，你希望 d
我向你展示，我继续与理由的探究有关的
第二次航行[①]，他说，克贝斯？

我非常希望，他说。

我认为，他说，在这之后，当在事物的探究 5
上失败时，我应该小心不要让发生在那些
观见及检视日蚀的人们身上之事，发生在自己身上，
因为我认为有些人弄瞎了双眼，若他们没有注
视自己在水中的或某个这类事物中太阳的影像。我思考 e
某个这类的事物，担心以眼睛注意事物及以每一个
感官知觉企图掌握它们，或完全
使灵魂失明。我认为
一定要以论证[②]为避难所，在它们之中探究 5
关于事物的真理。或许我以此所做的比较，
不是我所想的方式，因为我完全不同意 **100a**
在〔这些〕论证中的探究是对在影像中的事物做探讨[③]，更甚于
对〔这些〕实际的事物做探讨。无论如何我以此方式进行，每
一次我提出我判断是最有力的论证[④]，我提出

---

① 在有风的情况下，顺风扬帆，航行无阻，但在无风的状况下，便只能以桨代帆，奋力划行(deuteros ploos)。寻找解释说明的正确的理论，第二次航行中会以较漫长辛苦的方式进行。而苏格拉底的第二次航行所要寻找的关于生成毁灭的说明理由，与之前寻找的理由是否相同？R. Burger：1999，144-145 认为苏格拉底放弃从目的论的角度寻找理由，但 Gallop：ibid. 177、D. White：1989，164-165、D. Bostock：ibid. 157 及 Rowe：ibid. 239 皆认为苏格拉底并没有改变所要寻找的理由，亦即二次航行的方向与目的没变（100b1）。

② tous logous 亦可译为陈述、主张或理论。

③ 若所要探究的是在影像中的事物，即表示在论证中须包含那些实际事物的影像。

④ 94b1-2 曾提及“值得接受的假设”，在此进一步强调建立在“有力的假设”上的论证，其结论会为真。

ἄν μοι δοκῇ τούτῳ συμφωνεῖν τίθημι ὡς ἀληθῆ ὄντα, καὶ 5
περὶ αἰτίας καὶ περὶ τῶν ἄλλων ἁπάντων [ὄντων], ἃ δ' ἂν
μή, ὡς οὐκ ἀληθῆ. βούλομαι δέ σοι σαφέστερον εἰπεῖν
ἃ λέγω· οἶμαι γάρ σε νῦν οὐ μανθάνειν.

Οὐ μὰ τὸν Δία, ἔφη ὁ Κέβης, οὐ σφόδρα.

Ἀλλ', ἦ δ' ὅς, ὧδε λέγω, οὐδὲν καινόν, ἀλλ' ἅπερ ἀεὶ b
καὶ ἄλλοτε καὶ ἐν τῷ παρεληλυθότι λόγῳ οὐδὲν πέπαυμαι
λέγων. ἔρχομαι [γὰρ] δὴ ἐπιχειρῶν σοι ἐπιδείξασθαι τῆς
αἰτίας τὸ εἶδος ὃ πεπραγμάτευμαι, καὶ εἶμι πάλιν ἐπ' ἐκεῖνα
τὰ πολυθρύλητα καὶ ἄρχομαι ἀπ' ἐκείνων, ὑποθέμενος εἶναί 5
τι καλὸν αὐτὸ καθ' αὑτὸ καὶ ἀγαθὸν καὶ μέγα καὶ τἆλλα
πάντα· ἃ εἴ μοι δίδως τε καὶ συγχωρεῖς εἶναι ταῦτα, ἐλπίζω
σοι ἐκ τούτων τὴν αἰτίαν ἐπιδείξειν καὶ ἀνευρήσειν ὡς
ἀθάνατον [ἡ] ψυχή.

Ἀλλὰ μήν, ἔφη ὁ Κέβης, ὡς διδόντος σοι οὐκ ἂν c
φθάνοις περαίνων.

Σκόπει δή, ἔφη, τὰ ἑξῆς ἐκείνοις ἐάν σοι συνδοκῇ ὥσπερ
ἐμοί. φαίνεται γάρ μοι, εἴ τί ἐστιν ἄλλο καλὸν πλὴν αὐτὸ
τὸ καλόν, οὐδὲ δι' ἓν ἄλλο καλὸν εἶναι ἢ διότι μετέχει 5

的论证，若我认为是与此论证一致[①]，便为真，关 5
于理由及其他一切的〔存在〕事物，若不一致，
就不为真。但我希望更清楚地告诉你
我所做的陈述，因为我认为你现在不懂。

我不懂，以宙斯之名为誓，克贝斯说，非常不懂。

我，他说，所言之意是如此，没有新的概念，而是 b
在其他时候及在之前的论证中我一直不停说
的事[②]。我将试着向你显示我所追求
的理由的类型，我将回到那些
经常被论及的观念，从它们开始，我假设 5
美自身、善自身、大自身及其他一切事物
存在[③]；若你认可而且同意我，这些事物存在，我希望
对你证明，从这些事物中将找到灵魂不
朽的理由。

我当然，克贝斯说，认可你，所以你不会太快 c
结束论证。

探究，他说，接下来的事，是否你，就如我一样，
认为不错，因为就我而言，除了美自身之外，若有其他
美的事物存在，不是因为有另一个美的事物存在，而是因为它参与 5

---

① sumphōnein 一字有两种意涵：一个是指真的论证是从有利的假设推论而出（Hackforth：ibid. 139-141）；另一是符合，一件事物符合有利的假设即为真（Bluck：ibid. 111）；但并无推论之意。然而柏拉图在此亦非讨论“事物”，故这两种意涵或许皆不适切。这个字或许有结论是假设的一种应用之意。

② 苏格拉底指的是从 65d 之后他就不断提及的理型。

③ 65d4-5，66a1-3，74a9-12，78d5-6。柏拉图假设美、善及大等理型存在；可是他确定而非假设，有美、善及大等经验事物存在；根据回忆说的论述（74a9-12 及 78d-e）后者的存在是建立在前者的基础上，这或许构成了 100a3 的最有力论证及 100d8 的最安全的答案。因此理型成为原因（aitia），Hackforth：ibid. 144-145 引用亚里斯多德《论生成与毁灭》（*On Generation and Corruption*）335b7 ff. 的论述质疑柏拉图何以会让理型，如美，让美的事物断断续续地出现，亦即他将理型理解成动力因。然而 aitia 一字并不适合以原因来理解，因为此字原是法律字词，有个人所应负起的责任之意，当它与“为什么”联系在一起时，最好被理解成理由或说明，因此一物为美的理由或说明是因为美的理型，而非美的理型使一美的事物产生。

ἐκείνου τοῦ καλοῦ· καὶ πάντα δὴ οὕτως λέγω. τῇ τοιᾷδε αἰτίᾳ συγχωρεῖς;

Συγχωρῶ, ἔφη.

Οὐ τοίνυν, ἦ δ' ὅς, ἔτι μανθάνω οὐδὲ δύναμαι τὰς ἄλλας αἰτίας τὰς σοφὰς ταύτας γιγνώσκειν· ἀλλ' ἐάν τίς μοι λέγῃ 10 *δι' ὅτι καλόν ἐστιν ὁτιοῦν, ἢ χρῶμα εὐανθὲς ἔχον ἢ σχῆμα* d *ἢ ἄλλο ὁτιοῦν τῶν τοιούτων, τὰ μὲν ἄλλα χαίρειν ἐῶ, — ταράττομαι γὰρ ἐν τοῖς ἄλλοις πᾶσι — τοῦτο δὲ ἁπλῶς καὶ ἀτέχνως καὶ ἴσως εὐήθως ἔχω παρ' ἐμαυτῷ, ὅτι οὐκ ἄλλο τι ποιεῖ αὐτὸ καλὸν ἢ ἡ ἐκείνου τοῦ καλοῦ εἴτε παρουσία εἴτε* 5 *κοινωνία [εἴτε] ὅπῃ δὴ καὶ ὅπως προσγενομένη· οὐ γὰρ ἔτι τοῦτο διισχυρίζομαι, ἀλλ' ὅτι τῷ καλῷ πάντα τὰ καλὰ [γίγνεται] καλά. τοῦτο γάρ μοι δοκεῖ ἀσφαλέστατον εἶναι καὶ ἐμαυτῷ ἀποκρίνασθαι καὶ ἄλλῳ, καὶ τούτου ἐχόμενος ἡγοῦμαι οὐκ ἄν ποτε πεσεῖν, ἀλλ' ἀσφαλὲς εἶναι καὶ ἐμοὶ* e *καὶ ὁτῳοῦν ἄλλῳ ἀποκρίνασθαι ὅτι τῷ καλῷ τὰ καλὰ [γίγνεται] καλά· ἢ οὐ καὶ σοὶ δοκεῖ;*

Δοκεῖ.

Καὶ μεγέθει ἄρα τὰ μεγάλα μεγάλα καὶ τὰ μείζω μείζω, 5 *καὶ σμικρότητι τὰ ἐλάττω ἐλάττω;*

Ναί.

Οὐδὲ σὺ ἄρ' ἂν ἀποδέχοιο εἴ τίς τινα φαίη ἕτερον ἑτέρου τῇ κεφαλῇ μείζω εἶναι, καὶ τὸν ἐλάττω τῷ αὐτῷ τούτῳ

那个美；对所有的事物我都这么说。你同意这样
的理由吗？

我同意，他说。

因此我不再理解，他说，也无法知道其他这些
有智慧的理由[①]，但若某人告诉我， 10
何以任何事物是美的，拥有缤纷的颜色、外表或 d
其他任何这类的特质，我省略其他的事，
——因为在其他一切事中我皆感到混淆——我以
素朴、率真及或许单纯的方式抱持这个观点在身边，一物
不会使自己成为美，除了现身于那个美中、与它联系，或以 5
任何的方式将它与自己连结[②]；对此我不
再确定，除了在美中一切美的事物
〔成为〕美。我认为这是最安全的答案，
我回应自己及其他人，且坚持这个看法
我认为永远不会犯错，回应我自己及其他 e
任何人会是安全的答案，在美中，美的事物
〔成为〕美；或者你不认为？

我认为。

此外，在大中大的事物为大，较大的事物较大， 5
且在小中较小的事物较小？

是的。

或许你不会接受这个说法，若有人说某物比另一
事物高一个头，某物以相同的方式比另一物

---

① 96a-97b。

② 根据1995年修订的OCT版本是prosagoreuomenē，因此中译是“或以任何的方式使自己如何被称呼”，Burnet：ibid. 111虽然认为这个判读是对的，却并未在自己的版本中使用，而用prosgenomenē；Rowe：ibid. 243则认为这个判读无任何证据，Rowe及Archer-Hind：ibid. 100的版本是prosgenomenou，由于这个字所对应的是ekeinou tou kalou，因此prosgenomenē或许并不适切。相同的表述，X是F，因F-ness现身于X，参见《吕希斯篇》217c-e，《卡尔米德斯篇》158e，及《高尔奇亚斯篇》497e，498d及506d。T. Irwin：1995，202-203不认为这三篇对话录有理型的思想，但C. Kahn：1998，286则持相反意见。

ἐλάττω, ἀλλὰ διαμαρτύροιο ἂν ὅτι σὺ μὲν οὐδὲν ἄλλο λέγεις **101a**
ἢ ὅτι τὸ μεῖζον πᾶν ἕτερον ἑτέρου οὐδενὶ ἄλλῳ μεῖζόν ἐστιν
ἢ μεγέθει, καὶ διὰ τοῦτο μεῖζον, διὰ τὸ μέγεθος, τὸ δὲ
ἔλαττον οὐδενὶ ἄλλῳ [ἔλαττον] ἢ σμικρότητι, καὶ διὰ τοῦτο
ἔλαττον, διὰ τὴν σμικρότητα, φοβούμενος οἶμαι μή τίς σοι 5
ἐναντίος λόγος ἀπαντήσῃ, ἐὰν τῇ κεφαλῇ μείζονά τινα φῇς
εἶναι καὶ ἐλάττω, πρῶτον μὲν τῷ αὐτῷ τὸ μεῖζον μεῖζον εἶναι
καὶ τὸ ἔλαττον ἔλαττον, ἔπειτα τῇ κεφαλῇ σμικρᾷ οὔσῃ τὸν
μείζω μείζω εἶναι, καὶ τοῦτο δὴ τέρας εἶναι, τὸ σμικρῷ τινι b
μέγαν τινὰ εἶναι· ἢ οὐκ ἂν φοβοῖο ταῦτα;

Καὶ ὁ Κέβης γελάσας, Ἔγωγε, ἔφη.

Οὐκοῦν, ἦ δ' ὅς, τὰ δέκα τῶν ὀκτὼ δυοῖν πλείω εἶναι, καὶ
διὰ ταύτην τὴν αἰτίαν ὑπερβάλλειν, φοβοῖο ἂν λέγειν, ἀλλὰ 5
μὴ πλήθει καὶ διὰ τὸ πλῆθος; καὶ τὸ δίπηχυ τοῦ πηχυαίου
ἡμίσει μεῖζον εἶναι ἀλλ' οὐ μεγέθει; ὁ αὐτὸς γάρ που φόβος.

Πάνυ γ', ἔφη.

Τί δέ; ἑνὶ ἑνὸς προστεθέντος τὴν πρόσθεσιν αἰτίαν εἶναι
τοῦ δύο γενέσθαι ἢ διασχισθέντος τὴν σχίσιν οὐκ εὐλαβοῖο c
ἂν λέγειν; καὶ μέγα ἂν βοῴης ὅτι οὐκ οἶσθα ἄλλως πως
ἕκαστον γιγνόμενον ἢ μετασχὸν τῆς ἰδίας οὐσίας ἑκάστου

较矮，你或许会反驳，你所言之意与此并无不同： **101a**

一切较高的事物比其他事物高，只借由

高，且这事物较高的理由是借由高，较

矮的事物只借由矮比其他事物矮，且这事物

较矮的理由是透过矮，我担心地认为，有人会 5

对你提出相反的论证，若他说一物以一个头

的方式较高或较矮，首先较高之物是较高及

较矮之物是较矮的方式是一样，再者较高之物是较高，

是借一个头的高度，头是矮的，这真是令人惊异的事，一物 b

以某矮事物成其为大[1]；或者你并不担心此事？

克贝斯笑着说，我当然担心。

因此，他说，10 比 8 多 2，且

因这个理由它超越，你或许害怕说，而 5

不是借由多及因为多？二腕尺借它的一

半比一腕尺长，而不是借由长吗[2]？因为这想必是相同的担心。

没错，他说。

然后呢？当 1 被加在 1 之上，加上是 2 形成的理由，

或当 1 被一分为二时，区分是 2 形成的理由，你不担心 c

这么说吗？或许你会大叫，你不知道每件事物

如何产生，除了参与在每一件个别事物的本质中[3]，

---

① 当对一物比另一物高或矮的理由说明是“一个头”时，我们是让一矮的事物，矮一个头，成为高的理由，但这是否为一个严肃的论证值得商榷，因为克贝斯的反应是微笑以对（b2），理由是“一个头”被用在说明 A 比 B 高，并不会造成它无法说明 B 比 A 矮（参见 G. Vlastos：1969，315-316，n. 64），但 Vlastos 的质疑并不影响柏拉图的论证，因为此论证透显出的质疑是，对“高”与“矮”形成的真正理由的说明是“一个头”吗？此外 a8-b2 的论证指出一较高之物不可借一较矮之物成其为较高，换言之，使一物拥有 F 的理由，它本身不可能拥有对反于 F 的性质，此论证对 103b 之后关于火与热及雪与冷的论述相当重要，参见 Burger：ibid. 5 的讨论。

② Vlastos：ibid. 认为柏拉图在 101b6、b7 所用的字是多（plēthei 及 plēthos）及长（megethei），而非“较多”及“较长”使得在此的论证与行文脉络不相关；然而 Vlastos 似乎忽略了这种全然的（absolute）的多、长与理型之间的关系，正因为个别事物只能是相对的，不具有绝对的长与多，因此将理型引入（102b-c）。

③ 这个本质是什么，后文 102b1 会清楚说明。

οὗ ἂν μετάσχῃ, καὶ ἐν τούτοις οὐκ ἔχεις ἄλλην τινὰ αἰτίαν
τοῦ δύο γενέσθαι ἀλλ' ἢ τὴν τῆς δυάδος μετάσχεσιν, καὶ 5
δεῖν τούτου μετασχεῖν τὰ μέλλοντα δύο ἔσεσθαι, καὶ μονάδος
ὃ ἂν μέλλῃ ἓν ἔσεσθαι, τὰς δὲ σχίσεις ταύτας καὶ προσθέσεις
καὶ τὰς ἄλλας τὰς τοιαύτας κομψείας ἐῴης ἂν χαίρειν, παρεὶς
ἀποκρίνασθαι τοῖς σεαυτοῦ σοφωτέροις· σὺ δὲ δεδιὼς ἄν, τὸ
λεγόμενον, τὴν σαυτοῦ σκιὰν καὶ τὴν ἀπειρίαν, ἐχόμενος d
ἐκείνου τοῦ ἀσφαλοῦς τῆς ὑποθέσεως, οὕτως ἀποκρίναιο ἄν.
εἰ δέ τις αὐτῆς τῆς ὑποθέσεως ἔχοιτο, χαίρειν ἐῴης ἂν καὶ
οὐκ ἀποκρίναιο ἕως ἂν τὰ ἀπ' ἐκείνης ὁρμηθέντα σκέψαιο
εἴ σοι ἀλλήλοις συμφωνεῖ ἢ διαφωνεῖ· ἐπειδὴ δὲ ἐκείνης 5
αὐτῆς δέοι σε διδόναι λόγον, ὡσαύτως ἂν διδοίης, ἄλλην αὖ
ὑπόθεσιν ὑποθέμενος ἥτις τῶν ἄνωθεν βελτίστη φαίνοιτο,
ἕως ἐπί τι ἱκανὸν ἔλθοις, ἅμα δὲ οὐκ ἂν φύροιο ὥσπερ οἱ e
ἀντιλογικοὶ περί τε τῆς ἀρχῆς διαλεγόμενος καὶ τῶν ἐξ
ἐκείνης ὡρμημένων, εἴπερ βούλοιό τι τῶν ὄντων εὑρεῖν;
ἐκείνοις μὲν γὰρ ἴσως οὐδὲ εἷς περὶ τούτου λόγος οὐδὲ
φροντίς· ἱκανοὶ γὰρ ὑπὸ σοφίας ὁμοῦ πάντα κυκῶντες ὅμως 5
δύνασθαι αὐτοὶ αὑτοῖς ἀρέσκειν· σὺ δ', εἴπερ εἶ τῶν φιλοσόφων, **102a**
οἶμαι ἂν ὡς ἐγὼ λέγω ποιοῖς.

Ἀληθέστατα, ἔφη, λέγεις, ὅ τε Σιμμίας ἅμα καὶ ὁ Κέβης.

ΕΧ. *Νὴ Δία, ὦ Φαίδων, εἰκότως γε· θαυμαστῶς γάρ*
μοι δοκεῖ ὡς ἐναργῶς τῷ καὶ σμικρὸν νοῦν ἔχοντι εἰπεῖν 5
ἐκεῖνος ταῦτα.

它参与其中，且在这些事物的本质中，你不会拥有其他某个
2 形成的理由，除了参与二元的理由，且 5
一定要参与二元事物才会成为 2，参与一元[①]
将会成为 1，或许你会避谈区分、加上
及其他这类的事，让比你有
智慧的人去回应，但你担心，据
说，自己的影子及缺乏经验，紧紧抓住 d
在假设中的安全，所以你可以回应。
然而若有人掌握该假设，你或可忽略他而且
不回应他，直到你检视从那假设而出的论证，
对你而言，它们是否相互一致[②]，因为你应该对 5
那个假设提出说明，你会以相同的方式提出说明，你
再提出另一个假设，任何一个看来是在较高[③]的假设中是最好的
假设，直到你到达某个满意的假设，但你不会混淆[④]， e
就像持反对意见之人同时谈论你的前提及
从它而出的结果，若你想找到任何为真的事物？
对那些人而言，关于此没有一个理性的反省及
思考，因为他们的智慧使他们混淆一切事物， 5
且依然能够使自己感到高兴，而你，若你是哲学家中的一员， **102a**
我想你或许会以如我所说的方式去做。

你所言极是，希米亚斯及克贝斯同声说。

艾赫克拉提斯：以宙斯之名为誓，费多，确实合理，因为我惊讶地
认为他尽可能以清晰的方式对拥有贫瘠的心灵 5
之人说这些事。

---

① duas 是数字 2，monas 是数字 1，在此以二元及一元表现之。

② 苏格拉底认为提出假设后，要对它进行检证，方法为检视从它而出的论证是否一致，若一致，它便是一个有价值或有力的假设（94b1-2 及 100a4），但尚不是真理，参见《理想国篇》533c ff.。

③ 较具普遍性的假设。

④ 混淆前提与从前提而产生的结论。“达到某个满意的假设”，指出在假设中有一系列的 logoi 及更高的 logoi，直到一个非假设性的起点，在《理想国篇》中这是善的理型（510b、511b），参见 Rowe：ibid. 247 及 Bluck：ibid. 117，n. 1；然而 Gallop：ibid. 191 认为这个诠释缺乏明确的文本支持。

ΦΑΙΔ. *Πάνυ μὲν οὖν, ὦ Ἐχέκρατες, καὶ πᾶσι τοῖς παροῦσιν ἔδοξεν.*

ΕΧ. *Καὶ γὰρ ἡμῖν τοῖς ἀποῦσι, νῦν δὲ ἀκούουσιν. ἀλλὰ τίνα δὴ ἦν τὰ μετὰ ταῦτα λεχθέντα;* 10

ΦΑΙΔ. *Ὡς μὲν ἐγὼ οἶμαι, ἐπεὶ αὐτῷ ταῦτα συνεχωρήθη, καὶ ὡμολογεῖτο εἶναί τι ἕκαστον τῶν εἰδῶν καὶ τούτων* b *τἆλλα μεταλαμβάνοντα αὐτῶν τούτων τὴν ἐπωνυμίαν ἴσχειν, τὸ δὴ μετὰ ταῦτα ἠρώτα, Εἰ δή, ἦ δ' ὅς, ταῦτα οὕτως λέγεις, ἆρ' οὐχ, ὅταν Σιμμίαν Σωκράτους φῇς μείζω εἶναι, Φαίδωνος δὲ ἐλάττω, λέγεις ταύτ' εἶναι ἐν τῷ Σιμμίᾳ ἀμφότερα, καὶ* 5 *μέγεθος καὶ σμικρότητα;*

Ἔγωγε.

Ἀλλὰ γάρ, ἦ δ' ὅς, ὁμολογεῖς τὸ τὸν Σιμμίαν ὑπερέχειν Σωκράτους οὐχ ὡς τοῖς ῥήμασι λέγεται οὕτω καὶ τὸ ἀληθὲς ἔχειν. οὐ γάρ που πεφυκέναι Σιμμίαν ὑπερέχειν τούτῳ, τῷ c *Σιμμίαν εἶναι, ἀλλὰ τῷ μεγέθει ὃ τυγχάνει ἔχων· οὐδ' αὖ Σωκράτους ὑπερέχειν ὅτι Σωκράτης ὁ Σωκράτης ἐστίν, ἀλλ' ὅτι σμικρότητα ἔχει ὁ Σωκράτης πρὸς τὸ ἐκείνου μέγεθος;*

Ἀληθῆ. 5

Οὐδέ γε αὖ ὑπὸ Φαίδωνος ὑπερέχεσθαι τῷ ὅτι Φαίδων ὁ Φαίδων ἐστίν, ἀλλ' ὅτι μέγεθος ἔχει ὁ Φαίδων πρὸς τὴν Σιμμίου σμικρότητα;

Ἔστι ταῦτα.

Οὕτως ἄρα ὁ Σιμμίας ἐπωνυμίαν ἔχει σμικρός τε καὶ 10 *μέγας εἶναι, ἐν μέσῳ ὢν ἀμφοτέρων, τοῦ μὲν τῷ μεγέθει ὑπερέχειν τὴν σμικρότητα ὑπέχων, τῷ δὲ τὸ μέγεθος τῆς* d

费多：没错，艾赫克拉提斯，在场的每一个人
都认为。

艾赫克拉提斯：因此对我们这些不在场之人而言，现在也听到了。但
在所说的论证之后，他还有说什么吗？ 10

费多：如我所想，当他同意这些说法，
且认可一个个理型的存在[①]，且不同的 b
事物参与在这些理型之中拥有与同一个理型的名称[②]，
在此之后他问，若，他说，你说事实是如此，
当你说希米亚斯比苏格拉底高，却比费多
矮，你是说在希米亚斯身上有着 5
高与矮[③]，不是吗？

我是。

所以，他说，你同意希米亚斯在
苏格拉底之上，这个说法所拥有的真理并不
是在字面上？因为想必希米亚斯不是在本质上在他之上， c
借由他是希米亚斯，而是借由他偶然拥有的高；再来，
他在苏格拉底之上不是因为苏格拉底是苏格拉底，而
是因为苏格拉底具有矮，相对于他的高？

正确。 5

接着，希米亚斯被费多超越不是借由费多
是费多的理由，而是因为费多具有高，相对于
希米亚斯的矮[④]？

这是事实。

因此希米亚斯拥有既高又矮 10
的称呼，在这两者之间，让他的矮屈服
于某人的高，他被超越，将他的高提供 d

---

① eidōn（eidos），柏拉图对理型的标准表述方式。

② 个别美的事物因参与在美的理型中，遂拥有美的名称，参见 65d-e 及 78d-e。

③ 此表述须与 b2 一起看才会合理，即借由参与高与矮，希米亚斯拥有高与矮（c10）。

④ 此段论证的意涵是，高与矮并不是苏格拉底、希米亚斯及费多的本质特性只是他们的偶有特质，当他们三人两两比较时，便会出现高矮的不同。

σμικρότητος παρέχων ὑπερέχον. Καὶ ἅμα μειδιάσας, Ἔοικα,
ἔφη, καὶ συγγραφικῶς ἐρεῖν, ἀλλ' οὖν ἔχει γέ που ὡς λέγω.
Συνέφη.

Λέγω δὴ τοῦδ' ἕνεκα, βουλόμενος δόξαι σοὶ ὅπερ ἐμοί. 5
ἐμοὶ γὰρ φαίνεται οὐ μόνον αὐτὸ τὸ μέγεθος οὐδέποτ' ἐθέλειν
ἅμα μέγα καὶ σμικρὸν εἶναι, ἀλλὰ καὶ τὸ ἐν ἡμῖν μέγεθος
οὐδέποτε προσδέχεσθαι τὸ σμικρὸν οὐδ' ἐθέλειν ὑπερέχεσθαι,
ἀλλὰ δυοῖν τὸ ἕτερον, ἢ φεύγειν καὶ ὑπεκχωρεῖν ὅταν αὐτῷ
προσίῃ τὸ ἐναντίον, τὸ σμικρόν, ἢ προσελθόντος ἐκείνου e
ἀπολωλέναι· ὑπομένον δὲ καὶ δεξάμενον τὴν σμικρότητα
οὐκ ἐθέλειν εἶναι ἕτερον ἢ ὅπερ ἦν. ὥσπερ ἐγὼ δεξάμενος
καὶ ὑπομείνας τὴν σμικρότητα, καὶ ἔτι ὢν ὅσπερ εἰμί, οὗτος
ὁ αὐτὸς σμικρός εἰμι· ἐκεῖνο δὲ οὐ τετόλμηκεν μέγα ὂν 5
σμικρὸν εἶναι· ὡς δ' αὕτως καὶ τὸ σμικρὸν τὸ ἐν ἡμῖν οὐκ
ἐθέλει ποτὲ μέγα γίγνεσθαι οὐδὲ εἶναι, οὐδ' ἄλλο οὐδὲν τῶν
ἐναντίων, ἔτι ὂν ὅπερ ἦν, ἅμα τοὐναντίον γίγνεσθαί τε
καὶ εἶναι, ἀλλ' ἤτοι ἀπέρχεται ἢ ἀπόλλυται ἐν τούτῳ τῷ **103a**
παθήματι.

Παντάπασιν, ἔφη ὁ Κέβης, οὕτω φαίνεταί μοι.

Καί τις εἶπε τῶν παρόντων ἀκούσας — ὅστις δ' ἦν, οὐ
σαφῶς μέμνημαι — Πρὸς θεῶν, οὐκ ἐν τοῖς πρόσθεν ἡμῖν 5
λόγοις αὐτὸ τὸ ἐναντίον τῶν νυνὶ λεγομένων ὡμολογεῖτο, ἐκ

给某人的矮，他超越。在此同时他微笑地
说，我好像是以缜密的方式[①]说话，但至少我想它保有我
的说法。他说是。
　　我论述是为此事，我希望我所认为的事，你也认为。 5
因为我认为高自身不仅从未想要
同时是高与矮，而且在我们身上的高
也从未接受矮[②]，它不愿被超越，
但两件事中择一，它逃跑及撤退，每当
对反之物，矮，向它靠近时，或当矮来到面前， e
它毁灭；站稳脚步及坚持立场，它
不愿成为与自己不同的矮。就像我接受
及承受矮，我还是我，我是
同一个人，我矮，但那个高不会冒险 5
成为小，正是如此，在我们身上的小也不
愿意有时候变成且是大，其他任何的
对反事物，依然是其所是，不愿同时成为且是
其对反事物，因此它不是离开就是毁灭，当 **103a**
它在此事件中[③]。
　　我完全，克贝斯说，这么认为。
　　在场之中有人说，当他听完之后——到底是谁，
我已记不清楚——以神祇之名为誓，在我们之前的论 5
证中[④]，所同意之事是与现在所说的论证相反，从

---

① suggraphikōs 这个字，Burnet：ibid. 102 认为是散文的形式；Archer-Hind：ibid. 106 认为是契约的形式；Liddell and Scott 中的定义是“如书一般”，在此将其译为缜密的方式。

② 高自身及在我们身上的高的表述，Hackforth：ibid. 149，n. 4 及 Bluck：ibid. 17-18 认为前者是超越的理型，后者的高是内在的理型或 Bluck 称为理型的复本（copies of Forms），类似的看法亦可见于 Vlastos：ibid. 298-301；O'Brien：1967，201-203 用的是理型及理型的个别化（particularization of form）。然而此诠释并未有文本的证据支撑，参见 K.W. Mills：1957，140、143；J. M. Rist：1964，29。或许对此表述的理解是以对 b5-6 的注释所提的方式为佳。

③ “出现与离去”的概念之运用，亦可见于《艾尔奇比亚德斯篇》126a-c。共识出现，城邦变得更好。

④ 70d-71a 的论证是对反之物来自对反之物，但在此的论证是对反之物逃避或毁灭对反之物。

τοῦ ἐλάττονος τὸ μεῖζον γίγνεσθαι καὶ ἐκ τοῦ μείζονος τὸ ἔλαττον, καὶ ἀτεχνῶς αὕτη εἶναι ἡ γένεσις τοῖς ἐναντίοις, ἐκ τῶν ἐναντίων; νῦν δέ μοι δοκεῖ λέγεσθαι ὅτι τοῦτο οὐκ ἄν ποτε γένοιτο. 10

Καὶ ὁ Σωκράτης παραβαλὼν τὴν κεφαλὴν καὶ ἀκούσας, Ἀνδρικῶς, ἔφη, ἀπεμνημόνευκας, οὐ μέντοι ἐννοεῖς τὸ b *διαφέρον τοῦ τε νῦν λεγομένου καὶ τοῦ τότε. τότε μὲν γὰρ ἐλέγετο ἐκ τοῦ ἐναντίου πράγματος τὸ ἐναντίον πρᾶγμα γίγνεσθαι, νῦν δέ, ὅτι αὐτὸ τὸ ἐναντίον ἑαυτῷ ἐναντίον οὐκ ἄν [ποτε] γένοιτο, οὔτε τὸ ἐν ἡμῖν οὔτε τὸ ἐν τῇ φύσει.* 5 *τότε μὲν γάρ, ὦ φίλε, περὶ τῶν ἐχόντων τὰ ἐναντία ἐλέγομεν, ἐπονομάζοντες αὐτὰ τῇ ἐκείνων ἐπωνυμίᾳ, νῦν δὲ περὶ ἐκείνων αὐτῶν ὧν ἐνόντων ἔχει τὴν ἐπωνυμίαν τὰ ὀνομαζόμενα· αὐτὰ δ' ἐκεῖνα οὐκ ἄν ποτέ φαμεν ἐθελῆσαι γένεσιν* c *ἀλλήλων δέξασθαι. Καὶ ἅμα βλέψας πρὸς τὸν Κέβητα εἶπεν, Ἆρα μή που, ὦ Κέβης, ἔφη, καὶ σέ τι τούτων ἐτάραξεν ὧν ὅδε εἶπεν;*

Ὁ δ'; Οὐκ, ἔφη ὁ Κέβης, οὕτως ἔχω· καίτοι οὔτι λέγω 5 *ὡς οὐ πολλά με ταράττει.*

Συνωμολογήκαμεν ἄρα, ἦ δ' ὅς, ἁπλῶς τοῦτο, μηδέποτε ἐναντίον ἑαυτῷ τὸ ἐναντίον ἔσεσθαι.

Παντάπασιν, ἔφη.

Ἔτι δή μοι καὶ τόδε σκέψαι, ἔφη, εἰ ἄρα συνομολογήσεις. 10 *θερμόν τι καλεῖς καὶ ψυχρόν;*

Ἔγωγε.

较小的事物产生较大的事物，从较大的事物产生
较小的事物，出生当然就是来自相对的事物，
出于相对的事物？但我认为现在所说的事，它
或许永远不会发生。 10

苏格拉底转头倾听，
有勇气的，他说，回顾，可是你不了解 b
现在的论证与之前的有所不同，因为
之前的论证是，相对之物由其相对之物
产生，但现在是，相对之物从未由与它对反之
物产生[①]，在我们身上的[②]及在自然之中的[③]皆不会。 5
之前我们说的，我的朋友，是关于拥有相对
物的事物，称呼它们以那些事物的名称[④]，但现在是关于
那些事物，身处其中，被称呼的事物拥有名
称[⑤]，我们不曾说那些事物愿意接受从对方 c
相互产生[⑥]。在此同时他看向克贝斯
说，想必克贝斯，他说，关于这个所说的任何事
不会令你困扰？

我这次没有，克贝斯说，如此的感受，但我并没说 5
它不令我感到相当的困扰。

我们曾明确地同意，他说，这件事，相对之物
从未是其自身的相对之物。

完全同意，他说。

探究这件事，他说，你是否依然与我意见相同。 10
你称某物热及冷吗？

我是。

---

① 参见 101b2 的注释。

② 在我们身上所拥有的高或矮的依附体。

③ to entē phusei 这个表述等同于 eidē（理型），参见《巴曼尼德斯篇》(The *Parmenides*) 132d1。

④ 利用苏格拉底矮，苏格拉底并不等同于矮，他拥有矮的特质，我们因此以矮来称呼他。

⑤ 苏格拉底具有矮的特质，他的矮不来自于它的对反物“高”。

⑥ 参见 101b2 的注释。

Ἆρ' ὅπερ χιόνα καὶ πῦρ;

Μὰ Δί' οὐκ ἔγωγε. d

Ἀλλ' ἕτερόν τι πυρὸς τὸ θερμὸν καὶ ἕτερόν τι χιόνος τὸ ψυχρόν;

Ναί.

Ἀλλὰ τόδε γ' οἶμαι δοκεῖ σοι, οὐδέποτε χιόνα γ' οὖσαν 5
δεξαμένην τὸ θερμόν, ὥσπερ ἐν τοῖς πρόσθεν ἐλέγομεν,
ἔτι ἔσεσθαι ὅπερ ἦν, χιόνα καὶ θερμόν, ἀλλὰ προσιόντος
τοῦ θερμοῦ ἢ ὑπεκχωρήσειν αὐτῷ ἢ ἀπολεῖσθαι.

Πάνυ γε.

Καὶ τὸ πῦρ γε αὖ προσιόντος τοῦ ψυχροῦ αὐτῷ ἢ 10
ὑπεξιέναι ἢ ἀπολεῖσθαι, οὐ μέντοι ποτὲ τολμήσειν δεξά-
μενον τὴν ψυχρότητα ἔτι εἶναι ὅπερ ἦν, πῦρ καὶ ψυχρόν.

Ἀληθῆ, ἔφη, λέγεις. e

Ἔστιν ἄρα, ἦ δ' ὅς, περὶ ἔνια τῶν τοιούτων, ὥστε μὴ
μόνον αὐτὸ τὸ εἶδος ἀξιοῦσθαι τοῦ αὐτοῦ ὀνόματος εἰς τὸν
ἀεὶ χρόνον, ἀλλὰ καὶ ἄλλο τι ὃ ἔστι μὲν οὐκ ἐκεῖνο, ἔχει
δὲ τὴν ἐκείνου μορφὴν ἀεί, ὅτανπερ ᾖ. ἔτι δὲ ἐν τῷδε 5
ἴσως ἔσται σαφέστερον ὃ λέγω· τὸ γὰρ περιττὸν ἀεί που
δεῖ τούτου τοῦ ὀνόματος τυγχάνειν ὅπερ νῦν λέγομεν· ἢ οὔ;

Πάνυ γε.

Ἆρα μόνον τῶν ὄντων — τοῦτο γὰρ ἐρωτῶ — ἢ καὶ ἄλλο
τι ὃ ἔστι μὲν οὐχ ὅπερ τὸ περιττόν, ὅμως δὲ δεῖ αὐτὸ **104a**
μετὰ τοῦ ἑαυτοῦ ὀνόματος καὶ τοῦτο καλεῖν ἀεὶ διὰ τὸ οὕτω

你称它们是雪及火[①]？

以宙斯之名为誓，我当然不是。 d

那热是不同于火的事物，且冷是不同于
雪的事物？

是的。

我想，你一定认为，身为雪，在 5
接受热之后，就如在我们之前所说的论证中，
将永远不再是雪，雪与热，但当热接
近时，它不是从热撤退，就是灭亡。

没错。

再一次，火，当冷接近它时，它 10
不是慢慢地离开，就是毁灭，它从未在承受
及接受冷，依然是火，火及冷。

你所言为真，他说。 e

关于这类事物中某些事例是，他说，不仅
理型自身永远有相同名称的资
格，而且其他不是它的事物，一直
拥有它自己的样子[②]，无论它在什么时候存在。但在接下来的例子 5
中或许我的论证会更清楚，因为单数想必一直
必须拥有我们现在说的这个名称；或不是？

没错。

在存在事物中只有一件事物应该拥有这个名称——因为这是我
问的问题——或其他不是单数的事物，但尽管如此我们应该一直 **104a**
以它的这个名字称呼它，因为它生下来便

---

① Burnet：ibid. 119 认为雪与火从未被视为理型；Hackforth：ibid. 156 及 162，b.3 认为火在 105a 及 c2 是理型，但在 103d10 及 106a9 则是物质物。然而 D. Keyt：1963，168，n. 1 认为有下述几个理由证明雪与火是理型：1）102d7-e2 高与矮的理型的论述，可直接证明雪与火是理型；2）103e2-5 可用于说明雪与火。然而 102b-c，希米亚斯是一具体个别人，他具有高与矮的特质，若 103c10 以降是延续之前的论述，那雪与火似乎是物质物而非理型。

② morphē（样貌，形状），Burnet：ibid. 103 认为 morphē、idea 及 eidos 这三个字的意义相同，即“理型”，参见 Archer-Hind：ibid. 110 及 Rowe：ibid. 254。

πεφυκέναι ὥστε τοῦ περιττοῦ μηδέποτε ἀπολείπεσθαι; λέγω δὲ αὐτὸ εἶναι οἷον καὶ ἡ τριὰς πέπονθε καὶ ἄλλα πολλά. σκόπει δὲ περὶ τῆς τριάδος. ἆρα οὐ δοκεῖ σοι τῷ τε αὐτῆς 5 *ὀνόματι ἀεὶ προσαγορευτέα εἶναι καὶ τῷ τοῦ περιττοῦ, ὄντος οὐχ ὅπερ τῆς τριάδος; ἀλλ' ὅμως οὕτως πέφυκε καὶ ἡ τριὰς καὶ ἡ πεμπτὰς καὶ ὁ ἥμισυς τοῦ ἀριθμοῦ ἅπας, ὥστε οὐκ ὢν ὅπερ τὸ περιττὸν ἀεὶ ἕκαστος αὐτῶν ἐστι περιττός·* b *καὶ αὖ τὰ δύο καὶ [τὰ] τέτταρα καὶ ἅπας ὁ ἕτερος αὖ στίχος τοῦ ἀριθμοῦ οὐκ ὢν ὅπερ τὸ ἄρτιον ὅμως ἕκαστος αὐτῶν ἄρτιός ἐστιν ἀεί· συγχωρεῖς ἢ οὔ;*

Πῶς γὰρ οὔκ; ἔφη. 5

Ὃ τοίνυν, ἔφη, βούλομαι δηλῶσαι, ἄθρει. ἔστιν δὲ τόδε, ὅτι φαίνεται οὐ μόνον ἐκεῖνα τὰ ἐναντία ἄλληλα οὐ δεχόμενα, ἀλλὰ καὶ ὅσα οὐκ ὄντ' ἀλλήλοις ἐναντία ἔχει ἀεὶ τἀναντία, οὐδὲ ταῦτα ἔοικε δεχομένοις ἐκείνην τὴν ἰδέαν ἣ ἂν τῇ ἐν αὐτοῖς οὔσῃ ἐναντία ᾖ, ἀλλ' ἐπιούσης αὐτῆς ἤτοι 10 *ἀπολλύμενα ἢ ὑπεκχωροῦντα. ἢ οὐ φήσομεν τὰ τρία καὶ* c *ἀπολεῖσθαι πρότερον καὶ ἄλλο ὁτιοῦν πείσεσθαι, πρὶν ὑπομεῖναι ἔτι τρία ὄντα ἄρτια γενέσθαι;*

Πάνυ μὲν οὖν, ἔφη ὁ Κέβης.

Οὐδὲ μήν, ἦ δ' ὅς, ἐναντίον γέ ἐστι δυὰς τριάδι. 5

Οὐ γὰρ οὖν.

是如此，所以从未离开过单数？我说，
它是这类事物，3及其他许多事物皆有此倾向。
探究关于3[①]的事。你不认为它必须被相 5
同的名称及单数来称呼，虽然单数
不是三元？但尽管如此，3、5及所有一半的
数字生来即如此，所以虽然不是单数，它们每一个一直是
奇数的；再来，2、4及所有另一列的 b
数字，虽然不是双数，但它们每一个一直都是
偶数的[②]；你是否同意？

怎么不呢？他说。 5

那么，他说，考虑我想指出的事。是这件
事：那些对反的事物不仅明显地不相互
接受对方，且互相不是对反的事物总是具有
对反的特质[③]，这些事物似乎也不会接受那个与在
它们之中的理型对反的理型，而是当它前进时，它们 10
一定不是毁灭，就是撤退。还是我们不会说，3[④] c
将毁灭及承受其他任何事物前，在依
然维持是3时，变成双数？

没错，克贝斯说。

2，他说，也不是对反于3。 5

一定不是。

---

① 101c5-6。

② “to peritton（单数）... peritos（奇数的）”及“to ariton（双数）... aritos（偶数的）”，这两句话的前半部是指单数及偶数的理型，所以3不等同于单数理型，但具有奇数的形式，同样地，2不等同双数的理型，但具有偶数的形式。

③ 2并不与3对反，但双数与单数却对反。

④ ta tria，Hackforth：ibid. 151，n. 2这是3的内在形式，但103c13的注释已排除此诠释的可能性；Archer-Hind：ibid. 113则认为这是三件事物，但此说不符合论证脉络；J. Schiller：1967，57认为这个表述指数目字3，是事物与理型中的中介物，但Rist：ibid. 33-37反对；Rowe：ibid. 255主张ta tria与hē trias（104a4）同义，如此诠释符合103c13注释对雪与火的说明。

Οὐκ ἄρα μόνον τὰ εἴδη τὰ ἐναντία οὐχ ὑπομένει ἐπιόντα ἄλληλα, ἀλλὰ καὶ ἄλλ' ἄττα τὰ ἐναντία οὐχ ὑπομένει ἐπιόντα.

Ἀληθέστατα, ἔφη, λέγεις. 10

Βούλει οὖν, ἦ δ' ὅς, ἐὰν οἷοί τ' ὦμεν, ὁρισώμεθα ὁποῖα ταῦτά ἐστιν;

Πάνυ γε.

Ἆρ' οὖν, ἔφη, ὦ Κέβης, τάδε εἴη ἄν, <ἃ> ὅτι ἂν κατάσχῃ, μὴ μόνον ἀναγκάζει τὴν αὑτοῦ ἰδέαν αὐτὸ ἴσχειν, ἀλλὰ καὶ ἐναντίου αὐτῷ δεῖ τινος; d

Πῶς λέγεις;

Ὥσπερ ἄρτι ἐλέγομεν. οἶσθα γὰρ δήπου ὅτι ἃ ἂν ἡ τῶν τριῶν ἰδέα κατάσχῃ, ἀνάγκη αὐτοῖς οὐ μόνον τρισὶν εἶναι ἀλλὰ καὶ περιττοῖς. 5

Πάνυ γε.

Ἐπὶ τὸ τοιοῦτον δή, φαμέν, ἡ ἐναντία ἰδέα ἐκείνῃ τῇ μορφῇ ἣ ἂν τοῦτο ἀπεργάζηται οὐδέποτ' ἂν ἔλθοι. 10

Οὐ γάρ.

Εἰργάζετο δέ γε ἡ περιττή;

Ναί.

Ἐναντία δὲ ταύτῃ ἡ τοῦ ἀρτίου;

Ναί. 15

Ἐπὶ τὰ τρία ἄρα ἡ τοῦ ἀρτίου ἰδέα οὐδέποτε ἥξει. e

Οὐ δῆτα.

不仅对反的理型无法承受相互往
对方前进，而且其他任何的对反事物也无法承受
向对方前进[①]。

你所言，他说，极为正确。 10

那你想，他说，若我们能的话，我们将定义
它们是何种事物？

没错。

它们或许是，他说，克贝斯，任何占据它们的事物 d
不仅自己迫使它们拥有它的理型，而且
总是拥有某个事物是对反于所讨论之物的对反事物[②]？

你何以这么说？

就像我们刚才说的。你一定知道，3的事物 5
的理型占据任何事物，它们不仅会是3
而且是奇数的。

没错。

那么，我们说，与那个完成此事的理
型对反的理型绝不会来到这类的事。 10

一定不会。

是单数的理型完成的吗？

是的。

双数的理型是与此对反吗？

是的。 15

那双数的理型绝不会来到3。 e

当然不会。

---

① 并非指理型无法承受其他的理型，而是在事物身上的理型无法承受在其身上对反的理型（102d-103a）。

② “enantiou autō aei tinos”译文根据Burnet：ibid. 120的诠释；然而Rowe：ibid. 256对这句话的诠释不同，他认为autō应改为tōi，相同的看法参见Archer-Hind：ibid. 113，译文则为“某个事物对反于某物”（类似的判读亦可见于1995年修订之OCT版本，“enantiou au tō aei tinos”）。Burnet的诠释较具说服力，因为较可承上（c8-9）启下（d5-7），亦即当三元占据一物，它迫使该物拥有三元，且迫使该物拥有奇数理型，与双数理型对反。

Ἄμοιρα δὴ τοῦ ἀρτίου τὰ τρία.

Ἄμοιρα.

Ἀνάρτιος ἄρα ἡ τριάς. 5

Ναί.

Ὃ τοίνυν ἔλεγον ὁρίσασθαι, ποῖα οὐκ ἐναντία τινὶ ὄντα ὅμως οὐ δέχεται αὐτό, τὸ ἐναντίον — οἷον νῦν ἡ τριὰς τῷ ἀρτίῳ οὐκ οὖσα ἐναντία οὐδέν τι μᾶλλον αὐτὸ δέχεται, τὸ γὰρ ἐναντίον ἀεὶ αὐτῷ ἐπιφέρει, καὶ ἡ δυὰς τῷ περιττῷ καὶ 10 *τὸ πῦρ τῷ ψυχρῷ καὶ ἄλλα πάμπολλα — ἀλλ' ὅρα δὴ εἰ* **105a** *οὕτως ὁρίζῃ, μὴ μόνον τὸ ἐναντίον τὸ ἐναντίον μὴ δέχεσθαι, ἀλλὰ καὶ ἐκεῖνο, ὃ ἂν ἐπιφέρῃ τι ἐναντίον ἐκείνῳ, ἐφ' ὅτι ἂν αὐτὸ ἴῃ, αὐτὸ τὸ ἐπιφέρον τὴν τοῦ ἐπιφερομένου ἐναντιότητα μηδέποτε δέξασθαι. πάλιν δὲ ἀναμιμνῄσκου· οὐ* 5 *γὰρ χεῖρον πολλάκις ἀκούειν. τὰ πέντε τὴν τοῦ ἀρτίου οὐ δέξεται, οὐδὲ τὰ δέκα τὴν τοῦ περιττοῦ, τὸ διπλάσιον. τοῦτο μὲν οὖν καὶ αὐτὸ ἄλλῳ <οὐκ> ἐναντίον, ὅμως δὲ τὴν τοῦ περιττοῦ οὐ δέξεται· οὐδὲ δὴ τὸ ἡμιόλιον οὐδὲ τἆλλα* b *τὰ τοιαῦτα, τὸ ἥμισυ, τὴν τοῦ ὅλου, καὶ τριτημόριον αὖ καὶ πάντα τὰ τοιαῦτα, εἴπερ ἕπῃ τε καὶ συνδοκεῖ σοι οὕτως.*

Πάνυ σφόδρα καὶ συνδοκεῖ, ἔφη, καὶ ἕπομαι.

Πάλιν δή μοι, ἔφη, ἐξ ἀρχῆς λέγε. καὶ μή μοι ὃ ἂν 5 *ἐρωτῶ ἀποκρίνου, ἀλλὰ μιμούμενος ἐμέ. λέγω δὴ παρ' ἣν τὸ πρῶτον ἔλεγον ἀπόκρισιν, τὴν ἀσφαλῆ ἐκείνην, ἐκ τῶν νῦν λεγομένων ἄλλην ὁρῶν ἀσφάλειαν. εἰ γὰρ ἔροιό με*

3 是免于双数。

免于。

3 是非双数。 5

是的。

因此，我说过我们要下什么定义，什么样的事物不对反于某物，但它自己不接受对反事物——就像，现在 3 不是对反于双数，绝不会接受它，因为它总是赋予 3 对反事物，2 对反于单数、 10
火对反于冷及其他许多事物[①]——但看，你 **105a**
是否这么定义，不仅对反之物不会接受对反之物，且那个将对反事物给予那个事物的事物，它自己来到那事物面前[②]，赋予者自己不会接受被它所赋予的事物的对反物。你 5
再回想一次，经常听也不错。5 是不会接受双数的理型，10 也不会接受单数的理型，是 5 的两倍[③]。但是这个两倍本身也对反于某物，尽管如此它不接受单数的理型；一又二分之一及其他 b
这类的事，一半，皆不接受完整，且再一次，三分之一及所有这类事物，你是否懂而且也这么认为。

我当然认为，他说，且我懂。

从头，他说，再告诉我一遍。你不要以我 5
问的问题回应我，而是模仿我。我说在我提出的第一个答案，那个安全的答案[④]，之上，从现在的论证中我看到另一个稳定安全。若你问我，

---

① 在此的 3、2、火，或许可被理解为理型或原属该类事物的事物，如属于 3、2 或火的事物（Gallop：ibid. 208）；Rowe：ibid. 257-258 认可此一诠释，但强调这里的表述亦可以“自然的”的方式理解，即 3 不接受偶数，火不接受冷。

② 高与矮是对反的事物，当高来到某事的面前，亦即高占有某事物，高本身不会接受矮，也不会接受它所占有的事物——高的事物的对反物——矮的事物。

③ 因此是偶数。

④ 100d8。

ᾧ ἂν τί [ἐν τῷ σώματι] ἐγγένηται θερμὸν ἔσται, οὐ τὴν
ἀσφαλῆ σοι ἐρῶ ἀπόκρισιν ἐκείνην τὴν ἀμαθῆ, ὅτι ᾧ ἂν c
θερμότης, ἀλλὰ κομψοτέραν ἐκ τῶν νῦν, ὅτι ᾧ ἂν πῦρ· οὐδὲ
ἂν ἔρῃ ᾧ ἂν σώματι τί ἐγγένηται νοσήσει, οὐκ ἐρῶ ὅτι
ᾧ ἂν νόσος, ἀλλ' ᾧ ἂν πυρετός· οὐδ' ᾧ ἂν ἀριθμῷ τί
ἐγγένηται περιττὸς ἔσται, οὐκ ἐρῶ ᾧ ἂν περιττότης, ἀλλ' 5
ᾧ ἂν μονάς, καὶ τἆλλα οὕτως. ἀλλ' ὅρα εἰ ἤδη ἱκανῶς
οἶσθ' ὅτι βούλομαι.

Ἀλλὰ πάνυ ἱκανῶς, ἔφη.

Ἀποκρίνου δή, ἦ δ' ὅς, ᾧ ἂν τί ἐγγένηται σώματι ζῶν
ἔσται; 10

Ὧι ἂν ψυχή, ἔφη.

Οὐκοῦν ἀεὶ τοῦτο οὕτως ἔχει; d

Πῶς γὰρ οὐχί; ἦ δ' ὅς.

Ψυχὴ ἄρα ὅτι ἂν αὐτὴ κατάσχῃ, ἀεὶ ἥκει ἐπ' ἐκεῖνο
φέρουσα ζωήν;

Ἥκει μέντοι, ἔφη. 5

Πότερον δ' ἔστι τι ζωῇ ἐναντίον ἢ οὐδέν;

Ἔστιν, ἔφη.

Τί;

Θάνατος.

Οὐκοῦν ψυχὴ τὸ ἐναντίον ᾧ αὐτὴ ἐπιφέρει ἀεὶ οὐ μή 10

在任何事物中，在它的身体内产生什么，将使它温暖，我不会
告诉你那个安全且愚昧[①]的答案，在体内的 c
热，而是从现在的论证中更精致的答案，在体内的火；
若你问我在体内产生什么造成疾病，我不会说
在体内的疾病，而是发烧[②]；同样地，在数目字中产生什么
将形成单数，我不会说在数目字中的单数，而是 5
在其中的一单位[③]及其他诸如此类之事。看是否你已充分
知道我想要的事物。

非常充分，他说。

你确实回答，他说，在身体中产生什么将会使它
具有生命？ 10

灵魂，他说。

那么事实总是如此吗？ d

怎么会不是呢？他说。

灵魂占据任何事物，总是来到那事物中，
带给它生命吗？

它当然来，他说。 5

是否有事物是对反于生命？

是，他说。

是什么？

死。

那么灵魂从未接受它总是与之对反的对反 10

---

① 100d4。

② 发烧是疾病的症状之一，抑或疾病的理由？若是后者，那是疾病的充足理由或必要理由？发烧或许仅是疾病的充足理由；若是前者，或许苏格拉底对疾病的解释只适用于“某些”疾病的发生。

③ monas（一单位）这个概念并不十分清楚表现出何以在数目字中的一单位会是单数的理由。或许其意为可被 2 整除的数目字，皆为偶数，但在每一个偶数“多出”一单位便形成奇数。然而如此诠释可成立，必须在原文中增加原本没有的表述，参见 Hackforth：ibid. 158b，n. 2；Gallop：ibid. 210-211 则认为 Hackforth 在 162 的论述与他在说法矛盾，Hackforth 将 monas 理解为 1 的理型（oneness）；Rowe：ibid. 260 对 Hackforth 的诠释不表赞同，他认为苏格拉底只是在叙述一个（双数的）数目字加上一单位会成为单数，并没有任何理型的指涉。

ποτε δέξηται, ὡς ἐκ τῶν πρόσθεν ὡμολόγηται;

Καὶ μάλα σφόδρα, ἔφη ὁ Κέβης.

Τί οὖν; τὸ μὴ δεχόμενον τὴν τοῦ ἀρτίου ἰδέαν τί νυνδὴ ὠνομάζομεν;

Ἀνάρτιον, ἔφη. 15

Τὸ δὲ δίκαιον μὴ δεχόμενον καὶ ὃ ἂν μουσικὸν μὴ δέχηται;

Ἄμουσον, ἔφη, τὸ δὲ ἄδικον. e

Εἶεν· ὃ δ' ἂν θάνατον μὴ δέχηται τί καλοῦμεν;

Ἀθάνατον, ἔφη.

Οὐκοῦν ψυχὴ οὐ δέχεται θάνατον;

Οὔ. 5

Ἀθάνατον ἄρα ψυχή.

Ἀθάνατον.

Εἶεν, ἔφη· τοῦτο μὲν δὴ ἀποδεδεῖχθαι φῶμεν; ἢ πῶς δοκεῖ;

Καὶ μάλα γε ἱκανῶς, ὦ Σώκρατες.

Τί οὖν, ἦ δ' ὅς, ὦ Κέβης; εἰ τῷ ἀναρτίῳ ἀναγκαῖον ἦν 10

ἀνωλέθρῳ εἶναι, ἄλλο τι τὰ τρία [ἢ] ἀνώλεθρα ἂν ἦν; **106a**

Πῶς γὰρ οὔ;

Οὐκοῦν εἰ καὶ τὸ ἄθερμον ἀναγκαῖον ἦν ἀνώλεθρον εἶναι,

事物，如之前所同意的论证？

理所当然，克贝斯说[①]。

然后呢？不接受双数的理型的事物，我们刚才称它为何？

非偶数，他说。 15

不接受正义及不接受文艺的事物呢？

文盲，他说，是不正义之事。 e

那，不接受死亡的事物我们将称它为何？

不死之物，他说[②]。

因此灵魂不接受死亡吗[③]？

不接受。 5

灵魂是不死的。

不死的。

那，他说；我们是否可说这已被证成？或是你怎么认为？

非常充分地被证明，苏格拉底。

然后呢，他说，克贝斯？若非偶数一定不 10

会毁灭，3会是不同于不会毁灭的事物吗？ **106a**

怎么不是呢？

因此，若非热一定是不会毁灭，

---

① 根据 Vlastos：ibid. 317-320 对 103e2-104b4 所提出的诠释，柏拉图对原因的说明有下列的公式："X是F，因为身为G，它必须参与Γ；且因为Γ伴随着Φ，X必须也参与Φ，因此X必定是F。"将公式用于现在所讨论的段落会得出：1）一个灵魂是活的，因为身为灵魂，它必须参与灵魂理型，且因为灵魂的理型伴随着生命的理型，因此它必定是活的。这个诠释虽然得到灵魂不朽的结果，却无法完全吻合 105c9-d12 的行文脉络，亦即它忽略文中灵魂与肉体的关系。2）一个身体是活的，因为具有灵魂，它必须参与灵魂的理型，且因为灵魂的理型伴随着生命的理型，身体必须也参与生命的理型，因此它一定是活的。但这个结果与灵魂无关，而是关于身体。因此柏拉图似乎并未成功地证成不朽。

② 柏拉图的论证是 artios（双数）—an-artios（非偶数）；dikaion（正义）—a-dikaion（不正义）；mousikon（文艺）—a-mousikon（文盲）；thanaton（死亡）—a-thanaton（不朽）。这些否定的字首（a 或 an），对柏拉图而言，不仅是指"不是"之意，也包括"永远不是"或"没有能力"。

③ 灵魂不接受死亡似乎是模拟两可的说法，因为若根据 64c4-6，灵魂会接受死亡，在那儿死亡是灵魂与身体分离，使自身保持洁净；然而若死亡是指一动作或发生之事件，则与活着不是对反物，因为活着是一种状态。Rowe：ibid. 262 认为死亡在此是指死或已死的状态。

ὁπότε τις ἐπὶ χιόνα θερμὸν ἐπάγοι, ὑπεξῄει ἂν ἡ χιὼν οὖσα
σῶς καὶ ἄτηκτος; οὐ γὰρ ἂν ἀπώλετό γε, οὐδ' αὖ ὑπο- 5
μένουσα ἐδέξατο ἂν τὴν θερμότητα.

Ἀληθῆ, ἔφη, λέγεις.

Ὡς δ' αὔτως οἶμαι κἂν εἰ τὸ ἄψυχτον ἀνώλεθρον ἦν,
ὁπότε ἐπὶ τὸ πῦρ ψυχρόν τι ἐπῄει, οὔποτ' ἂν ἀπεσβέννυτο
οὐδ' ἀπώλλυτο, ἀλλὰ σῶν ἂν ἀπελθὸν ᾤχετο. 10

Ἀνάγκη, ἔφη.

Οὐκοῦν καὶ ὧδε, ἔφη, ἀνάγκη περὶ τοῦ ἀθανάτου [*εἰπεῖν*]*;* b
εἰ μὲν τὸ ἀθάνατον καὶ ἀνώλεθρόν ἐστιν, ἀδύνατον ψυχῇ,
ὅταν θάνατος ἐπ' αὐτὴν ἴῃ, ἀπόλλυσθαι· θάνατον μὲν γὰρ
δὴ ἐκ τῶν προειρημένων οὐ δέξεται οὐδ' ἔσται τεθνηκυῖα,
ὥσπερ τὰ τρία οὐκ ἔσται, ἔφαμεν, ἄρτιον, οὐδέ γ' αὖ τὸ 5
περιττόν, οὐδὲ δὴ πῦρ ψυχρόν, οὐδέ γε ἡ ἐν τῷ πυρὶ θερ-
μότης. "Ἀλλὰ τί κωλύει," φαίη ἄν τις, "ἄρτιον μὲν τὸ
περιττὸν μὴ γίγνεσθαι ἐπιόντος τοῦ ἀρτίου, ὥσπερ ὡμολόγη-
ται, ἀπολομένου δὲ αὐτοῦ ἀντ' ἐκείνου ἄρτιον γεγονέναι;" c
τῷ ταῦτα λέγοντι οὐκ ἂν ἔχοιμεν διαμαχέσασθαι ὅτι οὐκ
ἀπόλλυται· τὸ γὰρ ἀνάρτιον οὐκ ἀνώλεθρόν ἐστιν· ἐπεὶ εἰ
τοῦτο ὡμολόγητο ἡμῖν, ῥᾳδίως ἂν διεμαχόμεθα ὅτι ἐπελ-
θόντος τοῦ ἀρτίου τὸ περιττὸν καὶ τὰ τρία οἴχεται ἀπιόντα· 5
καὶ περὶ πυρὸς καὶ θερμοῦ καὶ τῶν ἄλλων οὕτως ἂν διεμαχό-
μεθα. ἢ οὔ;

Πάνυ μὲν οὖν.

Οὐκοῦν καὶ νῦν περὶ τοῦ ἀθανάτου, εἰ μὲν ἡμῖν ὁμολογεῖται
καὶ ἀνώλεθρον εἶναι, ψυχὴ ἂν εἴη πρὸς τῷ ἀθάνατος εἶναι 10
καὶ ἀνώλεθρος· εἰ δὲ μή, ἄλλου ἂν δέοι λόγου. d

Ἀλλ' οὐδὲν δεῖ, ἔφη, τούτου γε ἕνεκα· σχολῇ γὰρ ἄν
τι ἄλλο φθορὰν μὴ δέχοιτο, εἰ τό γε ἀθάνατον ἀίδιον ὂν
φθορὰν δέξεται.

每当有某个热向雪前进，雪是否撤退，
保持安全而且不融化？因为它或许不会毁灭，它也无法承 5
受及接受热。

你所言为真，他说。

同样地我想即使不冷是不毁灭的，
每当某个冷向火前进，它或许从未熄灭，
也不曾毁灭，而是安全地走开远离。 10

一定是，他说。

因此，他说，一定也以此方式论述关于不朽的事物？ b
若不朽是不会毁灭，灵魂不会
毁灭，当死亡向它前进时，因为从之前
的论述可得，它不会接受死亡，也不会死，
就如 3 不会是，我们之前说，双数，也不会 5
是奇数，火不会是冷，在火中的热也
不会。“但有什么阻碍，”若有人说，“双数不
会成为单数，当双数接近时，就如所同
意的，取代了当单数毁灭双数形成的说法？” c
我们或许不会主张，与提及这些事的人战斗，它
不会毁灭，因为非偶数是不会毁灭；因为若
我们同意此事，我们会轻易地坚守，当双
数攻击时，单数及 3 会离开远走， 5
且关于火、热及其他事物我们也会如此
坚守下去。还是不是？

没错。

因此现在关于不朽，若我们同意
它是不会毁灭，灵魂在不朽出现的情况下会是不朽 10
及不灭，但若不是，我们会需要另一个论证。 d

然而我们不需要，他说，就此事而言，因为其
他任何事物几乎不会不接受毁灭，若不朽之物，是永恒的，
接受毁灭。

Ὁ δέ γε θεὸς οἶμαι, ἔφη ὁ Σωκράτης, καὶ αὐτὸ τὸ τῆς 5
ζωῆς εἶδος καὶ εἴ τι ἄλλο ἀθάνατόν ἐστιν, παρὰ πάντων ἂν
ὁμολογηθείη μηδέποτε ἀπόλλυσθαι.

Παρὰ πάντων μέντοι νὴ Δί', ἔφη, ἀνθρώπων τέ γε καὶ
ἔτι μᾶλλον, ὡς ἐγᾦμαι, παρὰ θεῶν.

Ὁπότε δὴ τὸ ἀθάνατον καὶ ἀδιάφθορόν ἐστιν, ἄλλο e
τι ψυχὴ [ἤ], εἰ ἀθάνατος τυγχάνει οὖσα, καὶ ἀνώλεθρος
ἂν εἴη;

Πολλὴ ἀνάγκη.

Ἐπιόντος ἄρα θανάτου ἐπὶ τὸν ἄνθρωπον τὸ μὲν θνητόν, 5
ὡς ἔοικεν, αὐτοῦ ἀποθνῄσκει, τὸ δ' ἀθάνατον σῶν καὶ
ἀδιάφθορον οἴχεται ἀπιόν, ὑπεκχωρῆσαν τῷ θανάτῳ.

Φαίνεται.

Παντὸς μᾶλλον ἄρα, ἔφη, ὦ Κέβης, ψυχὴ ἀθάνατον καὶ
ἀνώλεθρον, καὶ τῷ ὄντι ἔσονται ἡμῶν αἱ ψυχαὶ ἐν Ἅιδου. **107a**

Οὔκουν ἔγωγε, ὦ Σώκρατες, ἔφη, ἔχω παρὰ ταῦτα ἄλλο

是的，我想神祇[①]，苏格拉底说，生命的理型自身及若有其他任何不朽的事物存在，每个人都会同意它不会毁灭。 5

确实每个人都会，以宙斯之名为誓，他说，更甚者，如我所认为，神祇们也会同意。

当不朽之物是不灭，灵魂是别的事吗，若它是不朽，它也是不灭吗？ e

当然一定是。

当死亡向人接近，看来，他的会朽的部分死亡，但不朽的部分安全且不会毁灭地远离走开，从死亡撤退。 5

看来是。

灵魂比一切事物，他说，克贝斯，更是不朽及不灭[②]，且事实上我们的灵魂将会在冥府中。 **107a**

因此我，苏格拉底，他说，无法说其他任何

---

① Archer-Hind：ibid. 120 认为这个 theos（神祇）是指世界魂，普遍的理性，但这有过度诠释之嫌，在此 theos 或许是指任何一位神祇；Rowe：ibid. 263 认为 ho theos 的标准理解是 ho anathos（不朽物），类似主张参见 Hackforth：ibid. 164，to athanaton=to theion=to aphtharton。

② 从 106b1-107a1 论证或可归结成以下的形式：1）不朽即不会毁灭，灵魂不会毁灭（106b2-3）；2）不朽不会毁灭（d6-7）；3）灵魂不灭（106e1-107a1）。论证首先遇到的问题："不朽"是不朽之"物"或不朽的"特质"，若是不朽之物，则任何不朽之物皆不灭，如灵魂（O'Brien：ibid. 207）；若是不朽的特质，则不朽的特质不灭，而且拥有不朽特质之物亦不灭（D. S. Scarrow：1961，249）。然而根据 100b ff.，前者的诠释似乎并不适切，因为一物为美是参与美理型，同理一物不朽是参与不朽的理型；后者的诠释乍看或可得到 106b6-7 的支持，但在 b6-7 所提出的热与冷其实不是指性质而是事物（参见 103c14 的注释）。再者 106b3"死亡向它前进"的表述有诠释上的困难，这个死亡不会是灵魂与身体分开，因为灵魂会接受这种死亡，而不会撤退（e5-6）；若这个死亡是相对于 d5-6 的生命理型是理型的话，那么理型不朽，死亡理型亦不朽，但理型何以能够接受与之对反的性质？O'Brien：ibid. 98 认为死亡在此有一新的意义，即毁灭，灵魂的毁灭，但根据 105e4 的注释，这并非灵魂的毁灭，而是指灵魂的死亡或死的状态，因为灵魂会死或会朽是它会灭的前提。此外，106d2-4 似乎犯了丐题的谬误，因为柏拉图欲证明不朽之物永恒不灭，却已确立其永恒；再者，d6 以"若有其他任何不朽的事物存在"来证明有些事物不灭似乎不合理，此假设本身就需要被证明。Hackforth：ibid. 164 认为此论述所产生的逻辑问题，或许可诉求宗教（神祇）来掩饰，但 Gallop：ibid. 220 则认为这只会令读者对柏拉图的哲学论证更失望。

τι λέγειν οὐδέ πῃ ἀπιστεῖν τοῖς λόγοις. ἀλλ' εἰ δή τι Σιμμίας ὅδε ἤ τις ἄλλος ἔχει λέγειν, εὖ ἔχει μὴ κατασιγῆ-σαι· ὡς οὐκ οἶδα εἰς ὅντινά τις ἄλλον καιρὸν ἀναβάλλοιτο ἢ τὸν νῦν παρόντα, περὶ τῶν τοιούτων βουλόμενος ἤ τι εἰπεῖν ἢ ἀκοῦσαι. 5

Ἀλλὰ μήν, ἦ δ' ὃς ὁ Σιμμίας, οὐδ' αὐτὸς ἔχω ἔτι ὅπῃ ἀπιστῶ ἔκ γε τῶν λεγομένων· ὑπὸ μέντοι τοῦ μεγέθους περὶ ὧν οἱ λόγοι εἰσίν, καὶ τὴν ἀνθρωπίνην ἀσθένειαν ἀτιμάζων, ἀναγκάζομαι ἀπιστίαν ἔτι ἔχειν παρ' ἐμαυτῷ περὶ τῶν εἰρημένων. b

Οὐ μόνον γ', ἔφη, ὦ Σιμμία, ὁ Σωκράτης, ἀλλὰ [ταῦτά τε εὖ λέγεις] καὶ τάς γε ὑποθέσεις τὰς πρώτας, καὶ εἰ πισταὶ ὑμῖν εἰσιν, ὅμως ἐπισκεπτέα σαφέστερον· καὶ ἐὰν αὐτὰς ἱκανῶς διέλητε, ὡς ἐγῷμαι, ἀκολουθήσετε τῷ λόγῳ, καθ' ὅσον δυνατὸν μάλιστ' ἀνθρώπῳ ἐπακολουθῆσαι· κἂν τοῦτο αὐτὸ σαφὲς γένηται, οὐδὲν ζητήσετε περαιτέρω. 5

Ἀληθῆ, ἔφη, λέγεις. 10

Ἀλλὰ τόδε γ', ἔφη, ὦ ἄνδρες, δίκαιον διανοηθῆναι, ὅτι, εἴπερ ἡ ψυχὴ ἀθάνατος, ἐπιμελείας δὴ δεῖται οὐχ ὑπὲρ τοῦ χρόνου τούτου μόνον ἐν ᾧ καλοῦμεν τὸ ζῆν, ἀλλ' ὑπὲρ τοῦ παντός, καὶ ὁ κίνδυνος νῦν δὴ καὶ δόξειεν ἂν δεινὸς εἶναι, εἴ τις αὐτῆς ἀμελήσει. εἰ μὲν γὰρ ἦν ὁ θάνατος τοῦ παντὸς ἀπαλλαγή, ἕρμαιον ἂν ἦν τοῖς κακοῖς ἀποθανοῦσι τοῦ τε σώματος ἅμ' ἀπηλλάχθαι καὶ τῆς αὑτῶν κακίας μετὰ τῆς ψυχῆς· νῦν δ' ἐπειδὴ ἀθάνατος φαίνεται οὖσα, οὐδεμία ἂν εἴη αὐτῇ ἄλλη ἀποφυγὴ κακῶν οὐδὲ σωτηρία πλὴν τοῦ ὡς c 5 d

事反对这些论证，也无法以任何方式不相信它们。但若
希米亚斯在此或有人能说其他的事，最好不要保持
沉默，因为我不知道还有比现在更恰当的 5
时机有人可提高声贝，关于这类的事想要
说或听。

当然，希米亚斯说，我自己也不再认为我
在任何方式下会不相信论证的结果；尽管如此，
由于这些论证的内容的重要性，且我并不看好人的弱点， b
我在自己心中对所论及的事物一定还是保持着
怀疑。

对，不仅，苏格拉底说，希米亚斯，你对这些事
及一开始的假设有不错的陈述，且就算 5
它们是你们所相信的事，然而要做更清晰的探究；若
你们已充分检视它们，如我所想，你们要追随论证，
要以人最大的能力追随它，若
这件事变得清晰，你们将不再做更进一步[①]的探寻。

你所言为真，他说。 10

但，他说，士绅们，思考这件事确实是对的， c
若灵魂真的不朽，它不是只有在我们称
之为生命的这段时间内需要照顾，而是在一
切的时间内，当下的危险似乎是令人恐惧的，
若有人不照顾灵魂。若死亡是与所有事的 5
分开，对为恶之人而言这是天赐之福：死亡的
同时与身体分离而且与和灵魂为伍的身体的
恶分开。但就现况来看，灵魂似乎是不朽，对它而言
没有其他逃避恶及安全存在的方式，除了 d

---

① peraios（超越），peraiterō（更超越，更进一步），这个字在此似乎扮演了一个重要的角色，因为苏格拉底说若论证在仔细的检视下变得清晰，就不需再做进一步探讨，但希米亚斯担心人的能力不足，这个清晰的结论或许不易获得（b2），所以更进一步的探讨似乎有其必要，苏格拉底随后立即以神话来说明灵魂在来世所受到的对待。

βελτίστην τε καὶ φρονιμωτάτην γενέσθαι. οὐδὲν γὰρ ἄλλο ἔχουσα εἰς Ἅιδου ἡ ψυχὴ ἔρχεται πλὴν τῆς παιδείας τε καὶ τροφῆς, ἃ δὴ καὶ μέγιστα λέγεται ὠφελεῖν ἢ βλάπτειν τὸν τελευτήσαντα εὐθὺς ἐν ἀρχῇ τῆς ἐκεῖσε πορείας. λέγεται 5
δὲ οὕτως, ὡς ἄρα τελευτήσαντα ἕκαστον ὁ ἑκάστου δαίμων, ὅσπερ ζῶντα εἰλήχει, οὗτος ἄγειν ἐπιχειρεῖ εἰς δή τινα τόπον, οἷ δεῖ τοὺς συλλεγέντας διαδικασαμένους εἰς Ἅιδου πορεύεσθαι μετὰ ἡγεμόνος ἐκείνου ᾧ δὴ προστέτακται τοὺς e
ἐνθένδε ἐκεῖσε πορεῦσαι· τυχόντας δὲ ἐκεῖ ὧν δὴ τυχεῖν καὶ μείναντας ὃν χρὴ χρόνον ἄλλος δεῦρο πάλιν ἡγεμὼν κομίζει ἐν πολλαῖς χρόνου καὶ μακραῖς περιόδοις. ἔστι δὲ ἄρα ἡ πορεία οὐχ ὡς ὁ Αἰσχύλου Τήλεφος λέγει· ἐκεῖνος **108a**
μὲν γὰρ ἁπλῆν οἶμόν φησιν εἰς Ἅιδου φέρειν, ἡ δ' οὔτε ἁπλῆ οὔτε μία φαίνεταί μοι εἶναι. οὐδὲ γὰρ [ἂν] ἡγεμόνων ἔδει· οὐ γάρ πού τις ἂν διαμάρτοι οὐδαμόσε μιᾶς ὁδοῦ οὔσης. νῦν δὲ ἔοικε σχίσεις τε καὶ περιόδους πολλὰς ἔχειν· 5
ἀπὸ τῶν θυσιῶν τε καὶ νομίμων τῶν ἐνθάδε τεκμαιρόμενος λέγω. ἡ μὲν οὖν κοσμία τε καὶ φρόνιμος ψυχὴ ἕπεταί τε καὶ οὐκ ἀγνοεῖ τὰ παρόντα· ἡ δ' ἐπιθυμητικῶς τοῦ σώματος

尽可能成为最有德及最有智慧。因为到
冥府那儿灵魂不会拥有其他东西[①]，除了它的教育
及养育，据说这些事对死者帮助最大或伤害
最大，在一开始去那儿的旅程。这是这么 5
说的，每位死者的守护神灵[②]
是在他生前被赋予的，它试着带领他
去某个地方，这些灵魂聚集，接受审判之后，必须
跟随那位指定它们从这儿行进到那儿的向导， e
向冥府前进；它们待在那儿，亦即它们
必须逗留停驻在那儿一段时间后，另一位向导会再一次
将它们带回这儿，在许多漫长的时间周期后[③]。但这
个旅程不是艾斯曲娄斯说的特雷弗斯[④]，因为他 **108a**
说只有一条通往冥府之路，但我认为
不是只有单单一条路。因为没必要有
向导，想必不会有人犯错，当只有一条
路时。但就现况而言，它似有许多小径及三叉路[⑤]； 5
我的说法是出于对在此地的献祭与风俗的
判断[⑥]。规律明智的灵魂跟随向导，
而不会对现状无知；急欲拥有身体的

---

① 参见《高尔奇亚斯篇》523e，在不具有身体的情况下，灵魂是裸露地来到冥府。

② 参见《辩护篇》27c2。关于 daimōn（守护神灵）与人的教养与性格的关系，赫拉克利图斯的断简残篇曾论及，参见 DK 22A 119 及 Dodds：ibid. 42-43。

③ 从死亡到重生的周期是一千年，参见《理想国篇》615a；《费德若斯篇》249a 及 257a 则说是一万年。柏拉图的轮回观或许是受到埃及文化及毕达哥拉斯的影响，参见希罗多德《历史》II，123，2-3 的叙述。

④ Aischylos（公元前 525/4—前 456/5 年），希腊悲剧诗人，特雷弗斯（Tēlephos）是同名剧作中的主角，该剧作现已失轶。

⑤ 类似的说法参见《高尔奇亚斯篇》524a，这个三叉路延伸出两条路，一条通往受祝福之人的岛，另一条通往塔尔塔洛斯（Tartaros）；在《理想国篇》615c-d 柏拉图描述善人走右边的道路，恶人走左边的道路。

⑥ 这是指赫卡特（Hecate）的宗教崇拜，祂是带来厄运的女神，通常会在三叉路上的祭台上，向祂献祭，参见徐学庸：2012，250 及 OCD 671-673。

ἔχουσα, ὅπερ ἐν τῷ ἔμπροσθεν εἶπον, περὶ ἐκεῖνο πολὺν
χρόνον ἐπτοημένη καὶ περὶ τὸν ὁρατὸν τόπον, πολλὰ b
ἀντιτείνασα καὶ πολλὰ παθοῦσα, βίᾳ καὶ μόγις ὑπὸ τοῦ
προστεταγμένου δαίμονος οἴχεται ἀγομένη. ἀφικομένην δὲ
ὅθιπερ αἱ ἄλλαι, τὴν μὲν ἀκάθαρτον καί τι πεποιηκυῖαν
τοιοῦτον, ἢ φόνων ἀδίκων ἡμμένην ἢ ἄλλ' ἄττα τοιαῦτα 5
εἰργασμένην, ἃ τούτων ἀδελφά τε καὶ ἀδελφῶν ψυχῶν ἔργα
τυγχάνει ὄντα, ταύτην μὲν ἅπας φεύγει τε καὶ ὑπεκτρέπεται
καὶ οὔτε συνέμπορος οὔτε ἡγεμὼν ἐθέλει γίγνεσθαι, αὐτὴ
δὲ πλανᾶται ἐν πάσῃ ἐχομένη ἀπορίᾳ ἕως ἂν δή τινες c
χρόνοι γένωνται, ὧν ἐλθόντων ὑπ' ἀνάγκης φέρεται εἰς τὴν
αὐτῇ πρέπουσαν οἴκησιν· ἡ δὲ καθαρῶς τε καὶ μετρίως τὸν
βίον διεξελθοῦσα, καὶ συνεμπόρων καὶ ἡγεμόνων θεῶν
τυχοῦσα, ᾤκησεν τὸν αὐτῇ ἑκάστη τόπον προσήκοντα. εἰσὶν 5
δὲ πολλοὶ καὶ θαυμαστοὶ τῆς γῆς τόποι, καὶ αὐτὴ οὔτε οἵα
οὔτε ὅση δοξάζεται ὑπὸ τῶν περὶ γῆς εἰωθότων λέγειν, ὡς
ἐγὼ ὑπό τινος πέπεισμαι.

Καὶ ὁ Σιμμίας, Πῶς ταῦτα, ἔφη, λέγεις, ὦ Σώκρατες; d
περὶ γάρ τοι γῆς καὶ αὐτὸς πολλὰ δὴ ἀκήκοα, οὐ μέντοι
ταῦτα ἃ σὲ πείθει· ἡδέως οὖν ἂν ἀκούσαιμι.

Ἀλλὰ μέντοι, ὦ Σιμμία, οὐχ ἡ Γλαύκου τέχνη γέ μοι

灵魂，如我在之前所言[①]，长期对身体
及对可见的地方的渴望，它 b
抗拒许多事，也承受许多事，以力量及辛劳它
被指定的守护神灵带走离开。但当它
到达其他灵魂所到之处[②]，它不洁净而且做过某种
这类的事，经常不当杀人，或从事其他这类 5
的事，这些事是不洁净之事的手足兄弟，且是这些如手足兄弟般的灵魂
的行为，所有的灵魂都逃离避免它，
且不愿与它为伴，也不愿成为它的向导[③]，它独自
迷失在自己所坚守的一切困惑中，直到过了 c
某些时间，当时间一到，它一定会被带至
适合它的住处；以洁净规律的方式
度日的灵魂，有旅行的同伴及神祇的
导引，每一个灵魂住在适合它的地方。在 5
地球上有许多令人惊叹的地方，且它不是
那些对地球经常提出论述的人所认为的样子，也没那么小，
如我曾经被某人说服[④]。

希米亚斯说，你说这些的意思是，苏格拉底？ d
因为关于地球的这些论述我自己曾经听过不少，但
绝对不是那些令你信服的论述；我将以愉悦的心情听。

然而，希米亚斯，我不认为葛劳寇斯的技艺[⑤]

---

① 81c-d。

② 灵魂聚集，接受审判的地方（d8）。

③ 108a-b的叙述似乎呼应67c6-7及94b的灵魂具有部分的暗示，在此的论述a6指理智的部分，a7-9指欲望的部分，且b7-8表现羞耻感是激情的部分。

④ 这个人（tinos）是谁，无法确切得知，参见Archer-Hind：ibid. 125-126；Burnet：ibid. 108及Rowe：ibid. 270。或许一个合理的猜测是，此人即为柏拉图本人。

⑤ 葛劳寇斯（Glaukos）的身份有许多说法，Archer-Hind：ibid. 126认为这位葛劳寇斯不是海神，而是希罗多德在《历史》中所提及的奇欧斯的葛劳寇斯，锻铁技术的发明人，持相同意见的还有Sedley：1990；Burnet：ibid. 108及150认为这是毕达哥拉斯学派的发明；Rowe：ibid. 270主张若“葛劳寇斯的技艺”是一句希腊古谚，意谓天才，那么他是谁的问题并不重要。亦出现在《理想国篇》611c7。

δοκεῖ εἶναι διηγήσασθαι ἅ γ' ἐστίν· ὡς μέντοι ἀληθῆ, 5
χαλεπώτερόν μοι φαίνεται ἢ κατὰ τὴν Γλαύκου τέχνην, καὶ
ἅμα μὲν ἐγὼ ἴσως οὐδ' ἂν οἷός τε εἴην, ἅμα δέ, εἰ καὶ
ἠπιστάμην, ὁ βίος μοι δοκεῖ ὁ ἐμός, ὦ Σιμμία, τῷ μήκει
τοῦ λόγου οὐκ ἐξαρκεῖ. τὴν μέντοι ἰδέαν τῆς γῆς οἵαν
πέπεισμαι εἶναι, καὶ τοὺς τόπους αὐτῆς οὐδέν με κωλύει e
λέγειν.

Ἀλλ', ἔφη ὁ Σιμμίας, καὶ ταῦτα ἀρκεῖ.

Πέπεισμαι τοίνυν, ἦ δ' ὅς, ἐγὼ ὡς πρῶτον μέν, εἰ ἔστιν
ἐν μέσῳ τῷ οὐρανῷ περιφερὴς οὖσα, μηδὲν αὐτῇ δεῖν μήτε 5
ἀέρος πρὸς τὸ μὴ πεσεῖν μήτε ἄλλης ἀνάγκης μηδεμιᾶς **109a**
τοιαύτης, ἀλλὰ ἱκανὴν εἶναι αὐτὴν ἴσχειν τὴν ὁμοιότητα
τοῦ οὐρανοῦ αὐτοῦ ἑαυτῷ πάντῃ καὶ τῆς γῆς αὐτῆς τὴν
ἰσορροπίαν· ἰσόρροπον γὰρ πρᾶγμα ὁμοίου τινὸς ἐν μέσῳ
τεθὲν οὐχ ἕξει μᾶλλον οὐδ' ἧττον οὐδαμόσε κλιθῆναι, 5
ὁμοίως δ' ἔχον ἀκλινὲς μενεῖ. πρῶτον μὲν τοίνυν, ἦ δ' ὅς,
τοῦτο πέπεισμαι.

Καὶ ὀρθῶς γε, ἔφη ὁ Σιμμίας.

Ἔτι τοίνυν, ἔφη, πάμμεγά τι εἶναι αὐτό, καὶ ἡμᾶς οἰκεῖν
τοὺς μέχρι Ἡρακλείων στηλῶν ἀπὸ Φάσιδος ἐν σμικρῷ b
τινι μορίῳ, ὥσπερ περὶ τέλμα μύρμηκας ἢ βατράχους περὶ
τὴν θάλατταν οἰκοῦντας, καὶ ἄλλους ἄλλοθι πολλοὺς ἐν
πολλοῖσι τοιούτοις τόποις οἰκεῖν. εἶναι γὰρ πανταχῇ περὶ
τὴν γῆν πολλὰ κοῖλα καὶ παντοδαπὰ καὶ τὰς ἰδέας καὶ τὰ 5
μεγέθη, εἰς ἃ συνερρυηκέναι τό τε ὕδωρ καὶ τὴν ὁμίχλην
καὶ τὸν ἀέρα· αὐτὴν δὲ τὴν γῆν καθαρὰν ἐν καθαρῷ κεῖσθαι

是用来解释说明这些论述到底是什么；如它们真的为真， 5
我想会比回应葛劳寇斯的技艺还难，
或许我不仅无法说明而且就算
我知道如何说明，我认为我的生命，希米亚斯，
比论证短。尽管如此，我相信地球的可见的形式
是如此，且无物阻碍我陈述它的不同的区 e
域。

就算这，希米亚斯说，也足够。

那么，他说，首先我曾相信的是，若地球
在天空的中间，是圆球状，为了不下坠 5
它不需要气，也不需要其他任何这类必要的 **109a**
事物，它在自己的所有部分皆拥有与
天空的相似性，且拥有地球自身的
平衡均势的状态，因为平衡均势的事物被置于某
个相似事物的中间，它不会有向任何方向倾斜的意愿， 5
而是以相同的方式维持不偏离[①]。因此首先，他说，
我曾相信这个论述。

正确无误，希米亚斯说。

那么接着是，他说，它是个巨大的物体，且我们——
那些从法希斯河一直到赫拉克雷斯的柱子之间的人[②]——只住在 b
一小部分中，就像蚂蚁住在池塘边，或青蛙住
在海边，且其他许多不同的动物
住在许多这类的地方。在地球的四周到处
都有许多形状各异，大小不同的 5
洼地，在其中我相信聚集着水、雾及
气，洁净的地球静止不动地

---

① Archer-Hind：ibid. 126 认为这是出自亚纳希曼德（Anaximander）的思想；Burnet：ibid. 108-109 认为这是出于早期毕达哥拉斯的思想；Furley：1989，17 主张这是苏格拉底个人所提出的理论。

② 传统上对希腊居住的范围认定，相当于今日的黑海东岸到直布罗陀的区域。

τῷ οὐρανῷ ἐν ᾧπέρ ἐστι τὰ ἄστρα, ὃν δὴ αἰθέρα ὀνομάζειν
τοὺς πολλοὺς τῶν περὶ τὰ τοιαῦτα εἰωθότων λέγειν· οὗ δὴ c
ὑποστάθμην ταῦτα εἶναι καὶ συρρεῖν ἀεὶ εἰς τὰ κοῖλα τῆς
γῆς. ἡμᾶς οὖν οἰκοῦντας ἐν τοῖς κοίλοις αὐτῆς λεληθέναι
καὶ οἴεσθαι ἄνω ἐπὶ [τῆς] γῆς οἰκεῖν, ὥσπερ ἂν εἴ τις ἐν
μέσῳ τῷ πυθμένι τοῦ πελάγους οἰκῶν οἴοιτό τε ἐπὶ τῆς 5
θαλάττης οἰκεῖν καὶ διὰ τοῦ ὕδατος ὁρῶν τὸν ἥλιον καὶ τὰ
ἄλλα ἄστρα τὴν θάλατταν ἡγοῖτο οὐρανὸν εἶναι, διὰ δὲ
βραδυτῆτά τε καὶ ἀσθένειαν μηδεπώποτε ἐπὶ τὰ ἄκρα τῆς d
θαλάττης ἀφιγμένος μηδὲ ἑωρακὼς εἴη, ἐκδὺς καὶ ἀνακύψας
ἐκ τῆς θαλάττης εἰς τὸν ἐνθάδε τόπον, ὅσῳ καθαρώτερος
καὶ καλλίων τυγχάνει ὢν τοῦ παρὰ σφίσι, μηδὲ ἄλλου
ἀκηκοὼς εἴη τοῦ ἑωρακότος. ταὐτὸν δὴ τοῦτο καὶ ἡμᾶς 5
πεπονθέναι· οἰκοῦντας γὰρ ἔν τινι κοίλῳ τῆς γῆς οἴεσθαι
ἐπάνω αὐτῆς οἰκεῖν, καὶ τὸν ἀέρα οὐρανὸν καλεῖν, ὡς διὰ
τούτου οὐρανοῦ ὄντος τὰ ἄστρα χωροῦντα· τὸ δὲ εἶναι ταὐ-
τόν, ὑπ' ἀσθενείας καὶ βραδυτῆτος οὐχ οἵους τε εἶναι ἡμᾶς e
διεξελθεῖν ἐπ' ἔσχατον τὸν ἀέρα· ἐπεί, εἴ τις αὐτοῦ ἐπ' ἄκρα
ἔλθοι ἢ πτηνὸς γενόμενος ἀνάπτοιτο, κατιδεῖν <ἂν> ἀνακύ-
ψαντα, ὥσπερ ἐνθάδε οἱ ἐκ τῆς θαλάττης ἰχθύες ἀνακύ-
πτοντες ὁρῶσι τὰ ἐνθάδε, οὕτως ἄν τινα καὶ τὰ ἐκεῖ κατιδεῖν, 5
καὶ εἰ ἡ φύσις ἱκανὴ εἴη ἀνασχέσθαι θεωροῦσα, γνῶναι ἂν
ὅτι ἐκεῖνός ἐστιν ὁ ἀληθῶς οὐρανὸς καὶ τὸ ἀληθινὸν φῶς
καὶ ἡ ὡς ἀληθῶς γῆ. ἥδε μὲν γὰρ ἡ γῆ καὶ οἱ λίθοι καὶ **110a**

在洁净的天空中，在天空中有星星，许多经常
对这类事物提出论述的人，称此为以太[①]。 c
它的沉淀物[②]一直汇集到地球的那些
洼地中。我们没有注意到自己是居住在地球的洼地中，
而认为自己是住在地球表面上，就好像若有人
住在海底中，认为他是住 5
在海面上，且透过海水他看到太阳及其他
的星星，他认为海洋就是天空，由于
行动迟缓，身体虚弱，他未曾来到海 d
洋的顶端，也没看过，不曾从海中
浮出或升起来到这个地方，这里比他
们的地方还要更洁净，更漂亮，他不曾
听过其他看过的人说。我们曾受制于 5
相同的事，因为住在地球的某个洼地中，我们认为
自己住在它的表面，称气为天空，就好像天空的
星星经过这个气，但事实上这是同一件
事：由于虚弱及迟缓我们无法 e
走出气的底部，因为，若有人来到它的
顶端或具有翅膀悬挂在它的顶端，他会浮出表面
来看[③]，就像于从海中浮起观
看在这儿的事物，所以有人观看在那儿的事物， 5
且若他的本质足以忍受观看的话[④]，他会知道
那个天空是真的，真的光及
真的地球。这个地球[⑤]、石头及 **110a**

---

① 以太（aithēr）是最精纯的气，参见《提迈欧斯篇》58d1-2。

② b6-7。

③ 类似的描述参见《费德若斯篇》246a ff.。

④ 这句话可能有三种诠释：1）人的本质让人无法脱离空气太久，所以若人可以忍受没有空气，或在空气之外观看；2）所观看之物的亮度是人的肉眼无法承受；3）所观看之物的亮度是人的心灵之眼无法承受。关于（3）亦可参照《理想国篇》的洞穴喻，514a-517a。

⑤ 我们所认为的地球，其实是地球上的洼地。

ἅπας ὁ τόπος ὁ ἐνθάδε διεφθαρμένα ἐστὶν καὶ καταβεβρω-
μένα, ὥσπερ τὰ ἐν τῇ θαλάττῃ ὑπὸ τῆς ἅλμης, καὶ οὔτε
φύεται ἄξιον λόγου οὐδὲν ἐν τῇ θαλάττῃ, οὔτε τέλειον ὡς
ἔπος εἰπεῖν οὐδέν ἐστι, σήραγγες δὲ καὶ ἄμμος καὶ πηλὸς 5
ἀμήχανος καὶ βόρβοροί εἰσιν, ὅπου ἂν καὶ [ἡ] γῆ ᾖ, καὶ
πρὸς τὰ παρ' ἡμῖν κάλλη κρίνεσθαι οὐδ' ὁπωστιοῦν ἄξια.
ἐκεῖνα δὲ αὖ τῶν παρ' ἡμῖν πολὺ ἂν ἔτι πλέον φανείη δια- b
φέρειν· εἰ γὰρ δὴ καὶ μῦθον λέγειν καλόν, ἄξιον ἀκοῦσαι, ὦ
Σιμμία, οἷα τυγχάνει τὰ ἐπὶ τῆς γῆς ὑπὸ τῷ οὐρανῷ ὄντα.

Ἀλλὰ μήν, ἔφη ὁ Σιμμίας, ὦ Σώκρατες, ἡμεῖς γε τούτου
τοῦ μύθου ἡδέως ἂν ἀκούσαιμεν. 5

Λέγεται τοίνυν, ἔφη, ὦ ἑταῖρε, πρῶτον μὲν εἶναι τοιαύτη
ἡ γῆ αὐτὴ ἰδεῖν, εἴ τις ἄνωθεν θεῷτο, ὥσπερ αἱ δωδεκάσκυ-
τοι σφαῖραι, ποικίλη, χρώμασιν διειλημμένη, ὧν καὶ τὰ
ἐνθάδε εἶναι χρώματα ὥσπερ δείγματα, οἷς δὴ οἱ γραφῆς
καταχρῶνται. ἐκεῖ δὲ πᾶσαν τὴν γῆν ἐκ τοιούτων εἶναι, καὶ c
πολὺ ἔτι ἐκ λαμπροτέρων καὶ καθαρωτέρων ἢ τούτων· τὴν
μὲν γὰρ ἁλουργῆ εἶναι [καὶ] θαυμαστὴν τὸ κάλλος, τὴν δὲ
χρυσοειδῆ, τὴν δὲ ὅση λευκὴ γύψου ἢ χιόνος λευκοτέραν,
καὶ ἐκ τῶν ἄλλων χρωμάτων συγκειμένην ὡσαύτως, καὶ ἔτι 5
πλειόνων καὶ καλλιόνων ἢ ὅσα ἡμεῖς ἑωράκαμεν. καὶ γὰρ
αὐτὰ ταῦτα τὰ κοῖλα αὐτῆς, ὕδατός τε καὶ ἀέρος ἔκπλεα
ὄντα, χρώματός τι εἶδος παρέχεσθαι στίλβοντα ἐν τῇ τῶν d
ἄλλων χρωμάτων ποικιλίᾳ, ὥστε ἕν τι αὐτῆς εἶδος συνεχὲς
ποικίλον φαντάζεσθαι. ἐν δὲ ταύτῃ οὔσῃ τοιαύτῃ ἀνὰ
λόγον τὰ φυόμενα φύεσθαι, δένδρα τε καὶ ἄνθη καὶ τοὺς
καρπούς· καὶ αὖ τὰ ὄρη ὡσαύτως καὶ τοὺς λίθους ἔχειν ἀνὰ 5

在此所有的地方皆被破坏啃噬
殆尽，就像那些在海中的事物被海水侵蚀，且
在海中生长的事物无物值得一提，一言以蔽之，
无物长成，有凹陷、沙子、不可思议 5
的泥土及黏土，无论何处有陆地[①]，
无物值得以在我们这里的美丽事物来评断。
但那些事物依次看来比在我们这儿的事物更加优 b
越，因为若说故事是对的话，这是值得一听的故事，
希米亚斯，在地球表面及天空之下的事物是什么。

那，希米亚斯说，苏格拉底，我们一定会
愉悦地听这个故事。 5

据说，他说，我的朋友，首先真正的地球
看来是如此，若有人马上鸟瞰，就像十二条皮革
所形成的球，地球是色彩缤纷，以颜色来区分，这
些在此的颜色据说就像画家们所使用的颜色
样本。在此事例中整个地球是出于如此这般的颜色，且 c
出于比这些颜色还要更明亮清纯的颜色，因为
它的一部分是染上紫色，无法言喻的美，另一部分
是像黄金的颜色，另一部分，大部分的地球是比白垩或雪更白的白色，
以相同的方式地球由其他不同的颜色组成，且 5
比我们所看的颜色还要更多更美。这些
属于它的洼地，充满水及空气，
呈现出颜色的某种表象，当它在 d
诸多颜色的多样色彩中闪烁，所以地球的某个表象
显现出持续的多彩[②]。在这样的土地上
出生的事物会以比例成长，如植物、花朵及
水果，依次，同样地，山岭及石头以相 5

① 只要陆地与海水接邻或陆地浸泡在海水中，就会有上述的许多杂质。
② 洼地中并无颜色，它们的颜色是来自于水与空气对上层颜色的反射。

τὸν αὐτὸν λόγον τήν τε λειότητα καὶ τὴν διαφάνειαν καὶ τὰ χρώματα καλλίω· ὧν καὶ τὰ ἐνθάδε λιθίδια εἶναι ταῦτα τὰ ἀγαπώμενα μόρια, σάρδιά τε καὶ ἰάσπιδας καὶ σμαράγδους καὶ πάντα τὰ τοιαῦτα· ἐκεῖ δὲ οὐδὲν ὃ μὴ τοιοῦτον εἶναι καὶ e
ἔτι τούτων καλλίω. τὸ δ' αἴτιον τούτου εἶναι ὅτι ἐκεῖνοι οἱ λίθοι εἰσὶ καθαροὶ καὶ οὐ κατεδηδεσμένοι οὐδὲ διεφθαρμένοι ὥσπερ οἱ ἐνθάδε ὑπὸ σηπεδόνος καὶ ἅλμης ὑπὸ τῶν δεῦρο συνερρυηκότων, ἃ καὶ λίθοις καὶ γῇ καὶ τοῖς ἄλλοις ζῴοις τε 5
καὶ φυτοῖς αἴσχη τε καὶ νόσους παρέχει. τὴν δὲ γῆν αὐτὴν κεκοσμῆσθαι τούτοις τε ἅπασι καὶ ἔτι χρυσῷ τε καὶ ἀργύρῳ καὶ τοῖς ἄλλοις αὖ τοῖς τοιούτοις. ἐκφανῆ γὰρ αὐτὰ πεφυκέναι, **111a**
ὄντα πολλὰ πλήθει καὶ μεγάλα καὶ πανταχοῦ τῆς γῆς, ὥστε αὐτὴν ἰδεῖν εἶναι θέαμα εὐδαιμόνων θεατῶν. ζῷα δ' ἐπ' αὐτῇ εἶναι ἄλλα τε πολλὰ καὶ ἀνθρώπους, τοὺς μὲν ἐν μεσογαίᾳ οἰκοῦντας, τοὺς δὲ περὶ τὸν ἀέρα ὥσπερ ἡμεῖς 5
περὶ τὴν θάλατταν, τοὺς δ' ἐν νήσοις ἃς περιρρεῖν τὸν ἀέρα πρὸς τῇ ἠπείρῳ οὔσας· καὶ ἑνὶ λόγῳ, ὅπερ ἡμῖν τὸ ὕδωρ τε καὶ ἡ θάλαττά ἐστι πρὸς τὴν ἡμετέραν χρείαν, τοῦτο ἐκεῖ τὸν ἀέρα, ὃ δὲ ἡμῖν ἀήρ, ἐκείνοις τὸν αἰθέρα. τὰς δὲ ὥρας b
αὐτοῖς κρᾶσιν ἔχειν τοιαύτην ὥστε ἐκείνους ἀνόσους εἶναι καὶ χρόνον τε ζῆν πολὺ πλείω τῶν ἐνθάδε, καὶ ὄψει καὶ ἀκοῇ καὶ φρονήσει καὶ πᾶσι τοῖς τοιούτοις ἡμῶν ἀφεστάναι τῇ αὐτῇ ἀποστάσει ᾗπερ ἀήρ τε ὕδατος ἀφέστηκεν καὶ αἰθὴρ ἀέρος 5
πρὸς καθαρότητα. καὶ δὴ καὶ θεῶν ἄλση τε καὶ ἱερὰ αὐτοῖς εἶναι, ἐν οἷς τῷ ὄντι οἰκητὰς θεοὺς εἶναι, καὶ φήμας τε καὶ

同的比例拥有平滑、透明及
颜色，且更美丽。事实上在这里这些破碎小石头受
到极高的评价，红宝石、碧玉、翡翠及
其他所有这类的石头，但在那儿不是这类的石头也 e
比这些石头更漂亮。它的原因是，那些
石头是洁净及没有被侵蚀破坏，
就像在这里的石头被腐朽与海水侵蚀，因为这些
事物[①]聚集在此，它们带给石头、土地及 5
其他有生命及生长[②]之物丑陋与疾病。但地球本身装
点着这些事物、还有一切金银的事物及
其他诸如此类的事物。它们自然地呈现在我们眼前， **111a**
它们在量上是又多又大而且在地球的每个角落，所以
观看它是属于幸运的观看者的景观[③]。但在地球
上有许多其他的有生物及人，有些
居住在内陆，有些住在气的周边[④]，就像我们 5
住在海边一样，还有些住在岛上，气围绕着岛，
并距离大陆不远。简而言之，对我们而言水
与海是关于我们生命的必需的事物，这气在
那儿，气对我们而言，以太对他们而言[⑤]。他们的 b
气候具有这样的气温，以至于他们不会生病，且
活得比这里还要长，在视力、听力、
明智及一切诸如此类的事上，他们比我们优秀，在
优越性上气比水优越，关于洁净以太比气 5
洁净。此外，他们也有神圣的树丛及
神殿，事实上神祇住在其中，且神祇们的声

① 水、空气等事物。
② 动植物。
③ 或许只有不具肉身而且灵魂洁净之人有此运气。
④ 在洼地的周边布满了气。
⑤ 苏格拉底比较上下层不同层级的存在形式。

μαντείας καὶ αἰσθήσεις τῶν θεῶν καὶ τοιαύτας συνουσίας γίγνεσθαι αὐτοῖς πρὸς αὐτούς· καὶ τόν γε ἥλιον καὶ σελήνην καὶ ἄστρα ὁρᾶσθαι ὑπ' αὐτῶν οἷα τυγχάνει ὄντα, καὶ τὴν ἄλλην εὐδαιμονίαν τούτων ἀκόλουθον εἶναι. c

Καὶ ὅλην μὲν δὴ τὴν γῆν οὕτω πεφυκέναι καὶ τὰ περὶ τὴν γῆν· τόπους δ' ἐν αὐτῇ εἶναι κατὰ τὰ ἔγκοιλα αὐτῆς κύκλῳ περὶ ὅλην πολλούς, τοὺς μὲν βαθυτέρους καὶ ἀναπεπταμένους μᾶλλον ἢ ἐν ᾧ ἡμεῖς οἰκοῦμεν, τοὺς δὲ βαθυτέρους ὄντας τὸ χάσμα αὖ ἔλαττον ἔχειν τοῦ παρ' ἡμῖν τόπου, ἔστι δ' οὓς καὶ βραχυτέρους τῷ βάθει τοῦ ἐνθάδε εἶναι καὶ πλατυτέρους. τούτους δὲ πάντας ὑπὸ γῆν εἰς ἀλλήλους συντετρῆσθαί τε πολλαχῇ [καὶ] κατὰ στενότερα καὶ εὐρύτερα καὶ διεξόδους ἔχειν, ᾗ πολὺ μὲν ὕδωρ ῥεῖν ἐξ ἀλλήλων εἰς ἀλλήλους ὥσπερ εἰς κρατῆρας, καὶ ἀενάων ποταμῶν ἀμήχανα μεγέθη ὑπὸ τὴν γῆν καὶ θερμῶν ὑδάτων καὶ ψυχρῶν, πολὺ δὲ πῦρ καὶ πυρὸς μεγάλους ποταμούς, πολλοὺς δὲ ὑγροῦ πηλοῦ καὶ καθαρωτέρου καὶ βορβορωδεστέρου, ὥσπερ ἐν Σικελίᾳ οἱ πρὸ τοῦ ῥύακος πηλοῦ ῥέοντες ποταμοὶ καὶ αὐτὸς ὁ ῥύαξ· ὧν δὴ καὶ ἑκάστους τοὺς τόπους πληροῦσθαι, ὡς ἂν ἑκάστοις τύχῃ ἑκάστοτε ἡ περιρροὴ γιγνομένη. ταῦτα δὲ πάντα κινεῖν ἄνω καὶ κάτω ὥσπερ αἰώραν τινὰ ἐνοῦσαν ἐν τῇ γῇ· ἔστι δὲ ἄρα αὕτη ἡ αἰώρα διὰ φύσιν τοιάνδε τινά. ἕν τι τῶν χασμάτων τῆς γῆς ἄλλως τε μέγιστον τυγχάνει ὂν καὶ διαμπερὲς τετρημένον δι' ὅλης τῆς γῆς, τοῦτο ὅπερ Ὅμηρος εἶπε, λέγων αὐτό 5 d 5 e 5 **112a**

τῆλε μάλ', ᾗχι βάθιστον ὑπὸ χθονός ἐστι βέρεθρον·

音、预言、感觉及诸如此类的交通
是面对面的发生；还有，太阳、月亮 c
及星星以它们真实的样子被他们看到，且
在其他事物上的运气与这些事[①]一致。

整个地球及环绕地球的事物如此浑然
天成，但在它之中有些地方是在它的洼地中， 5
许多多是环状的方式围绕着整个地球，它们比我们
所居住的洼地要更深及更宽广，有些洼地较
深却比我们所在的地方拥有较小的裂缝，
但有些在深度上比这里的洼地浅 d
而且比较平坦。所有这些洼地在地底下
相互以各种方式连结，因为它们拥有或窄
或宽的通道，在那儿大量的水从一个
地方流向另一个地方，就像流进碗内，在地 5
底下川流不停的河川，有热水及冷水的河川的体积
是无法描述，有许多火及巨大的火河，
有许多较干净及较肮脏的湿
泥，就像在西西里流动在流动的岩浆[②]之前 e
的河川及岩浆河；每一个地方都充满了
这些事物[③]，当环流的河川每次流到各个
地方。这一切事物向上及向下运动，就像在
地球之中有种摆荡，这个摆荡是因为某种这 5
类的事情。地球的某一个裂缝在其他面向及
在完全穿透整个地球上是最大的， **112a**
荷马说过这事，当他说

非常地远，在那儿有最深的坑在地底下[④]。

---

① b3-4。

② ho hruax 也有喷泉之意。

③ 水、火及泥等物质。

④ 《伊里亚德》VIII，14。

ὃ καὶ ἄλλοθι καὶ ἐκεῖνος καὶ ἄλλοι πολλοὶ τῶν ποιητῶν Τάρ-
ταρον κεκλήκασιν. εἰς γὰρ τοῦτο τὸ χάσμα συρρέουσί τε 5
πάντες οἱ ποταμοὶ καὶ ἐκ τούτου πάλιν ἐκρέουσιν· γίγνονται
δὲ ἕκαστοι τοιοῦτοι δι' οἵας ἂν καὶ τῆς γῆς ῥέωσιν. ἡ δὲ
αἰτία ἐστὶν τοῦ ἐκρεῖν τε ἐντεῦθεν καὶ εἰσρεῖν πάντα τὰ b
ῥεύματα, ὅτι πυθμένα οὐκ ἔχει οὐδὲ βάσιν τὸ ὑγρὸν τοῦτο.
αἰωρεῖται δὴ καὶ κυμαίνει ἄνω καὶ κάτω, καὶ ὁ ἀὴρ καὶ τὸ
πνεῦμα τὸ περὶ αὐτὸ ταὐτὸν ποιεῖ· συνέπεται γὰρ αὐτῷ καὶ
ὅταν εἰς τὸ ἐπ' ἐκεῖνα τῆς γῆς ὁρμήσῃ καὶ ὅταν εἰς τὸ ἐπὶ 5
τάδε, καὶ ὥσπερ τῶν ἀναπνεόντων ἀεὶ ἐκπνεῖ τε καὶ ἀναπνεῖ
ῥέον τὸ πνεῦμα, οὕτω καὶ ἐκεῖ συναιωρούμενον τῷ ὑγρῷ τὸ
πνεῦμα δεινούς τινας ἀνέμους καὶ ἀμηχάνους παρέχεται καὶ
εἰσιὸν καὶ ἐξιόν. ὅταν τε οὖν ὑποχωρήσῃ τὸ ὕδωρ εἰς τὸν c
τόπον τὸν δὴ κάτω καλούμενον, τοῖς κατ' ἐκεῖνα τὰ ῥεύματα
[διὰ] τῆς γῆς εἰσρεῖ τε καὶ πληροῖ αὐτὰ ὥσπερ οἱ ἐπαν-
τλοῦντες· ὅταν τε αὖ ἐκεῖθεν μὲν ἀπολίπῃ, δεῦρο δὲ ὁρμήσῃ,
τὰ ἐνθάδε πληροῖ αὖθις, τὰ δὲ πληρωθέντα ῥεῖ διὰ τῶν 5
ὀχετῶν καὶ διὰ τῆς γῆς, καὶ εἰς τοὺς τόπους ἕκαστα ἀφικνού-
μενα, εἰς οὓς ἑκάστοις ὡδοποίηται, θαλάττας τε καὶ λίμνας
καὶ ποταμοὺς καὶ κρήνας ποιεῖ· ἐντεῦθεν δὲ πάλιν δυόμενα
κατὰ τῆς γῆς, τὰ μὲν μακροτέρους τόπους περιελθόντα καὶ d

他在其他地方[①]及许多其他的诗人[②]曾经称
此为塔尔塔洛斯[③]。所有的河川皆汇流 5
到这个裂缝中而且再从中流出；每一条
河成为这类的河，因为它们流经的土地的种类。所
有的河川从这儿流出及流进的理由 b
是，这个潮湿的基座没有底部。
所以它摇摆不定而且激起忽上忽下的波潮，且气及
风[④]在基底的周边做相同的运动，因为它跟随基座，
当它在地球的那一边停住，当它在地球的另一边 5
停住[⑤]，就像那些生物的呼吸，总是呼出呼进的
流动，所以气在那儿与水一同摇摆不定，产生
某种可怕及不可思议的风，且在基座中跑
进及跑出。每当水向这个所谓向下 c
的地方[⑥]撤退，它流向在〔穿透〕地球[⑦]的
另外一边[⑧]的那些河川，并注满它们，就像汲水
的过程一样。当接下来它从那儿离开，它会在这儿停歇，
再一次注满在这儿的河川，这些被注满的河川流经 5
渠道及地球，且流到每一个渠道所到达
的地方，流到它们所形成的水道，它形成海洋、
湖泊、河川及清泉，但从那些地方它们又再次
沉降至地底，有些流经更大及更多的 d

---

① 《伊里亚德》VIII，481。

② 赫希俄德《神谱》(*Theogony*) 119。

③ 此种对地底世界的描述也记载在亚里斯多德《天象学》(*Meteorology*) 355b32 ff.。

④ 流动的风。

⑤ 如同站在塔尔塔洛斯的一边，基座摇晃时会一会儿离我们较远，一会儿离我们较近，参见 Bluck：ibid. 135 的图示说明。

⑥ katō（下）这个字清楚指出苏格拉底现在所描述的是地底世界。

⑦ Burnet：ibid. 112 认为 dia 是赘字，但 Archer-Hind、Rowe 及 1995 年修订之 OCT 版本皆保留，如此译文则为"它穿透地球流向那些在另一边的河川"。

⑧ Archer-Hind：ibid. 133 认为 tois 是赘字，译文则为"它穿透地球流向那些河川"；但 Burnet、Rowe 及 1995 年修订之 OCT 版本皆保留。

πλείους, τὰ δὲ ἐλάττους καὶ βραχυτέρους, πάλιν εἰς τὸν
Τάρταρον ἐμβάλλει, τὰ μὲν πολὺ κατωτέρω <ἢ> ᾗ ἐπην-
τλεῖτο, τὰ δὲ ὀλίγον· πάντα δὲ ὑποκάτω εἰσρεῖ τῆς ἐκροῆς,
καὶ ἔνια μὲν καταντικρὺ <ἢ> ᾗ [εἰσρεῖ] ἐξέπεσεν, ἔνια δὲ 5
κατὰ τὸ αὐτὸ μέρος· ἔστι δὲ ἃ παντάπασιν κύκλῳ περιελ-
θόντα, ἢ ἅπαξ ἢ καὶ πλεονάκις περιελιχθέντα περὶ τὴν γῆν
ὥσπερ οἱ ὄφεις, εἰς τὸ δυνατὸν κάτω καθέντα πάλιν ἐμβάλλει.
δυνατὸν δέ ἐστιν ἑκατέρωσε μέχρι τοῦ μέσου καθιέναι, πέρα e
δ' οὔ· ἄναντες γὰρ ἀμφοτέροις τοῖς ῥεύμασι τὸ ἑκατέρωθεν
γίγνεται μέρος.

Τὰ μὲν οὖν δὴ ἄλλα πολλά τε καὶ μεγάλα καὶ παντοδαπὰ
ῥεύματά ἐστι· τυγχάνει δ' ἄρα ὄντα ἐν τούτοις τοῖς πολλοῖς 5
τέτταρ' ἄττα ῥεύματα, ὧν τὸ μὲν μέγιστον καὶ ἐξωτάτω ῥέον
[περὶ] κύκλῳ ὁ καλούμενος Ὠκεανός ἐστιν, τούτου δὲ καταν-
τικρὺ καὶ ἐναντίως ῥέων Ἀχέρων, ὃς δι' ἐρήμων τε τόπων
ῥεῖ ἄλλων καὶ δὴ καὶ ὑπὸ γῆν ῥέων εἰς τὴν λίμνην ἀφικνεῖται **113a**
τὴν Ἀχερουσιάδα, οὗ αἱ τῶν τετελευτηκότων ψυχαὶ τῶν
πολλῶν ἀφικνοῦνται καί τινας εἱμαρμένους χρόνους μείνασαι,
αἱ μὲν μακροτέρους, αἱ δὲ βραχυτέρους, πάλιν ἐκπέμπονται
εἰς τὰς τῶν ζῴων γενέσεις. τρίτος δὲ ποταμὸς τούτων κατὰ 5
μέσον ἐκβάλλει, καὶ ἐγγὺς τῆς ἐκβολῆς ἐκπίπτει εἰς τόπον
μέγαν πυρὶ πολλῷ καόμενον, καὶ λίμνην ποιεῖ μείζω τῆς
παρ' ἡμῖν θαλάττης, ζέουσαν ὕδατος καὶ πηλοῦ· ἐντεῦθεν δὲ
χωρεῖ κύκλῳ θολερὸς καὶ πηλώδης, περιελιττόμενος δὲ [τῇ b
γῇ] ἄλλοσέ τε ἀφικνεῖται καὶ παρ' ἔσχατα τῆς Ἀχερουσιάδος

地方，但有些流经较小及较浅的地方，再一次它
注入塔尔塔洛斯，有些注入比它们被汲取时的地方
还要更深，但有些只有深一点；所有流出的皆向下流，
有些沉降到它们〔流进时〕[①] 的对反面，但有些 5
沉降到原地；有些环流整个区域，
一次或许多次，缠绕着地球就
像是大蛇一般，它们尽可能地再向下沉降。
它们尽可能沉降到各个角落直到中心，但 e
到此为止，因为这部分对这些来自四方的河川而言，任
何一边皆陡峭[②]。

有许多其他巨大而且种类
繁多的河川，但在这众多的河川中刚好有 5
这四条河，其中最大而且环流在最外
围的河川被称为欧克亚奴斯，在它的
正对面，以相反的方向流动的河称之为亚赫隆，它流经其他
不毛之地，特别是在地底下流动[③]，流到 **113a**
亚赫鲁希雅湖，有许多死者的灵魂来
到那儿，且待满它们所分配的时间，
有些时间较长，有些时间较短，它们再一次被送出
到动物的出生[④]。第三条河流动在这两条 5
河之间，在接近它的源头处它沉降到一个
巨大的地方，燃烧着烈火，且形成一个比我们的海
还大的湖，有着滚烫的湖水及泥土，从那儿
这肮脏泥泞的河以环状的方式行进，它在地面上 b
蜿蜒到达其他地方，并到达亚赫鲁希雅湖的

---

① Burnet：ibid. 112 认为 eisrei（流进）可省略，因为他认为 hē exepesen 在意义上等同于 tēs ekroēs（流出的河）；Archer-Hind、Rowe 及 1995 年修订之 OCT 版本皆保留 eisrei。

② 地底中心点的两边皆陡峭。

③ 伏流。

④ 这些灵魂服完役期后再次进入动物的身体内（81e-82b）。

λίμνης, οὐ συμμειγνύμενος τῷ ὕδατι· περιελιχθεὶς δὲ πολλάκις
ὑπὸ γῆς ἐμβάλλει κατωτέρω τοῦ Ταρτάρου· οὗτος δ' ἐστὶν
ὃν ἐπονομάζουσιν Πυριφλεγέθοντα, οὗ καὶ οἱ ῥύακες ἀπο- 5
σπάσματα ἀναφυσῶσιν ὅπῃ ἂν τύχωσι τῆς γῆς. τούτου δὲ
αὖ καταντικρὺ ὁ τέταρτος ἐκπίπτει εἰς τόπον πρῶτον δεινόν
τε καὶ ἄγριον, ὡς λέγεται, χρῶμα δ' ἔχοντα ὅλον οἷον ὁ
κυανός, ὃν δὴ ἐπονομάζουσι Στύγιον, καὶ τὴν λίμνην ἣν c
ποιεῖ ὁ ποταμὸς ἐμβάλλων, Στύγα· ὁ δ' ἐμπεσὼν ἐνταῦθα
καὶ δεινὰς δυνάμεις λαβὼν ἐν τῷ ὕδατι, δὺς κατὰ τῆς γῆς,
περιελιττόμενος χωρεῖ ἐναντίος τῷ Πυριφλεγέθοντι καὶ
ἀπαντᾷ ἐν τῇ Ἀχερουσιάδι λίμνῃ ἐξ ἐναντίας· καὶ οὐδὲ τὸ 5
τούτου ὕδωρ οὐδενὶ μείγνυται, ἀλλὰ καὶ οὗτος κύκλῳ περιελ-
θὼν ἐμβάλλει εἰς τὸν Τάρταρον ἐναντίος τῷ Πυριφλεγέθοντι·
ὄνομα δὲ τούτῳ ἐστίν, ὡς οἱ ποιηταὶ λέγουσιν, Κωκυτός.

Τούτων δὲ οὕτως πεφυκότων, ἐπειδὰν ἀφίκωνται οἱ τετε- d
λευτηκότες εἰς τὸν τόπον οἷ ὁ δαίμων ἕκαστον κομίζει,
πρῶτον μὲν διεδικάσαντο οἵ τε καλῶς καὶ ὁσίως βιώσαντες
καὶ οἱ μή. καὶ οἳ μὲν ἂν δόξωσι μέσως βεβιωκέναι, πορευ-
θέντες ἐπὶ τὸν Ἀχέροντα, ἀναβάντες ἃ δὴ αὐτοῖς ὀχήματά 5
ἐστιν, ἐπὶ τούτων ἀφικνοῦνται εἰς τὴν λίμνην, καὶ ἐκεῖ
οἰκοῦσί τε καὶ καθαιρόμενοι τῶν τε ἀδικημάτων διδόντες
δίκας ἀπολύονται, εἴ τίς τι ἠδίκηκεν, τῶν τε εὐεργεσιῶν
τιμὰς φέρονται κατὰ τὴν ἀξίαν ἕκαστος· οἳ δ' ἂν δόξωσιν e
ἀνιάτως ἔχειν διὰ τὰ μεγέθη τῶν ἁμαρτημάτων, ἢ ἱερο-
συλίας πολλὰς καὶ μεγάλας ἢ φόνους ἀδίκους καὶ παρανόμους

岸边，但不与湖水混合；它多次在地底下
蜿蜒，流向更低的塔尔塔洛斯，这有着
皮里夫雷格松[①]的名称，它的溶岩向上喷 5
出残渣，它们发生在地球不同的地方[②]。再来，在
这条河的正对面是第四条河，它首先沉降到一恐怖
而且蛮荒的地方，据说，但拥有琉璃所有的一切
的颜色，人们称它为史提吉翁，流出的河川形 c
成一个湖，史提嘎[③]；它奔流入湖而且
在河水中带着恐怖的能力[④]，向下沉降至地底，
蜿蜒缠绕以与皮里夫雷格松对反的方向流动，
并流向亚赫鲁希雅湖的另一边，它的 5
河水不与任何东西混杂，以环流的
方式，对反于皮里夫雷格松的流向，奔向塔尔塔洛斯；
它的名字是，如诗人所言，寇曲投斯。

这些事物在本质上是如此，当人们死后会来 d
到这个每个守护神灵来到的地方，
首先他们接受审判，有人过得正直虔敬，
有人不是。若有人看来是过得尚可[⑤]，他们会前
往亚赫隆，他们登上属于自己的船， 5
在这些船上他们来到湖边，在那儿
他们居住下来、且净化自己，他们接受
惩罚，清偿许多的恶行，若有人曾做某种恶行；
关于善行他们根据每个人的优点被赋予荣誉。 e
但那些因为重大错误看来不可救药的人，掠
夺许多重要的神殿，或不正义的杀人及做了许多

① Puriphlegethonta，原意是着火。

② 说明地面上火山爆发，喷出溶岩的原因。

③ Stuga 的罗马名为 Styx（冥河），它是欧克亚奴斯的女儿，参见 ODCW 731。

④ 史提吉翁的河水以冰冷著称，神祇们立誓时的证人，若神祇违背誓言，会立即遭罚。

⑤ mesōs 是指不好不坏的状态。大部分人的生活应该都处于此状态。

πολλοὺς ἐξειργασμένοι ἢ ἄλλα ὅσα τοιαῦτα τυγχάνει ὄντα,
τούτους δὲ ἡ προσήκουσα μοῖρα ῥίπτει εἰς τὸν Τάρταρον, 5
ὅθεν οὔποτε ἐκβαίνουσιν. οἳ δ' ἂν ἰάσιμα μὲν μεγάλα δὲ
δόξωσιν ἡμαρτηκέναι ἁμαρτήματα, οἷον πρὸς πατέρα ἢ μη-
τέρα ὑπ' ὀργῆς βίαιόν τι πράξαντες, καὶ μεταμέλον αὐτοῖς **114a**
τὸν ἄλλον βίον βιῶσιν, ἢ ἀνδροφόνοι τοιούτῳ τινὶ ἄλλῳ
τρόπῳ γένωνται, τούτους δὲ ἐμπεσεῖν μὲν εἰς τὸν Τάρταρον
ἀνάγκη, ἐμπεσόντας δὲ αὐτοὺς καὶ ἐνιαυτὸν ἐκεῖ γενομένους
ἐκβάλλει τὸ κῦμα, τοὺς μὲν ἀνδροφόνους κατὰ τὸν Κωκυτόν, 5
τοὺς δὲ πατραλοίας καὶ μητραλοίας κατὰ τὸν Πυριφλεγ-
έθοντα· ἐπειδὰν δὲ φερόμενοι γένωνται κατὰ τὴν λίμνην τὴν
Ἀχερουσιάδα, ἐνταῦθα βοῶσί τε καὶ καλοῦσιν, οἱ μὲν οὓς
ἀπέκτειναν, οἱ δὲ οὓς ὕβρισαν, καλέσαντες δ' ἱκετεύουσι
καὶ δέονται ἐᾶσαι σφᾶς ἐκβῆναι εἰς τὴν λίμνην καὶ δέξασθαι, b
καὶ ἐὰν μὲν πείσωσιν, ἀποβαίνουσί τε καὶ λήγουσι τῶν
κακῶν, εἰ δὲ μή, φέρονται αὖθις εἰς τὸν Τάρταρον καὶ
ἐκεῖθεν πάλιν εἰς τοὺς ποταμούς, καὶ ταῦτα πάσχοντες οὐ
πρότερον παύονται πρὶν ἂν πείσωσιν οὓς ἠδίκησαν· αὕτη γὰρ 5
ἡ δίκη ὑπὸ τῶν δικαστῶν αὐτοῖς ἐτάχθη. οἳ δὲ δὴ ἂν δόξωσι
διαφερόντως πρὸς τὸ ὁσίως βιῶναι, οὗτοί εἰσιν οἱ τῶνδε μὲν
τῶν τόπων τῶν ἐν τῇ γῇ ἐλευθερούμενοί τε καὶ ἀπαλλαττό-
μενοι ὥσπερ δεσμωτηρίων, ἄνω δὲ εἰς τὴν καθαρὰν οἴκησιν c
ἀφικνούμενοι καὶ ἐπὶ γῆς οἰκιζόμενοι. τούτων δὲ αὐτῶν οἱ
φιλοσοφίᾳ ἱκανῶς καθηράμενοι ἄνευ τε σωμάτων ζῶσι τὸ
παράπαν εἰς τὸν ἔπειτα χρόνον, καὶ εἰς οἰκήσεις ἔτι τούτων

僭越法律的事、或其他这类不虔敬的事，
适合他们的命运将他们扔到塔尔塔洛斯， 5
在那儿永不离开[①]。而那些犯了大错，但似乎尚
可救药之人，例如在盛怒之下对父亲或
母亲做了某种暴力的行为，且在接下来的生命中 **114a**
感到懊悔，或在某种这类的情况下成
为杀人者，一定要送这些人到塔尔塔
洛斯，在那儿一年之后波浪会把这些送进去的人
给扔出来，杀人者沿着寇曲投斯河走， 5
殴打父母亲的人沿着皮里夫雷格
松河走；当他们被带至亚赫鲁希
雅湖畔时，在那儿有些人对他们所杀之人呼
喊央求，有些人对他们所羞辱之人哭喊恳求，他们叫唤；
哀求及乞求他们允许他们走出河川进入湖中，且接受他们， b
若他们打动所伤害之人[②]，他们走出河川而且中止他们的
罪行，若没有打动，他们再一次被带至塔尔塔洛斯，且
从那儿再次进入河川，不停地承受这些
事情，直到他们说服所伤害的人，因为这个 5
惩罚是由判官们所指定。然而那些似乎
特别过着虔敬生活的人，这些人是避免及
远离在地球上的这些地方，
就像远离监狱一样，他们来到上层[③]，住在洁净的 c
地方，且安居在真正的地球上。这些人[④]之中
以哲学充分地净化自己的人，完全不具身体在往后的
时间里活着，且他们会来到比这些地方

---

① 《高尔奇亚篇》525d-526b 及《理想国篇》615e ff. 皆提及这些犯了不可救药罪行的人要接受永恒的惩罚，但《提迈欧斯篇》42c 及《费德若斯篇》248c-249e 似乎有不同的看法。

② 这似乎反映雅典司法，只要受害人在死前愿意原谅加害人，加害人便不需承担任何的罚责。

③ 110b-111c。

④ 114b6-7。

καλλίους ἀφικνοῦνται, ἃς οὔτε ῥᾴδιον δηλῶσαι οὔτε ὁ χρόνος 5
ἱκανὸς ἐν τῷ παρόντι. ἀλλὰ τούτων δὴ ἕνεκα χρὴ ὧν διεληλύ-
θαμεν, ὦ Σιμμία, πᾶν ποιεῖν ὥστε ἀρετῆς καὶ φρονήσεως ἐν
τῷ βίῳ μετασχεῖν· καλὸν γὰρ τὸ ἆθλον καὶ ἡ ἐλπὶς μεγάλη.

Τὸ μὲν οὖν ταῦτα διισχυρίσασθαι οὕτως ἔχειν ὡς ἐγὼ d
διελήλυθα, οὐ πρέπει νοῦν ἔχοντι ἀνδρί· ὅτι μέντοι ἢ ταῦτ'
ἐστὶν ἢ τοιαῦτ' ἄττα περὶ τὰς ψυχὰς ἡμῶν καὶ τὰς οἰκήσεις,
ἐπείπερ ἀθάνατόν γε ἡ ψυχὴ φαίνεται οὖσα, τοῦτο καὶ
πρέπειν μοι δοκεῖ καὶ ἄξιον κινδυνεῦσαι οἰομένῳ οὕτως 5
ἔχειν — καλὸς γὰρ ὁ κίνδυνος — καὶ χρὴ τὰ τοιαῦτα ὥσπερ
ἐπᾴδειν ἑαυτῷ, διὸ δὴ ἔγωγε καὶ πάλαι μηκύνω τὸν μῦθον.
ἀλλὰ τούτων δὴ ἕνεκα θαρρεῖν χρὴ περὶ τῇ ἑαυτοῦ ψυχῇ
ἄνδρα ὅστις ἐν τῷ βίῳ τὰς μὲν ἄλλας ἡδονὰς τὰς περὶ τὸ e
σῶμα καὶ τοὺς κόσμους εἴασε χαίρειν, ὡς ἀλλοτρίους τε
ὄντας, καὶ πλέον θάτερον ἡγησάμενος ἀπεργάζεσθαι, τὰς δὲ
περὶ τὸ μανθάνειν ἐσπούδασέ τε καὶ κοσμήσας τὴν ψυχὴν
οὐκ ἀλλοτρίῳ ἀλλὰ τῷ αὐτῆς κόσμῳ, σωφροσύνῃ τε καὶ 5
δικαιοσύνῃ καὶ ἀνδρείᾳ καὶ ἐλευθερίᾳ καὶ ἀληθείᾳ, οὕτω **115a**
περιμένει τὴν εἰς Ἅιδου πορείαν [ὡς πορευσόμενος ὅταν ἡ
εἱμαρμένη καλῇ]. ὑμεῖς μὲν οὖν, ἔφη, ὦ Σιμμία τε καὶ

更漂亮的住所，不容易说明这些住所，且现在 5
时间也不够[①]。为了这些我们曾说明过的事物，
希米亚斯，我们应该尽一切努力，所以能在生命中参与
在德性与智慧之中，因为报偿很美、期望很高[②]。

确定这些事情的事实是如我所 d
说明的，并不适合明智之人，尽管如此关于我们的
灵魂及住所不是这些说法就是诸如此类的说法为真，
因为灵魂似乎真的不朽，且我认为对认为事实是如此
的人而言，适合而且值得冒这个 5
险——因为是美丽的冒险[③]——且他必须对自己
吟唱这类说法，就像符咒一样[④]，因此之故我延长这个故事。
为了这些说法一个人应该对自己的灵魂深具
信心，在生活上要与那些与身体及身上的装 e
饰相关的那些快乐道别，好像它们是陌
生人一样，且认为它们引起恶多于善[⑤]，他热切
地追求与学习相关的快乐，且不是以对灵魂有敌意
的事物，而是以它的秩序、智慧、 5
正义、勇气、自由及真理[⑥]来装饰它，以此方式 **115a**
等待去冥府的旅程〔所以他起程当
命运召唤〕[⑦]。你们，他说，希米亚斯、

---

① 苏格拉底又一次指出时间不允许他做更深入的论述，参见 108d8-9；这些地方或许是神祇与理型所在之处。

② 早在 67c2-3 苏格拉底已表达，对来世生命的高度期待。

③ 柏拉图在《高尔奇亚斯篇》523a1-3 认为故事或神话具有论述的功能；《理想国篇》414b-c 将故事视为“高贵的谎言”（genaion pseudomeous），可说服城邦的公民及统治者们自己，他们系出同源，因为天生具有不同金属特性，适合不同的工作。

④ 77e8。

⑤ 在《艾尔奇比亚德斯篇》130e-132c 柏拉图言及，身体是我们的所有物，且与身体相关之物是我们的所有物的所有物，因此不应关注与自己相去甚远的事物。

⑥ 自由与真理主要是与智慧对应，免于身体桎梏的（自由的）灵魂才能获致真理。

⑦ Archer-Hind、Rowe 及 1995 年修订之 OCT 版本的版本皆保留这句话，但 Burnet 认为这是后人的窜插。

Κέβης καὶ οἱ ἄλλοι, εἰς αὖθις ἔν τινι χρόνῳ ἕκαστοι πορεύ-
σεσθε· ἐμὲ δὲ νῦν ἤδη καλεῖ, φαίη ἂν ἀνὴρ τραγικός, ἡ 5
εἱμαρμένη, καὶ σχεδόν τί μοι ὥρα τραπέσθαι πρὸς τὸ λουτρόν·
δοκεῖ γὰρ δὴ βέλτιον εἶναι λουσάμενον πιεῖν τὸ φάρμακον
καὶ μὴ πράγματα ταῖς γυναιξὶ παρέχειν νεκρὸν λούειν.

Ταῦτα δὴ εἰπόντος αὐτοῦ ὁ Κρίτων, Εἶεν, ἔφη, ὦ b
Σώκρατες· τί δὲ τούτοις ἢ ἐμοὶ ἐπιστέλλεις ἢ περὶ τῶν
παίδων ἢ περὶ ἄλλου του, ὅτι ἄν σοι ποιοῦντες ἡμεῖς ἐν
χάριτι μάλιστα ποιοῖμεν;

Ἅπερ ἀεὶ λέγω, ἔφη, ὦ Κρίτων, οὐδὲν καινότερον· ὅτι 5
ὑμῶν αὐτῶν ἐπιμελούμενοι ὑμεῖς καὶ ἐμοὶ καὶ τοῖς ἐμοῖς
καὶ ὑμῖν αὐτοῖς ἐν χάριτι ποιήσετε ἅττ' ἂν ποιῆτε, κἂν μὴ
νῦν ὁμολογήσητε· ἐὰν δὲ ὑμῶν [μὲν] αὐτῶν ἀμελῆτε καὶ
μὴ 'θέλητε ὥσπερ κατ' ἴχνη κατὰ τὰ νῦν τε εἰρημένα
καὶ τὰ ἐν τῷ ἔμπροσθεν χρόνῳ ζῆν, οὐδὲ ἐὰν πολλὰ ὁμολο- 10
γήσητε ἐν τῷ παρόντι καὶ σφόδρα, οὐδὲν πλέον ποιήσετε. c

Ταῦτα μὲν τοίνυν προθυμησόμεθα, ἔφη, οὕτω ποιεῖν·
θάπτωμεν δέ σε τίνα τρόπον;

Ὅπως ἄν, ἔφη, βούλησθε, ἐάνπερ γε λάβητέ [με] καὶ
μὴ ἐκφύγω ὑμᾶς. Γελάσας δὲ ἅμα ἡσυχῇ καὶ πρὸς ἡμᾶς 5
ἀποβλέψας εἶπεν· Οὐ πείθω, ὦ ἄνδρες, Κρίτωνα, ὡς
ἐγώ εἰμι οὗτος Σωκράτης, ὁ νυνὶ διαλεγόμενος καὶ δια-
τάττων ἕκαστον τῶν λεγομένων, ἀλλ' οἴεταί με ἐκεῖνον εἶναι

克贝斯及其他诸位，每个人在某个时间也会
启程去冥府，但命运现在正召唤我，如在悲剧中的英雄所言①，　　5
差不多是我沐浴的时候，
是的，因为在喝毒药前先沐浴②似乎比较好，
且不要带给女人洗尸体的麻烦。

当苏格拉底说完这些事，克里同说，那么，　　b
苏格拉底，关于你的小孩及其他的事，你
对在场诸位及我有什么交代，做什么我们
或可令你最感高兴？

我一直说的事，他说，克里同，没有新鲜事，　　5
你们要照顾你们自己③，你们将使我及
我的家人感到高兴，若
你们现在不同意，若你们不照顾自己〔而关切别的事物〕④，
且不愿意依据我们现在所论述及
之前所论述的轨道而活，就算你们　　10
现在多次而且极为赞同，对你们不会有益处。　　c

我们一定会热切地以此方式做这些事，他说；
那我们在哪里埋葬你？

随便你们，他说，若你们捉得到我而且
不让我从你们那儿逃走。安静地笑着，且看　　5
向我们他说，我没有说服，在座诸位，克里同，
我是这个苏格拉底，正在谈话及安排
每一个提出论证的人⑤，但他认为我是那个

---

① 苏格拉底以此展现面对死亡无所恐惧的勇气。

② 沐浴净身暗喻苏格拉底将以洁净的灵魂进入来世。关于沐浴净身的仪式与奥尔菲神秘教义的关系，参见 Cornford：1975，179；Rhode：ibid. 588-590；Stewart：1972，256。

③ 你们的灵魂，参见《辩护篇》28a-34b。

④ Archer-Hind、Rowe 及 1995 年修订之 OCT 版本皆保留 men，但 Burnet 将之至于中括号中。相关说明参见 Rowe：ibid. 291。

⑤ 对谈是灵魂间的交流活动，参见《艾尔奇比亚德斯篇》130d。《费多篇》65b ff. 及 79c-80b 对身体无知愚蠢的叙述，亦指出身体无使用语言对话的能力。

ὃν ὄψεται ὀλίγον ὕστερον νεκρόν, καὶ ἐρωτᾷ δὴ πῶς με d
θάπτῃ. ὅτι δὲ ἐγὼ πάλαι πολὺν λόγον πεποίημαι, ὡς,
ἐπειδὰν πίω τὸ φάρμακον, οὐκέτι ὑμῖν παραμενῶ, ἀλλ'
οἰχήσομαι ἀπιὼν εἰς μακάρων δή τινας εὐδαιμονίας, ταῦτά
μοι δοκῶ αὐτῷ ἄλλως λέγειν, παραμυθούμενος ἅμα μὲν 5
ὑμᾶς, ἅμα δ' ἐμαυτόν. ἐγγυήσασθε οὖν με πρὸς Κρίτωνα,
ἔφη, τὴν ἐναντίαν ἐγγύην ἢ ἣν οὗτος πρὸς τοὺς δικαστὰς
ἠγγυᾶτο. οὗτος μὲν γὰρ ἦ μὴν παραμενεῖν· ὑμεῖς δὲ ἦ μὴν
μὴ παραμενεῖν ἐγγυήσασθε ἐπειδὰν ἀποθάνω, ἀλλὰ οἰχή- e
σεσθαι ἀπιόντα, ἵνα Κρίτων ῥᾷον φέρῃ, καὶ μὴ ὁρῶν μου τὸ
σῶμα ἢ καόμενον ἢ κατορυττόμενον ἀγανακτῇ ὑπὲρ ἐμοῦ
ὡς δεινὰ πάσχοντος, μηδὲ λέγῃ ἐν τῇ ταφῇ ὡς ἢ προτίθεται
Σωκράτη ἢ ἐκφέρει ἢ κατορύττει. εὖ γὰρ ἴσθι, ἦ δ' ὅς, ὦ 5
ἄριστε Κρίτων, τὸ μὴ καλῶς λέγειν οὐ μόνον εἰς αὐτὸ τοῦτο
πλημμελές, ἀλλὰ καὶ κακόν τι ἐμποιεῖ ταῖς ψυχαῖς. ἀλλὰ
θαρρεῖν τε χρὴ καὶ φάναι τοὐμὸν σῶμα θάπτειν, καὶ θάπτειν
οὕτως ὅπως ἄν σοι φίλον ᾖ καὶ μάλιστα ἡγῇ νόμιμον εἶναι. **116a**

Ταῦτ' εἰπὼν ἐκεῖνος μὲν ἀνίστατο εἰς οἴκημά τι ὡς λουσό-
μενος, καὶ ὁ Κρίτων εἵπετο αὐτῷ, ἡμᾶς δ' ἐκέλευε περιμένειν.
περιεμένομεν οὖν πρὸς ἡμᾶς αὐτοὺς διαλεγόμενοι περὶ τῶν
εἰρημένων καὶ ἀνασκοποῦντες, τοτὲ δ' αὖ περὶ τῆς συμφορᾶς 5
διεξιόντες ὅση ἡμῖν γεγονυῖα εἴη, ἀτεχνῶς ἡγούμενοι ὥσπερ
πατρὸς στερηθέντες διάξειν ὀρφανοὶ τὸν ἔπειτα βίον. ἐπειδὴ
δὲ ἐλούσατο καὶ ἠνέχθη παρ' αὐτὸν τὰ παιδία — δύο γὰρ αὐτῷ b
ὑεῖς σμικροὶ ἦσαν, εἷς δὲ μέγας — καὶ αἱ οἰκεῖαι γυναῖκες
ἀφίκοντο, [ἐκείναις] ἐναντίον τοῦ Κρίτωνος διαλεχθείς τε καὶ

他待会儿将看到的尸体，且他问要如何埋葬 d
我。我之前已经提出冗长的论证，
一旦我喝下毒药，我就不再与你们同在，而
将离开去某些属于受祝福之人的幸福状态，我
认为对他说这些事是枉然的，为了同时鼓励 5
你们及我自己。我将向克里同承诺，
他说，我所许的承诺是对反于他对法官们所许
的承诺[①]。我向你们承诺不会与你们
同在，一旦我死后，而是会远 e
离，所以克里同可轻易承受，当他看到我
的身体被火烧或埋葬时，不会为我感到忧心，
就好像我历经可怕的事，在葬礼上他不可说，准备埋葬
苏格拉底、抬苏格拉底至墓地，或埋葬苏格拉底，因为你该 5
清楚知道，他说，最高贵的克里同，不正确的言说不仅就言说
而言是犯错，且会造成灵魂某种伤害。应
该深信而且说，埋葬我的身体，且以
任何你喜欢及你认为最符合惯例的方式埋葬它。 **116a**

说完这些话他起身走向一个房间为了沐
浴，且克里同跟着他，但要求我们留在原地。
我们留在原地相互交谈关于所
说的论证及仔细地检视它们，有时候再细数 5
关于曾经发生在我们身上的不幸，我们皆直接认为
自己就像失去父亲，在往后的日子过得如孤儿。当
他沐浴完，他的小孩被带到他身旁——他有两 b
个儿子还小，一个已长大[②]——那些家中的
女人也到来，他面对着克里同说话并

---

① Archer-Hind：ibid. 141 认为这是指《辩护篇》38b 中，柏拉图、阿波罗都洛斯及克里同等人愿意为苏格拉底付保释金；Burnet：ibid. 143 意见不同，他觉得应是《克里同篇》44e，克里同向狱卒保证苏格拉底不会逃狱。亦可参见 Hackforth：ibid. 187，n. 3 及 Rowe：ibid. 292。

② 参见 60a3 注释。

ἐπιστείλας ἅττα ἐβούλετο, τὰς μὲν γυναῖκας καὶ τὰ παιδία
ἀπιέναι ἐκέλευσεν, αὐτὸς δὲ ἧκε παρ' ἡμᾶς. καὶ ἦν ἤδη 5
ἐγγὺς ἡλίου δυσμῶν· χρόνον γὰρ πολὺν διέτριψεν ἔνδον.
ἐλθὼν δ' ἐκαθέζετο λελουμένος καὶ οὐ πολλὰ ἄττα μετὰ
ταῦτα διελέχθη, καὶ ἧκεν ὁ τῶν ἕνδεκα ὑπηρέτης καὶ στὰς
παρ' αὐτόν, Ὦ Σώκρατες, ἔφη, οὐ καταγνώσομαί γε σοῦ c
ὅπερ ἄλλων καταγιγνώσκω, ὅτι μοι χαλεπαίνουσι καὶ κατα-
ρῶνται ἐπειδὰν αὐτοῖς παραγγείλω πίνειν τὸ φάρμακον
ἀναγκαζόντων τῶν ἀρχόντων. σὲ δὲ ἐγὼ καὶ ἄλλως
ἔγνωκα ἐν τούτῳ τῷ χρόνῳ γενναιότατον καὶ πρᾳότατον 5
καὶ ἄριστον ἄνδρα ὄντα τῶν πώποτε δεῦρο ἀφικομένων, καὶ
δὴ καὶ νῦν εὖ οἶδ' ὅτι οὐκ ἐμοὶ χαλεπαίνεις, γιγνώσκεις γὰρ
τοὺς αἰτίους, ἀλλὰ ἐκείνοις. νῦν οὖν, οἶσθα γὰρ ἃ ἦλθον
ἀγγέλλων, χαῖρέ τε καὶ πειρῶ ὡς ῥᾷστα φέρειν τὰ ἀναγκαῖα. d
Καὶ ἅμα δακρύσας μεταστρεφόμενος ἀπῄει.

Καὶ ὁ Σωκράτης ἀναβλέψας πρὸς αὐτόν, Καὶ σύ, ἔφη,
χαῖρε, καὶ ἡμεῖς ταῦτα ποιήσομεν. Καὶ ἅμα πρὸς ἡμᾶς,
Ὡς ἀστεῖος, ἔφη, ὁ ἄνθρωπος· καὶ παρὰ πάντα μοι τὸν 5
χρόνον προσῄει καὶ διελέγετο ἐνίοτε καὶ ἦν ἀνδρῶν λῷστος,
καὶ νῦν ὡς γενναίως με ἀποδακρύει. ἀλλ' ἄγε δή, ὦ
Κρίτων, πειθώμεθα αὐτῷ, καὶ ἐνεγκάτω τις τὸ φάρμακον, εἰ
τέτριπται· εἰ δὲ μή, τριψάτω ὁ ἄνθρωπος.

Καὶ ὁ Κρίτων, Ἀλλ' οἶμαι, ἔφη, ἔγωγε, ὦ Σώκρατες, ἔτι e
ἥλιον εἶναι ἐπὶ τοῖς ὄρεσιν καὶ οὔπω δεδυκέναι. καὶ ἅμα
ἐγὼ οἶδα καὶ ἄλλους πάνυ ὀψὲ πίνοντας, ἐπειδὰν παραγγελθῇ
αὐτοῖς, δειπνήσαντάς τε καὶ πιόντας εὖ μάλα, καὶ συγγενο-

交代他所想要的事物[1]，他要求女人与小孩
离开，他自己与我们待在这儿。已接近 5
夕阳西下的时候，因为他花了一段不短的时间在里面[2]。
当他走出来后，他坐着，沐浴完毕，在这之后他没有
谈论许多事，当狱政官们的下属，到来而且向
他走近说：苏格拉底，我将不谴责你 c
如我谴责其他人一样，因为他们对我态度恶劣，且
诅咒我，当我告知他们喝毒药时，依
主管们的命令。但你在狱中这段时间我知道
你不一样，你与曾经到此的人相较，是最 5
高尚、温和及有品德之人，特
别是现在我十分明了你不会生我的气，因为你知道
那些主事者，生他们的气[3]。那现在，你知道我来此所
做的宣布，再见而且尽可能试着以最轻松的方式承受这些无法避 d
免的事。在此同时他掉下泪来，转身离去。

苏格拉底向上看着他，你，他说，
再见，我们会做这些事。同时他看向我们，
说，真是位有礼貌的人；在这整个时间内 5
他有时候走进来并与我谈话，他是最优秀的人，
且现在他多么诚心地为我哭泣。来，
克里同，让我们服从他，且让某人拿毒药来，若
已准备好，若还没，叫人准备。

克里同说，我认为，苏格拉底，太阳 e
还在山头上，尚未西沉。同时
我知道其他人非常晚才喝毒药，当他们接
获命令后，他们饱餐一顿，狂饮一场，且

---

① 据此可以推论克里同应是苏格拉底身后，其家产的委托人及小孩的监护人。

② 这应是苏格拉底在与家中妻小及亲人话别。

③ aitious，承担责任之人或主事者。这个字一方面可指狱政官，另一方面可指指控苏格拉底的梅利投斯、阿尼投斯及吕寇斯，或判他有罪及死刑的陪审团。

μένους γ' ἐνίους ὧν ἂν τύχωσιν ἐπιθυμοῦντες. ἀλλὰ μηδὲν 5
ἐπείγου· ἔτι γὰρ ἐγχωρεῖ.

Καὶ ὁ Σωκράτης, Εἰκότως γε, ἔφη, ὦ Κρίτων, ἐκεῖνοί τε ταῦτα ποιοῦσιν, οὓς σὺ λέγεις — οἴονται γὰρ κερδαίνειν ταῦτα ποιήσαντες — καὶ ἔγωγε ταῦτα εἰκότως οὐ ποιήσω· οὐδὲν γὰρ <ἂν> οἶμαι κερδαίνειν ὀλίγον ὕστερον πιὼν ἄλλο γε ἢ γέλωτα **117a** *ὀφλήσειν παρ' ἐμαυτῷ, γλιχόμενος τοῦ ζῆν καὶ φειδόμενος οὐδενὸς ἔτι ἐνόντος. ἀλλ' ἴθι, ἔφη, πείθου καὶ μὴ ἄλλως ποίει.*

Καὶ ὁ Κρίτων ἀκούσας ἔνευσε τῷ παιδὶ πλησίον ἑστῶτι. καὶ ὁ παῖς ἐξελθὼν καὶ συχνὸν χρόνον διατρίψας ἧκεν ἄγων 5 *τὸν μέλλοντα δώσειν τὸ φάρμακον, ἐν κύλικι φέροντα τετριμμένον. ἰδὼν δὲ ὁ Σωκράτης τὸν ἄνθρωπον, Εἶεν, ἔφη, ὦ βέλτιστε, σὺ γὰρ τούτων ἐπιστήμων, τί χρὴ ποιεῖν;*

Οὐδὲν ἄλλο, ἔφη, ἢ πιόντα περιιέναι, ἕως ἄν σου βάρος ἐν τοῖς σκέλεσι γένηται, ἔπειτα κατακεῖσθαι· καὶ οὕτως αὐτὸ b *ποιήσει. Καὶ ἅμα ὤρεξε τὴν κύλικα τῷ Σωκράτει.*

Καὶ ὃς λαβὼν καὶ μάλα ἵλεως, ὦ Ἐχέκρατες, οὐδὲν τρέσας οὐδὲ διαφθείρας οὔτε τοῦ χρώματος οὔτε τοῦ προσώπου, ἀλλ' ὥσπερ εἰώθει ταυρηδὸν ὑποβλέψας πρὸς τὸν 5 *ἄνθρωπον, Τί λέγεις, ἔφη, περὶ τοῦδε τοῦ πώματος πρὸς τὸ ἀποσπεῖσαί τινι; ἔξεστιν ἢ οὔ;*

Τοσοῦτον, ἔφη, ὦ Σώκρατες, τρίβομεν ὅσον οἰόμεθα μέτριον εἶναι πιεῖν.

Μανθάνω, ἦ δ' ὅς· ἀλλ' εὔχεσθαί γέ που τοῖς θεοῖς ἔξεστί c *τε καὶ χρή, τὴν μετοίκησιν τὴν ἐνθένδε ἐκεῖσε εὐτυχῆ γενέσθαι· ἃ δὴ καὶ ἐγὼ εὔχομαί τε καὶ γένοιτο ταύτῃ. Καὶ ἅμ'*

更甚者，与某些他们碰巧有欲望的人巫山云雨一番。 5
不急，还有时间。

苏格拉底说，克里同，他们可能真的
做这些你所说的事——因为他们认为做这些事
是有利的——我可能不会做这些事，因为我不
认为稍后喝毒药对我有利，除了让自己成为自己 **117a**
眼中可笑的人物，为活着努力而且当空无一物时
还省吃俭用。来，他说，服从而且不要拒绝我[①]。

克里同听完后向站在身边的奴仆点头示意。
奴仆走出牢房，过了很久才回来，并带着即将 5
给予毒药的人，他带着在杯中已经准备好的
毒药。苏格拉底看着这个人说，那么，最
高贵的朋友，你拥有相关的知识，应该做什么吗？

没别的，他说，除了喝下它，及四处走走，直到双
腿沉重，然后躺下，如此毒药会自行 b
发效。在此同时他将杯子递给苏格拉底。

他接过杯子而且非常愉悦，艾赫克拉特斯，
不要颤抖，不要脸色发白[②]，
而一如他惯有的方式，以顽皮的表情看着这 5
个人，并说，关于这服药剂在对某人献酒上
你说什么？可以还是不可以？

我们，他说，苏格拉底，所磨的量是我们认为
刚好够喝。

我晓得了，他说，但我认为可以而必须向神祇们 c
祈祷，从这儿迁居到那儿会有好运
气，我祈求这件事而且愿它依此方式发生。在说这些话

---

① mē allōs poiei，原意为不要做其他的事，在日常口语表述时是指不要拒绝。

② 这句话原意为不要失去颜色及脸部表情，在此译为脸色发白，突显相较于苏格拉底，艾赫克拉特斯对死亡的恐惧。

εἰπὼν ταῦτα ἐπισχόμενος καὶ μάλα εὐχερῶς καὶ εὐκόλως
ἐξέπιεν. καὶ ἡμῶν οἱ πολλοὶ τέως μὲν ἐπιεικῶς οἷοί τε 5
ἦσαν κατέχειν τὸ μὴ δακρύειν, ὡς δὲ εἴδομεν πίνοντά τε καὶ
πεπωκότα, οὐκέτι, ἀλλ' ἐμοῦ γε βίᾳ καὶ αὐτοῦ ἀστακτὶ ἐχώρει
τὰ δάκρυα, ὥστε ἐγκαλυψάμενος ἀπέκλαον ἐμαυτόν — οὐ
γὰρ δὴ ἐκεῖνόν γε, ἀλλὰ τὴν ἐμαυτοῦ τύχην, οἵου ἀνδρὸς
ἑταίρου ἐστερημένος εἴην. ὁ δὲ Κρίτων ἔτι πρότερος ἐμοῦ, d
ἐπειδὴ οὐχ οἷός τ' ἦν κατέχειν τὰ δάκρυα, ἐξανέστη.
Ἀπολλόδωρος δὲ καὶ ἐν τῷ ἔμπροσθεν χρόνῳ οὐδὲν ἐπαύετο
δακρύων, καὶ δὴ καὶ τότε ἀναβρυχησάμενος κλάων καὶ
ἀγανακτῶν οὐδένα ὅντινα οὐ κατέκλασε τῶν παρόντων πλήν 5
γε αὐτοῦ Σωκράτους.

Ἐκεῖνος δέ, Οἷα, ἔφη, ποιεῖτε, ὦ θαυμάσιοι. ἐγὼ μέντοι
οὐχ ἥκιστα τούτου ἕνεκα τὰς γυναῖκας ἀπέπεμψα, ἵνα μὴ
τοιαῦτα πλημμελοῖεν· καὶ γὰρ ἀκήκοα ὅτι ἐν εὐφημίᾳ χρὴ e
τελευτᾶν. ἀλλ' ἡσυχίαν τε ἄγετε καὶ καρτερεῖτε.

Καὶ ἡμεῖς ἀκούσαντες ᾐσχύνθημέν τε καὶ ἐπέσχομεν τοῦ
δακρύειν. ὁ δὲ περιελθών, ἐπειδή οἱ βαρύνεσθαι ἔφη τὰ
σκέλη, κατεκλίνη ὕπτιος — οὕτω γὰρ ἐκέλευεν ὁ ἄνθρωπος — 5
καὶ ἅμα ἐφαπτόμενος αὐτοῦ οὗτος ὁ δοὺς τὸ φάρμακον,
διαλιπὼν χρόνον ἐπεσκόπει τοὺς πόδας καὶ τὰ σκέλη,
κἄπειτα σφόδρα πιέσας αὐτοῦ τὸν πόδα ἤρετο εἰ αἰσθάνοιτο,
ὁ δ' οὐκ ἔφη. καὶ μετὰ τοῦτο αὖθις τὰς κνήμας· καὶ ἐπανιὼν **118a**
οὕτως ἡμῖν ἐπεδείκνυτο ὅτι ψύχοιτό τε καὶ πήγνυτο. καὶ
αὐτὸς ἥπτετο καὶ εἶπεν ὅτι, ἐπειδὰν πρὸς τῇ καρδίᾳ γένηται
αὐτῷ, τότε οἰχήσεται.

Ἤδη οὖν σχεδόν τι αὐτοῦ ἦν τὰ περὶ τὸ ἦτρον ψυχόμενα, 5

的同时，他屏息而且以非常平和愉悦的心情
喝完毒药。我们之中许多人至今尚维持合宜的举止，再也 5
不能抑制哭泣，当我们看到他喝毒药而且喝
完后，而在我个人的例子上，泪水不受控制地[①]大量
涌出，所以我蒙着头，放声为自己大哭——因为这一定不
是为他哭泣，而是为我自己的运气，我已经失去
一位同伴。克里同甚至比我更早 d
无法控制自己的泪水，起身离开。
阿波罗都洛斯更早之前便无法停止
流泪[②]，特别是当他嚎啕大哭时，
他令在场的每一个人皆感痛心伤悲，除了 5
苏格拉底自己外。

他说，你们在做什么，不可思议的人们。我正
因为这个原因，你们知道，把女人们送走，为了不要
犯这类错误，因为我听说一定要安静地 e
死。你们保持肃静而且维持坚定。

听了他的话，我们肃静，且止住哭
泣。他四处走动，当他说他的双腿
沉重时，他平躺着——因为那个人是这么要求—— 5
同时给毒药的这个人紧握着他，
过了段时间，他检查他的脚及腿
当他用力压他的脚时间，他是否有感觉，
他说没有。在这之后他又压小腿，而且以此方式向上 **118a**
检查，他向我们显示，苏格拉底变得冰冷僵硬。
他紧握苏格拉底说，当这发生在他的心脏时，
他将离去。

现在接近他的腹部附近正逐渐变冷， 5

---

① bia autou 原意为违背自己的力量。

② 59a9-b1。

καὶ ἐκκαλυψάμενος — ἐνεκεκάλυπτο γάρ — εἶπεν — ὃ δὴ τελευ-ταῖον ἐφθέγξατο — Ὦ Κρίτων, ἔφη, τῷ Ἀσκληπιῷ ὀφείλομεν ἀλεκτρυόνα· ἀλλὰ ἀπόδοτε καὶ μὴ ἀμελήσητε.

Ἀλλὰ ταῦτα, ἔφη, ἔσται, ὁ Κρίτων· ἀλλ' ὅρα εἴ τι ἄλλο λέγεις. 10

Ταῦτα ἐρομένου αὐτοῦ οὐδὲν ἔτι ἀπεκρίνατο, ἀλλ' ὀλίγον χρόνον διαλιπὼν ἐκινήθη τε καὶ ὁ ἄνθρωπος ἐξεκάλυψεν αὐτόν, καὶ ὃς τὰ ὄμματα ἔστησεν· ἰδὼν δὲ ὁ Κρίτων συνέλαβε τὸ στόμα καὶ τοὺς ὀφθαλμούς.

Ἥδε ἡ τελευτή, ὦ Ἐχέκρατες, τοῦ ἑταίρου ἡμῖν ἐγένετο, ἀνδρός, ὡς ἡμεῖς φαῖμεν ἄν, τῶν τότε ὧν ἐπειράθημεν ἀρίστου καὶ ἄλλως φρονιμωτάτου καὶ δικαιοτάτου. 15

当苏格拉底揭起盖头——因为他被覆盖着——他说——他说
最后一句话——克里同，他说，我们欠阿斯克雷皮欧斯[①]
一只鸡[②]，你们要确实还了而且不可忽略。

这会被处理，克里同说；你知道你是否有其他的事
要说。 10

当克里同问这事时，他没有进一步的回应，但
过了一会儿他动了一下，那个人揭起
头盖。苏格拉底目光凝视，克里同看着他帮他
阖上嘴及双眼。

这是，艾赫克拉特斯，我们的同伴的结局， 15
他是，我们会说，我们曾经历过同时代的人中，最有德性，
此外最有智慧及最正义的人。

---

① Asclēpios，古希腊医神，雅典人对祂的信奉约始于公元前 5 世纪，参见 ODCW 82-83。

② 以鸡感谢医神的医治是穷人的献礼，参见 Westerink：1977，370。苏格拉底何以要献给医神一只鸡，一般诠释是感谢医神治愈他灵魂与身体结合时所有疾病（在 95d 苏格拉底将进入身体的灵魂视为生病的灵魂），参见 Archer-Hinds：ibid. 146；Bluck：ibid. 143；Gill：1973，28 及 Rowe：ibid. 295-296；亦可参见《理想国篇》515c5，洞穴喻的囚徒被释放后会痊愈。然而 Hackforth：ibid. 190，n. 2 反对苏格拉底视生命为疾病的说法；此外 Gallop：ibid. 225 亦不赞同此说，他认为苏格拉底确实欠神医一只鸡，但原因不明。另一可能的诠释是，苏格拉底在临死前预见柏拉图病愈（59b10），故要求克里同献鸡给医神。但这个诠释似乎被柏拉图的用字“apodote”给否定，这个希腊字是第二人称复数过去祈使式，即“你们应还”或“你们要还”。这个“你们”或可指在场的苏格拉底的友人，亦可指《费多篇》的读者。每个人都有死亡之时，在那时候会是生病的灵魂痊愈之日，因此第一个诠释似乎有其道理。

延伸阅读

1. 希腊文本与注释

1.1《米诺篇》

Burnet, J. (1903). *Platonis Opera* Vol. III, Oxford: Oxford University Press.

Lamb, W. R. M. (1990). *Plato II: Laches, Protagoras, Meno, Euthydemus*, Cambridge Mass.: Harvard University Press.

Sharples, R. W. (1991). *Plato: Meno*, Warminster: Aris & Phillips Ltd.

1.2《费多篇》

Archer-Hind, R. D. (1988, rep.). *The Phaedo of Plato*, Salem: Ayer Company.

Burnet, J. (1900, 1967). *Platonis Opera* Vol. I, Oxford: Oxford University Press.

—— (1911). *Plato Phaedo*, Oxford: Clarendon Press.

Duke, E. A., Hicken, W. F., Nicoll, W. S. M., Robinson, D. B., and Strachan, J. C. G. (1995). *Platonis Opera* Vol. I, Oxford: Oxford University Press.

Rowe, C. J. (1998). *Plato Phaedo*, Cambridge: Cambridge University Press.

2. 译注本

2.1《米诺篇》

Guthrie, W. K. C. (1956). *Plato: Protagoras and Meno*, London: Penguin Books.

Sedley, D. and Long, A. (2011). *Plato: Meno and Phaedo*, Cambridge: Cambridge University Press.

Waterfield, R. (2005). *Meno and Other Dialogues*, Oxford: Oxford University Press.

王晓朝（2002）。《柏拉图全集》第 1 卷，北京：人民出版社。

2.2《费多篇》

Bluck, R. S. (2001). *Plato's Phaedo*, London: Routledge.

Gallop, D. (1990). *Plato Phaedo*, Oxford: Clarendon Press.

Gallop, D. (1993). *Plato Phaedo*, Oxford: Oxford University Press.

Grube, G. M. A. (2002). *Plato: Five Dialogues*, Indianapolis: Hackett Publishing Company.

Hackforth, R. (1998). *Plato's Phaedo*, Cambridge: Cambridge University Press.

王太庆（2004）。《柏拉图对话集》，北京：商务印书馆。（中译文根据 OCT 1984 年再版之希腊文本）

王晓朝（2002）。《柏拉图全集》第 1 卷，北京：人民出版社。

吕健忠（1998）。《苏格拉底之死》，台北：书林出版有限公司。（节译）

杨绛（2000）。《斐多》，沈阳：辽宁人民出版社。（中译文根据 Loeb Classical Library 之英译文）

3. 柏拉图全集

Cooper, J. and Hutchinson, D. S. (eds.) (1997). *Plato: Complete Works*, Indianapolis: Hackett Publishing Company, Inc.

Jowett, B. (trans.) (1892). *The Dialogues of Plato* 5 Vols., Oxford: Clarendon Press.

Loeb Classical Library（由不同的译者翻译及出版时间不一）. *Plato* 12 Vols., Cambridge Mass.: Harvard University Press.

Robin, L. (1950) . *Plato: Oeuvres Complètes* 2 Vols., Paris: Gallimard.

王晓朝（译）（2002）。《柏拉图全集》，北京：人民出版社。（繁体字版由台北：左岸文化发行；中译文依据哈佛大学出版的 Loeb Classical Library 之英译文）

4. 人物志

Nails, D. (2002). *The People of Plato: A Prosopography of Plato and Other Socratics*, Indianapolis: Hackett Publishing Company, Inc.

5. 诠释

5.1 西洋古代宗教及灵魂观通论

Adkins, A. W. H. (1970). *From the Many to the One: A Study of Personality and Views of*

Human Nature in the Context of Ancient Greek Society, Values, and Beliefs, Ithaca: Cornell University Press.

Bremmer, J. N. (1983). *The Early Greek Concept of the Soul*, Princeton: Princeton University Press.

Cornford, F. M. (1957). *From Religion to Philosophy: A Study in the Origins of Western Speculation*, New York: Harper & Row, Publishers.

Dodds, E. R. (1951). *The Greeks and The Irrational*, Berkeley: University of California Press.

Guthrie, W. K. C. (1993). *Orpheus and Greek Religion*, Princeton: Princeton University Press.

Rohde, E. (1966). *Psyche: The Cult of Souls and Belief in Immortality among the Greeks* 2 Vols., New York: Harper & Row, Publishers.

Snell, B. (1982). *The Discovery of the Mind: In Greek Philosophy and Literature*, New York: Dover.

Sullivan, S. D. (1995). *Psychology & Ethical Ideas: What Early Greeks Say?*, Leiden: Brill.

5.2 《米诺篇》

Day, J. M. (1994). *Plato's Meno in Focus*, London: Routledge.

Dover, K. J. (1994). *Greek Popular Morality in The Time of Plato and Aristotle*, Indianapolis: Hackett Publishing Company, Inc.

Gulley, N. (1968). *The Philosophy of Socrates*, London: Macmillan.

Horerber, R. G. (1960). “Plato’s Meno” , *Phronesis* 5, 78-102.

Klein, J. (1965). *A Commentary on Plato's Meno*, Chapel Hill: The University of North Carolina Press.

Moravcsik, J. M. E. (1971). “Learning as Recollection” , *Plato* Vol. 1, (ed.)G. Vlastos, New York: Garden City, 53-69.

Scott, D. (1995). *Recollection and Experience: Plato's Theory of Learning and Its Successors*, Cambridge: Cambridge University Press.

—— (2006). *Plato's Meno*, Cambridge: Cambridge University Press.

Irwin, T. (1995). *Plato's Ethics*, Oxford: Oxford University Press.

Weiss, R. (2001). *Virtue in the Cave: Moral Inquiry in Plato's Meno*, Oxford: Oxford University Press.

5.3 《费多篇》

Ahrensdorf, P. J. (1995). *The Death of Socrates and the Life of Philosophy*, Albany: State University of New York Press.

Bostock, D. (1992). *Plato's Phaedo*, Oxford: Clarendon Press.

Burger, R. (1999). *The Phaedo: A Platonic Labyrinth*, South Bend: St. Augustine's Press.

Dorter, K. (1976). "Plato's Image of Immortality", *Philosophical Quarterly* 26, 295-304.

Furley, D. (1989). *Cosmic Problems: Essays on Greek and Roman Philosophy of Nature*, Cambridge: Cambridge University Press.

Gerson, L. P. (2003). *Knowing Person: A Study in Plato*, Oxford: Oxford University Press.

Gill, C. (1973). "The Death of Socrates", *Classical Quarterly* 23, 225-228.

Hicken, W. F. (1954). "*Phaedo* 93a11-94b3", *Classical Quarterly* 4, 16-22.

Kahn, C. H. (1998). *Plato and the Socratic Dialogue: The Philosophical Use of a Literary Form*, Cambridge: Cambridge University Press.

Kahn, C. H. (2001). *Pythagoras and the Pythagoreans: A Brief History*, Indianapolis: Hackett Publishing Company.

Kerfer, G. B. (1999). *The Sophistic Movement*, Cambridge: Cambridge University Press.

Keyt, D. (1963). "The Fallacies in *Phaedo* 102a-107b", *Phronesis* 8, 167-172.

Mills. K. W. (1957, 1958). "Plato's *Phaedo* 74b7-c6", *Phronesis* 2 and 3, 128-147 and 40-58.

Morgan, K. C. (2000). *Myth and Philosophy: From the Presocratics to Plato*, Cambridge: Cambridge University Press.

O'Brien, D. (1967, 1968). "The Last Argument of Plato's Phaedo", *Classical Quarterly* 17 and 18, 198-231 and 95-106.

Partenie, C. (ed.) (2009), *Plato's Myths*, Cambridge: Cambridge University Press.

Rist, J. M. (1964). "Equals and Intermediates in Plato", *Phronesis* 9, 27-37.

Robinson, T. M. (1995). *Plato's Psychology*, Toronto: University of Toronto Press.

Rowe, C. (2007). *Plato and the Art of Philosophical Writing*, Cambridge: Cambridge University Press.

Scarrow, D. S. (1961). "*Phaedo* 106a-106e", *Philosophical Review* LXX, 245-253.

Schiller, J. (1967). "*Phaedo* 104-105: Is the Soul a Form?", *Phronesis* 12, 50-58.

Sedley, D. (1990). "Teleology and Myth in the *Phaedo*", *Proceedings of the Boston Area Colloquium in Ancient Philosophy* 5, 359-383.

—— (2007). "Equal Sticks and Stones", *Maieusis: Essays in Ancient Philosophy in Honour of Myles Burnyeat*, (ed.) D. Scott, Oxford: Oxford University Press, 68-86.

Stewart, D. J. (1972). "Socrates' Last Bath", *Journal of the History of Philosophy* 10, 253-259.

Vlastos, G. (1969). "Reasons and Causes in the *Phaedo*", *Philosophical Review* 78, 291-325.

Wagner, E. (ed.) (2001). *Essays on Plato's Psychology*, Lanham: Lexington Books.

Westerink, L. G. (1977). *The Greek Commentaries on Plato's Phaedo* Vol. II, Oxford: North-Holland Publishing Company.

White, D. A. (1989). *Myth and Metaphysics in Plato's Phaedo*, London: Associated University Press.

徐学庸（2004）。《灵魂的奥迪赛：柏拉图〈费多篇〉》，台北：长松文化。

——（2012）。《灵魂的旅程》，《西方古典暨中世纪人文思想》第一辑，新北市：辅仁大学出版社，243-264。

索　引

“是”（einai）：《费多篇》78d

不朽/不朽（之）物（athanaton）：《费多篇》73a，79d，80b，d，81a，86b，88b，95c，d，99c，105e，106b，c，d，e，107c，114d；《米诺篇》81b，c，86b

不灭（anlethron）：《费多篇》88b，95c，106d，e，107a

分（脱）离（chrōis）：《费多篇》64c，67a，c，d，69b，70a，72c，76c，80d，97b，98c，107c；《米诺篇》87d

分开（apallagē）：《费多篇》63a，64c，66a，e，67a，70a，71b，77b，80e，81b，c，84b，85b，97a，107c

天命（moira）：《费多篇》58e

引导：《费多篇》94d，e；《米诺篇》88a，c，e，97a，b，c

心灵（nous）：《费多篇》97c，98b，c，99a，102a

主人：《费多篇》62d，e，63a，c，69e，80a，85b，94e

以其自身存在：《费多篇》75d

史提吉翁（河）：《费多篇》113c

史提嘎（湖）：《费多篇》113c

奴隶：《费多篇》66d；《米诺篇》72a，73d，82b，c，d，e，83a，b，c，d，e，84a，d，e，85a，b

必要（性）（anagkē）：《费多篇》62c，76e

本质（ousia）：《费多篇》66e，67a，78c，79b，80d，87e，88a，93a，94a，101c，109e，113d；《米诺篇》72a，b，c，d，e，89b

正义（dikaion）：《费多篇》65d，69b，69c，70e，75d，82b，99a，105d，115a，118a；《米诺篇》73a，b，c，d，e，78d，e，79a，b，c，88a

皮里夫雷格松（河）：《费多篇》113c

回忆（anamnēsis）：《费多篇》72e，73b，c，d，74a，d，e，76a，b，c，91e，92c，d；《米诺篇》73c，76a，81c，d，e，82a，b，e，84a，85d，86b，87b，98a

地球：《费多篇》97d，e，99b，108c，d，109a，b，c，d，110a，b，c，d，111a，c，e，112a，b，

参与（metechein）：《费多篇》100c，101c，102b，114c

寇曲投斯（河）：《费多篇》113c，114a

情绪：《费多篇》59a，89c，94b，c，e

推论（logizesthai）：《费多篇》65c

净化 / 洁净（katharsis）：《费多篇》58b，67a，b，c，68b，69c，79d，80e，81c，d，82c，d，83d，e，108c，109b，d，110e，111b，113d，114c；《米诺篇》81b

理由（aition）：《费多篇》83e，90a，b，96a，e，97a，b，c，d，98a，b，c，d，e，99a，b，c，d，100a，b，c，101a，b，c，102c，112d；《米诺篇》98a

理智（dianoia）：《费多篇》65e，66a，67c，79a，82b，93b

符咒：《费多篇》77e，78a，114d

习惯：《费多篇》67c；《米诺篇》76d，82a

善（agathon）：《费多篇》65d，69b，75c，76d，77a，93b，97d，99c，100b，114e；《米诺篇》77b，c，e，78b，c，e，79b，87d，e，89a，98e，99b

几何学：《费多篇》92d；《米诺篇》76a

复活：《费多篇》71e

悲伤（lupē）：《费多篇》59a，85b

恶（kakon）：《费多篇》66b，68d，81a，83b，c，84b，89d，90a，91b，93c，e，94a，97d，98b，107c，d，114e；《米诺篇》72a，77c，d，e，78a，b，d，79a

词曲技艺（musikē）：《费多篇》60e，61a

雅典 / 雅典人：《费多篇》58a，b，59b，61c，69e，85b，98e；《米诺篇》90b，92e，94a，b，c，d，100c

爱：《费多篇》68a

爱学习者：《费多篇》82c，d，83a

感官知觉（aisthēsis）：《费多篇》65b，75b，c，e，76a，d，79a，c，83a，d，96b，99e

节制（sōphrosunē）：《费多篇》68c，d，69a，b，c，82b；《米诺篇》73a，b，74a，78d，79a，88a，b

葛劳寇斯：《费多篇》108d

诗（poēma）：《费多篇》60d，61b；《米诺篇》95d，e

诗人（poiētēs）：《费多篇》61b，65b，95a，112a，113c；《米诺篇》77b，81b，95d，99d

梦：《费多篇》60e，61a；《米诺篇》85c

对反（之）物：《费多篇》70e，71a，b，c，d，72a，b，102e，103a，b，104e，105a

狱政官：《费多篇》58c，59e，116b

监狱：《费多篇》58c，59d，e，82e，114c

价值：《米诺篇》97d，98a

影子（eidōlon）：《费多篇》69b，81d，101d；《米诺篇》100a

德性（aretē）：《费多篇》69d，82b，93b，c，e，114c，118a；《米诺篇》70a，71a，b，c，d，e，72a，c，d，73a，c，d，e，74a，b，75a，b，c，76b，77a，b，78b，c，d，e，79a，b，c，d，e，80b，d，81c，e，86c，d，87b，c，d，e，88c，d，89a，c，d，e，90b，91a，b，92d，93a，b，c，d，e，94e，95b，e，96c，97b，98d，e，99a，e，100a，b

德娄斯岛：《费多篇》58a，b，59e

欧克亚奴斯（河）：《费多篇》112e

复合 / 复合物：《费多篇》78c，86a，92a，c，93a

论述 / 论证（logos）：《费多篇》61b，63a，66e，67c，70c，d，72e，73b，75a，76e，77a，c，d，e，78b，c，d，79c，d，e，84c，85c，d，e，86a，d，e，87a，b，c，e，88a，c，d，e，89a，b，c，d，90b，c，d，91a，b，c，d，e，92a，b，c，d，e，93c，94a，b，95a，b，96a，d，97b，d，99b，e，100a，b，c，101a，d，102a，d，103a，b，d，e，105b，c，d，106b，d，107a，b，108c，d，109a，c，115b，c，d，116a；《米诺篇》74d，75c，76b，86b，87e，89a，c，d，93a，98a，99e

学习（methēsis）：《费多篇》73b，75e，76a，85c，91e，92c，d，99c，114e；《米诺篇》81d，e，82a，b，84c，89c，90d，e，91b，92e，93a

遗忘（lēthē）：《费多篇》75d，76a，b

优秀：《费多篇》62e，63a，b，71a，78a，85c，111b，116d；《米诺篇》78b，86b，93b，e，94a，c，d，96e

颜色：《费多篇》100d，110b，c，d，113c；《米诺篇》74c，d，75a，b，c，76a，d

灵魂（psuchē）：《费多篇》64c，e，65a，b，c，d，66a，b，e，67a，c，d，e，70a，b，c，71e，72a，e，73a，76c，e，77b，c，78b，79b，c，e，80a，b，c，81a，b，c，d，82a，d，e，83a，b，c，d，84a，86b，c，d，87a，d，e，88a，b，d，90e，91c，d，e，92a，b，c，d，e，93a，b，c，d，e，94a，b，c，e，95b，c，d，e，99e，100b，105c，d，e，106b，c，e，107a，c，d，108a，b，c，114d，e，115e；《米诺篇》80b，81b，c，d，86a，b，87b，88a，c，d，e，98a